AF832149

Der Einfluss des Credit Ratings auf den Unternehmenswert

Schriften zum Controlling, Finanz- und Risikomanagement

Herausgegeben von Andreas Brieden, Thomas Hartung, Bernhard Hirsch und Andreas Schüler

Band 13

Sean Wiesinger

Der Einfluss des Credit Ratings auf den Unternehmenswert

Eine konzeptionelle und empirische Analyse

PETER LANG

Bibliografische Information der Deutschen Nationalbibliothek
Die Deutsche Nationalbibliothek verzeichnet diese Publikation in der Deutschen Nationalbibliografie; detaillierte bibliografische Daten sind im Internet über http://dnb.d-nb.de abrufbar.

Zugl.: München, Univ. der Bundeswehr, Diss., 2021

D 706
ISSN 1867-027X
ISBN 978-3-631-87311-3 (Print)
E-ISBN 978-3-631-87709-8 (E-PDF)
E-ISBN 978-3-631-87710-4 (EPUB)
DOI 10.3726/b19654

© Peter Lang GmbH
Internationaler Verlag der Wissenschaften
Berlin 2022
Alle Rechte vorbehalten.

Peter Lang – Berlin · Bern · Bruxelles · New York · Oxford · Warszawa · Wien

Das Werk einschließlich aller seiner Teile ist urheberrechtlich geschützt. Jede Verwertung außerhalb der engen Grenzen des Urheberrechtsgesetzes ist ohne Zustimmung des Verlages unzulässig und strafbar. Das gilt insbesondere für Vervielfältigungen, Übersetzungen, Mikroverfilmungen und die Einspeicherung und Verarbeitung in elektronischen Systemen.

Diese Publikation wurde begutachtet.

www.peterlang.com

Meiner Mutter

Geleitwort

Wie sollten Änderungen in der Bonität eines Unternehmens den Wert seiner Eigen- und Fremdkapitaltitel theoretisch beeinflussen, und lässt sich dieser Einfluss empirisch bestätigen, traute man Rating-Änderungen zu, Bonitätsänderungen anzuzeigen? Mit diesen und damit zusammenhängenden Fragen beschäftigt sich Sean Wiesinger in seiner Dissertation. Die dabei notwendige Kombination aus normativem und empirischem Arbeiten ist anspruchsvoll, aber – wie die Durchsicht einschlägiger Veröffentlichungen zeigt – nicht selbstverständlich. Herr Wiesinger legt eine Arbeit vor, die diesem Anspruch gerecht wird und die sich ausgehend von einer konzeptionellen Diskussion insbesondere durch die gründliche empirische Auswertung von rund 900 Rating-Änderungen auszeichnet. Herr Wiesinger untersucht sowohl Aktien- als auch Anleihekursdaten, verwendet State-of-the-Art-Methoden und eine ganze Reihe zum Teil per Hand erhobener Variablen. Er leistet damit einen wertvollen Forschungsbeitrag.

Ich wünsche der Arbeit eine weite Verbreitung.

Andreas Schüler

Vorwort

Die vorliegende Arbeit entstand während meiner Tätigkeit als wissenschaftlicher Mitarbeiter an der Professur für Finanzwirtschaft und Finanzdienstleistungen an der Universität der Bundeswehr München. An erster Stelle danke ich meinem Doktorvater Herrn Univ.-Prof. Dr. Andreas Schüler sehr, für die Bereitschaft mir die Chance zu Promotion zu geben. Außerdem danke ich ihn für den Themenvorschlag, die umfassende Betreuung meiner Arbeit und sein konstruktives Feedback. Herzlichen Dank gilt auch meinem Zweitbetreuer Herrn Univ.-Prof. Dr. Andreas Brieden für seine hilfreichen Ratschläge zu statistischen Fragestellungen. Darüber hinaus danke ich meinen ehemaligen Kolleginnen und Kollegen, die sich die Zeit genommen haben, meine Arbeit Korrektur zu lesen. Vielen Dank Sebastian, Kirsten und Martin für die wertvolle Unterstützung. Meiner Partnerin danke ich sehr für ihre bewiesene Geduld, ihr entgegengebrachtes Verständnis und ihre motivierenden Worte, die mir in schwierigen Zeiten halfen, nicht das Ziel aus den Augen zu verlieren. Zudem danke ich ihr für das sprachliche Feedback zu meiner Arbeit. Den größten Dank gilt meiner Mutter, die mich stets bei meiner akademischen Ausbildung unterstützt hat. Ihr widme ich die Arbeit.

Sean Wiesinger

Inhaltsverzeichnis

Abbildungsverzeichnis

Tabellenverzeichnis

Anhangsverzeichnis

Abkürzungsverzeichnis

Abb.	Abbildung
Abs.	Absatz
AG	Aktiengesellschaft
APT	Arbitrage Pricing Theory
APV	Adjusted Present Value
Aufl.	Auflage
BFH	Bundesfinanzhof
BGB	Bürgerliches Gesetzbuch
BGH	Bundesgerichtshof
BIP	Bruttoinlandsprodukt
BPM	Boehmer/Poulsen/Musumeci
BP	Basispunkt
bspw.	beispielsweise
bzgl.	bezüglich
bzw.	beziehungsweise
ca.	circa
CAPM	Capital Asset Pricing Model
CAR	Cumulative Average Residual
CDS	Credit Default Swap
D	Default
DAX	Deutsche Aktien Index
DCE	Double Counting Events
DCF	Discounted Cashflow
d. h.	das heißt
EAD	Exposure at Default
EBIT	Earnings before Interests and Taxes
EBITDA	Earnings before Interests, Taxes, Depreciation and Amortization
ed.	edition
ESG	Environment Social Governance
ESMA	European Security Markets Authority
EStG	Einkommensteuergesetz
et al.	et alii
etc.	et cetera
evtl.	eventuell

H	Hypothese
Hg.	Herausgeber
F	Fitch
FGLS	Feasible Generalized Least Square
FN	Fußnote
gem.	gemäß
GewStG	Gewerbesteuergesetz
ggf.	gegebenenfalls
Grank	Generalisierte Rangtest
I-Asymmetrie	Informationsasymmetrie
i. d. R.	in der Regel
IG	Investment Grade
i. H. v.	in Höhe von
InsO	Insolvenzordnung
i. V. m.	in Verbindung mit
Jg.	Jahrgang
KStG	Körperschaftsteuergesetz
LGD	Loss Given Default
kum.	kumuliert
LTS	Least Trimmed Squares
M	Moody's
M. a. W.	mit anderen Worten
MCAP	Marktkapitalisierung
Mio.	Millionen
MM	Modigliani/Miller
MP	Mikkelson/Partch
m. w. N.	Mit weiteren Nachweisen
M&A	Mergers & Acquisitions
NA	Not Applicable
NG	Non-Investment Grade
NPV	Net Present Value
Nr.	Nummer
o. ä.	oder ähnliches
OLS	Ordinary Least Squares
PD	Probability of Default
Q	Quantil
REIT	Real Estate Investment Trust
rel.	relativ
RESET	Regression Specification Error Test

S.	Seite
SEC	Security and Exchange Commission
SD	Selective Default
SG-Steuer	Sanierungsgewinnsteuer
S&P	Standard & Poor's
Tab	Tabelle
TQ	Tobin's Q
Tz.	Textziffer
u. a.	unter anderem
UK	United Kingdom
USA	United States of America
u. U.	unter Umständen
v. a.	vor allem
Vgl.	Vergleiche
VIF	Variance Inflation Factor
Vol.	Volume
vs.	versus
WACC	Weighted Average Cost of Capital
z. T.	zum Teil

Symbolverzeichnis

*/+/○	Signifikantes Ergebnis bei einem Signifikanzniveau von 10 %
**/++/○○	Signifikantes Ergebnis bei einem Signifikanzniveau von 5 %
***/+++/○○○	Signifikantes Ergebnis bei einem Signifikanzniveau von 1 %
****/++++/○○○○	Signifikantes Ergebnis bei einem Signifikanzniveau von 0,1 %
α_i	Achsenabschnittsparameter des Wertpapiers i
$\hat{\alpha}_i$	Geschätzte konstante und wertpapierabhängige Renditekomponente des Wertpapiers i
Adj. R^2	Adjustiertes Bestimmtheitsmaß
$AI_{i,t}$	Stückzinsen der Anleihe i zum Zeitpunkt t
$AR_{B,i,t}$	Abnormale Anleiherendite i zum Zeitpunkt t
$AR_{i,t}$	Abnormale Rendite bzw. Überrendite des Wertpapiers i zum Zeitpunkt t
$AR_{S,i,t}$	Abnormale Aktienrendite i zum Zeitpunkt t
$\overline{AR}_{i,TS}$	Durchschnittliche abnormale Rendite des Wertpapiers i im Schätzzeitraum von t_{-110} bis t_{-10}
$\overline{AR}_U$	Mittlere Überrendite der Stichprobengruppe u
$\overline{AR}_t$	Mittlere Überrendite zum Zeitpunkt t
β_i	Steigungsparameter des Wertpapiers i
$\hat{\beta}_i$	Geschätzte marktabhängige Renditekomponente des Wertpapiers i
β_q	Regressionskoeffizient q
$C_{i,t}$	Korrekturfaktor des Wertpapiers i zum Zeitpunkt t
C_t	Wert der Kaufoption (Call) zum Zeitpunkt t
CAR_{i,τ_1,τ_2}	Kumulierte abnormale Rendite des Wertpapiers i im Intervall τ_1 bis τ_2

$\overline{CAR}_{\tau_1,\tau_2}$	Kumulierte mittlere Überrendite für das Intervall τ_1 bis τ_2
$\overline{CAR}_{u,\tau_1,\tau_2}$	Kumulierte mittlere Überrendite der Untersuchungsgruppe u für das Intervall τ_1 bis τ_2
$cov(\cdot,\cdot)$	Operator der Kovarianz
$CP_{i,t}$	Clean Price einer Anleihe i zum Zeitpunkt t
$CU_{i,t}$	Erhaltene Kuponzahlung einer Anleihe i zum Zeitpunkt t
χ^2	Chi-Quadrat-Verteilung
d	Down-Faktor
D_t	Wert des Fremdkapitals zum Zeitpunkt t
d_F	Anzahl der Freiheitsgrade
$Div_{i,t}$	Dividende der Aktie i zum Zeitpunkt t
Δ	Abweichungsbetrag Delta
$\Delta KD_{j,t}$	Abweichung des zustandsabhängigen Fremdkapitaldienstes im Zustand j zum Zeitpunkt t
Δt	Restlaufzeit des Zerobonds (T-t)
$\Delta V_{B,k,t}$	Ereignisinduzierte Veränderung des Marktwertes des Fremdkapitals des Emittenten k
$\Delta V_{B,t}$	Ereignisinduzierte Veränderung des Marktwertes des Fremdkapitals
$\Delta V_{S,k,t}$	Ereignisinduzierte Veränderung des Marktwertes des Eigenkapitals des Emittenten k
$\Delta V_{S,t}$	Ereignisinduzierte Veränderung des Marktwertes des Eigenkapitals
E_t	Wert des Eigenkapitals zum Zeitpunkt t
$EK_{M,t}$	Marktwert des Eigenkapitals zum Zeitpunkt t (Optionspreismodell)
EL_A	Absoluter erwarteter Ausfall
EL_R	Relativer erwarteter Ausfall
$\varepsilon_{i,t}$	Residuum der Wertpapierrendite i zum Zeitpunkt t
$E[\cdot]$	Erwartungswertoperator

$E^P[\cdot]$	Erwartungswertoperator der subjektiven Eintrittswahrscheinlichkeiten
$E^Q[\cdot]$	Erwartungswertoperator der risikoneutralen Eintrittswahrscheinlichkeiten
$FAR_{k,t}$	Abnormale Anleiherendite des Emittenten k gemäß dem Firm Level-Ansatz zum Zeitpunkt t
$FCF_{L,j,t}$	Levered Free Cashflow im Zustand j zum Zeitpunkt t
$FCF_{U,j,t}$	Unlevered Free Cashflow im Zustand j zum Zeitpunkt t
$FCF_{U+TS,j,t}$	Summe aus unlevered Free Cashflow und Steuervorteilen im Zustand j zum Zeitpunkt t
$FCF_{U+TS+IC,j,t}$	Summe aus unlevered Free Cashflow, Steuervorteilen und Insolvenzkosten im Zustand j zum Zeitpunkt t
FK_N	Nennwert des Fremdkapitals zum Zeitpunkt T (Optionspreismodell)
$FK_{M,t}$	Marktwert des Fremdkapitals zum Zeitpunkt t (Optionspreismodell)
FK_t	Nennwert des Fremdkapitals zum Zeitpunkt t
g	Wachstumsrate
GM	Gewichteter Mittelwert
$GSAR_{i,t}$	Generalisierte standardisierte abnormale Rendite des Wertpapiers i zum Zeitpunkt t
γ	Indirekte Insolvenzkostenparameter
H_A	Alternativhypothese
H_0	Nullhypothese
i	Risikolose Rendite
I_t	Zinsdienst zum Zeitpunkt t
Index i	Wertpapier i
Index j	Zustand j im Binomialbaum
Index k	Emittent k
Index q	Variable q
Index t	Zeitindex t
Index τ_1,τ_2	Ereignisintervall von τ_1 bis τ_2

Index u	Untersuchungsgruppe u
φ	Direkte Insolvenzkostenparameter
k	Anzahl der Koeffizienten
$K_{i,t}$	Wertpapierkurs i zum Zeitpunkt t
Leverage – Q	Verschuldungsquote
λ	Marktpreis des Risikos
$M_{i,t}$	Rangplatz der standardisierten Überrendite i zum Zeitpunkt t
MBP_t	Rendite eines laufzeit- und ratingäquivalenten Anleiheportfolios zum Zeitpunkt t
$MCAP_{B,k,t}$	Marktwert der ausstehenden Anleihen des Emittenten k zum Zeitpunkt t
$MCAP_{S,k,t}$	Marktkapitalisierung des Emittenten k zum Zeitpunkt t
Med	Median
N	Stichprobenumfang
N_U	Anzahl der Stichproben für Untersuchungsgruppe u
$NC_{i,t}$	Nächster Kupon der Anleihe i zum Zeitpunkt t
$NR_{i,t}$	Erwartete Rendite des Wertpapiers i zum Zeitpunkt t
$N(X)$	Kumulierte Wahrscheinlichkeitsdichte der Standardnormalverteilung
p	Subjektive Eintrittswahrscheinlichkeit
P_t	Abschlag für das Ausfallrisiko (Put) zum Zeitpunkt t
$PI_{i,t}$	Performanceindex des Wertpapiers i zum Zeitpunkt t
$PR_{i,t}$	Prämienrendite der Anleihe i zum Zeitpunkt t
q	Risikoneutrale Eintrittswahrscheinlichkeit
$r_{D,t}$	Fremdkapitalkosten zum Zeitpunkt t
$R_{i,t}$	Diskrete Rendite des Wertpapiers i zum Zeitpunkt t
$r_{i,t}$	Stetige Rendite des Wertpapiers i zum Zeitpunkt t
R_t	Tatsächliche Tilgungszahlung zum Zeitpunkt t
R_q^2	Bestimmtheitsmaß der Variable q
R^2	Bestimmtheitsmaß
r_M	Rendite des Marktportfolios

$R_{M,t}$	Marktrendite zum Zeitpunkt t.
$\overline{R}_{M,T_S}$	Mittlere Marktrendite des Schätzzeitraums
$R_{STOXX,t}$	Rendite des STOXX® Europe 600 zum Zeitpunkt t.
r_U	Eigenkapitalkosten des unverschuldeten Unternehmens
$SAR_{i,t}$	Standardisierte abnormale Rendite des Wertpapiers i zum Zeitpunkt t
$\overline{SAR}_{i,t}$	Standardisierte mittlere abnormale Rendite des Wertpapiers i zum Zeitpunkt t
$SCAR_{i,t}$	Standardisierte kumulierte abnormale Rendite des Wertpapiers i zum Zeitpunkt t
$\overline{SCAR}_{i,t}$	Standardisierte kumulierte mittlere abnormale Rendite des Wertpapiers i zum Zeitpunkt t
s_U	Unternehmensteuersatz
$\hat{\sigma}_{AR_{i,T_S}}$	Geschätzte Standardabweichung der abnormalen Wertpapierrendite i im Schätzzeitraum
$\hat{\sigma}_{GSAR}$	Geschätzte Querschnittsstandardabweichung der generalisierten standardisierten abnormalen Rendite
σ_M^2	Varianz der Marktrendite
$\hat{\sigma}_{SAR_t}$	Geschätzte Querschnittsstandardabweichung der standardisierten mittleren Überrendite zum Zeitpunkt t
$\hat{\sigma}_{SCAR_{\tau_1,\tau_2}}$	Geschätzte Querschnittsstandardabweichung der standardisierten kumulierten mittleren Überrendite für das Ereignisintervall τ_1 bis τ_2
$\hat{\sigma}_u^2$	Geschätzte Stichprobenvarianz der Untersuchungsgruppe u
σ_V	Standardabweichung der Rendite des Vermögensgegenstandes
$\sigma_{\bar{y}}$	Standardabweichung der mittleren Querschnittsrangplätze
Σ	Summationszeichen
T	Laufzeit der Fremdkapitalüberlassung
t_{BMP}	Teststatistik des t-Tests nach Boehmer/Poulsen/Mousemeci
t_C	Teststatistik des Rangplatztests nach Corrado

T_E	Anzahl der Tage im Ereigniszeitraum
t_{KP}	Teststatistik des generalisierten Rangtests nach Kolari/ Pynönnen
$TR_{i,t}$	Rendite einer laufzeitäquivalenten Staatsanleihe der Anleihe i zum Zeitpunkt t
T_S	Anzahl der Tage im Schätzzeitraum
TS_t	Steuervorteil zum Zeitpunkt t
$t_{Zweistichprobentest}$	Teststatistik des Zweistichproben t-Tests
u	Up-Zustand
UM	Ungewichteter Mittelwert
$\overline{U}$	Erwarteter mittlerer Rangplatz
$U_{i,t}$	Rangplatz der standardisierten mittleren Überrendite i zum Zeitpunkt t
$Var(\cdot)$	Varianzoperator
$V_{IC,t}$	Barwert der Insolvenzkosten zum Zeitpunkt t
VIF_q	Variance Inflation Factor der Variable q
$V_{L,t}$	Wert des verschuldeten Unternehmens zum Zeitpunkt t
V_t	Unternehmenswert zum Zeitpunkt t (Optionspreismodell)
$V_{TS,t}$	Wert der Steuervorteile zum Zeitpunkt t
$V_{U,t}$	Wert des unverschuldeten Unternehmens zum Zeitpunkt t
$w_{k,i,t}$	Marktwertorientierter Gewichtungsfaktor der Anleihe i des Emittenten k zum Zeitpunkt t
W_N^+	Testgröße des Vorzeichen-Rangtests
$W_{u,u}$	Testgröße des Rangsummentests nach Wilcoxon/Mann/ Whitney
X_q	Erklärende Variable q
$y_{i,t}$	Standardisierter Rang des Wertpapiers i zum Zeitpunkt t

$\overline{y}_t$	Standardisierter mittlerer Querschnittsrangplatz zum Zeitpunkt t
z_W	Teststatistik des Vorzeichen-Rangtests nach Wilcoxon
z_{WMW}	Teststatistik des Rangsummentest nach Wilcoxon/ Mann/Whitney

1 Einleitung

1.1 Problemstellung und Motivation

Das globale Emissionsvolumen von Anleihen übertrifft das von Aktien mit $ 21 Billionen zu $ 540 Milliarden für das Jahr 2019.[1] Diese Diskrepanz verdeutlicht die Relevanz von marktnotiertem Fremdkapital und lässt zugleich den damit einhergehenden Bewertungsbedarf dieser Titel erahnen. So stellt neben dem Zinsänderungsrisiko, das Bonitätsrisiko eine relevante Determinante bei der Bepreisung von Fremdkapitalinstrumenten dar.[2] Zur Einschätzung der Fähigkeit des Emittenten zur Rückzahlung der ausstehenden Verbindlichkeiten wird dabei vornehmlich auf die Expertise der großen drei Ratingagenturen – Standard & Poor's Global Ratings (S&P), Moody's Investor Service sowie Fitch Ratings – vertraut.[3] Denn deren Ratingurteile tragen dazu bei, die Informationskosten und -asymmetrien zwischen Kapitalgeber-[4] und Kapitalnehmerseite abzubauen und somit eine effizientere Preisbildung von Wertpapieren zu unterstützen.

Dieser förderliche Beitrag für den Kapitalmarkt wurde bereits von Gesetzgebern und Aufsichtsbehörden anerkannt, weshalb das Rating auch als „[...] entry ticket to many financial market segments"[5] bezeichnet werden kann. So müssen etwa Kreditinstitute und Versicherungsunternehmen seit der Umsetzung von Basel II bzw. Solvency II Eigenkapital als Risikopuffer in Abhängigkeit der Bonität bzw. Ratingeinstufung des Schuldners vorhalten.[6] Zudem sind institutionelle Investoren oft per Satzung auf Wertpapieranlagen mit einer

---

1 Vgl. sifma (2020), S. 36. Für eine Übersicht über die Entwicklung des Emissionsvolumens beider Märkte empfiehlt sich Maul, D./Schiereck, D. (2017), S. 750.

2 Vgl. Perridon, L./Steiner, M./Rathgeber, A. W. (2017), S. 199; Steiner, M./Bruns, C./Stöckl, S. (2017), S. 199.

3 Auf die genannten Ratingagenturen entfällt derzeit ein Marktanteil von ca. 92 % in Europa für 2019, vgl. ESMA (2019), S. 6. Siehe auch Anhang 1.

4 Aus Gründen der besseren Lesbarkeit wird im Folgenden auf die gleichzeitige Verwendung weiblicher und männlicher Sprachformen verzichtet und das generische Maskulinum verwendet. Sämtliche Personenbezeichnungen gelten gleichermaßen für beide Geschlechter.

5 Kuhner, C. (2001), S. 3.

6 Vgl. Kisgen, D. (2006), S. 1036; Bongaerts, D./Cremers, K. J. M./Goetzmann, W. N. (2012), S. 118; Brealey, R. A./Myers, S. C./Allen, F. (2017), S. 608; Hilscher, J./Wilson, M. (2017), S. 3414.

nachweislich guten Bonität (Investment Grade-Titel) beschränkt.[7] Dieser Restriktion unterliegt auch die Europäische Zentralbank bei der Zeichnung von Anleiheemissionen auf dem Primärmarkt.[8]

Darüber hinaus kann ein externes Bonitätsurteil auch vertragliche Beziehungen mit den Stakeholdern des gerateten Emittenten beeinflussen. Demnach können etwa kreditvertragliche Regelungen eine Anpassung der Kreditkonditionen oder eine Fälligstellung des Fremdkapitals im Zuge einer Ratingverschlechterung hervorrufen.[9] Überdies kann ein alarmierendes Ratingsignal, welches die Überlebensfähigkeit des Unternehmens in Zweifel zieht, die Beziehung zu Kunden, Lieferanten sowie Mitarbeiter belasten.[10] Infolgedessen überrascht es nicht, dass das Rating laut einer Umfrage unter US-amerikanischen Finanzvorständen zu den wichtigsten Faktoren im Rahmen der Fremdfinanzierungspolitik zählt.[11] In diesem Zusammenhang scheint die Orientierung an ein Zielrating wichtiger als die Umsetzung einer vorab definierten Zielkapitalstruktur zu sein.[12] Denn der Zugang zum Kapitalmarkt und somit die Kapitalkosten des Unternehmens werden von diesem Signalinstrument mitbestimmt.[13]

Trotz der Relevanz von Bonitätsurteilen sind die Ratingagenturen in regelmäßigen Abständen dem Vorwurf einer inadäquaten und intransparenten Ratingvergabe ausgesetzt. Besonders in rezessiven Konjunkturphasen wird eine Zunahme der kritischen Stimmen vernommen,[14] wobei während der Abschwünge der vergangenen zwei Dekaden jeweils ein anderes Ratingsubjekt (Unternehmen, strukturierte Finanzprodukte oder Länder) im Fokus stand. Typischerweise werden anekdotisch bedeutende Unternehmensinsolvenzen wie Enron (2001), WorldCom (2002) sowie Lehman Brothers (2008) zu Felde geführt, da diese Unternehmen kurz vor oder zum Zeitpunkt der Insolvenz noch ein solides (Investment Grade-)Rating aufwiesen. Wohingegen der Kapitalmarkt die bevorstehende Insolvenz in den Kursen von Aktien, Anleihen und Credit Default Swaps (CDS) bereits einpreiste und dadurch die Aktualität von Unternehmensratings in

7 Vgl. Bongaerts, D./Cremers, K. J. M./Goetzmann, W. N. (2012), S. 113; Kley, C. (2015), S. 190; Hilscher, J./Wilson, M. (2017), S. 3414.

8 Vgl. Hartmann-Wendels, T./Pfingsten, A./Weber, M. (2019), S. 46; Harder, O./Buchholz, D. (2020)

9 Vgl. Kisgen, D. (2007), S. 67; Johansson, T. (2010), S. 17.

10 Vgl. Kisgen, D. (2007), S. 68; Munsch, M. (2013), S. 265; Littkemann, J./Reinbacher, P./Dick, S. (2014), S. 77.

11 Vgl. Graham, J./Harvey, C. (2001), S. 211–212.

12 Vgl. Kisgen, D. (2006), S. 1055–1056, (2007), S. 71–72, (2009), S. 1338–1343.

13 Vgl. Kisgen, D. J./Straham, P. E. (2010), S. 4337–4338.

14 Vgl. Kerwer, D. (2005), S. 465; bezugnehmend darauf Wappenschmidt, C. (2009), S. 38.

Frage stellte.[15] Des Weiteren werden die Konsequenzen der Finanzmarktkrise 2007–2009 u. a. den Ratingagenturen durch die inflationäre Vergabe der Bestnote „AAA" für strukturierte Produkte, welche auf Subprime-Kredite referenzieren, zugeschrieben. Als sich erhöhte Ausfallraten bei den Subprime-Krediten abzeichneten, löste die abrupte und umfassende Herabstufung der strukturierten Produkte eine Kaskade an Panikverkäufen über weitere Wertpapierklassen hinweg aus, der in einen globalen Entzug der Liquidität des Kreditmarktes mündete. Diese Entwicklung wird u. a. auf die oligopolistische Struktur des Ratingmarktes, das – den Interessenkonflikt fördernden – Issuer Pay-Vergütungsmodell und der Hörigkeit der Marktteilnehmer zurückgeführt.[16] Zuletzt wurde den Agenturen im Rahmen der europäischen Staatsschuldenkrise 2010–2013 vorgeworfen, Länderratings ohne ausreichende Evidenz erteilt zu haben, wodurch die Krise der betroffenen Euro-Staaten verschärft wurde.[17]

Vor diesem Hintergrund stellt sich die Frage nach der Wertrelevanz eines Ratingurteils für den (europäischen) Kapitalmarkt. Dabei versuchen sowohl konzeptionelle als auch empirische Beiträge sich der Fragestellung anzunähern. Zunächst ist – unabhängig vom Credit Rating – das Verständnis über die Wirkungsweisen des Bonitäts- bzw. Ausfallrisikos vonnöten, um die Auswirkungen auf den Unternehmenswert und damit auf die zugrunde liegenden Kapitalgeberansprüche evaluieren zu können. Üblicherweise basieren die Implikationen auf der Optionspreistheorie, während Discounted Cashflow (DCF)-Kalküle eher zurückhaltend zurate gezogen werden, um ausfallbedrohtes Fremdkapital zu modellieren.[18] Dies ist schwer verständlich, da sich mit Binomialmodellen im Allgemeinen die Wertbeiträge in Abhängigkeit der gesetzten Prämissen und im Besonderen die Wertrelevanz der Ratingkomponenten transparent aufzeigen lassen. Daher verfolgt die Arbeit das Ziel diesen wahrgenommenen Bedeutungsunterschied durch eine DCF-basierte klare Zuordnung der Werteffekte auf Eigen- und Fremdkapital bei Ausfallrisiko zu reduzieren. Darauf aufbauend werden die Forschungshypothesen und wertrelevante Variablen für die nachfolgende empirische Untersuchung abgeleitet.

---

15 Vgl. Templin, H.-U. (2005), S. 123; May, A. (2010), S. 2822; Cornaggia, J./Cornaggia, K. J. (2013), S. 2229; Hundt, S./Sprungk, B./Horsch, A. (2017b), S. 147; Bonsall, S. B./ Green, J. R./Muller, K. A. (2018), S. 61.

16 Vgl. Johansson, T. (2010), S. 6; White, L. (2010), S. 211, 221; de Haan, E. (2017), S. 74.

17 Zudem wurde die Verzögerung zwischen Ratingbeschluss und Ratingpublikation moniert, vgl. ESMA (2013), S. 11–13. Die fehlerhafte Herabstufung Frankreichs durch S&P im Jahr 2011 verschärfte die Kritik, vgl. Tagesschau (2011).

18 Siehe Kapitel 2.2.3.

Die empirische Literatur greift zur Untersuchung des Informationswertes von Credit Ratings üblicherweise auf die Ereignisstudienmethodik zurück. Dieses Verfahren ermöglicht die Analyse von Ankündigungsreaktionen von verbrieften Wertpapieren. Zwar gibt es eine Vielzahl von Ereignisstudien die einen Informationswert von Ratingsignalen belegen, jedoch adressieren die meisten Studien den US-amerikanischen Kapitalmarkt, wohingegen der europäische Wirtschaftsraum eher von untergeordneter Bedeutung ist.[19] Dieses Ungleichgewicht soll mit dieser Arbeit reduziert werden. Weiterhin unterscheidet sich das vorliegende Untersuchungssample in der Breite und Tiefe von bisherigen europäischen Pendants. Zum einen gibt es keine Ereignisstudie, die einen ähnlich umfassenden Stichprobenumfang aufweist, zum anderen wurden die Presseberichte der Ratingagenturen in die Analyse mit einbezogen.[20] Zuletzt beschränken sich die meisten Studien auf die Untersuchung lediglich einer Wertpapierart (Aktien, Anleihen oder CDS). Diese Herangehensweise muss als unvollständig bezeichnet werden, wenn damit Rückschlüsse auf den gesamten Unternehmenswert gezogen werden sollen.[21] Deshalb werden in der vorliegenden Untersuchung sowohl Eigen- als auch Fremdkapitaltitel erfasst, um den Einfluss des Credit Ratings auf den Unternehmenswert eruieren zu können. Zudem sollen dabei auch ggf. auftretende Vermögenstransfereffekte zwischen den Financiers untersucht werden. Neben der Analyse der Ankündigungsreaktion wird diese Arbeit die auf Basis der konzeptionellen Analyse und empirischen Bestandsaufnahme ausgeloteten Determinanten untersuchen, um den Einfluss auf die Reaktionsstärke zu erklären. Daran anknüpfend soll ein Prognosemodell zur Einschätzung abnormaler Wertpapierrenditen im Zuge von Herauf- und Herabstufungen aufgesetzt werden, um den Einfluss des Credit Ratings zu quantifizieren. Abschließend erfolgt auf Basis der Erkenntnisse die Ableitung von Handlungsempfehlungen für Investoren, Manager sowie Aufsichtsorgane.

1.2 Begriffsabgrenzung und Grundlagen zu Credit Ratings

Everling (1991) definiert ein Rating als „[...] eine Meinung über die Fähigkeit und die rechtliche Bindung eines Emittenten, die mit einem bestimmten Finanztitel verbundenen Zahlungsverpflichtungen rechtzeitig und in vollem Umfang zu

19 Vgl. Hundt, S. (2015), S. 289–299.

20 Die Ratingursache findet bisher nur in wenigen europäischen Studien Eingang, siehe Kapitel 3.1.2.

21 Dennoch setzen manche Autoren den Unternehmenswert mit dem Marktwert des Eigenkapitals gleich, vgl. bspw. Ott, C. (2011), S. 116, 173, 174.

erfüllen."[22] Allerdings ist diese Definition nicht ausreichend, um den Untersuchungsgegenstand präzise genug abzugrenzen, da es einige Ausprägungsformen im Hinblick auf das Ratingsubjekt und -objekt, Fristigkeit sowie Auftragsverhältnis zu berücksichtigen gilt. Zunächst ist zwischen internen und externen Ratingurteilen zu unterscheiden. Erstere sind das Resultat der Bonitätsanalyse von Kreditinstituten im Rahmen einer Kreditvergabe, wohingegen Letztere von zahlungsflussunabhängigen Ratingagenturen ausgestellt und veröffentlicht werden.[23] Zudem kann sich das Rating auf den Emittenten (Emittentenrating) wie Unternehmen, Länder oder Kommunen sowie auf ein emittiertes Wertpapier (Emissionsrating) wie Anleihen, Vorzugsaktien oder strukturierte Produkte beziehen.[24] Weiterhin ist der zeitliche Horizont des zugrunde liegenden Wertpapiers für die Ratingklassifikation zu konkretisieren, da für Finanztitel mit einer Ursprungslaufzeit von bis zu 13 Monaten Kurzfrist-Ratings erteilt werden, während für originäre Laufzeiten von über einem Jahr Langfristratings vergeben werden.[25] Schließlich können Bonitätsurteile in Abhängigkeit des Impulsgebers unterschieden werden bzw. ob der Emittent die Begutachtung in Auftrag gegeben oder die Ratingagentur dies unentgeltlich initiiert hat.[26] Im weiteren Verlauf werden beauftragte Ratings über Unternehmen bzw. langfristige Unternehmensanleihen im Fokus der Arbeit stehen.

Das Credit Rating erlaubt nur Aussagen über die relative Bonität eines Emittenten oder Wertpapiers zu treffen. Dabei erfolgt die ordinale Bonitätseinstufung mittels eines Ratingsymbols innerhalb einer Skala, die sich von einer sehr guten Bonität (AAA/Aaa) bis zum Zahlungsausfall (C bzw. D) erstreckt. Herab- oder Heraufstufungen um eine Note – wie etwa von BBB-/Baa3 auf BB+/Ba1 oder umgekehrt – werden auch als Notch bezeichnet. Zugleich markiert dieser spezielle Übergang auch die Schwelle zwischen der Ratingkategorie Investment Grade (IG) sowie Non-Investment Grade (NG). Diese durch Konvention geprägte Einordnung hat Einfluss auf den potenziellen Investorenkreis und die erhobenen Fremdfinanzierungskosten, da institutionelle Investoren oft auf IG-Anlageobjekte limitiert sind.[27] Tab. 1 illustriert die Ratingskala für die

22 Everling, O. (1991), S. 29.

23 Vgl. Steiner, M./Bruns, C./Stöckl, S. (2017), S. 199.

24 Vgl. Steiner, M. (1992), S. 509; Berblinger, J. (1996), S. 46; Lowis, S./Heischkamp, V. (2005), S. 409–410; Mock, T./Ekholm, T. E. (2017), S. 1229; FitchRatings (2020c), S. 1.

25 Vgl. FitchRatings (2020c), S. 20; Moody's Investor Service (2020b), S. 5.

26 Vgl. FitchRatings (2015), S. 1.

27 Vgl. FitchRatings (2020c), S. 1, 12–14; Koller, T./Goedhart, M. H./Wessels, D. (2020), S. 646.

großen drei Agenturen, welche sich nur marginal in ihrer Ratingeinstufung unterscheiden.

Darüber hinaus existieren weitere Ratingsignale in Form eines Watchlistings/Reviews sowie eines Outlooks. Erstere geben eine Indikation über die kurzfristige Entwicklung (180 Tage) des Ratings, wohingegen Letztere einen mittelfristigen Ausblick über einen Zeitraum von einem halben bis zwei Jahre erteilen. Diese unterstützenden Signale sollen die Marktteilnehmer auf eine evtl. bevorstehende Ratingänderung vorbereiten, allerdings stellen solche Vorwarnungen kein Erfordernis für eine Ratingrevision dar.[28]

Tab. 1: Ratingmatrix für geratete Emittenten von S&P, Fitch sowie Moody's. Eigene Darstellung in Anlehnung an Perridon, L./Steiner, M./Rathgeber, A. W. (2017), S. 186; S&P Global Ratings (2018), S. 4–5; FitchRatings (2020c), S. 12–14; Moody's Investor Service (2020b), S. 6.

Beschreibung	S&P	Fitch	Moody's	Ratingkategorie
Sehr gute Anleihen	AAA	AAA	Aaa	Investment Grade
	AA+	AA+	Aa1	
	AA	AA	Aa2	
	AA-	AA-	Aa3	
Gute Anleihen	A+	A+	A1	
	A	A	A2	
	A-	A-	A3	
	BBB+	BBB+	Baa1	
	BBB	BBB	Baa2	
	BBB-	BBB-	Baa3	
Spekulative Qualität	BB+	BB+	Ba1	Non-Investment Grade, Speculative Grade oder High Yield Bonds
	BB	BB	Ba2	
	BB-	BB-	Ba3	
	B+	B+	B1	
	B	B	B2	
	B-	B-	B3	
Junk Bonds	CCC	CCC	Caa	
	CC	CC	Ca	
Zahlungsverzug bzw. Ausfall		C		
	SD/D	RD/D	C	

28 Vgl. S&P Global Ratings (2018), S. 6–7; FitchRatings (2020c), S. 7–8; Moody's Investor Service (2020b), S. 30–31.

Die Ermittlung der Bonität erfolgt anhand von qualitativen und quantitativen Kriterien bzw. unternehmerischen und finanzwirtschaftlichen Faktoren. Im Rahmen der qualitativen Evaluation wird, ein Top-Down-Ansatz verfolgt, welcher absteigend das Länder-, Branchen- sowie das Unternehmensrisiko bewertet.[29] Dabei dient zunächst das jeweilige Länderrating als Richtschnur (Sovereign Ceiling) für das höchste ausstellbare Bonitätsrating eines Emittenten, da sich Emittenten meist schwer der politischen sowie wirtschaftlichen Instabilität des Domizils entziehen können.[30] Das Branchenrisiko wird durch die Konjunkturabhängigkeit, das Marktwachstum sowie der Wettbewerbsintensität bestimmt. Abschließend wird die unternehmensindividuelle Wettbewerbsposition und -vorteil, die Managementqualität, die Profitabilität, die Kostenstruktur, der Diversifikationsgrad und die Effizienz des operativen Geschäfts beleuchtet.[31] Dabei fließen auch Corporate Governance-relevante Aspekte wie etwa die Effektivität des internen Kontrollsystems, die Eigentümerstruktur, die Integrität und Transparenz der Rechnungslegung des Emittenten in die Evaluation ein.[32] Die quantitative Analyse basiert u. a. auf die Untersuchung von Kennzahlen zu Cashflow, Liquidität, Gewinnmargen, Verschuldungsgraden, Schulden- sowie Zinsdeckungsquoten.[33] Dabei wird stets betont, dass „[...] die Erreichung bestimmter Kennzahlen durch das Unternehmen keinesfalls die Erteilung eines spezifischen Rating[s] zur Folge [...]“[34] hat. Stattdessen müssen zugleich auch die qualitativen und zukunftsorientierten Aspekte bei der Bonitätsbewertung bedacht werden.[35] Allerdings ist eine wachsende Bedeutung von finanzwirtschaftlichen gegenüber unternehmerischen Aspekten mit einer zunehmenden Ratingverschlechterung zu konstatieren.[36]

---

29 Vgl. Everling, O. (1991), S. 139; Steiner, M. (1992), S. 511–513; Berblinger, J. (1996), S. 64; Perridon, L./Steiner, M./Rathgeber, A. W. (2017), S. 211–213.

30 Vgl. Steiner, M. (1992), S. 511; FitchRatings (2020c), S. 14; Moody's Investor Service (2020b), S. 25.

31 Vgl. Stäblein, W. (2013), S. 383–385; S&P Global Ratings (2019c), S. 2–3; FitchRatings (2020a), S. 2–4.

32 Vgl. FitchRatings (2020a), S. 3–4. Dadurch sollen Prinzipal-Agent bzw. Prinzipal-Prinzipal-Konflikte aufgedeckt bzw. vermieden werden.

33 Vgl. Moody's Investor Service (2016), S. 2, 5; Schüler, A. (2016), S. 455; FitchRatings (2020a), S. 4–5, 56–58; Moody's Investor Service (2020a), S. 9.

34 Berblinger, J. (1996), S. 70.

35 Vgl. Moody's Investor Service (2016), S. 2.

36 Vgl. S&P Global Ratings (2019c), S. 4; FitchRatings (2020a), S. 41–42.

Die oben beschriebene Bonitätsanalyse wird im Rahmen des vier- bis achtwöchigen Ratingermittlungsprozesses durchgeführt, der durch die Beauftragung der Ratingagentur in Gang gesetzt wird. Zunächst erfolgt die Sichtung und Auswertung von öffentlichen und privaten Daten des Auftraggebers durch ein Analystenteam. Auf dieser Grundlage werden bonitätsrelevante Faktoren mit dem Management des Unternehmens diskutiert. Im Anschluss an die Gespräche erstellt der leitende Analyst eine Ratingempfehlung, welche dem Ratinggremium[37] zur finalen Entscheidung vorgelegt wird. Nach der konsensbasierten Festlegung der Ratingnote wird der Emittent über die Beurteilung und die wesentlichen Gründe in Kenntnis gesetzt. Sofern keine neuen wesentlichen Informationen gegen das ermittelte Rating sprechen, wird das Bonitätsurteil samt Erläuterung in Form einer Pressemitteilung auf der Homepage der Ratingagentur publiziert.[38]

1.3 Gang der Untersuchung

Kapitel zwei legt das konzeptionelle Fundament der Arbeit. Einleitend wird das Ratingsignal mittels der neoklassischen und neoinstitutionellen Finanzierungstheorie erklärt. Letztere Forschungsrichtung wird durch die Ausarbeitung der Transaktionskosten-Theorie, der Prinzipal-Agent-Theorie sowie die Theorie der Finanzintermediation vertieft. In der zweiten Hälfte des Kapitels steht die Relevanz des Ausfallrisikos in der Unternehmensbewertung im Fokus. Nach der begrifflichen Präzisierung folgt die Darstellung der Optionspreistheorie und der jeweiligen Implikationen für die Kapitalgebergruppen. Anschließend folgt – der Kern der konzeptionellen Analyse – die Untersuchung des Ausfallrisikos in DCF-Kalkülen. In diesem Abschnitt werden geeignete Bewertungsverfahren zur Modellierung von ausfallbedrohtem Fremdkapital vorgestellt, welche anhand eines aufgespannten Binomialbaums auf ein Beispiel angewendet werden. Unter Berücksichtigung einschlägiger Beiträge werden die Prämissen sukzessive angepasst und deren Auswirkungen auf den Unternehmenswert sowie den Eigen- und Fremdkapitalgeberansprüchen modelliert und dabei die Wertrelevanz der Ratingkomponenten eruiert. Daraus folgt die Herleitung von potenziell geeigneten bonitätsrelevanten Variablen, welche Eingang in die empirische Untersuchung finden.

37 Das Gremium besteht aus mindestens fünf erfahrenen Analysten, wobei mindestens ein Analyst aus einer anderen Ratingproduktsparte oder Region stammen muss, vgl. FitchRatings (2015), S. 2–3.

38 Vgl. Standard & Poor's Ratings Services (2014a), S. 2; FitchRatings (2015), S. 2–6.

Im darauffolgenden dritten Kapitel werden die Weichen zur Durchführung der empirischen Untersuchung gestellt. Initial erfolgt eine Bestandsaufnahme der Credit Rating-Ereignisstudienliteratur im Hinblick auf die Region, die Ratingursache, der Ratingkategorie sowie dem Konjunkturzyklus. Auf den Erkenntnissen des vorherigen Kapitels und dem empirischen Schrifttum aufbauend werden 15 Forschungshypothesen für die empirische Analyse abgeleitet und formuliert. Der letzte Abschnitt erläutert die Ereignisstudienmethodik. Dabei wird beschrieben wie die Überrendite ermittelt, die Datenqualität validiert, die Signifikanz überprüft und die Querschnittsregression angewendet wird.

Kapitel vier präsentiert die Ergebnisse der vorliegenden Credit Rating-Ereignisstudie. Beginnend wird der Stichprobenerhebungsprozess vorgestellt und das verbliebene Untersuchungssample in der deskriptiven Analyse beschrieben. Daraufhin werden die Resultate der uni- und multivariaten Untersuchung für Aktien und Anleihen präsentiert und analysiert. Im ersten Analyseverfahren wird die Signifikanz der Ankündigungsreaktion von Ratingrevisionen durch die Bildung von Subsamples erforscht und damit die ersten vier Forschungshypothesen verifiziert. Danach folgt die Beantwortung der restlichen elf Hypothesen mittels der Querschnittsregression. Hierbei wird der Einfluss diverser Determinanten auf die Überrendite in Abhängigkeit der Ratingrichtung evaluiert. Überdies wird durch den Vergleich mit anderen empirischen Beiträgen eine Optimierung des Basismodells angestrebt. Das modifizierte Regressionsmodell mündet in einer Prognose von Überrenditen auf Basis des Samples. Zuletzt werden die empirischen Resultate zusammengefasst und Handlungsempfehlungen ausgesprochen.

Das letzte Kapitel zieht ein Fazit, verweist auf potenzielle Forschungslücken und erteilt einen Ausblick über die Entwicklung des europäischen Ratingmarktes.

2 Konzeptionelle Aspekte von Credit Ratings

Dieses Kapitel legt das theoretische Fundament zur Durchführung der Ereignisstudie. Hierzu ist es zunächst notwendig, mittels geeigneter Finanztheorien zu erklären, welchen Beitrag Ratingagenturen für den Kapitalmarkt leisten. Danach werden mittels quantitativer Bewertungsverfahren die Wirkungsweisen des Bonitätsrisikos und der Ratingkomponenten auf die Kapitalgeberansprüche erschlossen.

2.1 Finanztheoretische Erklärungsansätze zu Credit Ratings

Wie es in der empirischen Literatur üblich ist, wird die neoklassische sowie neoinstitutionelle Finanzierungstheorie herangezogen, um die grundlegende Frage der Existenzberechtigung von externen Bonitätsurteilen zu ergründen.[39]

2.1.1 Ratings aus der Perspektive der Neoklassik im Kontext der Informationseffizienz

Die neoklassische Finanzierungstheorie zeichnet sich durch einen rigiden Prämissenkranz, der u. a. die Existenz eines vollkommenen Kapitalmarktes fordert, aus.[40] Die Vollkommenheit des Kapitalmarktes gilt als erfüllt, sofern per Annahme alle Marktteilnehmer rational bzw. nutzenmaximierend agieren, vollkommene Konkurrenz zwischen den Marktakteuren herrscht und keine Kapitalmarktfriktionen (Steuern, Transaktions- und Informationskosten) vorliegen.[41] Auf Grundlage dieses Annahmerahmens lässt sich die Existenzberechtigung eines Credit Ratings nicht modellendogen erklären, da sich bereits sämtliche Informationen im Besitz des Kapitalmarktes befinden und

39 Vgl. Heinke, V. (1998), S. 136-244; Wappenschmidt, C. (2009), S. 21–39; Hundt, S. (2015), S. 54–68.

40 Damit sich der Kapitalmarkt im Gleichgewicht befinden kann, muss der Markt vollständig und zudem arbitragefrei sein, vgl. Breuer, W. (2013), S. 85–86.

41 Vgl. Drukarczyk, J. (1993), S. 125; Schmidt, R.H./Terberger, E. (1996), S. 55–58; Franke, G./Hax, H. (2009), S. 357; Breuer, W. (2013), S. 83–84; Perridon, L./Steiner, M./Rathgeber, A. W. (2017), S. 290. Der Detailgrad bei der Definition eines vollkommenen Kapitalmarktes weicht in der Literatur ab, jedoch sind die Formulierung der genannten Annahmen ausreichend, um alle weiteren Annahmen abzuleiten, vgl. Breuer, W. (2013), S. 84.

konkordante Rückschlüsse über die Verteilung der Risiko- und Renditecharakteristika der Wertpapiere gezogen werden. M. a. W. hegen die Marktteilnehmer homogene Erwartungen über die Ausfallwahrscheinlichkeit und -höhe. Folglich sind Ratingagenturen obsolete Institutionen, die keinen Nutzenzuwachs für die Funktionstüchtigkeit des Kapitalmarktes stiften.[42] Implizit unterstellt die Neoklassik, „[...] dass es [bereits] ein einfaches, aber kostenloses und perfektes institutionelles System gibt, das den Abschluss und die Durchführung von Verträgen und das Funktionieren von Märkten gewährleistet."[43] Innerhalb dieses Theoriegerüsts kann die Neoklassik daher keinen Erklärungsbeitrag zum Geschäftsmodell von Ratingagenturen leisten.

Womöglich vermag die Lockerung des Annahmekorsetts durch die Adaption des Konzeptes der Informationseffizienz eine Existenzgrundlage zu liefern.[44] Nach Fama (1970) liegt ein informationseffizienter Markt vor, wenn die „[...] security prices at any time ‚fully reflect' all available information."[45] Darunter versteht sich ein Idealzustand, in dem der Markt kontinuierlichen Zugang zu sämtlichen bewertungsrelevanten Informationen besitzt und alle Wertpapiere stets adäquat bepreist. Jede neue wertrelevante Information hat eine unverzügliche Preisanpassung des Wertpapieres zur Folge.[46] Somit liegt den inhärenten Annahmen der homogenen Erwartungen der Kapitalmarktteilnehmer stets auch die Markteffizienz des Kapitalmarktes zugrunde.[47]

---

42 Vgl. Benston, G. J./Smith, C. W. (1976), S. 217; Schmidt, R. (1988), S. 245; Breuer, W. (1993), S. 44; Rudolph, B. (2006), S. 414; Horsch, A. (2008), S. 28, 95, 107; Franke, G./Hax, H. (2009), S. 501; Friedrich, T. (2015), S. 104. „The basic problem is that, in a perfect market environment, intermediaries could perform no unique financial service that investors would be unable to reproduce as easily.", Campbell, T. S./Kracaw, W. A. (1980), S. 863.

43 Schmidt, R.H./Terberger, E. (1996), S. 391.

44 Vgl. Fama, E. (1970), (1976); bezunehmend darauf Wappenschmidt, C. (2009), S. 21.

45 Fama, E. (1970), S. 383.

46 Vgl. Fama, E. (1976), S. 143, (1977a), S. 136; Neumann, M. J. M./Klein, M. (1982), S. 165. Fama präzisiert die Markteffizienz mit folgenden Worten: „Market efficiency requires that in setting the prices of securities at any time t-1, the market correctly uses all available information.", Fama, E. (1976), S. 143.

47 Vgl. Fama, E. F./Miller, M. H. (1972), S. 335; Schredelseker, K. (2013), S. 53; Perridon, L./Steiner, M./Rathgeber, A. W. (2017), S. 24; Steiner, M./Bruns, C./Stöckl, S. (2017), S. 4. Die Prämisse eines vollkommenen Kapitalmarktes ist zwar eine hinreichende, allerdings keine notwendige Bedingung für die Gültigkeit der Informationseffizienz, vgl. Fama, E. (1970), S. 387–388; Schredelseker, K. (2013), S. 53.

Dieses Implikat ist als „extreme null hypotheses“[48] zu erachten. Um differenziertere und empirisch überprüfbare Hypothesen zu erhalten, hat Fama drei Ausprägungsformen der Informationseffizienz formuliert, die den Grad der in den Wertpapierpreisen (Preissystem) verarbeiteten Informationsmenge reflektieren.[49] Dabei schließt die höhere Form den Informationsumfang der untergeordneten Ausprägungsform stets mit ein. Ein Markt gilt als schwach informationseffizient, wenn ausschließlich alle Vergangenheitsdaten in der aktuellen Preisbildung der Wertpapiere berücksichtigt werden. Daher ist die Auswertung der historischen Kursentwicklung im Rahmen der technischen Chartanalyse zur Prognose von Wertpapierkursen nicht lohnend. Die semistrenge Form der Informationseffizienz liegt vor, sofern alle öffentlich verfügbaren Informationen in den Kursen der Wertpapiere enthalten sind. Folglich führt die Durchführung einer Fundamentalanalyse auf Basis öffentlicher Informationen lediglich zur Bestätigung des vorliegenden Marktpreises und kann somit nicht systematisch gewinnbringend eingesetzt werden. Die extreme Ausprägungsform mit der strengen Informationseffizienz besteht, sofern alle existierenden Informationen in den Wertpapierkursen widergespiegelt werden. Demnach ist kein Marktakteur (inkl. Insider) im Stande, auf Dauer eine Überrendite zu erwirtschaften.[50]

Bei Vorlage der strengsten Form, ist wie bereits eingangs erwähnt, die Dienstleistung der Ratingagentur nicht vonnöten, weil das Preissystem die (Bonitäts-) Informationen bereits erfasst. Hingegen könnte im Falle der mittelstrengen Informationseffizienz ein Mehrwert für die Ratingempfänger resultieren. Dazu ist es notwendig, dass die Agentur nicht nur auf öffentliche Informationen im Ratingerstellungsprozess zurückgreift, sondern auch private Informationen in die Urteilsbildung miteinfließen lässt.[51] Dies ist nicht unplausibel, da Ratingagenturen i. d. R.[52] einen bevorzugten Informationszugang zum Emittenten erhalten.[53] So wird den Ratinganalysten Einblick in unternehmensinterne

48 Fama, E. (1970), S. 388.

49 Vgl. Fama, E. (1970), S. 383.

50 Vgl. Drukarczyk, J. (1993), S. 85–86; Süchting, J. (1995), S. 397–398; Gerke, W./Bank, M. (2016), S. 83–84; Perridon, L./Steiner, M./Rathgeber, A. W. (2017), S. 231–232.

51 Vgl. Wagner, W.-C. (1991), S. 69–71; Heinke, V. (2005), S. 168–169; Päßler, N. (2007), S. 138–139; Schmidt, A./Obermüller, P. (2017), S. 64; Badoer, D. C./Demiroglu, C. (2019), S. 42.

52 Sofern es sich um eine vom Emittenten beauftragte Ratingerstellung handelt. Jedoch ist es bei einem unmandatierten Rating nicht ausgeschlossen, dass der Emittent einen Einblick in seine nicht-öffentlichen Daten gewährt, vgl. Hiss, S./Nagel, S. (2019), S. 41.

53 Vgl. Jorion, P./Liu, Z./Shi, C. (2005), S. 315; FitchRatings (2019), S. 5.

Plandaten und Projekte gewährt.[54] Der dabei gewonnene Bonitätseindruck wird durch die im Nachgang stattfindenden Managementgespräche komplementiert.[55]

Bisherige Überlegungen wurden stets unter dem Annahmerahmen der Informationskostenfreiheit getätigt. Die Auswirkungen der Einführung von Kosten der Informationsbeschaffung und Auswertung werden im Modell von Grossman/Stiglitz (1980) explizit dargestellt. So führt die Existenz von positiven Informationskosten in Verbindung mit der strengen Informationseffizienz des Kapitalmarktes zu einem Zusammenbruch derselben.[56] Das sogenannte Informationsparadoxon begründet sich durch die mangelnde Bereitschaft von Anlegern, Ressourcen zur Erlangung und Auswertung von Informationen aufzuwenden, um einen Informationsvorsprung gegenüber anderen Marktteilnehmern zu erzielen, da die Preise bereits sämtliche Informationen reflektieren. Damit erlischt jedoch die treibende Kraft, die das Preissystem vervollständigt. Weshalb die Wertpapierpreise nicht mehr alle Informationen beinhalten und somit dem Kapitalmarkt die Eigenschaft der Informationseffizienz aberkannt werden muss.[57]

Neben der Aufgabe der Informationseffizienz ist die Einführung eines verrauschten Preissignals notwendig, damit sich ein Gleichgewicht unter Berücksichtigung von Informationskosten einstellen kann. Das Rauschen verhindert, dass uninformierte Marktteilnehmer Kenntnis darüber erlangen, ob eine beobachtbare Preisveränderung das Resultat einer neuen Information oder zufälligen Verknappung des Wertpapierangebotes darstellt.[58] Somit bestehen wieder

54 Vgl. Ederington, L. H./Yawitz, J. B./Roberts, B. E. (1987), S. 212; Goh, J. C./Ederington L. H. (1993), S. 2002; Kliger, D./Sarig, O. (2000), S. 2882.

55 Vgl. Schmidt, M. (1996), S. 266–267; Koller, T./Goedhart, M. H./Wessels, D. (2015), S. 291. Trotz der Weitergabe sensibler Informationen, erleidet das Unternehmen keinen Wettbewerbsnachteil gegenüber Konkurrenten, da lediglich das Destillat des Ratingvergabeprozesses publik gemacht wird, vgl. Goh, J. C./Ederington L. H. (1993), S. 2002; Meyer-Parpart, W. (2001), S. 513.

56 Vgl. Grossman, S. J./Stiglitz, J. E. (1980), S. 404. Fama stimmt den Erkenntnissen zu: „Since there are surely positive Information and trading costs, the extreme version of the market efficiency hypothesis is surely false.“, Fama, E. (1991), S. 1575. Vor der Einführung von Informationskosten sind die Marktteilnehmer indifferent, ob sie die kostenfreien Informationen auswerten oder darauf verzichten, vgl. Gerke, W./Bank, M. (2016), S. 82–83.

57 Vgl. Drukarczyk, J. (1993), S. 86; Rudolph, B. (2006), S. 89; Schredelseker, K. (2013), S. 371.

58 Vgl. Grossman, S. J./Stiglitz, J. E. (1980), S. 394–395.

Anreize zur Auswertung von Informationen, solange die erlösten Informationsgewinne zumindest die recherchebedingten Kosten kompensieren. Folglich sind nur die Informationen im Marktpreis inkludiert, die im Informationsverarbeitungsprozess die Grenzkosten der Individuen decken konnten.[59]

Unter der Annahme, dass Ratingurteile neben einer Erhöhung der Qualität auch zu einer Reduktion der Kosten von Informationen beitragen, kann gemäß den Implikationen des kostenbehafteten Preismodells eine Daseinsberechtigung von Ratingagenturen ausgesprochen werden, da die in den Wertpapierpreisen verarbeitete Informationsmenge zunimmt und dadurch eine Annäherung an den Idealzustand des effizienten Marktes im Sinne Famas erlaubt.[60] Dadurch wird eine effizientere Allokation der finanziellen Mittel ermöglicht.[61] Die unterstellten Annahmen zur Beschaffenheit der Ratings werden nun im Rahmen des Transaktionskosten-Ansatzes und der Prinzipal-Agent-Theorie präzisiert. Dazu wird das Theoriegerüst der Neoklassik vollständig verlassen, um in die Welt der neoinstitutionellen Finanzierungstheorie einzutreten.

2.1.2 Ratings aus der Perspektive der neoinstitutionellen Finanzierungstheorie

Im Gegensatz zur neoklassischen Finanzierungstheorie ist die Unvollkommenheit des Kapitalmarktes ein fester Bestandteil der neoinstitutionellen Modellwelt. Diese imperfekte Welt ist geprägt durch Informations- bzw. Transaktionskosten und heterogen verteilte Informationen (Informationsasymmetrien) zwischen den Wirtschaftssubjekten.[62] In Abhängigkeit des gewählten Untersuchungsgegenstandes (Transaktions- bzw. Agency-Kosten) werden u. a.[63]

59 Vgl. Franke, G./Hax, H. (2009), S. 436–437; Schredelseker, K. (2013), S. 371; Gerke, W./Bank, M. (2016), S. 83.

60 Vgl. Grossman, S. J./Stiglitz, J. E. (1980), S. 399–400; Gilson, R. J./Kraakman, R. H. (1984), S. 597–598; Ho, T. S. Y./Michaely, R. (1988), S. 61; Heinke, V. (1998), S. 169, (2005), S. 171; Jäckle, J./Ackermann, U. (2007), S. 398.

61 Vgl. Päßler, N. (2007), S. 3, 10.

62 Vgl. Schmidt, R.H./Terberger, E. (1996), S. 390; Rudolph, B. (2006), S. 123–124; Gerke, W./Bank, M. (2016), S. 344–345; Perridon, L./Steiner, M./Rathgeber, A. W. (2017), S. 620–621. Die Forschungszweige der neoinstitutionellen Finanzierungstheorie bedienen meist jeweils nur einen Ausschnitt; es mangelt an einem ganzheitlichen Totalmodell, vgl. Schmidt, R.H./Terberger, E. (1996), S. 400; Gerke, W./Bank, M. (2016), S. 344.

63 Neben den beiden genannten Zweigen zählt auch die Property-Rights-Theorie zu den etablierten neoinstitutionellen Ansätzen. Diese Theorie untersucht den Einfluss rechtlicher und institutioneller ausgestalteter Rahmenbedingungen auf das Verhalten

auf die Transaktionskosten-Theorie und der Prinzipal-Agent-Theorie zurückgegriffen, wobei kein Anspruch auf eine Überschneidungsfreiheit zwischen den beiden Ansätzen besteht.[64] Beide Zweige sind in der Lage einen fruchtbaren Erklärungsansatz zur Daseinsberechtigung von Ratingagenturen zu liefern. Danach werden die Überlegungen mittels der Theorie der Finanzintermediation vertieft. Doch bevor die genannten Ansätze grundlegend eingeführt und auf Ratingagenturen adaptiert werden, erfolgt zunächst die begriffliche Einordnung und Präzisierung des (Informations-)Intermediärs, welcher für ein umfassendes Verständnis der nachfolgenden Abschnitte unabdingbar ist.

2.1.2.1 Begriffliche Bestimmung eines Intermediärs

Allgemein versteht die ökonomische Theorie unter dem Begriff des Intermediärs, eine dritte Partei, die im Austauschprozess zwischen zwei Wirtschaftssubjekten involviert ist. Der ausschließliche Austausch von Zahlungsströmen bzw. -ansprüchen von mindestens zwei Tauschpartnern führt zu einer begrifflichen Präzisierung des Mediums als Finanzintermediär.[65] In Abhängigkeit der erbrachten Finanzdienstleistung kann eine funktionale Abgrenzung als Finanzintermediär im engeren Sinne und im weiteren Sinne erfolgen. Die engere Definition erfasst Intermediäre, die unmittelbar im Kapitalaustauschprozess als eigenständiger Vertragspartner zwischengeschaltet sind und die Zahlungsströme einer Risiko-, Fristen oder Losgrößentransformation unterziehen. Dadurch kontrahieren die originären Kapitalgeber bzw. -nehmer nicht mehr miteinander, sondern exklusiv mit dem Intermediär. Unter diese Definition fallen bspw. Kreditinstitute oder Versicherungs- und Fondsgesellschaften.[66] Hingegen werden Mittler als Finanzintermediäre im weiteren Sinne bezeichnet, die zwar den Abschluss von Finanzkontrakten durch Vermittlungs-, Beratungs- oder Bewertungsdienstleistungen begünstigen, dabei jedoch selbst nicht als eigenständiger Kontraktpartner zwischen den Zahlungsströmen fungieren. Mit dieser Definition werden bspw. Versicherungsmakler, Wirtschaftsprüfungsgesellschaften, Aktienanalysten sowie Ratingagenturen abgesteckt.[67]

---

von ökonomischen Akteuren, vgl. Perridon, L./Steiner, M./Rathgeber, A. W. (2017), S. 539.

64 Vgl. Schmidt, R.H./Terberger, E. (1996), S. 394–395; Picot, A./Dietl, H./Franck, E./Fiedler, M./Royer, S. (2015), S. 89, 100–101.

65 Vgl. Breuer, W. (1993), S. 5, 15, 20.

66 Vgl. Bitz, M./Stark, G. (2008), S. 4–5, 8; Steiner, M./Bruns, C./Stöckl, S. (2017), S. 201; Hartmann-Wendels, T./Pfingsten, A./Weber, M. (2019), S. 3–9.

67 Vgl. Paul, S. (1994), S. 2; Bitz, M./Stark, G. (2008), S. 4–5, 13–14.

Nach der Definition von Breuer (1993) lassen sich Finanzintermediäre im weiteren Sinne in die Idealtypen[68] Finanzgutachter, Finanzauktionator sowie Finanzhändler unterteilen. Erstere – wie bspw. Ratingagenturen – produzieren lediglich Informationen über die gehandelten Zahlungsströme. Hingegen dienen Finanzauktionatoren – wie etwa Broker – explizit zur Preisfindung eines Finanztitels. Die letztere Gruppierung tritt bspw. in Form einer Clearingstelle zwischen Kontraktparteien auf, die lediglich Zahlungsströme weiterleitet, ohne selbst eine Transformation durchzuführen.[69]

Im Hinblick auf das Tauschobjekt handelt es sich bei dem Finanzgutachter nicht nur um einen Finanzintermediär im weiteren Sinne, sondern auch um einen Informationsintermediär im engeren Sinne. Denn die Zwischenschaltung eines Intermediärs im Informationsstrom zwischen zwei Vertragsparteien führt zur Produktion neuer Informationen.[70] Diese Informationen sollen zur Reduktion der Informationsasymmetrien zwischen den beteiligten Tauschpartnern beitragen und somit den Abschluss der Transaktion erleichtern bzw. ermöglichen.[71]

Konkret handelt es sich bei den nachfolgend zu untersuchenden Ratingagenturen um Informationsintermediäre bzw. Finanzgutachter, die auf Basis öffentlicher Markt- und privater Emittenteninformationen ein subjektives Urteil über die Ausfallwahrscheinlichkeit und -höhe des Kapitalnehmers bzw. eines ausstehenden Finanztitels erteilen und mittelüberlassende Kapitalgeber darüber in Kenntnis setzen, um die Preisfindung des Fremdkapitaltitels zu erleichtern.

2.1.2.2 Transaktionskosten-Theorie

Die Transaktionskostentheorie befasst sich mit den Kosten, die im Annahmerahmen der neoinstitutionellen Theorie durch die Übertragung der Verfügungsrechte bzw. Transaktionen verursacht werden.[72] Unter Transaktionskosten wird der Ressourcenverzehr verstanden, der notwendig ist, um einen Austausch von Leistungen zwischen zwei Individuen zu realisieren.[73]

---

68 Es existiert in der Praxis keine stete Überschneidungsfreiheit. So kann eine Universalbank etwa alle genannten Funktionen erfüllen.

69 Vgl. Breuer, W. (1993), S. 9–19; Hartmann-Wendels, T./Pfingsten, A./Weber, M. (2019), S. 106.

70 Vgl. Horsch, A. (2008), S. 89–90.

71 Vgl. Hax, G. (1998), S. 46; Badoer, D. C./Demiroglu, C. E. M./James, C. M. (2019), S. 1.

72 Vgl. Picot, A./Dietl, H./Franck, E./Fiedler, M./Royer, S. (2015), S. 70. Das Teilgebiet wurde ursprünglich von Coase (1937) begründet und in seiner heutigen Form durch Williamson weiterentwickelt (1987), vgl. Coase, R. (1937); Williamson, O. (1987).

73 Vgl. Breuer, W. (1993), S. 59; Gerke, W./Bank, M. (2016), S. 345.

Dabei ist der Verzehr nicht auf eine einzelne Kostenkomponente oder einen bestimmten Zeitpunkt begrenzt, sondern manifestiert sich sowohl in Form von Anbahnungs- und Vereinbarungskosten vor Vertragsabschluss sowie in Form von Kontroll- und Anpassungskosten nach Vertragsabschluss.[74] Zur Reduktion solcher wohlfahrtssenkenden Kosten kann ggf. die Zwischenschaltung eines Intermediärs beitragen.[75]

Insbesondere die Senkung der Informationskosten bzw. der Kosten der Informationsbeschaffung und -auswertung werden mit dem Rückgriff auf die Bonitätsbeurteilung einer Ratingagentur verfolgt. Hierfür müssen die Agenturen eine bessere Informationskostenstruktur als die anderen Marktakteure aufweisen.[76] Der Kostenvorteil der Informationsintermediäre liegt u. a. in der erleichterten Informationsbeschaffung begründet.[77] Denn beauftragte Ratinganalysten erhalten einen (eingeschränkten) Einblick in nicht-öffentliche Daten des Emittenten, die anderweitig entweder unzureichend oder unter einem höheren Aufwand besorgt werden müssten. Des Weiteren weist die Ratingagentur geringere Informationsverarbeitungskosten durch die Realisierung von Skalen- und Spezialisierungsvorteilen auf.[78] Demnach geht mit einer zunehmenden Verbreitung von Ratingurteilen bei konstanter Ausbringungsmenge eine Abnahme der durchschnittlichen (Rating-)Erstellungskosten einher. Dies kann zum einen durch die Fixkostendegression, bspw. durch den einmaligen Erwerb einer teuren Datenbank oder eines Analysetools zur Bonitätsrisikobewertung, erklärt werden. Zum anderen können Lerneffekte bspw. durch routinierte und bewährte Arbeitsabläufe und/oder durch den anwachsenden Wissens- und Erfahrungsschatz der Ratinganalysten zur Produktivitätssteigerung beitragen.[79] Überdies verringern sich die Auswertungskosten

---

74 Vgl. Rudolph, B. (2006), S. 126; Richter, R./Furubotn, E. G. (2010), S. 59–60; Hundt, S. (2015), S. 62; Picot, A./Dietl, H./Franck, E./Fiedler, M./Royer, S. (2015), S. 70; Gerke, W./Bank, M. (2016), S. 345.

75 Vgl. Benston, G. J./Smith, C. W. (1976), S. 216; Ramakrishnan, R. T. S./Thakor, A. V. (1984), S. 416. „Financial intermediation theories are generally based on some cost advantage for the intermediary.", Diamond, D. (1984), S. 393.

76 Vgl. Ott, C. (2011), S. 67–68.

77 Vgl. Benston, G. J./Smith, C. W. (1976), S. 223; bezugnehmend darauf Gerke, W./Bank, M. (2016), S. 348.

78 Vgl. Benston, G. J./Smith, C. W. (1976), S. 222–223; Heinke, V. (1998), S. 170; Rudolph, B. (2006), S. 414.

79 Vgl. Paul, S. (1994), S. 17–18; Randow, P. (1995), S. 145; Kley, C. (2003), S. 241; Rudolph, B. (2006), S. 566; Gerke, W./Bank, M. (2016), S. 345.

der bonitätsnachfragenden Kapitalmarktteilnehmer durch die Destillation des (komplexen) Ratingergebnisses in einfach verständliche Symbole.[80]

Trotz dieses superioren Wettbewerbsvorteils können Transaktionskosten nicht gänzlich vermieden werden, da die Erzeugung von Ratings wiederum Kosten verursacht, die in Form von Ratingentgelten von Dritten (i. d. R. vom Emittenten) zu tragen sind.[81] Zudem müssen auch die in einem Symbol komprimierten Bonitätsauskünfte von den Kapitalmarktteilnehmern gefunden und interpretiert werden, wodurch ebenfalls Informationskosten entstehen.[82] Dennoch wird in der Gesamtschau davon ausgegangen, dass Ratingagenturen auch nach Abzug „eigener" Transaktionskosten einen (Informations-)Mehrwert für die Kapitalmarktteilnehmer liefern. Damit verhindern sie „[…] eine volkswirtschaftlich sinnlose Überproduktion von immer gleichem Wissen"[83] und tragen zudem zum Abbau der Informationsineffizienz bei.[84] Folglich leistet der Transaktionskosten-Ansatz einen wichtigen Erklärungsbeitrag zur Existenz von Ratingagenturen.

Gleichwohl halten Leland/Pyle (1977) den vorgestellten Theorieansatz für unzureichend, um die vollständige Existenzberechtigung von (Informations) intermediären zu begründen: „Transaction costs could explain intermediation, but their mangnitude does not in many cases appear sufficient to be the sole cause. We suggest that informational asymmetries may be a primary reason that intermediaries exist."[85] Dies gilt im verstärktem Maße für Informationsintermediäre, da deren Geschäftsmodell auf die Linderung solcher kostenbehafteter Informationsgefälle abzielt.[86] Bei einer vollständigen Behebung aller Informationsasymmetrien[87] zwischen den Marktteilnehmern, wäre fortan kein Individuum mehr bereit für lediglich affirmative Bonitätsauskünfte ein Entgelt zu entrichten. Damit scheint die Existenz von Informationsintermediären eng

80 Vgl. Jäckle, J./Ackermann, U. (2007), S. 388; Serfling, K. (2007), S. 733.
81 Vgl. Douglass C. N./John J. W. (1994), S. 613–614; Horsch, A. (2008), S. 103; Kley, C. (2015), S. 192.
82 Vgl. Kley, C. R./Everling, O. (2001), S. 173; Ott, C. (2011), S. 68–70.
83 Randow, P. (1995), S. 143.
84 Vgl. Ederington, L. H./Yawitz, J. B./Roberts, B. E. (1987), S. 212; Husisian, G. (1990), S. 413; Randow, P. (1995), S. 143; Smith, R. C./Walter, I. (2002), S. 293; Berk, J. B./DeMarzo, P. M. (2016), S. 203.
85 Leland, H. E./Pyle, D. H. (1977), S. 382–383.
86 Vgl. Horsch, A. (2008), S. 107; Hundt, S. (2015), S. 63.
87 Informationsasymmetrien sind auch Bestandteil der Transaktionskosten-Theorie, vgl. Schmidt, R.H./Terberger, E. (1996), S. 394.

mit dem Vorhandensein von asymmetrisch verteilten Informationen verknüpft zu sein,[88] weshalb ebenfalls die Prinzipal-Agent-Theorie herangezogen wird.

2.1.2.3 Prinzipal-Agent-Theorie

Der neoinstitutionelle Forschungszweig der Prinzipal-Agent-Theorie konkretisiert im Gegensatz zu der Transaktionskosten-Theorie die Leistungsbeziehung der beteiligten Akteure „als Auftraggeber-Auftragnehmer-Beziehung“[89]. Diese Beziehung ist üblicherweise geprägt von einer asymmetrischen Informationsverteilung zugunsten des Agenten, da der Prinzipal das Verhalten seines Agenten nicht beobachten kann. Sofern keine deckungsgleichen Interessen der beiden involvierten Parteien vorliegen, ist das Ergebnis gewöhnlich unvorteilhaft für den Prinzipal. Damit liegt ein opportunistisches Verhalten des Auftragnehmers vor. Jenes Verhalten versucht die Prinzipal-Agent-Theorie zu analysieren und durch anreizkompatible Vertragsgestaltung und Kontrollmechanismen aufzuheben bzw. zu mildern.[90] Im Rahmen der vorliegenden Untersuchung ist die Beziehung zwischen Anleihegläubiger und Emittent bzw. Prinzipal und Agent hinsichtlich des aus dem Finanzierungskontraktes resultierenden Bonitätsrisikos von Interesse. Die Prinzipal-Agent-Theorie lässt sich anhand von vor- und nachvertraglichen Informationsasymmetrien in Qualitäts- (hidden characteristics) bzw. Handlungsunsicherheiten (hidden action) unterteilen.[91]

Vorvertragliche Informationsgefälle führen zu Unsicherheit bzgl. der Beschaffenheit einer zu erwerbenden Dienstleistung bzw. eines Produktes. Handelt es sich bei dem Produkt um etwa eine Anleihe, so kann der Emittent die Qualität gemessen am Bonitätsrisiko besser beurteilen als potenzielle Fremdkapitalgeber. Hierbei besteht ein Anreiz des Fremdkapitalnehmers, die Bonität besser darzustellen als sie tatsächlich ist, zumal die Höhe der vertraglich formulierten Risikoprämie maßgeblich durch das Bonitätsrisiko determiniert

---

88 Vgl. Breuer, W. (1993), S. 10, 15; Hax, G. (1998), S. 45; Franke, G./Hax, H. (2009), S. 501.

89 Vgl. Rudolph, B. (2006), S. 134–135; Picot, A./Dietl, H./Franck, E./Fiedler, M./Royer, S. (2015), S. 89.

90 Vgl. Schmidt, R.H./Terberger, E. (1996), S. 386, 394; Hax, H./Wendels, T. H.-W./von Hinten, P. (2001), S. 598; Rudolph, B. (2006), 134–135; Picot, A./Dietl, H./Franck, E./Fiedler, M./Royer, S. (2015), S. 95; Gerke, W./Bank, M. (2016), S. 553.

91 Vgl. Rudolph, B. (2006), S. 136; Wappenschmidt, C. (2009), S. 26–27.

wird.[92] Allerdings wird dieses Fehlverhalten von rationalen Gläubigern antizipiert. Sofern die Financiers nicht in der Lage sind, die heterogene Qualität der am Markt gehandelten Anleihen zu identifizieren, erheben diese eine pauschale Risikoprämie auf sämtliche Anleihetitel (gepoolter Markt). Aufgrund des gepoolten Marktes werden Unternehmen mit überdurchschnittlicher Bonität dazu verleitet kostengünstige Finanzierungsquellen zu eruieren oder gänzlich auf die Emission zu verzichten, wodurch eine Negativauslese initiiert wird. Infolge des kontinuierlichen Absinkens der durchschnittlichen Qualität des Anleihenmarktes würde in letzter Konsequenz selbiger zum vollständigen Erliegen kommen, weil sich kein Preis-Qualitäts-Gleichgewicht einstellen kann. Dieses theoretische Phänomen wird nach Akerlof (1970) als Adverse Selektion bezeichnet.[93] Zur Linderung bzw. Heilung der suboptimalen Folgen von Qualitätsunsicherheit können Maßnahmen seitens des Agenten und Prinzipals durch Signaling bzw. Screening ergriffen werden.[94]

In der Literatur werden alle Maßnahmen zur Beseitigung des Informationsgefälles als Signaling bezeichnet, welche durch die besser informierte Partei (Agent) veranlasst wird.[95] Insbesondere Emittenten von Anleihen überdurchschnittlicher Qualität werden bestrebt sein, den gepoolten Markt durch eine glaubwürdige Signalsendung zu separieren, um einen angemessenen bzw. niedrigeren Fremdkapitalzinssatz zugesichert zu bekommen.[96] Dazu muss zum einen das Signal in seiner Ausprägungsform frei bestimmbar und vom Investor

---

92 Vgl. Heinke, V. (2000), S. 319; Hax, H./Wendels, T. H.-W./von Hinten, P. (2001), S. 602. Es liegt eine positive Korrelation vor, d. h. je höher das Bonitätsrisiko, desto höher ist der Risikoaufschlag, vgl. Spremann, K./Grüner, A. (2018), S. 207.

93 Vgl. Akerlof, G. (1970), S. 489. Vgl. zusätzlich Schmidt, R. (1988), S. 251–252; Spremann, K. (1990), S. 574; Hsueh, L. P./Liu Y. A. (1993), S. 292; Heinke, V. (1998), S. 196; Hax, H./Wendels, T. H.-W./von Hinten, P. (2001), S. 604; Spremann, K. (2002), S. 719–721; Rudolph, B. (2006), S. 412; Becker, H. (2016), S. 5. Akerlof illustriert die Konsequenzen von Qualitätsunsicherheiten für den Gebrauchtwagenmarkt.

94 Vgl. Gerke, W./Bank, M. (2016), S. 554; Perridon, L./Steiner, M./Rathgeber, A. W. (2017), S. 544. Überdies existiert die Maßnahme der Self Selection. Dabei stellt der Prinzipal dem Agenten mehrere Vertragsgestaltungsvarianten zur Auswahl. Anhand der Entscheidung des Agenten kann der Auftraggeber Rückschlüsse über das Verhalten ziehen, vgl. Spremann, K. (2002), S. 633–634.

95 Vgl. Spence, M. (1973), S. 355–356; Heinke, V. (2000), S. 316.

96 Vgl. Hsueh, L. P./Kidwell, D. S. (1988), S. 46–47; Spremann, K. (1990), S. 579; Hax, H./Wendels, T. H.-W./von Hinten, P. (2001), S. 602. Hingegen profitieren Emittenten mit unterdurchschnittlicher Qualität von einem gepoolten Markt, vgl. Spremann, K. (2002), S. 706.

wahrnehmbar sein, während das wertdeterminierende Qualitätsmerkmal für Außenstehende nicht sichtbar ist. Zum anderen müssen die Kosten der Signalsendung negativ mit der Qualität des Produktes korrelieren.[97] Damit werden Emittenten unterdurchschnittlicher Qualität von der Ausstrahlung solcher Signale absehen, da die zu tragenden Kosten den Nutzen übersteigen.[98] Alternativ kann auch der Prinzipal als Impulsgeber zum Abbau der Informationsasymmetrien fungieren. Beim sogenannten Screening versucht der Auftraggeber Informationen zu sammeln und zu evaluieren, um ein fundierteres Urteil über die Qualität des Emittenten bilden zu können.[99] Die beiden vorgestellten Maßnahmen lassen sich auch auf Dritte – wie etwa Ratingagenturen – übertragen.

Erfolgt seitens des Emittenten die Beauftragung der Agentur, so muss zur wirksamen Erfüllung des Mandates, das Rating die aufgezählten Voraussetzungen der Signalsendung erfüllen. Die öffentliche Beobachtbarkeit eines Ratings scheint gegeben zu sein, da die Agenturen in regelmäßigen Abständen das erteilte Bonitätsrating überprüfen und das Ergebnis der Öffentlichkeit in Form von Pressemitteilungen zugänglich machen.[100] Eine negative Korrelation zwischen Signalisierungskosten und Qualität ist für Ratings ebenfalls Voraussetzung. Danach lohnt die Inanspruchnahme von Ratingdienstleistungen für bonitätsstarke Unternehmen, da die Reduktion der Finanzierungskosten, die erhobenen Entgelte der Ratingagentur überwiegen. Hingegen werden Unternehmen mit unterdurchschnittlicher Bonität auf solche Ratingsignale verzichten, denn neben den Ratinggebühren würde die Enthüllung des tatsächlichen Bonitätsrisikos zur Erhöhung der Finanzierungskosten gegenüber dem gepoolten Ursprungszustand führen.[101] Folglich kann ein Rating als geeignetes Signalinstrumentarium zur Reduktion des adversen Selektionsmechanismus betrachtet werden.[102]

---

97 Das bedeutet, je höher die Qualität, desto niedriger sind die Kosten des Signalings.

98 Vgl. Schmidt, R. (1988), S. 253–254; Spremann, K. (1990), S. 580; Wagner, W.-C. (1991), S. 80–81; Heinke, V. (2000), S. 317.

99 Vgl. grundlegend Stiglitz, J. (1975); Picot, A./Dietl, H./Franck, E./Fiedler, M./Royer, S. (2015), S. 96; Gerke, W./Bank, M. (2016), S. 555; Perridon, L./Steiner, M./Rathgeber, A. W. (2017), S. 544.

100 Vgl. Wagner, W.-C. (1991), S. 83.

101 Vgl. Heinke, V. (1998), S. 205–206, (2000), S. 318; Heinke, V./Steiner, M. (2000), S. 142; Berk, J. B./DeMarzo, P. M. (2020), S. 225.

102 Vgl. Wagner, W.-C. (1991), S. 84, 89; Steiner, M./Heinke, V. G. (1996), S. 613; Rudolph, B. (2006), S. 138, 171.

Grundsätzlich kann das Rating im Auftrag des Fremdkapitalgebers als Screening-Instrument dienen. Für die Delegation dieser Aufgabe spricht einerseits die überlegene Kostenstruktur dieser Informationsintermediäre im Vergleich zu den Financiers. So wäre es ineffizient, wenn jeder individuelle Gläubiger eine eigenständige Bewertung sämtlicher Anleihen in Hinblick auf das Ausfallrisiko vornehmen würde.[103] Andererseits liegt im Vergleich zum Signaling, nicht zwingend ein superiorer Informationszugang zum Emittenten vor.[104] Erschwerend kommt hinzu, dass Kapitalgeber – unter der Annahme eines positiven Informationswertes – nur zur Zahlung einer Ratinggebühr bereit wären, wenn ein Exklusivitätsanspruch an dieser Information vorliegt. Andernfalls wäre kein Investor gewillt, die Kosten zu übernehmen, wenn potenziell allen Marktakteuren der Nutzen zugutekommt und somit die Ratinginformation mit einem öffentlichen Gut korrespondiert.[105] Die Durchsetzung des Exklusivitätsanspruches hätte zwar die Inanspruchnahme der Ratingdienstleistung zur Folge, würde aber zu einem uneinheitlichen Informationsstand der Kapitalmarktteilnehmer führen, der bei einer überdurchschnittlichen Bonität nicht im Sinne des Emittenten und der Verbesserung der Informationseffizienz ist.[106] Eine weitere Möglichkeit besteht darin, zahlungswillige Kapitalgeber anteilig an den Kosten der Recherche zu beteiligen. Dies würde zu einer anteiligen Erhöhung der informierten Kapitalgeber führen. Allerdings muss dazu die Agentur in der Lage sein, durch strikte Vorschriften eine Weitergabe von Ratinginformationen an Nicht-Subskribenten zu unterbinden. Dazu waren die marktführenden Ratingagenturen nicht im Stande, weshalb in den 1970er Jahren sukzessive die Umstellung des Vergütungsmodells von Kapitalgeber „Subscriper Pay" zu Emittent „Issuer Pay" erfolgte.[107] Überdies verdeutlicht die Etablierung des Issuer Pay-Modells der marktdominierenden Ratingagenturen die empirische Relevanz der Signalsendung, die im weiteren Verlauf der Arbeit im Fokus steht.[108]

103 Vgl. Kley, C. (2003), S. 231 sowie die Ausführungen zur Transaktionskosten-Theorie; Berk, J. B./DeMarzo, P. M. (2016), S. 203.

104 Vgl. Heinke, V./Steiner, M. (2000), S. 140; Hundt, S. (2015), S. 67; S&P Global Ratings (2019b), S. 12.

105 Vgl. Coffee, J. (1984), S. 722; Horsch, A. (2008), S. 125; Weimer, T. (2016), S. 71.

106 Vgl. Horsch, A. (2008), S. 125; Chiwitt, U. (2014), S. 394 FN 18; S&P Global Ratings (2019b), S. 12.

107 Vgl. Hundt, S. (2015), S. 51, 67; Weimer, T. (2016), S. 71.

108 Vgl. Heinke, V. (1998), S. 216–217, (2000), S. 320; Hiss, S./Nagel, S. (2019), S. 41. Hingegen setzt die Ratingagentur Egan-Jones Ratings auf das Abonnentenmodell, vgl. Xia, H. (2014), S. 451.

Nach Abschluss einer Transaktion besteht bei Informationsasymmetrien Unsicherheit über das Verhalten des besser informierten Kontraktpartners. Denn der Prinzipal vermag ex-post nicht einzuschätzen, ob das vom Agenten erzielte Handlungsergebnis auf externen Ursachen oder auf (un)redlichem Geschäftsgebaren beruht.[109] Dieses moralische Risiko (Moral Hazard) kann sich in abgeschlossenen Fremdfinanzierungsverträgen durch diverse gläubigerschädigende Strategien manifestieren. So kann sich der Emittent bspw. durch die Erhöhung des Geschäftsrisikos (Asset Substitution)[110], die Unterlassung von Umsetzung von Projekten mit positivem Net Present Value (NPV) (Underinvestment)[111] oder die Realisierung von Projekten mit negativem NPV (Overinvestment) sich bzw. seine Eigenkapitalgeber bereichern.[112] Die aus der Verhaltensunsicherheit erwachsenen Reibungsverluste führen nach Jensen/Meckling (1976) zu negativen Abweichungen gegenüber der sogenannten „First-Best-Lösung", die auf dem neoklassischen Annahmerahmen basiert.[113] Zur Eindämmung dieser Wohlfahrtsverluste können Bonding- sowie Monitoring-Maßnahmen erfolgen. Unter Bonding verstehen sich die Bemühungen des Agenten, den Prinzipal von seiner Redlichkeit zu überzeugen, während beim Monitoring der Prinzipal die Überwachung des besser informierten Vertragspartners initiiert.[114] Zwar wird der diskretionäre Verhaltensspielraum des Agenten dadurch geschmälert, jedoch verursachen beide Maßnahmen wiederum Kosten, wodurch bspw. eine vollständige Überwachung des Emittenten als nicht vernünftig erscheint. Weshalb i. d. R. ein ausnutzbarer Ermessensspielraum des Agenten verbleibt, der als Residual Loss bezeichnet wird. Dabei

---

109 Vgl. Spremann, K. (2002), S. 702–703; Kley, C. (2003), S. 33; Rudolph, B. (2006), S. 139–140, 175; Picot, A./Dietl, H./Franck, E./Fiedler, M./Royer, S. (2015), S. 93, 97; Spremann, K./Grüner, A. (2018), S. 205. In Abgrenzung zu Moral Hazard ist beim Hold-Up vermag der Prinzipal das Handeln des Agenten zu erkennen. Jedoch scheitert die Durchsetzbarkeit von vertraglichen Sanktionen, da dritte Parteien wie etwa Gerichte außerstande sind diese Beobachtung zu verifizieren, vgl. Spremann, K. (2002), S. 700–702.

110 Vgl. Galai, D./Masulis, R. W. (1976); Jensen, M. C./Meckling, W. H. (1976).

111 Vgl. Myers, S. (1977), S. 149.

112 Vgl. für eine detaillierte Erklärung Smith, C. W./Warner J. B. (1979), S. 118–119; Drukarczyk, J. (1993), S. 305–311; Rudolph, B. (2006), S. 572; Schüler, A. (2016), S. 452–453.

113 Vgl. grundlegend Jensen, M. C./Meckling, W. H. (1976).

114 „[…] efforts on the part of the principal to ‚control' the behavior of the agent through budget restrictions, compensation policies, operating rules etc. […]", Jensen, M. C./Meckling, W. H. (1976), S. 308 FN 9.

werden Agency-Kosten – bestehend aus den Monitoring-, Bonding- und den Residual Loss-Kosten – als die Differenz zwischen „First-Best-Lösung" und „Second-Best-Lösung" verstanden, die es nach der Agency-Theorie zu minimieren gilt.[115] An dieser Stelle ist zu betonen, dass Agency-Kosten für Gläubiger nur entstehen können, sofern das Ausfallrisiko nicht vollständig ausgeschlossen werden kann. Dabei geht eine Zunahme des Ausfallrisikos mit einer Verschärfung der Agency-Konflikte einher.[116]

Ratingagenturen können zur Reduktion von Agency-Kosten zwischen Kapitalnehmer und -geber durch Incentivierung und/oder Eingrenzung des Schädigungspotenzials des Emittenten beitragen.[117] Das Anreizsystem von Ratings kann bspw. die Informationsweitergabebereitschaft des Kapitalnehmers erhöhen. So besitzen Emittenten einen (gewissen) Anreiz zur wahrheitsgemäßen und vollständigen Informationsübermittlung. Denn ein erkannter Verstoß könnte eine Sanktionierung in Form einer Herabstufung des Ratings oder einem Entzug dergleichen nach sich ziehen.[118] Dies würde entweder zu einer Erhöhung der Fremdfinanzierungskosten[119] des Unternehmens oder zu einem gänzlichen Verzicht einer Transaktion seitens der Financiers führen, womit das Unternehmen selbst geschädigt wird.[120] Allerdings müssen dabei die Grenzkosten der Bestrafung mindestens dem Grenznutzen der Gläubigerschädigung entsprechen, damit der Emittent von solchen unredlichen Praktiken

115 Vgl. Jensen, M. C./Meckling, W. H. (1976), S. 308; Schmidt, R. (1988), S. 260; Schmidt, R.H./Terberger, E. (1996), S. 400–401; Steiner, M./Heinke, V. G. (1996), S. 609–610; Rudolph, B. (2006), S. 164; Picot, A./Dietl, H./Franck, E./Fiedler, M./ Royer, S. (2015), S. 90–91. Im äußersten Falle wird auf das Eingehen einer vertraglichen Beziehung verzichtet, vgl. Steiner, M./Heinke, V. G. (1996), 611; Franke, G./ Hax, H. 2009, S. 458.

116 Vgl. Koller, T./Goedhart, M. H./Wessels, D. (2015), S. 620; Berk, J. B./DeMarzo, P. M. (2016), S. 561.

117 Vgl. Heinke, V. (2000), S. 316.

118 Allerdings erhalten Unternehmen zumeist die Möglichkeit fehlende Informationen nachzuliefern, womit der disziplinierende Sanktionseffekt konterkariert wird, vgl. Everling, O. (1991), S. 118.

119 Dies trifft für bevorstehende Anleiheemissionen oder bei emittierten Anleihen, die mit einem Event Risk Covenant versehen sind, zu. Derartige kreditvertragliche Regelungen führen zu einer Adjustierung des Zinssatzes bei einer Ratingveränderung, vgl. Crabbe, L. (1991), S. 698.

120 Vgl. Everling, O. (1991), S. 52; Steiner, M./Heinke, V. G. (1996), 615; Heinke, V. (2000), S. 316; Chiwitt, U. (2014), S. 398; He, G. (2018), S. 339. Vgl. für weitere Gründe für einen Entzug des Ratings FitchRatings (2019), S. 13.

absieht.[121] Darüber hinaus kann durch die regelmäßig stattfindende und stichtagsunabhängige Überprüfung des Emittenten durch die beauftragte Ratingagentur, der Ermessensspielraum des Emittenten eingeschränkt werden.[122] Danach verpflichtet sich der Emittent zur Einhaltung bestimmter Kennzahlen und Vorgaben, sofern die Erreichung oder Aufrechterhaltung eines bestimmten Zielratings vom Management angestrebt wird.[123] Durch den privilegierten Informationszugang vermag ein Ratinganalyst eine bessere Einschätzung als andere Marktteilnehmer abzugeben,[124] ob bspw. das operative Risiko des Unternehmens einer (gläubigerschädigenden) Veränderung unterliegt, wodurch eine weitere Einengung des emittentenseitigen diskretionären Verhaltensspielraums ermöglicht wird. Die verminderte Flexibilität des Managements kann neben der Entrichtung der Ratinggebühr als Bonding-Kosten interpretiert werden.[125] Denn die Forcierung eines sehr hohen Ratings (bspw. „AAA") könnte sich als abträglich für den Unternehmensgesamtwert erweisen, wenn die Erfüllung der strikten Vorgaben, die Möglichkeit zur Realisierung vorteilhafter, aber riskanter Investitionsmöglichkeiten be- oder verhindert (Underinvestment).[126]

Die bisherigen Ausführungen haben von einem nutzenmaximierenden und opportunistischen Verhalten der Ratingagentur stets abstrahiert, wodurch die Glaubwürdigkeit der Ratingagentur nicht angezweifelt wird. In der folgenden Analyse wird diese Annahme im Rahmen der Theorie der Finanzintermediation aufgehoben.

---

121 Vgl. Gerke, W./Bank, M. (2016), S. 565.

122 Vgl. Berblinger, J. (1996), S. 60; Steiner, M./Heinke, V. G. (1996), 615–616; Kerwer, D. (2005), S. 465; Horsch, A. (2008), S. 123-124; Ott, C. (2011), S. 73; Stäblein, W. (2013), S. 381. Allerdings wird Kritik über die teilweise verzögerten Ratinganpassungen geäußert, die u. a. auch auf dem Grundsatz der Ratingstabilität (Rating-Trough-the-Cycle) zurückzuführen sind. Zusätzlich betont S&P das nicht jegliche Information nach Erteilung eines Ratings aktualisiert wird, vgl. Rudolph, B. (2006), S. 414; Albrecht, P./Huggenberger, M. (2015), S. 324; S&P Global Ratings (2018), S. 1; Hull, J./Mader, W./Wagner, M. (2019), S. 680.

123 Vgl. Jäckle, J./Ackermann, U. (2007), S. 389, 395.

124 Vgl. Ott, C. (2011), S. 73.

125 Handelt die Ratingagentur hingegen auf Geheiß des Kapitalgebers, so liegen Monitoring Kosten in Form von Abonnentengebühren vor, vgl. Steiner, M./Heinke, V. G. (1996), S. 616.

126 Vgl. Steiner, M. (1992), S. 515; Steiner, M./Heinke, V. G. (1996), S. 616–617; Franke, G./Hax, H. (2009), S. 491; Perridon, L./Steiner, M./Rathgeber, A. W. (2017), S. 214. In Bezug auf die Auswirkungen von Covenants auf den Unternehmenswert, vgl. Drukarczyk, J. (1993), S. 329, 390; Berk, J. B./DeMarzo, P. M. (2016), S. 563.

2.1.2.4 *Theorie der Finanzintermediation*

Trotz der aufgeführten Vorzüge von Ratingagenturen muss bedacht werden, dass durch die Zwischenschaltung eines Informationsintermediärs weitere Vertragsbeziehungen entstehen, die wiederum eigene Agency-Kosten beherbergen und somit den Kostenvorteil der erbrachten Dienstleistung aufzehren bzw. überkompensieren können.[127]

Zur ganzheitlichen Analyse der multiplen Vertragsbeziehung zwischen Informationsintermediär und Kreditnehmer bzw. -geber eignet sich die Theorie der Finanzintermediation. Die erstere Beziehung betrachtet den Intermediär vornehmlich als Prinzipal, welcher eine vollumfassende Informationseinsicht gegenüber dem Emittenten einfordert.[128] Die Qualität und die Vollständigkeit der übermittelten Daten unterliegen dem Ermessen des Emittenten. So weisen die Agenturen darauf hin, dass keine Garantien bzgl. der Authentizität, der zur Verfügung gestellten Daten übernommen wird.[129] Dennoch können, wie oben beschrieben, die Ratingagenturen bei Verstößen das Mandat niederlegen.[130]

Indessen nimmt der Intermediär in dem Vertragsgeflecht mit dem Kapitalgeber die Rolle des Agenten ein, welcher im Dienst der Gläubiger zur Minimierung der Schädigungsmöglichkeiten beiträgt. Dabei kann die Beziehung durch divergierende Interessen, bedingt durch die Vergütungsstruktur und die Gewinnorientierung der Ratingagentur, geprägt sein. Denn die Agentur wird im Regelfall vom Emittenten beauftragt und vergütet. Dies setzt einen Fehlanreiz zur Beflügelung des Ratinggeschäfts durch die Vergabe von Gefälligkeitsratings, um neue Kunden zu akquirieren und den Umsatz zu steigern.[131] Zusätzlich können Ratingagenturen die Kosten durch die Reduktion des Arbeitseinsatzes pro Ratingauftrag sowie die Überprüfungsfrequenz senken.[132] Beide Maßnahmen

---

127 Vgl. Diamond, D. (1984), S. 393–394, 399; Breuer, W. (1993), S. 140; Franke, G./Hax, H. (2009), S. 501.

128 Vgl. für Kritik über die Abhängigkeit der Ratingagenturen von der Informationsübermittlung Coffee, J. (1984), S. 745–746.

129 Vgl. S&P Global Ratings (2018), S. 1; FitchRatings (2019), S. 5–6.

130 Vgl. FitchRatings (2015), S. 2; Moody's Investor Service (2020a), S. 6.

131 Vgl. Coffee, J. (1984), S. 745; Randow, P. (1995), S. 145–146; Kley, C. R./Everling, O. (2001), S. 173; Kley, C. (2015), S. 192. So scheint S&P eine signifikante Häufung von BBB- gegenüber BB+ gerateten Unternehmen im Bestand zu haben, was auf eine Besserstellung des Auftragsgebers hindeuten könnte, vgl. Badoer, D. C./Demiroglu, C. E. M./James, C. M. (2019), S. 15–17.

132 Vgl. Hax, G. (1998), S. 49; Heinke, V. (1998), S. 216; Rudolph, B. (2006), S. 415. Im Median verändert sich das Rating ca. alle zwei Jahre, vgl. Hilscher, J./Wilson, M. (2017), S. 3419.

würden einerseits zur (kurzfristigen) Erhöhung des Gewinns der Agentur, andererseits zur Minderung der Ratingqualität und -aktualität[133] führen. Jedoch würde die Antizipation dieses eigennützigen Verhaltens seitens der Gläubiger zu einer Reduktion des Informationswertes oder zu einem gänzlichen Verzicht zur Nutzung des Ratings in der Informationsverarbeitung führen.[134] Dadurch würde die Existenzberechtigung der Ratingagenturen entzogen werden, da die unglaubwürdigen Ratingsignale einen Verlust der Marktakzeptanz zur Folge hätten und deshalb die Emittenten die Inanspruchnahme einer Ratingdienstleistung unterlassen.[135]

Zur Lösung dieses inhärenten Interessenkonfliktes kann die Theorie der Finanzintermediation zurate gezogen werden, welche die Minimierung der intermediationsbedingten Agency-Kosten adressiert.[136] Um die Auftraggeber von der Authentizität des Signals zu überzeugen bedarf es der Bildung von Reputation.[137] Darunter versteht sich „[...] die auf Basis von Vergangenheitserfahrungen gebildeten Erwartungen des Prinzipals bezüglich der ihm verborgenen Charakteristika bzw. Verhaltensmerkmale eines Agenten [...]“[138]. Dadurch kann der Reputationsmechanismus bei langfristig[139] angelegten Verträgen zu einer Reduktion der Monitoringkosten führen, da sich über die Dauer der Geschäftsbeziehung die Urteilsfähigkeit des Prinzipals bzgl. der Qualitätscharakteristika des Agenten verbessert.[140] Zudem sorgt der obligatorische Reputationsaufbau zu einer Interessenangleichung zwischen Agent und Auftraggeber, wodurch sich die nötigen Signalkosten über die Laufzeit verringern lassen.[141]

133 Überdies verhindert der proklamierte Rating-Through-the-Cycle-Ansatz eine kontinuierliche Anpassung des Ratings, weil die konjunkturellen Entwicklungen weitestgehend unberücksichtigt bleiben, vgl. Rudolph, B. (2006), S. 414. Aktien- und Anleihekurse scheinen dagegen frühzeitig Bonitätsprobleme zu antizipieren, vgl. Serfling, K. (2007), S. 738–739.

134 Vgl. Heinke, V. (1998), S. 220.

135 Vgl. Hsueh, L. P./Kidwell, D. S. (1988), S. 47; Randow, P. (1995), S. 147; Kley, C. R./Everling, O. (2001), S. 173; Kerwer, D. (2005), S. 460; Jäckle, J./Ackermann, U. (2007), S. 398–399.

136 Vgl. Heinke, V. (1998), S. 227.

137 Vgl. Randow, P. (1995), S. 150.

138 Päßler, N. (2007), S. 29.

139 Der Intermediär wird auf eine Schädigung verzichten, sofern der erwartete Reputationsverlust höher als der erwartete Nutzen dieser Ausbeutung wiegt, vgl. Picot, A./Dietl, H./Franck, E./Fiedler, M./Royer, S. (2015), S. 98–99.

140 Vgl. Spremann, K. (2002), S. 638.

141 Vgl. Shapiro, C. (1983), S. 659–660; Spremann, K. (2002), S. 637; Picot, A./Dietl, H./Franck, E./Fiedler, M./Royer, S. (2015), S. 98–99.

Schließlich besitzt der Agent mit zunehmender Vertragsdauer den Anreiz zur Wahrung seines kumulierten Reputationskapitals, wodurch der diskretionäre Verhaltensspielraum des Agenten zunehmend gemindert wird.[142]

Ratingagenturen sind ebenfalls auf die Akkumulation von Reputation angewiesen, da das zukünftige Auftragsvolumen von der aktuell wahrgenommenen Zuverlässigkeit bzw. Qualität des Ratingsignals determiniert wird.[143] Ein Verlust der erworbenen Glaubwürdigkeit würde somit die Existenzgrundlage der Ratingagentur gefährden.[144] Denn die Ratingagenturen besitzen i. d. R. kein ausreichend diversifiziertes Produktportfolio, dass potenzielle Verluste durch andere Geschäftstätigkeiten ausgleichen könnte, das keiner Reputationsabhängigkeit unterliegt, wodurch die Abhängigkeit von der Reputation zunimmt.[145] Deshalb werden rational agierende Agenturen darauf bedacht sein, keine unausgegorenen Bonitätsurteile zu erteilen, um die Qualität des Signals nicht zu verwässern und somit zukünftige Erträge nicht zu riskieren.[146] Dieser notwendige Reputationsaufbau dient zudem auch als Markteintrittsbarriere, welche die Marktkonzentration der Ratingagenturen begünstigt.[147]

---

142 Vgl. Heinke, V. (1998), S. 234, (2000), S. 321.

143 Vgl. allgemein dazu Klein, B./Leffler, K. B. (1981), S. 617; Ramakrishnan, R. T. S./Thakor, A. V. (1984), S. 416. Vgl. mit Bezug auf Ratingdienstleistungen Kuhner, C. (2001), S. 3; Kley, C. (2003), S. 33; Rudolph, B. (2006), S. 415, 566; Schiereck, D. (2012), S. 305.

144 Vgl. Kley, C. R./Everling, O. (2001), S. 173; Serfling, K. (2007), S. 737; Bonsall, S. B./Green, J. R./Muller, K. A. (2018), S. 65–66.

145 Vgl. Randow, P. (1995), S. 148. Die alleinige Fokussierung auf das Ratinggeschäft erhöht allerdings auch die Glaubwürdigkeit der Signalsendung, da die Kapitalmarktteilnehmer sich dieser Abhängigkeit bewusst sind, vgl. Heinke, V. (1998), S. 236. Zwar wird neben dem Ratingdienstleistungsgeschäft ca. 50 % des Gewinns von S&P im Jahr 2019 durch die Finanzdaten- und Indexierungsdienstleistungen erwirtschaftet, jedoch besteht für diese Bereiche ebenfalls ein Reputationsrisiko, welche durch mangelhafte Ratings auf diese Geschäftsfelder ausstrahlen könnte, vgl. S&P Global (2020), S. 20, 28.

146 Vgl. Hsueh, L. P./Kidwell, D. S. (1988), S. 47; Kley, C. (2003), S. 221; Päßler, N. (2007), S. 174, 177.

147 Vgl. Randow, P. (1995), S. 150; Kley, C. (2001), S. 659; Smith, R. C./Walter, I (2002), S. 292. In der Literatur herrschen zwei Ströme zum Einfluss der Wettbewerbsintensität auf die Qualität von Ratingurteilen vor. Die Mehrheit der Beiträge sieht Wettbewerb als abträglich für die Ratinggüte, vgl. Becker, B./Milbourn, T. (2011), S. 502–512; Bolton, P./Freixas, X./Shapiro, J. (2012), S. 92–104. Dagegen attestiert die Minderheit einen förderlichen Effekt des Wettbewerbs, vgl. Xia, H. (2014), S. 459–466. Eine neuere Studie konnte die Ergebnisse von Becker/Mibourn widerlegen,

Der Aufbau von Renommee hängt dabei maßgeblich von der ex-post-Beobachtbarkeit der durchschnittlichen Ratingqualität im Zeitablauf ab.[148] Hierzu eignen sich Langzeitstudien die explizit die Korrelation zwischen der ex-ante-Ratingeinstufung und dem ex-post-Ausfall untersuchen.[149] Idealerweise sollte eine niedrigere Bonitätseinstufung mit einer höheren durchschnittlichen Ausfallwahrscheinlichkeit gegenüber übergeordneten Bonitätsklassen einhergehen.[150] Aktuelle Ausfallstudien von S&P und Moody's bestätigen diesen wünschenswerten Verlauf.[151] Zusätzlich kann ein deutlicher Verfall des Ratings von ausgefallenen Emittenten bereits mehrere Monate bzw. Jahre vor dem Ausfallereignis nachgewiesen werden.[152] Zuletzt zeigt der Gini-Koeffizient eine ausgeprägte Ungleichheit zwischen den Ratingklassen in Bezug auf die Ausfallrate, was ebenfalls für die Präzision von Ratings spricht.[153] Zu diesen Ergebnissen könnte etwa die strengere Ratingvergabe im Zuge der Post Dotcom- und Enron-Phase beigetragen haben. So nahm das durchschnittliche Unternehmensrating um ca. 1,5 Notches im Zeitraum von 2002 bis 2007 ab.[154] Eine weitere Studie vergleicht die Finanzkennzahlen mit den korrespondierenden Ratings zwischen 1985 sowie 2009 und kommt zu dem Schluss, dass sich die Ratings von Beginn bis Ende des Zeitraumes um durchschnittlich über drei Notches verschlechtert haben.[155]

---

welche weniger auf Wettbewerbs-, als auf Industrieeffekte zurückzuführen sind, vgl. Bae, K./Kang, J./Wang, J. (2015), S. 1022–1032.

148 Vgl. Ramakrishnan, R. T. S./Thakor, A. V. (1984), S. 415–416; Randow, P. (1995), S. 156; Kley, C. R./Everling, O. (2001), S. 175; Richter, R./Furubotn, E. G. (2010), S. 279.

149 Vgl. Everling, O. (1991), S. 292; Randow, P. (1995), S. 149; Gerke, W./Bank, M. (2016), S. 342–343.

150 Vgl. Randow, P. (1995), S. 149; de Haan, E. (2017), S. 163.

151 Vgl. Moody's Investor Service (2018), S. 30–37; S&P Global Ratings (2019a), S. 58–60. Die Ausfallraten können ebenfalls über die Statistiken der European Security Markets Authority (ESMA) abgerufen werden, die diesen Befund unterstützen, vgl. ESMA (2020).

152 Vgl. Moody's Investor Service (2018), S. 13–14; S&P Global Ratings (2019a), S. 6–7, 18–22.

153 Vgl. S&P Global Ratings (2019a), S. 60–64.

154 Vgl. Alp, A. (2013), S. 2449–2451.

155 Vgl. Baghai, R. P./Servaes, H./Tamayo, A. N. E. (2014), S. 1974–1975.

2.1.3 Zwischenfazit

Die theoretischen Ausführungen gehen tendenziell von einer Relevanz von Ratingurteilen aus. Grundlegend bedarf es der Abschwächung der Informationseffizienz des Kapitalmarktes, um Bonitätsurteilen einen potenziellen Nutzen zusprechen zu können. Dazu müssen Ratinganalysten bei Vorlage eines semi-strengen Marktes private verfügbare Informationen in ihren Ratingurteilen verarbeiten. Durch die Einführung von Informationskosten erhöht sich das Nutzenpotenzial von Ratingagenturen. Denn die Informationsintermediäre können selbst bei einem semi-strengen informationseffizienten Markt unter Ausnutzung ausschließlich öffentlicher Informationen einen Informationsvorteil erringen, sofern die Agentur eine höhere Informationsqualität oder geringere Informationsverarbeitungskosten als die restlichen Marktteilnehmer besitzen.

Die reduzierten Informationskosten können nach der neoinstitutionellen Transaktionskostentheorie durch den privilegierten Informationszugang sowie durch Skalen- und Spezialisierungseffekte erzielt werden. Neben Informationskosten werden mit Ratingagenturen auch Informationsasymmetrien adressiert. Einerseits werden vorvertragliche Unsicherheiten bzgl. der Qualität bzw. Bonität der emittierten Anleihen durch glaubwürdige Signalsendungen der Ratingagentur gemindert. Andererseits werden nachvertragliche Unsicherheiten in Bezug auf das moralische Risiko durch geeignete Bonding-Maßnahmen begrenzt. Dies trägt zur Minimierung der Agency-Kosten des beobachteten Emittenten bei. Insbesondere die zunehmende Fokussierung auf Corporate Governance-relevante Faktoren erlaubt es, mögliche Agency-Konflikte zu antizipieren.

Trotz der aufgezählten Vorzüge können durch die Einschaltung eines rationalen und nutzenmaximierenden Informationsintermediärs neue Agency-Kosten entstehen, die dem gewünschten Nutzenaspekt entgegenstehen. Allerdings sollte unter der Annahme mehrperiodiger Verträge und der Beobachtbarkeit der Ratingqualität im Zeitablauf der Reputationsmechanismus seine disziplinierende Wirkung entfalten. Damit könnte aus Sicht der Theorie insgesamt ein positiver Nutzen aus der Existenz von Ratingagenturen erwachsen, da Ratings letztlich durch die Vervollkommnung des Preissystems zur Verbesserung der Allokationseffizienz des Kapitalmarktes beitragen.

2.2 Ausfallrisiko und Unternehmensbewertung

In den vorangegangenen Abschnitten konnte qualitativ erklärt werden, welchen grundsätzlichen Nutzen Ratings für den Kapitalmarkt stiften. Es ist noch offen, welchen exakten Einfluss das Bonitätsrisiko auf die Bewertung von Eigen- und Fremdkapitaltitel entfaltet. Um diese Frage analytisch zu beantworten, werden zunächst die Begrifflichkeiten klar abgegrenzt und eingeordnet sowie die Komponenten des Ratings vorgestellt. Auf diesem Fundament aufbauend folgt ein Rekurs auf die Optionspreistheorie sowie DCF-Kalkülen. Letzterer Unternehmensbewertungs-Ansatz soll auf ein Beispiel angewendet werden, um den Einfluss der Ratingkomponenten auf den Unternehmenswert bzw. dessen zugrunde liegenden Kapitalgeberansprüche zu quantifizieren. Abschließend werden potenziell wertrelevante Determinanten für die empirische Untersuchung abgeleitet.

2.2.1 Grundlagen des Ausfallrisikos

2.2.1.1 Begriffliche Einordnung und Abgrenzung des Ausfallrisikos, Ausfall- und Insolvenzereignisses

In der wissenschaftlichen Literatur wird das Risiko einer Bonitätsänderung bis hin zum Ausfall eines Emittenten unter dem Begriff des Kreditrisikos subsumiert.[156] Das Kreditrisiko im weiteren Sinne wird auch als Migrations- oder Bonitätsänderungsrisiko bezeichnet und mit der Gefahr einer Verschlechterung der Kreditwürdigkeit eines Emittenten assoziiert, welche jedoch nicht zwangsläufig zu einem Ausfall führen muss. Die zunehmende Verschlechterung der Bonität wird zumeist von Ratingagenturen in Form einer Herabstufung dokumentiert, die Kursverluste des Titels hervorruft, sofern diese Entwicklung nicht bereits vom Kapitalmarkt antizipiert wurde.[157] Durch die Verschärfung des Bonitätsrisikos erleiden die Gläubiger einen Verlust, denn diese erhalten keine Kompensation für das zusätzlich aufgebürdete Ausfallrisiko.[158]

156 Vgl. Wagner, E. (2008), S. 7–8; Albrecht, P./Huggenberger, M. (2015), S. 238; Perridon, L./Steiner, M./Rathgeber, A. W. (2017), S. 560. Das Kreditrisiko ist auch bei Derivaten ein relevanter Faktor, vgl. Hull, J./Mader, W./Wagner, M. (2019), S. 1015.

157 Vgl. Rudolph, B. (2006), S. 419; Becker, H. (2016), S. 21; Wieben, H.-J./Schneider, F. (2018), S. 230.

158 Vgl. Rudolph, B. (2006), S. 419. Unter der Annahme das kein Event Risk Covenant vereinbart wurde.

Das Kreditrisiko in seiner engeren Definition umfasst primär das Risiko, dass ein Emittent seine Zahlungsverpflichtungen nicht vollständig oder pünktlich bedient.[159] Jenes Risiko wird auch mit dem Synonym des Ausfall- oder Bonitätsrisikos belegt.[160] Damit besteht das Risiko für Fremdkapitalinhaber, dass ein tatsächlicher Verlust realisiert wird. Dies offenbart die asymmetrische Renditeverteilung von Fremdkapitaltiteln, da höchstens die zugesicherten Zahlungen vereinnahmt werden können, jedoch auf der anderen Seite eine komplette Abschreibung der Fremdkapitalforderung erfolgen kann.[161] Damit werden mit dem Ausfallrisiko ausschließlich negative Ausprägungen von der vereinbarten Leistung erfasst.[162] Im Folgenden wird die strengere Definition herangezogen und die Begriffe Kredit-, Ausfall- sowie Bonitätsrisiko als Synonyme verwendet.

Während das Risiko eines Ausfalls eine zentrale Determinante[163] zur Bestimmung der adäquaten Risikoprämie für Gläubiger darstellt, kann dieser Risikobegriff nicht unbedacht auf die Eigentümer übertragen werden, da „[...] diese keine vertraglich zugesagten Zahlungen und damit auch keine ‚Ausfälle' zu erwarten haben."[164] Für Eigenkapitalgeber ist im Sinne des Capital Asset Pricing Models (CAPM) ausschließlich das Kovarianzrisiko zwischen den Free Cashflows und den Marktrenditen bei der Bepreisung des Risikos von Interesse.[165] Dabei stellt sich die Frage, wie sich das Risiko einer drohenden Insolvenz auf die Cashflow-Verteilung einer Unternehmung auswirkt.[166] Dies wird an späterer Stelle genauer erläutert, jedoch sollten vorab die Begriffe der Insolvenz und des Ausfalls erörtert werden.[167]

Das erstere Ereignis hängt von der vorliegenden Jurisdiktion des Herkunftslandes des Emittenten ab. Exemplarisch wird das deutsche Insolvenzregime

159 Vgl. Albrecht, P./Huggenberger, M. (2015), S. 238; Hartmann-Wendels, T./Pfingsten, A./Weber, M. (2019), S. 433.

160 Vgl. Leffers, B. (1996), S. 347; Wagner, E. (2008), S. 8.

161 Vgl. Hull, J./Mader, W./Wagner, M. (2019), S. 680.

162 Vgl. Hartmann-Wendels, T./Pfingsten, A./Weber, M. (2019), S. 433.

163 Daneben können Liquidität, steuerliche Aspekte oder ggf. Optionspreiskomponenten Einfluss auf den Preis von Obligationen entfalten, vgl. Albrecht, P./Huggenberger, M. (2015), S. 368.

164 Schüler, A./Schwetzler, B. (2019), S. 1747.

165 Vgl. Drukarczyk, J. (1993), S. 238–239; Drukarczyk, J./Schüler, A. (2021), 55–56. Unter der Annahme von risikoaversen Fremdkapitalgeber kann das CAPM adaptiert werden, um die Risikoprämien zu ermitteln, vgl. Drukarczyk, J./Schüler, A. (2006), S. 727–728.

166 Vgl. Schüler, A./Schwetzler, B. (2019), S. 1748.

167 Vgl. Albrecht, P./Maurer, R. (2016), S. 1071.

besprochen, welches die Tatbestände der Zahlungsunfähigkeit oder Überschuldung anführt, damit eine Antragsplicht und ein Antragsrecht zur Eröffnung eines Insolvenzverfahrens für das Management des Emittenten bzw. die Gläubiger besteht. Zudem kann ein Antrag auf Insolvenz aufgrund einer drohenden Zahlungsunfähigkeit auch auf freiwilliger Basis seitens der Geschäftsführung erfolgen.[168]

Der Insolvenztatbestand der Zahlungsunfähigkeit nach § 17 Abs. 2 Insolvenzordnung (InsO) liegt vor, sofern der Emittent „[…] nicht in der Lage ist, die fälligen Zahlungsverpflichtungen zu erfüllen."[169] Die Fähigkeit zur Befriedigung der fälligen Verbindlichkeiten wird aus Sicht des Bundesgerichtshofs (BGH) abgesprochen, wenn drei Wochen nach dem vereinbarten Rückzahlungstermin nicht mindestens 90 % der fälligen Forderungen beglichen werden. Andernfalls liegt der Fall einer Zahlungsstockung vor, welche keine obligatorische Insolvenzantragsstellung erfordert.[170] Ein Antrag auf Insolvenz gem. § 18 Abs. 2 InsO darf gestellt werden, sofern eine Zahlungsunfähigkeit droht. Dieses Kriterium liegt vor, sobald eine Unterdeckung der künftigen Gläubigeransprüche wahrscheinlich ist.[171]

Das Insolvenzkriterium der Überschuldung gem. § 19 Abs. 2 InsO gilt als erfüllt, „[…] wenn das Vermögen des Schuldners die bestehenden Verbindlichkeiten nicht mehr deckt, es sei denn, die Fortführung des Unternehmens ist nach den Umständen überwiegend wahrscheinlich."[172] Hinter dieser Formulierung verbirgt sich ein zweistufiger Prüfungsprozess. Zunächst wird analog zu § 18 Abs. 2 InsO mittels eines Finanzplans überprüft, ob die zukünftige[173] Zahlungsfähigkeit des Unternehmens als überwiegend wahrscheinlich erachtet wird. Abschließend wird überprüft, ob die Vermögenswerte – gemessen in Liquidationswerten – die Ansprüche der Gläubiger übersteigen. Wenn ein negativer Ausgang in beiden Stufen vorliegt, kann die Überschuldung bestätigt werden.[174]

---

168 Vgl. Drukarczyk, J./Lobe, S. (2015), S. 420–421; Schüler, A. (2016), S. 483–485.

169 § 17 Abs. 2 Satz 1 InsO. Dieser Tatbestand stellt den häufigsten Eröffnungsgrund in Deutschland dar, vgl. Drukarczyk, J./Lobe, S. (2015), S. 421.

170 Vgl. BGH vom 24.05.2005; Drukarczyk, J./Schüler, A. (2021), S. 343.

171 Vgl. Drukarczyk, J./Lobe, S. (2015), S. 424–427; Schüler, A. (2016), S. 483.

172 § 19 Abs. 2 InsO.

173 Der Planungshorizont wurde vom Gesetzgeber nicht klar abgegrenzt. Jedoch wird in der Praxis zumeist das aktuelle und kommende Geschäftsjahr berücksichtigt, vgl. Drukarczyk, J./Schüler, A. (2019) Tz. 59, 96.

174 Vgl. Drukarczyk, J./Schüler, A. (2016), S. 338. Nach Drukarczyk/Schüler bedingt i. d. R. alleinig das Ergebnis der Fortführungsprüfung, den Tatbestand der

Nach der Feststellung eines vorliegenden Insolvenztatbestandes im Sinne der §§ 17, 19 InsO hat das Management drei Wochen Zeit,[175] um einen Antrag auf Eröffnung eines Insolvenzverfahrens beim zuständigen Insolvenzgericht einzureichen.[176] Dies kann dazu führen, dass im Falle der Zahlungsunfähigkeit eine Dauer von bis zu sechs Wochen nach Feststellung des Zahlungsverzuges verstreichen kann, bevor ein Verfahren in Gang gesetzt wird.[177]

Im Vergleich zur Insolvenz ist die allgemein übliche Definition eines Ausfalls weiter definiert.[178] Im Allgemeinen liegt ein Ausfall vor, wenn der Kapitaldienst an die Fremdkapitalgeber nicht pünktlich und in voller Höhe entrichtet wird.[179] In diesem Kontext ist der Begriff des technischen Ausfalls abzugrenzen, welcher eine Verletzung von kreditvertraglichen Regelungen (Covenants) seitens des Emittenten anzeigt.[180]

Aus der Sicht der großen drei Ratingagenturen gilt ein Emittent als ausgefallen, wenn dieser seinen vertraglichen Kapitaldienst nicht fristgerecht sowie vollständig nachkommt und diesen Mangel nicht innerhalb einer ggf. vereinbarten Nachfrist behebt.[181] Im Speziellen liegt nach der Perspektive von S&P ein Ausfall vor, sofern eine vollständige Begleichung der ausstehenden Fremdkapitalforderung innerhalb von fünf Arbeitstagen oder innerhalb einer definierten Nachfrist – jedoch spätestens nach 30 Kalendertagen – nach Feststellung des Zahlungsverzuges unwahrscheinlich ist.[182] Des Weiteren wird eine Restrukturierung der Passiva (Distressed Debt Exchange)[183], welche zu einem deutlichen Abschlag der ursprünglichen Gläubigerforderung führt und zugleich zur Vermeidung eines drohenden Zahlungsausfalles dient, ebenfalls als Ausfall

Überschuldung, da ansonsten das Kreditsicherungspotenzial der Vermögenswerte einen Zahlungsausfall hätte abwenden können. Die Autoren fassen den Sachverhalt wie folgt zusammen: „[…] Überschuldung ist antizipierte Zahlungsunfähigkeit […]“, Drukarczyk, J./Schüler, A. (2016), S. 338.

175 Vgl. § 15a Abs. 1 InsO.

176 Vgl. § 3 InsO.

177 Vgl. Drukarczyk, J. (2014), S. 104.

178 Vgl. Albrecht, P./Huggenberger, M. (2015), S. 235; Albrecht, P./Maurer, R. (2016), S. 1071.

179 Vgl. Franke, G./Hax, H. (2009), S. 410.

180 Vgl. Wruck, K. (1990), S. 421. Siehe zu Covenants auch Drukarczyk, J./Lobe, S. (2015), S. 237–240.

181 Vgl. Moody’s Investor Service (2019), S. 20.

182 Vgl. S&P Global Ratings (2018), S. 3, 5, (2019a), S. 66.

183 Dies kann bspw. im Rahmen eines Debt-Equity-Swap geschehen, vgl. Drukarczyk, J./Lobe, S. (2015), S. 448; Schüler, A. (2016), S. 459.

verbucht.[184] Schließlich wird die Anmeldung einer Insolvenz gleichfalls als Ausfall gewertet, wenn damit die Nichterfüllung zukünftiger Fremdkapitalforderungen wahrscheinlich ist.[185] Die drei Ratingagenturen versuchen, die erstgenannte Ausfallursache prospektiv in ihren Ratinganalysen aufzunehmen. Die Auslegung des ratingbezogenen Ausfallbegriffs verdeutlicht, dass ein Ausfall üblicherweise einer Insolvenz vorausgeht (§ 17 InsO) oder zeitgleich – unter Ausschluss einer Zahlungsstockung – eintritt (§§ 18, 19 InsO).[186]

Dennoch muss für den weiteren Fortgang die Ungenauigkeit in Kauf genommen werden, dass das Ausfallrisiko und Insolvenzrisiko als Synonyme betrachtet werden, da einerseits dadurch die nachfolgende konzeptionelle Analyse operationalisierbar wird[187] und andererseits die europäischen Insolvenzregime in ihrer Ausgestaltung abweichen und sich damit nicht pauschalisieren lassen.[188]

2.2.1.2 Ausfallwahrscheinlichkeit und Verlustquote

Damit die Fremdkapitalgeber das Ausfallrisiko gemäß der Risikoabgeltungshypothese[189] in angemessener Weise bei der Formulierung des vertraglichen Zinssatzes berücksichtigen können, benötigen diese die spezifische Ausfallwahrscheinlichkeit und Verlustquote.[190] Die erste Komponente ermittelt die Wahrscheinlichkeit einer nicht fristgerechten oder vollständigen Bedienung der Schuld bzw. Probability of Default (PD).[191] Hierbei wird die Ausfallwahrscheinlichkeit durch die Fähigkeit zur Generierung von Cashflows und die Möglichkeit zur Nutzung von Außenfinanzierung bestimmt.[192] Der letztere

184 Vgl. S&P Global Ratings (2018), S. 3; FitchRatings (2019), S. 20; Moody's Investor Service (2019), S. 28; Hartmann-Wendels, T./Pfingsten, A./Weber, M. (2019), S. 443.

185 Vgl. S&P Global Ratings (2018), S. 3; FitchRatings (2019), S. 26; Moody's Investor Service (2019), S. 28.

186 Eine weite Auslegung des Ausfallbegriffs ist im Sinne der Gläubiger, da somit die Verluste eher begrenzt werden können, vgl. Hartmann-Wendels, T./Pfingsten, A./Weber, M. (2019), S. 443.

187 Analog zu Knabe, M. (2012), S. 111.

188 Vgl. Mock, T./Ekholm, T. E. (2017), S. 1241.

189 Vgl. Drukarczyk, J. (1993), S. 320–323.

190 Vgl. Altman, E. I./Kishore, V. M. (1996), S. 57; Hartmann-Wendels, T./Pfingsten, A./Weber, M. (2019), S. 434.

191 Vgl. Rudolph, B. (2006), S. 407. Alternativ kann die Gegenwahrscheinlichkeit als Überlebenswahrscheinlichkeit dienen, vgl. Bierman, H./Hass, J. E. (1975), S. 758.

192 Vgl. FitchRatings (2020a), S. 5.

Bestandteil stellt den durchschnittlichen prozentualen Verlust des ausfallbedrohtem Fremdkapitalanspruches bzw. die Loss Given Default (LGD)[193] zum Ausfallzeitpunkt dar. Die LGD wird im Allgemeinen durch den Liquidationswert[194] der veräußerbaren Vermögensgegenstände und im Besonderen durch die Rangstellung der jeweiligen Fremdkapitalforderung im Insolvenzverfahren determiniert. Dabei sinkt die individuelle Verlustquote bei einer Besicherung oder einer höheren Seniorität gegenüber anderen Anspruchsinhabern.[195]

Unter der Annahme, dass PD und LGD deterministische Größen darstellen, lässt sich durch die multiplikative Verknüpfung dieser beiden Komponenten der erwartete Verlust in Prozent des Fremdkapitalanspruches ableiten. Der absolut erwartete Verlust[196] ergibt sich aus dem Produkt aus erwartetem Verlust und der ausfallgefährdeten Fremdkapitalforderung zum Zeitpunkt des Ausfalls bzw. dem Exposure at Default (EAD)[197]. Der Zusammenhang lässt sich wie folgt darstellen:[198]

$$EL_R = PD \cdot LGD \tag{2.1}$$

$$EL_A = PD \cdot LGD \cdot EAD \tag{2.2}$$

193 Das Pendant dazu stellt die Verwertungsrate (Recovery Rate) dar, vgl. Altman, E. I./Brady, B./Resti, A./Sironi, A. (2005), S. 2205.

194 Dabei spielen die Liquidierbarkeit und die materielle Beschaffenheit der Vermögenswerte eine determinierende Rolle. Je höher diese Faktoren sind, desto höher ist der erwartete Liquidationswert im Falle eines Defaults, vgl. Altman, E. I./Kishore, V. M. (1996), S. 57.

195 Vgl. Berblinger, J. (1996), S. 35; Altman, E. I./Kishore, V. M. (1996), S. 58; Rudolph, B. (2006), S. 416; Albrecht, P./Huggenberger, M. (2015), S. 240.

196 Hiervon ist der unerwartete Verlust – als Abweichung zwischen erwarteten Verlust und Value at Risk – zu unterscheiden. Dieser in der Bankpraxis verbreitete Risikoparameter erfasst das unantizipierte Verlustpotenzial bei der Kreditvergabe. Für den weiteren Verlauf der Arbeit ist diese Kennzahl von nachrangiger Bedeutung, vgl. Hartmann-Wendels, T./Pfingsten, A./Weber, M. (2019), S. 434.

197 Neben dem Nominalwert des Fremdkapitals sind auch die fälligen Zinsen Teil des EAD, vgl. Rudolph, B. (2006), S. 416.

198 Vgl. Rudolph, B. (2006), S. 416–417; Albrecht, P./Huggenberger, M. (2015), S. 239–241; Albrecht, P./Maurer, R. (2016), S. 1072–1073; Schüler, A. (2016), S. 451; Hartmann-Wendels, T./Pfingsten, A./Weber, M. (2019), S. 433.

Mit
EL_R = Erwarteter Verlust in Prozent des EAD
PD = Ausfallwahrscheinlichkeit
LGD = Verlustquote bei Ausfall in Prozent des Exposure at Defaults
EL_A = Erwarteter Verlust in Geldeinheiten bemessen
EAD = Höhe des ausfallgefährdeten Fremdkapitalanspruches zum Zeitpunkt des Ausfalles.

Die obigen Gleichungen treffen nur zu, solange es sich um deterministische Größen handelt. Werden hingegen die Ratingkomponenten als stochastische Größen formuliert, so ist die Frage zu beantworten, ob die Zufallsvariablen unabhängig voneinander sind bzw. keine Korrelation aufweisen. Bei Vorlage einer positiven Korrelation zwischen PD und LGD führt die Anwendung der obigen Gleichung zu einer Unterschätzung des erwarteten Verlustes für die Gläubiger. Durch die explizite Erfassung der Kovarianz zwischen den beiden Größen ergibt sich nachfolgende Gleichung:[199]

$$EL_A = EAD\left[E[LGD]\cdot E[PD] + cov\left(LGD, PD\right)\right] \tag{2.3}$$

Mit
$E[\cdot]$ = Erwartungswertoperator
$cov(LGD, PD)$ = Kovarianz zwischen LGD und PD.

Aufgrund der stochastischen Unsicherheit wird die Verlustquote in Prozent als Erwartungswert definiert.[200] Die Erfassung einer positiven Beziehung zwischen diesen beiden Komponenten scheint nicht unplausibel zu sein. So weisen empirische Studien auf eine positive Korrelation zwischen diesen beiden Ratingkomponenten hin.[201] Insbesondere im Rahmen eines konjunkturellen Abschwungs kann dieser statistische Zusammenhang zu einer deutlichen Ausweitung des erwarteten Verlustes für die Gläubiger führen.[202] Allerdings werden in den meisten verwendeten Ratingprognose-Modellen diese Komponenten unabhängig voneinander bestimmt, wodurch der empirischen Evidenz in nicht-adäquater

---

199 Vgl. Rudolph, B. (2006), S. 417; Hartmann-Wendels, T./Pfingsten, A./Weber, M. (2019), S. 433.

200 Vgl. Hartmann-Wendels, T./Pfingsten, A./Weber, M. (2019), S. 442.

201 Vgl. Altman, E. I./Brady, B./Resti, A./Sironi, A. (2005), S. 2209–2210; Moody's Investor Service (2018), S. 3, 25; Albrecht, P./Maurer, R. (2016), S. 1073 FN 6.

202 Vgl. Hull, J./Mader, W./Wagner, M. (2019), S. 672–673.

Weise Rechnung getragen wird.[203] Zwar wird die deterministische Ermittlung des erwarteten Ausfalls gemäß Gleichung (2.2) bei der nachfolgenden konzeptionellen Analyse unterstellt. Dennoch wird die empirische Evidenz im weiteren Verlauf bei der Hypothesenbildung berücksichtigt.

2.2.1.3 Risikoaussage des Ratings in Abhängigkeit der Ratingagentur

In der Praxis berücksichtigen alle drei Ratingagenturen das Risikomaß der (relativen) Ausfallwahrscheinlichkeit (PD) in ihren Bonitätsauskünften. Dies wird durch die Prägnanz in der Ratingdefinition der jeweiligen Agentur ersichtlich.[204] Zudem findet auch die Verlusthöhe (LGD) im Falle eines Ausfallereignisses Eingang in Ratingurteile der marktführenden Ratinginstitute, jedoch unterscheidet sich dabei die Art der Berücksichtigung.

So differenzieren etwa S&P und Fitch Emissionen des gleichen Emittenten nach Ausstattung und Seniorität durch abweichende Ratings.[205] Demnach werden bspw. Subordinated Bonds üblicherweise eine bzw. zwei Notch(es) niedriger eingestuft als Senior Unsecured Bonds, sofern es sich um einen IG- bzw. NG-Emittent handelt. Dies wird von anderen Autoren mit einer „rule of thump"[206] verglichen.[207] Bei diesem pauschal anmutenden Vorgehen scheint eine explizite Verknüpfung der Ratingkomponenten bei Emissionsratings nicht stattzufinden.[208] Dagegen formuliert Moody's eine multiplikative Verbindung zwischen der Ausfallhöhe und der -wahrscheinlichkeit in seiner Ratingdefinition und verfolgt damit die oben beschriebene Ermittlung des (relativen) erwarteten Verlustes.[209] Somit stellt das Bonitätsurteil von Moody's „[…] ein konglomerates Risikomaß aus Wahrscheinlichkeit und Wert dar."[210] Hingegen scheinen die anderen beiden Ratingagenturen ihren Schwerpunkt vornehmlich auf die Prognose der Kapitaldienstfähigkeit und -willigkeit im Sinne der

203 Vgl. Altman, E. I./Brady, B./Resti, A./Sironi, A. (2005), S. 2225.

204 S&P Global Ratings (2018), S. 2; FitchRatings (2019), S. 4; Moody's Investor Service (2019), S. 5. Diese Vorgehensweise wird auch als Notching bezeichnet.

205 Vgl. S&P Global Ratings (2019b), S. 16; FitchRatings (2019), S. 21–22.

206 Altman, E. I./Kishore, V. M. (1996), S. 57.

207 Vgl. Altman, E. I./Kishore, V. M. (1996), S. 57.

208 Allerdings publizieren S&P und Moody's separate Recovery Ratings die ausschließlich die Verwertungsquote betrachten. Diese Ratings können zur Einordnung des jeweiligen Emissionsratings gegenüber dem Emittentenrating dienen, vgl. S&P Global Ratings (2019b), S. 17; FitchRatings (2019), S. 21, 24.

209 Vgl. Moody's Investor Service (2011a), S. 5, (2018), S. 9.

210 Heinke, V. (1998), S. 41. Auf die fettgedruckte Hervorhebung wurde verzichtet.

Ausfallwahrscheinlichkeit zu legen, auch wenn Aspekte der Erfüllungsquote in der Ratingentscheidung eingebettet werden. Demnach stehen unterschiedliche Facetten des Bonitätsrisikos im Fokus der Ratingagenturen, wodurch die Vergleichbarkeit dieser beiden Risikoaussagen Einschränkungen unterliegt.[211]

Die Ratingagenturen ermöglichen durch die ordinale Kategorisierung des Bonitätsurteils nur einen relativen Vergleich zwischen Emittenten bzw. Fremdkapitaltiteln. Dadurch können keine Rückschlüsse auf die absolute Bonität in Form einer titelspezifischen PD und LGD eines Fremdkapitaltitels gezogen werden.[212] Moody's verteidigt seine Vorgehensweise damit, dass ein kardinales Ratingsystem lediglich zu einer Erhöhung der Änderungsfrequenz – insbesondere in rezessiven Konjunkturphasen – von Ratings beitragen würde, ohne dabei die mittel- und langfristige Prognosequalität zu verbessern. Die dadurch induzierte Ratingvolatilität würde dem Ratingobjekt eher schaden als nützen.[213] Dies könnte eine bereits angespannte finanzielle Lage eines Emittenten weiter verschärfen, da evtl. vereinbarte Covenants zu einer Erhöhung der Zinslast führen und/oder die finanzielle Flexibilität durch den limitierten Zugang zu weiterem Fremdkapital eingeschränkt wird.[214] Des Weiteren würde sich das Unterfangen zur Antizipation einer spezifischen Ausfallwahrscheinlichkeit und -höhe einer einzelnen Emission als unpraktikabel oder zumindest schwierig erweisen. Denn für jeden Zeithorizont müsste eine absolute Einschätzung des Bonitätsrisikos abgegeben werden.[215] Sofern dies dennoch umsetzbar ist, würde die Implementierung eines kardinalen Ratingverfahrens vermutlich zu einer deutlichen Erhöhung der Ratinggebühren führen, um den dafür notwendigen kontinuierlichen Observierungs- und Analyseaufwand zu rechtfertigen. Durch die gewonnene Transparenz könnte zwar die Ratingqualität einer Agentur exakter gemessen werden, allerdings stellt sich die Frage, welche juristischen Auswirkungen ein Fehlurteil nach sich ziehen würde. Dies kann als eines der größten Hemmnisse zur Etablierung eines solchen Ratingverfahrens erachtet werden.[216]

---

211 Vgl. Heinke, V. (1998), S. 43.

212 Vgl. Everling, O. (1991), S. 219–220; FitchRatings (2019), S. 3, 7; Moody's Investor Service (2019), S. 34.

213 Vgl. Moody's Investor Service (2019), S. 34.

214 Vgl. Moody's Investor Service (2011b), S. 4.

215 Vgl. Moody's Investor Service (2011b), S. 11.

216 Dennoch versucht Moody's bei manchen Obligationen die spezifischen Ratingkomponenten zu ermitteln, um sie mit einer idealisierten Benchmark zu vergleichen, vgl. Moody's Investor Service (2019), S. 34.

2.2.2 Ausfallrisiko und Optionspreistheorie

Im Folgenden wird die Optionspreistheorie erläutert. Damit lässt sich auf Grundlage von Aktienkursdaten die Ausfallwahrscheinlichkeit für Obligationen modellendogen ableiten. Bei der Modellierung des Insolvenzeintritts werden explizit ökonomische Zusammenhänge abgebildet, da der Ausfallzeitpunkt an die Bedingung der Unterschreitung des Nominalwertes des Fremdkapitals durch den gesamten Unternehmenswert geknüpft ist.[217]

Den Grundstein für diese Theorie hat Merton (1974) mit seiner Erweiterung des Optionspreismodelles von Black/Scholes (1973) gelegt.[218] Die Ausgangsbasis bildet ein haftungsbeschränktes Unternehmen, dessen Unternehmenswert durch einen Vermögensgegenstand determiniert wird. Zur Finanzierung der Aktivseite erfolgt die Emission eines Zerobonds, dessen Kreditlaufzeit mit der Nutzungsdauer übereinstimmt. Das Residuum aus Unternehmenswert zu Marktwert des Fremdkapitals entspricht dabei dem Wert des Eigenkapitals. Bei einer vollständigen Tilgung des Zerobonds erhält der Eigenkapitalgeber den Residualwert des Unternehmens gutgeschrieben. Andernfalls gehen bei einem Ausfall die Eigentumsrechte des Unternehmens an die Gläubiger über, womit die (Alt)Eigentümer ihre Ansprüche verlieren.[219] Der Unternehmensgesamtwert setzt sich dabei wie folgt zusammen:[220]

$$V_t = EK_{M,t} + FK_{M,t} \tag{2.4}$$

Mit
V_t = Wert des verschuldeten Unternehmens zum Zeitpunkt t
$EK_{M,t}$ = Marktwert des Eigenkapitals zum Zeitpunkt t
$FK_{M,t}$ = Marktwert des ausfallbedrohten Fremdkapitals zum Zeitpunkt t.

Die aus der Überlegung resultierenden Zahlungsströme besitzen einen Optionscharakter, weshalb der Wert des Eigenkapitals auch als europäische Kaufoption

217 Vgl. Altman, E. I./Resti,A./Sironi, E. (2001), S. 9; Uhrig-Homburg, M. (2001), S. 24; Rudolph, B. (2006), S. 409; Hartmann-Wendels, T./Pfingsten, A./Weber, M. (2019), S. 499.

218 Vgl. Merton, R. (1974), S. 449–451; Lodowicks, A. (2007), S. 7.

219 Vgl. Cooper, I. A./Davydenko, S. A. (2007), S. 92.

220 Vgl. Heinke, V. (2001), S. 190.

(Call (C)) auf den Unternehmenswert interpretiert werden kann.[221] Hierbei entspricht der Basispreis der Option am Verfallstag (T) dem Rückzahlungspreis des Zerobonds (FK_N). Indessen nimmt der Gläubiger eine gedeckte Stillhalterposition für einen europäischen Call auf den Wert des Unternehmens ein.[222] Die Kaufoption wird ausgeübt, sofern $V_T > FK_N$ gilt, ansonsten verfällt die wertlose Kaufoption.[223] Es gilt:[224]

$$
\begin{aligned}
FK_{M,t} &= V_t - EK_{M,t} \\
FK_{M,t} &= V_t - C_t \\
FK_{M,t} &= V_t - \max[0, V_t - FK_N]
\end{aligned}
\tag{2.5}
$$

Mit
C_t = Wert der Kaufoption (Call) zum Zeitpunkt t
T = Laufzeit der Option
FK_N = Nennwert des Fremdkapitals zum Zeitpunkt T.

Alternativ kann der Wert des ausfallbedrohten Fremdkapitals auch durch ein Portfolio bestehend aus dem Barwert des risikofreien Zerobonds und einer geschriebenen Verkaufsoption europäischen Typs (Put (P)) auf den Unternehmenswert mit der Laufzeit T und dem Basispreis FK_N dargestellt werden.[225] Demnach kann der ausfallbedingte Wertabschlag eines ausfallbedrohten Zerobonds gegenüber einer risikofreien Nullkuponanleihe durch den Wert einer

221 Der Ausfall kann lediglich am Ende der Laufzeit des Zerobonds eintreten, vgl. Albrecht, P./Huggenberger, M. (2015), S. 266.

222 Hierbei wird unterstellt, dass die Eigentümer das Unternehmen bei Emission des Fremdkapitaltitels an die Gläubiger veräußern, vgl. Rudolph, B. (1995), S. 899.

223 Vgl. Galai, D./Masulis, R. W. (1976), S. 57.

224 Vgl. Heinke, V. (2001), S. 190–191; Rudolph, B. (2006), S. 71.

225 Merton, R. (1974), S. 453; Laitenberger, J./Lodowicks, A. (2005), S. 148; Rudolph, B. (2006), S. 409; Gerke, W./Bank, M. (2016), S. 483; Hartmann-Wendels, T./Pfingsten, A./Weber, M. (2019), S. 499. Die Eigentümer werden als Inhaber des Puts die Option ausüben, sofern der Unternehmenswert, den Tilgungsbetrag unterschreitet. Damit wird das Unternehmen an die Fremdkapitalgeber in Höhe des Nominalbetrags veräußert. Folglich gilt die Schuld durch die Aufnahme des Fremdkapitals als beglichen. Übersteigt hingegen der Unternehmenswert den Nennbetrag zum Fälligkeitszeitpunkt, so verfällt die wertlose Option und die Schulden gegenüber den Fremdkapitalgeber werden getilgt und die Eigentümer behalten die Kontrolle über das Unternehmen, vgl. Jaffe, J. F./Jordan, B. D./Ross, S. A./Westerfield, R. W. (2008), S. 653–654.

Verkaufsoption quantifiziert werden. Der Zusammenhang kann wie folgt dargestellt werden:[226]

$$FK_{M,t} = FK_N \cdot e^{-i\cdot\Delta t} - P_t$$
$$FK_{M,t} = FK_N \cdot e^{-i\cdot\Delta t} - \min[V_t, FK_N] \tag{2.6}$$

Mit
i = risikoloser Zinssatz
P_t = Marktwert des Ausfallrisikos (Put) zum Zeitpunkt t
Δt = Restlaufzeit des Zerobonds (T-t).

Da das Ausfallrisiko einer Put-Option auf den Unternehmenswert entspricht, lässt sich dieser Zusammenhang auf das Optionspreismodell von Black/Scholes übertragen. Unter der Annahme, dass die stochastische Entwicklung des Unternehmenswertes einer geometrisch Brown'schen Bewegung[227] folgt, gilt:[228]

$$FK_{M,t} = FK_N \cdot e^{-i\cdot\Delta t} - \left[FK_N \cdot e^{-i\cdot\Delta t} \cdot N(-d_2) - V_t \cdot N(-d_1)\right] \tag{2.7}$$

$$d_1 = \frac{\ln\left(\frac{V_t}{FK_N}\right) + (i + 0{,}5 \cdot \sigma_V^2) \cdot \Delta t}{\sigma_V \sqrt{\Delta t}} \tag{2.8}$$

$$d_2 = d_1 - \sigma_V \cdot \sqrt{\Delta t} \tag{2.9}$$

Mit
N(X) = Kumulierte Wahrscheinlichkeitsdichte der Standardnormalverteilung
$N(-X) = 1 - N(X)$
σ_V = Standardabweichung der Rendite des Unternehmensvermögens.

226 Vgl. Rudolph, B. (1995), S. 901; Steiner, M./Heinke, V. G. (1996), 673; Rudolph, B. (2006), S. 70–71; Albrecht, P./Huggenberger, M. (2015), S. 266–267.

227 Vgl. Merton, R. (1974), S. 450.

228 Vgl. Jurgeit, L. (1989), S. 181; Hartmann-Wendels, T./Pfingsten, A./Weber, M. (2019), S. 500.

Gleichung (2.7) lässt sich zusammenfassen und wie folgt darstellen:[229]

$$FK_{M,t} = FK_N \cdot e^{-i \cdot \Delta t} \cdot N(d_2) + V_t \cdot N(-d_1) \tag{2.10}$$

Der ausfallgefährdete Zerobond resultiert aus dem mit der risikoneutralen (Überlebens-)Wahrscheinlichkeit (N(d2)) gewichteten Barwert des Zerobonds zuzüglich des Produkts aus Erfüllungsquote im Falle eines Ausfalls (N(-d1)) sowie dem aktuellen Unternehmenswert.[230] Der Wert der Kaufoption bzw. des Eigenkapitals lässt sich folgendermaßen darstellen:[231]

$$EK_{M,t} = V_t \cdot N(d_1) - FK_N \cdot e^{-i \cdot \Delta t} \cdot N(d_2) \tag{2.11}$$

Die partielle Ableitung von Gleichung (2.10) sowie (2.11) erlaubt einen Einblick in die Wirkungszusammenhänge der relevanten Parameter zur Bewertung von ausfallbedrohten Fremdkapitaltiteln. So wirkt sich eine Erhöhung des Unternehmenswertes positiv auf den Marktwert der Eigen- und Fremdkapitalgeber aus:[232]

$$\frac{\partial EK_{M,t}}{\partial V_t} > 0 \quad \text{sowie} \quad \frac{\partial FK_{M,t}}{\partial V_t} > 0$$

Die gleichgelagerte Interessenlage ist plausibel, denn je höher der Unternehmenswert ist, desto höher ist die Wahrscheinlichkeit, dass das Unternehmen seinen Kapitaldienst erbringen kann und sich damit die Gefahr eines möglichen Ausfalls reduziert. Damit kann unter Berücksichtigung eines (einfachen) DCF-Kalküls eine unantizipierte Erhöhung (Reduktion) der

229 Vgl. Jurgeit, L. (1989), S. 181; Hartmann-Wendels, T./Pfingsten, A./Weber, M. (2019), S. 501.

230 Vgl. Hartmann-Wendels, T./Pfingsten, A./Weber, M. (2019), S. 501. Alternativ kann N(-d2) als die risikoneutrale (Ausfall-)wahrscheinlichkeit interpretiert werden, vgl. Hull, J./Mader, W./Wagner, M. (2019), S. 681; Albrecht, P./Huggenberger, M. (2015), S. 271; Hartmann-Wendels, T./Pfingsten, A./Weber, M. (2019), S. 506.

231 Vgl. Heinke, V. (1998), S. 191, (2001), S. 191; Damodaran, A. (2002), S. 96; Hull, J./Mader, W./Wagner, M. (2019), S. 681.

232 Vgl. Merton, R. (1974), S. 455; Galai, D./Masulis, R. W. (1976), S. 57.

zukünftigen Zahlungsströme als positiver (negativer) Werttreiber für beide Kapitalgebergruppen identifiziert werden.[233] Dahingegen führt die Veränderung der Volatilität der Zahlungsströme bzw. des Unternehmenswertes zu einer Interessendisharmonie zwischen den involvierten Financiers:[234]

$$\frac{\partial EK_{M,t}}{\partial \sigma_V} > 0 \quad \text{sowie} \quad \frac{\partial FK_{M,t}}{\partial \sigma_V} < 0$$

Während der Wertanspruch der Eigentümer (Calls) durch die Erhöhung der Volatilität zunimmt, müssen die Gläubiger Einbußen durch den Wertzuwachs des verkauften Puts erdulden, sofern der Unternehmensgesamtwert konstant bleibt. Die Auswirkungen des Risikoanstieges sind mit der asymmetrischen Gewinnverteilung der beiden Kapitalgebergruppen zu erklären. Die Eigenkapitalgeber können an positiven Erwartungswertabweichungen partizipieren, wohingegen das Verlustpotenzial wegen der gewählten Rechtsform auf die getätigte Einlage beschränkt ist. Zwar steht den Gläubigern auf der anderen Seite ein vertraglich vereinbarter Zahlungsanspruch zu, diese tragen jedoch bei Verfolgung einer riskanten Geschäftsstrategie das Risiko eines potenziellen Ausfalls, ohne dabei am Erfolg eines positiven Geschäftsausganges beteiligt zu werden. Daher bevorzugen Fremdkapitalgeber eine risikoärmere Strategie gegenüber Eigenkapitalgebern.[235] Die divergierende Interessenlage betrifft ebenfalls die Laufzeit des Fremdkapitals:[236]

$$\frac{\partial EK_{M,t}}{\partial T} > 0 \quad \text{sowie} \quad \frac{\partial FK_{M,t}}{\partial T} < 0$$

So führt eine ausschließliche Verlängerung der Fremdkapitalüberlassungsdauer zu einer Erhöhung des Wertes von Kauf- und Verkaufsoptionen. Dies wirkt sich zuträglich für die Aktionäre und abträglich für die Gläubiger aus, denn Letztere unterliegen während eines ausgedehnteren Zeitraums dem Ausfallrisiko, wodurch deren Wertanspruch gemindert wird.[237] Die Herleitungen

233 Vgl. Heinke, V. (2001), S. 193.
234 Vgl. Galai, D./Masulis, R. W. (1976), S. 57.
235 Vgl. Heinke, V. (2001), S. 194–195.
236 Vgl. Galai, D./Masulis, R. W. (1976), S. 57.
237 Vgl. Heinke, V. (2001), S. 197.

besitzen lediglich einen informatorischen Charakter für die vorliegende Arbeit, da für die Hypothesenbildung ausschließlich die Implikationen aus dem nachfolgenden Unterkapitel berücksichtigt werden.

2.2.3 Ausfallrisiko und DCF-Kalküle

Üblicherweise wird zuvorderst die Optionspreistheorie von Merton (1973) herangezogen, um die Wertrelevanz einer Bonitätsauskunft zu ergründen.[238] Im Vergleich dazu ist die DCF-Theorie in solchen Beiträgen eher unterrepräsentiert. Die wenigen Beiträge, die sich mit dieser Bewertungstheorie auseinandersetzen, begnügen sich allerdings mit der Darstellung von einwertigen DCF-Kalkülen, ohne einen Prämissenkranz abzustecken oder finanzierungsbedingte Werteffekte zu erfassen.[239] Darüber hinaus fehlt oft ein expliziter Bezug zu den Ratingbestandteilen PD und LGD. Damit könnte eine Außerachtlassung u. U. zu myopischen Schlussfolgerungen bei der Hypothesenformulierung führen. Die vorliegende Arbeit schließt diese Forschungslücke.

Dazu werden im folgenden Unterabschnitt geeignete Bewertungsansätze für ausfallbedrohte Unternehmen erläutert. Diese Verfahren werden im Anschluss im Rahmen eines Beispiels auf ein Binomialmodell übertragen. Denn durch die Adaption eines diskret[240] formulierten und pfadabhängigen Modells, wird eine transparente und nachvollziehbare Darstellung der Wertrelevanz des Ausfallrisikos bzw. der Ratingkomponenten auf Eigen- und Fremdkapitalgeberansprüche ermöglicht.[241]

---

238 Vgl. Jorion, P./Zhang, G. (2007), S. 47–49; Ott, C. (2011), S. 87–88.

239 Vgl. Ott, C. (2011), S. 81–85; Biermann, S./Ewelt-Knauer, C./Wömpener, A. (2014), S. 28; Hundt, S. (2015), S. 79–80. „Die Wirkung von Ratingänderungen aufgrund veränderter Unternehmensperformance bedarf keiner umfangreichen theoretischen Herleitung; Eine Steigerung des Eigenkapitalmarktwertes aufgrund einer verbesserten Performance ist im dem grundlegenden DCF-Ansatz zu begründen. Komplexer ist hingegen die Wirkung einer Ratingmeldung aufgrund einer Kapitalstrukturänderung.", Biermann, S./Ewelt-Knauer, C./Wömpener, A. (2014), S. 28.

240 Das Vorgehen wird damit begründet, dass stetig formulierte Modelle zumeist keinen zusätzlichen Mehrwert stiften, jedoch mathematisch anspruchsvoller in der Ausführung sind, vgl. Lodowicks, A. (2007), S. 15.

241 Vgl. Helmis, S./Timmreck, C./Richter, F. (2002), S. 304; Kruschwitz, L./Löffler, A. (2007), S. 8; Lodowicks, A. (2007), S. 89; Friedrich, T. (2015), S. 8, (2016), S. 523; Drukarczyk, J./Schüler, A. (2016), S. 43. Für einen guten Überblick über Binomialmodelle empfiehlt sich Friedrich, T. (2015), S. 163–166, 172–176. Des Weiteren gestatten solche Zustandsbäume die Endogenisierung eines Ausfall- bzw.

2.2.3.1 Geeignete Bewertungsverfahren bei ausfallbedrohtem Fremdkapital

Die Bewertung erfolgt anhand des Adjusted Present Value (APV)-Verfahrens. Jedoch ist ein Rekurs auf die Sicherheitsäquivalent-Methode bzw. risikoneutrale Wahrscheinlichkeiten vonnöten, um zum einen die notwendigen Inputparameter des Kalküls zu bestimmen und zum anderen die Ergebnisse des APV-Ansatzes interdependenzfrei zu verifizieren.

Der APV-Ansatz ermöglicht durch seinen modularen und transparenten Aufbau die Modellierung von fremdfinanzierungsbedingten Werteffekten. Damit können steuerliche Wertbeiträge, Insolvenzkosten[242] und der ggf. vom Nominalwert abweichende Marktwert des Fremdkapitals[243] im Kalkül abgebildet werden.[244] Zudem können die unlevered Free Cashflows (FCF_U) sowie die Kapitalkosten des unverschuldeten Unternehmens (r_U) unabhängig von einer möglichen Insolvenz ermittelt werden, „[…] da ein solches Unternehmen definitionsgemäß nicht insolvent [gehen] kann“[245]. Dies erlaubt eine Diagnose bzgl. der Tragfähigkeit des Geschäftsmodells (Economic Distress) und der Schulden (Financial Distress).[246] Die Eigenständigkeit des APV-Verfahrens fußt i.d.R. auf der autonomen Verschuldungspolitik, welche deterministische Fremdkapitalbestände vorgibt. Diese Planungsvorgabe wird als realistische Annahme in der Detailplanungsphase eingestuft.[247]

Insolvenzkriteriums, wodurch die diffizile Ermittlung einer prospektiven Ausfallwahrscheinlichkeit entfällt. Vgl. Friedrich, T. (2015), S. 181, (2016), S. 529; Lahmann, A./Arnold, S./Gmehling, P. (2017), S. 47.

242 Üblicherweise wird der Barwert der Insolvenzkosten anhand von risikoneutralen Wahrscheinlichkeiten quantifiziert, vgl. Almeida, H./Philippon, T. (2007), S. 2557; Lodowicks, A. (2007), S. 46.

243 Rapp, M. (2006), S. 778 FN 27; Drukarczyk, J./Schüler, A. (2016), S. 213, 370; Schüler, A. (2017), S. 1218.

244 Vgl. Schüler, A. (2013), S. 463; Drukarczyk, J./Schüler, A. (2016), S. 171, 380; Meitner, M./Streitferdt, F. (2016b), S. 76; Schüler, A. (2017), S. 1218, 1222; Schüler, A./Schwetzler, B. (2019), S. 1750.

245 Arnold, S./Lahmann, A./Schreiter, M. (2019), S. 358. Vgl. auch Schüler, A./Schwetzler, B. (2019), S. 1750.

246 Vgl. Drukarczyk, J./Schüler, A. (2021), S. 336. Economic Distress liegt vor, sofern das Unternehmen nicht im Stande ist seine (unverschuldeten) Eigenkapitalkosten zu erwirtschaften. Hingegen spricht man von Financial Distress, wenn eine unvorteilhafte Kapitalstruktur vorliegt, welche die operative Performance beeinträchtigt, vgl. Drukarczyk, J./Schüler, A. (2021), S. 336.

247 Vgl. Friedrich, T. (2015), S. 82–84.

Der Ansatz zerlegt gemäß Myers (1974) den Gesamtzahlungsstrom, der an das Unternehmen fließt, in einen operativen ($FCF_{U,t}$) und finanzierungsbedingten (TS_t) Cashflow.[248] Daraus folgt nach der Abzinsung mit dem Eigenkapitalkostensatz des unverschuldeten Unternehmens bzw. des risikolosen Zinssatzes der Wert des unverschuldeten Unternehmens ($V_{U,0}$) bzw. der Barwert der Steuervorteile ($V_{TS,0}$), welche zusammen den Wert des verschuldeten Unternehmens ($V_{L,0}$) bilden:[249]

$$V_{L,0} = V_{U,0} + V_{TS,0} = \sum_{t=s+1}^{\infty} \frac{E[\widetilde{FCF_{U,t}}]}{\left(1+r_U\right)^{s-t}} + \sum_{t=s+1}^{\infty} \frac{E[\widetilde{TS_t}]}{\left(1+i\right)^{s-t}} \tag{2.12}$$

Wobei

$$TS_t = s_U \cdot i \cdot FK_{t-1} \tag{2.13}$$

Mit
$V_{L,0}$ = Wert des verschuldeten Unternehmens zum Zeitpunkt 0
$V_{U,0}$ = Wert des unverschuldeten Unternehmens zum Zeitpunkt 0
$V_{TS,0}$ = Wert der Tax Shields zum Zeitpunkt 0
$FCF_{U,t}$ = Free Cashflow des unverschuldeten Unternehmens zum Zeitpunkt t
r_U = Eigenkapitalkostensatz des unverschuldeten Unternehmens
TS_t = Tax Shield zum Zeitpunkt t
FK_{t-1} = Nennwert des Fremdkapitals zum Zeitpunkt t-1
s_U = Einfache Steuersatz des Unternehmens.

Dagegen ist bspw. die Anwendung des Weighted Average Cost of Capital- (WACC) und Equity-Ansatzes nicht zielführend, da beide Verfahren zur interdependenzfreien[250] Bewertung eine wertorientierte Finanzierungspolitik fordern. Jedoch ist die Prämisse einer unternehmenswertabhängigen Verschuldungspolitik eine unplausible Annahme für Unternehmen in Insolvenznähe. Denn aus Sicht der

248 Vgl. Myers, S. (1974).

249 Vgl. Schüler, A. (2016), S. 272–273, 284; Kruschwitz, L./Löffler, A. (2007), S. 61.

250 Der Equity-Ansatz hängt auch bei einer wertorientierten Finanzierungspolitik von den Ergebnissen des WACC-Verfahrens ab, vgl. Drukarczyk, J./Schüler, A. (2021), S. 239.

Empirie weisen Unternehmen mit stetig schwindender Ertragskraft zunehmende Verschuldungsquoten auf, da die Unternehmen nicht Willens oder in der Lage sind, das Fremdkapital proportional zur Höhe des Rückganges des Unternehmenswertes zu senken.[251] Andererseits würde die strikte Einhaltung einer konstanten Kapitalstruktur gemäß Harris/Pringle (1985) dazu führen, dass die Financiers des Unternehmens niemals eine Insolvenz zu befürchten hätten, da ein Eintritt in die Insolvenz ausgeschlossen ist.[252] So hätte ein Rückgang des Unternehmenswertes auf den Wert null einen proportionalen Fremdkapitalbestand von ebenfalls null zur Folge.[253] Des Weiteren ist unklar, wie in Abhängigkeit der verfolgten Finanzierungspolitik die Steuervorteile und Insolvenzkosten in einem einzigen Diskontierungszinssatz zu verdichten sind.[254] Zuletzt bedarf die Verwendung der beiden Ansätze die diffizile Bestimmung der geforderten Fremdkapitalkosten, welche sich bei vorhandenem Ausfallrisiko sowohl von dem vertraglichen Nominalzinssatz als auch dem risikolosen Zinssatz unterscheiden. Deshalb raten Koller/Goedhart/Wessels (2015) zumindest NG-Emittenten mittels des APV-Ansatzes zu bewerten, um die Beantwortung dieser Frage auszuklammern.[255] Aufgrund der konzeptionellen Eignung des APV-Ansatzes im Allgemeinen[256] und in insolvenznahen Situationen im Besonderen[257] ist die Anwendung dieses Verfahrens opportun.[258]

Da dieses Bewertungsverfahren auf dem – von Praktikern bevorzugten[259] – Konzept der Risikozuschlagsmethode beruht, welches aus theoretischer Perspektive nicht eigenständig anwendbar ist,[260] muss unterstützend auf das Prinzip der risikoneutralen Bewertung[261] oder der Sicherheitsäquivalent-Methode[262]

251 Vgl. Ruback, R. (2002), S. 99; Drukarczyk, J./Schüler, A. (2016), S. 162, 169–170

252 Vgl. Cooper, I. A./Nyborg, K. G. (2008), S. 369 FN 3; Krotter, S./Schüler, A. (2013), S. 404; Friedrich, T. (2015), S. 85; Drukarczyk, J./Schüler, A. (2016), S. 162, 372.

253 Vgl. Friedrich, T. (2015), S. 84; Harris, R. S./Pringle, J. J. (1985).

254 Vgl. Schüler, A./Schwetzler, B. (2019), S. 1750.

255 Vgl. Koller, T./Goedhart, M. H./Wessels, D. (2015), S. 290, 293.

256 „Die APV-Methode ist die nach dem heutigen Stand zuverlässigste Bewertungsmethode [...]“, Richter, F. (1998), S. 388.

257 Vgl. Homburg, C./Stephan, J./Weiß, M. (2004), S. 278.

258 Dessen ungeachtet gibt es Beiträge, die eine wertorientierte Finanzierungspolitik bei Insolvenzrisiko modellieren, vgl. Friedrich, T. (2015), S. 196–200.

259 Vgl. Richter, F. (2001), S. 177; Ballwieser, W./Hachmeister, D. (2016), S. 86; Drukarczyk, J./Schüler, A. (2021), S. 372.

260 Vgl. Drukarczyk, J./Schüler, A. (2021), S. 56–57, 61.

261 Vgl. Kruschwitz, L./Lodowicks, A./Löffler, A. (2005), S. 223; Rapp, M. (2006), S. 775; Friedrich, T. (2016), S. 530; Meitner, M./Streitferdt, F. (2016a), S. 5 FN 6.

262 Vgl. Drukarczyk, J./Schüler, A. (2006), S. 723–725; Schüler, A. (2017), S. 1214–1217, 1221–1222.

Bezug genommen werden. Denn beide Verfahren können die notwendigen Inputparameter des APV-Verfahrens ableiten und gestatten zudem eine interdependenzfreie Validierung des Bewertungsergebnisses.

Die risikoneutrale Bewertung ist auf Cox/Ross (1976), Cox/Ross/Rubinstein (1979) sowie Harrison/Kreps (1979) zurückzuführen.[263] Eine zwingende Annahme zur Anwendung von risikoneutralen Wahrscheinlichkeiten ist die Gültigkeit der Arbitragefreiheit des Kapitalmarktes.[264] Dagegen ist die Annahme der Vollständigkeit des Kapitalmarktes (Spanning) zwar eine hinreichende, allerdings keine notwendige Bedingung zur Adaption, wird aber im Folgenden zur Vereinfachung unterstellt.[265] Im Gegensatz zur Risikozuschlagsmethode, wird der Ausdruck der Risikoaversion nicht im Nenner in Form einer Risikoprämie, sondern im Zähler – bzw. durch eine Adjustierung der subjektiven Eintrittswahrscheinlichkeiten Rechnung getragen. Dadurch sinkt die Wahrscheinlichkeit eines Up-Zustandes (q) in einer risikoneutralen Welt.[266] Die Erwartungswertbildung der zukünftigen Zahlungsströme mittels risikoneutralen Eintrittswahrscheinlichkeiten führt zu einem Sicherheitsäquivalent, welches zuletzt um den Zeiteffekt durch die Diskontierung mit dem risikolosen Zinssatz angepasst werden muss, um den Barwert der Cashflows zu quantifizieren.[267]

$$V_{U,0} = \frac{E^{Q}[\widetilde{FCF_{U,j,t}}]}{1+i} = \frac{q \cdot FCF_{U,1,1} + (1-q) \cdot FCF_{U,2,1}}{1+i} \tag{2.14}$$

263 Vgl. Cox, J. C./Ross, S. A. (1976), S. 151–155; Cox, J. C./Ross, S. A./Rubinstein, M. (1979), S. 235–236; Harrison, J. M./Kreps, D. M. (1979), S. 381–405.

264 Nach Kruschwitz et al. handelt es sich, um „[...] an assumption that no serious economist would contradict.", Kruschwitz, L./Löffler, A./Lorenz, D./Scholze, A. (2015), S. 203. Vgl. auch Kruschwitz, L./Löffler, A. (2016), S. 215.

265 Vgl. Zimmermann, H. (1998), S. 78; Rapp, M. (2006), S. 775; Friedrich, T. (2015), S. 13 FN 16. Sofern für jeden möglichen einzutretenden Zustand ein linear unabhängiges Wertpapier vorliegt, so kann jedem Wertpapier eine eindeutige risikoneutrale Wahrscheinlichkeit zugewiesen werden, vgl. Zimmermann, H. (1998), S. 11, 35–36; Krause, M./Lahmann, A. (2017), S. 347.

266 Vgl. Richter, F. (2001), S. 183; Helmis, S./Timmreck, C./Richter, F. (2002), S. 305–306.

267 Vgl. Timmreck, C. (2004), S. 69; Rapp, M. (2006), S. 776, 779.

Mit

$$q = \frac{(1+i)-d}{u-d}$$

$E^Q[\cdot]$ = Erwartungswertoperator der risikoneutralen Wahrscheinlichkeit
q = Risikoneutrale Wahrscheinlichkeit
d = Down-Zustand
u = Up-Zustand
Index j = Zustand j im Binomialbaum.

Der Vorteil in der Anwendung dieses Verfahrens liegt darin, dass alle notwendigen Inputparameter anhand von beobachtbaren Marktdaten abgeleitet werden können und damit eine ex-ante-Schätzung von subjektiven Eintrittswahrscheinlichkeiten sowie eines risikoäquivalenten Diskontierungszinssatzes entbehrlich macht.[268] Zudem überzeugt diese Methodik durch die zügige Ermittlung der relevanten Parameter.[269] Allerdings wird dieser Ansatz zumeist nur von Theoretikern verwendet, da die Ermittlung vonseiten der Praxis als schwierig einzustufen ist.[270]

Eine weitere interdependenzfreie Bewertungsmethode stellt die von Bogue/Roll (1973) sowie von Fama (1977) propagierte (marktorientierte) Sicherheitsäquivalent-Methode dar.[271] Dieses Verfahren weist jedoch einen strengeren Prämissenkranz als das Konzept der risikoneutralen Wahrscheinlichkeiten auf, da es auf den Annahmen des CAPM fußt. Folglich muss der Kapitalmarkt nicht nur vollkommen und arbitragefrei sein, sondern sich auch im Gleichgewicht befinden.[272]

Analog zur Risikozuschlagsmethode wird zunächst der Erwartungswert der Zahlungsströme auf Basis der subjektiven Eintrittswahrscheinlichkeiten determiniert. Anschließend erfolgt zur Bestimmung des Sicherheitsäquivalents die

268 Vgl. Zimmermann, H. (1998), S. 35; Helmis, S./Timmreck, C./Richter, F. (2002), S. 306. „Die Stärke des Prinzips der Arbitragefreiheit beruht darauf, daß über die Risikoeinstellung der Investoren keine Annahmen gesetzt werden.“, Franke, G./Hax, H. (2004), S. 370.

269 Vgl. Drukarczyk, J./Schüler, A. (2016), S. 166; Schüler, A. (2018), S. 131.

270 Vgl. Frank, R. (2013), S. 77; Ballwieser, W./Hachmeister, D. (2016), S. 98

271 Vgl. Bogue, M. C./Roll, R. (1974); Fama, E. (1977b). Auf die Darstellung der individualistischen Sicherheitsäquivalent-Methode wird verzichtet. Für interessierte Leser empfiehlt sich Drukarczyk, J./Schüler, A. (2021) Kapitel 3.

272 Vgl. Richter, F. (2001), S. 180 FN 7; Richter, F./Timmreck, C. (2004), S. 67, 69; Meitner, M./Streitferdt, F. (2014), S. 148; Steiner, M./Bruns, C./Stöckl, S. (2017), S. 5.

Bereinigung des Erwartungswertes um einen Risikoabschlag zur Erfassung der Risikoaversion. Der Abschlag resultiert aus dem Produkt der cashflowbasierten Kovarianz in Bezug zur Marktrendite $cov(FCF_{U,j,1}, r_{M,j,1})$ und dem Marktpreis des Risikos (λ). Schließlich wird zur Ermittlung des aktuellen Barwertes des zugrunde liegenden Zahlungsstromes, das Sicherheitsäquivalent mit dem risikofreien Zinssatz abgezinst. Es gilt:[273]

$$V_{U,0} = \frac{S\left(\widetilde{FCF_{U,1}}\right)}{1+i} = \frac{E^P[\widetilde{FCF_{U,j,1}}] - \lambda \cdot cov(\widetilde{FCF_{U,j,1}}, \widetilde{r_{M,j,1}})}{1+i} \tag{2.15}$$

Mit

$$\lambda = \frac{E[\widetilde{r_M}] - i}{\sigma_M^2}$$

$E^P[\cdot]$ = Erwartungswertoperator der subjektiven Eintrittswahrscheinlichkeit
$E^P[\widetilde{r_M}]$ = Erwartete Rendite des Marktportfolios
λ = Marktpreis des Risikos
σ_M^2 = Varianz der Marktrendite.

„Das Sicherheitsäquivalent ist definiert als der sichere Betrag, dessen Erhalt der Investor der Zahlungsverteilung gleichschätzt."[274] Bei dem Sicherheitsäquivalent handelt es sich um den (sicheren) Preis, für den ein risikoaverser Investor den unsicheren Zahlungsstrom abtreten würde. Die Anwendung von intertemporal konstanten Risikoprämien erfordert, ein gleichbleibendes Verhältnis zwischen erwartetem Free Cashflow und dem zugehörigen Sicherheitsäquivalent für jede Verteilung.[275] Durch das Rollback-Verfahren können perioden- und zustandsspezifische Diskontierungszinssätze abgeleitet werden, die sich an der zugrunde liegenden Risikostruktur der Zahlungsströme orientieren.[276]

---

273 Vgl. Richter, F. (2001), S. 180; Timmreck, C. (2006), S. 47–48, 58; Kruschwitz, L./Husmann, S. (2012), S. 214; Drukarczyk, J./Schüler, A. (2021), S. 55–57.

274 Drukarczyk, J./Schüler, A. (2021), S. 42.

275 Vgl. Drukarczyk, J./Schüler, A. (2021), S. 67.

276 Vgl. Meitner, M./Streitferdt, F. (2014), S. 149.

Es ist festzuhalten, dass alle genannten Verfahren bei sorgfältiger Anwendung zum identischen Unternehmenswert führen.[277] Allerdings weist die Risikozuschlagsmethode dabei lediglich einen nachrichtlichen Charakter auf.

2.2.3.2 Bewertung von ausfallbedrohtem Fremdkapital im Binomialmodell

In den folgenden Unterabschnitten werden der Annahmerahmen sowie ein Beispiel ohne Ausfallrisiko aufgespannt, welches als Startpunkt für die konzeptionelle Analyse dient. Darauffolgend werden sukzessive die Prämissen in sechs Modellen um die Sanierungsgewinnbesteuerung, Informationsverteilung und/oder Insolvenzkosten erweitert, um die Konsequenzen des Bonitätsrisikos auf die Barwertansprüche zu illustrieren. Zugleich wird auch die Wertrelevanz der Ratingkomponenten aufgezeigt. Danach werden die Resultate zusammengefasst und das Modell ausgewählt, welches am geeignetsten erscheint, die Realität zu approximieren. Auf dieser Basis folgt – nach der Einschätzung über die Realitätsnähe der Annahmen – die Ableitung von empirisch relevanten Determinanten, die einen Einfluss auf die untersuchten Wertpapierkurse bei Credit Rating-Revisionen entfalten könnten.

2.2.3.2.1 Allgemeine Grundprämissen

Der folgende Prämissenkranz setzt Annahmen bzgl. des Kapitalmarktes, der Investitions-, Finanzierungs- und Ausschüttungspolitik des untersuchten Unternehmens sowie rechtliche Rahmenbedingungen und Implikationen einer Insolvenz.

Der vorliegende Kapitalmarkt, an dem Anteile des unverschuldeten und verschuldeten Unternehmens gehandelt werden, weist die Eigenschaft der Arbitragefreiheit und des Spannings auf.[278] Folglich gilt der Fundamentalsatz der Preistheorie. Damit kann unter Berücksichtigung der Zahlungsstrom-Struktur auf eindeutige martingale Wahrscheinlichkeitsmaße Q zur Bewertung dieser Unternehmen rekurriert werden, sofern die ausgewählten Eingangsparameter bestimmte Wertintervalle einhalten, welche im Beispiel im Detail besprochen werden.[279]

---

277 Vgl. Zimmermann, H. (1998), S. 77; Richter, F. (2001), S. 176–177; Lodowicks, A. (2007), S. 22–23; Meitner, M./Streitferdt, F. (2014), S. 148–149.

278 Vgl. Friedrich, T. (2016), S. 529.

279 Vgl. Weckbach, S. (2004), S. 117; Kruschwitz, L./Lodowicks, A./Löffler, A. (2005), S. 223; Ballwieser, W./Friedrich, T. (2015), S. 454; Friedrich, T. (2016), S. 529.

Durch die Abstraktion von Arbitragemöglichkeiten liegt zwangsläufig ein vollkommener Kapitalmarkt vor.[280] Demnach können keine Marktfriktionen, wie Transaktionskosten oder Handelsbeschränkungen, existieren.[281] Zudem ist die Anlage und Aufnahme von Mitteln zum risikolosen Zinssatz möglich.[282] Darüber hinaus besitzen alle Kapitalmarktteilnehmer den gleichen Informations- und Wissensstand und ziehen daraus die gleichen Rückschlüsse über die Verteilung zukünftiger Zahlungsströme. Es liegen somit homogene Erwartungen aller Individuen vor.[283]

Die unlevered Free Cashflows[284] der Unternehmen sind unabhängig von der Kapitalstruktur und einer etwaigen Gefahr einer Insolvenz. Mit der ersten Teilannahme wird der üblichen Konvention nach Modigliani/Miller (MM) zur Trennung von wertrelevanten Kapitalstruktureffekten gefolgt.[285] Die zweite Teilannahme adressiert den Ausschluss von indirekten und direkten Insolvenzkosten.[286] Erstere Kosten fallen durch wertmindernde Transaktionen der Vertragspartner bspw. in Form von abwandernden oder zahlungsunwilligen Kunden, abwandernden Mitarbeitern und/oder ungünstigen Konditionen des Lieferanten an.[287] Letztere monetäre Einbußen sind bspw. auf Insolvenzgerichts-, Verwaltungs- und Beratungskosten zurückzuführen.[288] Demnach vollzieht sich

280 Vgl. Friedrich, T. (2015), S. 13.

281 Vgl. Friedrich, T. (2015), S. 181.

282 Vgl. Lodowicks, A. (2007), S. 15.

283 Vgl. Kruschwitz, L./Lodowicks, A./Löffler, A. (2005), S. 224–225; Lodowicks, A. (2007), S. 18; Franke, G./Hax, H. (2009), S. 153; Friedrich, T. (2016), S. 529.

284 Im Folgenden wird der Cashflow-Definition von Schüler (2016) gefolgt. Unter FCF_U ist die Summe aus dem Net Operating Cashflow und dem Cashflow aus Investitionstätigkeit zu verstehen. Dahingegen inkludiert der Levered FCF (FCF_L) zusätzlich den Cashflow aus der Fremdfinanzierungstätigkeit (Zinsen, Tilgungen oder Fremdkapitalaufnahmen), um die den Eigentümern zustehenden Zahlungsströme eines fremdfinanzierten Unternehmens zu bestimmen, vgl. Schüler, A. (2016), S. 94, 96.

285 Vgl. Kruschwitz, L./Lodowicks, A./Löffler, A. (2005), S. 225.

286 Vgl. Haugen, R. A./Senbet, L. W. (1978), S. 384; Drukarczyk, J./Schüler, A. (2006), S. 714, 716; Meitner, M./Streitferdt, F. (2016a), S. 8; Lahmann, A./Arnold, S./Gmehling, P. (2017), S. 49, 58; Schüler, A. (2017), S. 1211. Ferner auch Berk, J. B./DeMarzo, P. M. (2016), S. 544–545; Perridon, L./Steiner, M./Rathgeber, A. W. (2017), S. 590.

287 Erhöhte Fremdkapitalkosten werden in der Literatur ebenfalls als indirekte Insolvenzkosten klassifiziert. Allerdings werden diese Kosten in den folgenden Modellen separat modelliert.

288 Vgl. Koller, T./Goedhart, M. H./Wessels, D. (2015), S. 154 FN 12; Berk, J. B./DeMarzo, P. M. (2016), S. 546–549; Brealey, R. A./Myers, S. C./Allen, F. (2017), S. 471; Lahmann, A./Schreiter, M./Schwetzler, B. (2018), S. 80.

der Eigentümerwechsel von den (Alt)Eigentümern zu den Gläubigern im Rahmen einer Insolvenz kosten- und reibungsfrei.[289] Eine vorzeitige Liquidation wird – auch im Rahmen einer eingetretenen Insolvenz – ausgeschlossen, da unterstellt wird, dass der Fortführungs- den Liquidationswert des Unternehmens übersteigt.[290] Erst nach Ablauf einer determinierten Lebensdauer erfolgt die Einstellung der Geschäftstätigkeit des Unternehmens.

Die Investitions- und Finanzierungspolitik ist exogen determiniert und ebenfalls unabhängig von der Insolvenznähe des betrachteten Unternehmens. Damit erhalten auch im Falle einer Insolvenz die (neuen) Unternehmenseigner die exogen festgelegten Maßnahmen aufrecht.[291] Die im Rahmen der Verschuldungspolitik aufgenommenen Fremdkapitalbestände weisen eine Laufzeit von einer Periode auf und müssen in jeder Periode revolvierend aufgenommen werden.[292] Das Management kehrt an die Aktionäre des unverschuldeten bzw. verschuldeten Unternehmens in Gänze den FCF_U bzw. FCF_L aus.[293] Ausschüttungsrestriktionen liegen nicht vor.[294]

Des Weiteren wird davon ausgegangen, dass operative Verbindlichkeiten[295] kein Insolvenzereignis auslösen können, sodass unverschuldete Unternehmen keinem Insolvenzrisiko ausgesetzt sind.[296] Hingegen können verschuldete Unternehmen diesem Risiko unterliegen, wenn vorab definierte Insolvenzkriterien erfüllt werden. Der Tatbestand der Überschuldung nach § 19 InsO wird

---

289 Vgl. Franke, G./Hax, H. (2009), S. 346; Lahmann, A./Arnold, S./Gmehling, P. (2017), S. 49.

290 Vgl. Meitner, M./Streitferdt, F. (2011), S. 23 FN 49 m.w.N.

291 Vgl. Kruschwitz, L./Lodowicks, A./Löffler, A. (2005), S. 223–225; Lodowicks, A. (2007), S. 17; Ballwieser, W./Friedrich, T. (2015), S. 454; Friedrich, T. (2016), S. 530. Dagegen wird bei anderen Beiträgen auf die Refinanzierung von Krediten im Falle eines Ausfalles und folglich auf die Modellierung von Steuervorteilen nach Insolvenzeintritt verzichtet, vgl. Lodowicks, A. (2007), S. 31.

292 Vgl. Kruschwitz, L./Lodowicks, A./Löffler, A. (2005), S. 228; Ballwieser, W./Friedrich, T. (2015), S. 455.

293 Aus Praktikabilitätsgründen werden CF und FCF im weiteren Verlauf als Synonym verwendet.

294 Vgl. Lodowicks, A. (2007), S. 17; Lahmann, A./Arnold, S./Gmehling, P. (2017), S. 46.

295 Darunter verstehen sich bspw. Verbindlichkeiten gegenüber Mitarbeitern, Lieferanten oder dem Fiskus.

296 Vgl. Kruschwitz, L./Lodowicks, A./Löffler, A. (2005), S. 223; Lodowicks, A. (2007), S. 19; Arnold, S./Lahmann, A./Schreiter, M. (2019), S. 358. Der Tatbestand der Zahlungsunfähigkeit gem. § 17 InsO beschränkt sich in praxi nicht nur auf kreditvertragliche Verpflichtungen, vgl. Lodowicks, A. (2007), S. 53.

nicht thematisiert, da unterstellt wird, dass der Liquidationswert des Unternehmens den Marktwert des Fremdkapitals nicht unterschreitet.[297] Das an der Zahlungsunfähigkeit nach § 17 InsO angelehnte[298] Insolvenzkriterium liegt vor, wenn die operativen Cashflows nach Steuern, Investitionen und Steuervorteile, welche aus der steuerlichen Abzugsfähigkeit von Zinsaufwendungen resultieren, geringer als der vertraglich zu leistende (Netto)Fremdkapitaldienst ausfallen:[299]

$$FCF_{U,j,t} + i \cdot FK_{t-1} \cdot s_U < (1+i) \cdot FK_{t-1} - FK$$

Dieses ggf. anfallende Defizit tragen die Gläubiger, weil die Haftung der Anteilseigner durch die unterstellte Rechtsform der Kapitalgesellschaft ausgeschlossen wird. D. h. es bestehen keine Verpflichtungen, etwaige Liquiditätsdefizite mit Eigentümereinlagen aufzufüllen. Zwar wäre eine Kapitalerhöhung dann im Sinne der Eigentümer, sofern das Defizit den Marktwert des Eigenkapitals unterschreitet, jedoch halten die Financiers an der vorab festgelegten Kapitalstrukturpolitik fest. Damit liegt ein exogenes Insolvenzkriterium vor.[300] Die Haftungsbeschränkung gilt erst ab dem Modell I (mit Ausfallrisiko), da das Modell im Ausgangsbeispiel (ohne Ausfallrisiko) ansonsten nicht ausfallrisikofrei für die Fremdkapitalgeber wäre.

Ferner wird angenommen, dass die Ansprüche des Fiskus einen Vorrang gegenüber den Fremdkapitalgebern genießen und stets in voller Höhe bedient werden.[301] Danach folgt die (Teil-)Befriedigung der Gläubigeransprüche, die

297 Vgl. dazu bspw. Schüler, A. (2017), S. 1209.

298 Die in der deutschen Insolvenzpraxis erfolgende Differenzierung nach Zahlungsstockung und Zahlungsunfähigkeit findet hier keine Anwendung.

299 Vgl. Kruschwitz, L./Lodowicks, A./Löffler, A. (2005), S. 231; Friedrich, T. (2016), S. 530.

300 Vgl. Kruschwitz, L./Lodowicks, A./Löffler, A. (2005), S. 231. Hingegen delegiert ein endogenes Insolvenzkriterium die Entscheidung über den Eintritt in die Insolvenz an die Eigentümer, vgl. Lodowicks, A. (2007), S. 50; Lahmann, A./Schreiter, M./Schwetzler, B. (2018), S. 80.

301 Vgl. Kruschwitz, L./Lodowicks, A./Löffler, A. (2005), S. 227–228 Ballwieser, W./Friedrich, T. (2015), S. 456; Friedrich, T. (2016), S. 531; Schüler, A. (2017), S. 1215. Dagegen legen Homburg/Stephan/Weiß eine gleichrangige Befriedung der involvierten Parteien per Annahme fest, die mit der Prämisse der vollständigen Vereinnahmung des Tax Shields durch den Gläubiger im Falle eines Ausfalls in einem logischen Widerspruch mündet. Denn es ist fraglich, wie der gesamte Steuervorteil

sich aus Zins- und Tilgungsdienst zusammensetzen. Aufgrund der §§ 366, 367 Bürgerliches Gesetzbuch (BGB), die dem Emittenten im Falle der Insolvenz das Recht einräumt, über die Priorisierung der Fremdkapitaldienstkomponenten zu befinden, erhält zur Vereinnahmung von steuerlichen Wertbeiträgen stets der Zinsbestandteil den Zuschlag.[302] Durch die flankierende Annahme einer ausreichend hohen steuerlichen Bemessungsgrundlage bzw. einer Steuerrückerstattung im Falle einer negativen Bemessungsgrundlage und eines ausreichend hohen Cashflows zur Bedienung der Fremdkapitalzinsen können die Steuervorteile stets gehoben werden.[303] Damit beschränkt sich bei den ausgewählten Modellen der Ausfall lediglich auf den Nominalbetrag des Fremdkapitals. Allerdings lassen sich in solchen Fällen die rationalen Fremdkapitalgeber – im Hinblick auf die Informationssymmetrie – stets einen ausfallkompensierenden Zinssatz vertraglich zusichern, damit der Marktwert dem Nennwert des Fremdkapitals zum Zeitpunkt der Kreditvergabe entspricht.[304] Sofern das Ausfallrisiko für die unmittelbaren folgenden Binomialäste ausgeschlossen werden kann, erfolgt die Vergütung der Fremdkapitalüberlassung in Höhe des risikofreien Zinssatzes.[305]

2.2.3.2.2 Ausgangsbeispiel ohne Ausfallrisiko

Die Muster-Aktiengesellschaft (AG) ist ein verschuldetes Unternehmen, welches in zwei Perioden zustandsabhängige unlevered Free Cashflows (nach Unternehmensteuern) erwirtschaftet. Dabei unterschreitet der Liquidationswert zu keinem Zeitpunkt den Fortführungswert des Unternehmens, weshalb

---

gehoben werden soll, wenn die Steuerbehörde lediglich quotal bedient wird, vgl. Homburg, C./Stephan, J./Weiß, M. (2004), S. 280, 283 FN 32; Kruschwitz, L./Lodowicks, A./Löffler, A. (2005), S. 227.

302 Vgl. Drukarczyk, J. (1993), S. 274; Kruschwitz, L./Lodowicks, A./Löffler, A. (2005), S. 228; Krause, M. V./Lahmann, A. (2016), S. 484.

303 Vgl. Sick, G. (1990), S. 1434, 1445; Kruschwitz, L./Lodowicks, A./Löffler, A. (2005), S. 227; Drukarczyk, J./Schüler, A. (2006), S. 718; Rapp, M. (2006), S. 776, 783; Friedrich, T. (2015), S. 186; Drukarczyk, J./Schüler, A. (2016), S. 364; Friedrich, T. (2016), S. 531; Krause, M. V./Lahmann, A. (2016), S. 484; Schüler, A. (2017), S. 1211.

304 Vgl. Krotter, S./Schüler, A. (2013), S. 400; Ballwieser, W./Friedrich, T. (2015), S. 454–455; Friedrich, T. (2016), S. 530; Krause, M. V./Lahmann, A. (2016), S. 498. Bei einem mehrperiodigen Kreditvertrag könnte die Kompensation im Rahmen eines vertraglich vereinbarten Covenants erfolgen, vgl. Drukarczyk, J./Schüler, A. (2006), S. 736.

305 Vgl. Drukarczyk, J./Schüler, A. (2021), S. 182; Kruschwitz, L./Lodowicks, A./Löffler, A. (2005), S. 226; Lahmann, A./Schreiter, M./Schwetzler, B. (2018), S. 82.

sich eine vorzeitige Beendigung des Geschäftsbetriebs nicht lohnt.[306] Allerdings erfolgt die Einstellung der operativen Tätigkeit in t_2. D. h. es fallen noch unlevered Free Cashflows in dieser Periode an, allerdings keine Restverkaufserlöse der Aktiva. Das Unternehmen unterliegt einer einfachen Gewinnsteuer mit linearem und zeitinvariantem Tarif von 30 %.[307]

Der $FCF_{U,0}$[308] beträgt 100,0 in Periode 0 und folgt einem diskreten rekombinierenden Binomialprozess, der einen intertemporal konstanten Up-Zustand (u) sowie Down-Zustand (d) i. H. v. 0,30 bzw. -0,20 aufweist.[309] Die subjektive Eintrittswahrscheinlichkeit eines Up-Zustandes wird mit (p) und eines Down-Zustandes mit (1-p) angegeben und ist in jedem Knotenpunkt gleichwahrscheinlich. Die daraus resultierende unlevered Free Cashflow-Verteilung kann der folgenden Abbildung entnommen werden.

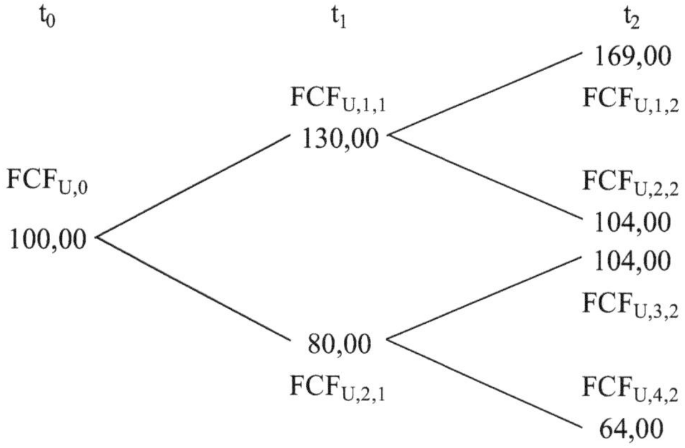

Abb. 1: Pfadabhängige Verteilung der unlevered FCF der Muster-AG. Eigene Darstellung in Anlehnung an Kruschwitz et al. (2005), S. 230.

---

306 Vgl. Kruschwitz, L./Lodowicks, A./Löffler, A. (2005), S. 229; Lodowicks, A. (2007), S. 19; Friedrich, T. (2015), S. 181. Dies gilt auch nach der Einführung von etwaigen Insolvenzkosten, vgl. Lodowicks, A. (2007), S. 45.

307 Vgl. Kruschwitz, L./Löffler, A. (2007), S. 7; Lodowicks, A. (2007), S. 27; Rosarius, S. (2007), S. 77.

308 Der $FCF_{U,0}$ stellt ein Referenzpunkt für den multiplikativen Binomialprozess dar und findet keine Berücksichtigung bei der Evaluation des Unternehmenswertes, vgl. Friedrich, T. (2015), S. 182.

309 Die stochastische Abhängigkeit der Zahlungsströme dient zur Approximation der Realität, vgl. Schwetzler, B. (2000), S. 484; Schüler, A. (2018), S. 145.

Der risikofreie Zinssatz beträgt 5,00 % und bleibt über die Lebensdauer des Unternehmens konstant. Die Marktrendite folgt den gleichen subjektiven Eintrittswahrscheinlichkeiten wie die unlevered Free Cashflows mit einer stationären Renditeverteilung von 0,35 bzw. -0,15 in jedem Zustandsknoten. Daraus folgt eine intertemporal konstante erwartete Marktrendite i. H. v. 0,10 sowie die Varianz der Marktrendite i. H. v. 0,0625. Daher beträgt der Marktpreis des Risikos (λ) 0,80.[310] Aus den bisherigen Angaben resultiert eine intertemporal konstante Renditeforderung der Eigentümer (r_U) i. H. v. 10,25 %.[311] Durch die Diskontierung der erwarteten unlevered Free Cashflows kann der Wert des unverschuldeten Unternehmens ($V_{U,0}$) auf 185,94 beziffert werden.

$$
\begin{aligned}
V_{U,0} &= \frac{E^P\left[\widetilde{FCF_{U,j,1}}\right]}{1+r_U} + \frac{E^P\left[\widetilde{FCF_{U,j,2}}\right]}{\left(1+r_U\right)^2} \\
&= \frac{0{,}5\cdot\left(130{,}0+80{,}0\right)}{1+0{,}1025} + \frac{0{,}5^2\cdot(169{,}0+2\cdot 104{,}0+64{,}0)}{\left(1+0{,}1025\right)^2} = 185{,}94
\end{aligned}
$$

Alternativ kann das Unternehmen mittels risikoneutraler Eintrittswahrscheinlichkeiten bewertet werden. Zur Adaption dieses Bewertungsverfahrens muss zwingend die Arbitragefreiheit des Kapitalmarktes gegeben sein. Diese Prämisse gilt als erfüllt, sofern die Parameter folgende Wertbandbreiten nicht verletzen:[312]

310 Vgl. Richter, F. (2001), S. 181; Drukarczyk, J./Schüler, A. (2021), S. 176.

311 Vgl. Richter, F. (2001), S. 181; Helmis, S./Timmreck, C./Richter, F. (2002), S. 307–308; Timmreck, C. (2006), S. 59; Drukarczyk, J./Schüler, A. (2021), S. 67. Im Anhang 2 wird die Herleitung der Eigenkapitalkosten nach dem Rollback-Verfahren nach Robicheck demonstriert. Die Eigenkapitalkosten des unverschuldeten Unternehmens sind über die Laufzeit konstant, da in jedem Zustandsknoten der Quotient aus erwarteten FCF_U zum Sicherheitsäquivalent unverändert bleibt, vgl. Drukarczyk, J./Schüler, A. (2021), S. 63–67. Die Zahlungsstruktur wurde dergestalt angepasst, dass ein konstanter Eigenkapitalkostensatz resultiert. Dies entspricht dem Standardvorgehen in der Unternehmensbewertung, vgl. Kruschwitz, L./Lodowicks, A./Löffler, A. (2005), S. 229–230; Friedrich, T. (2015), S. 183; Drukarczyk, J./Schüler, A. (2021), S. 178 FN 7.

312 Vgl. Cox, J. C./Ross, S. A./Rubinstein, M. (1979), S. 232; Lodowicks, A. (2007), S. 89–90; Kruschwitz, L./Husmann, S. (2012), S. 301; Friedrich, T. (2016), S. 530.

$$u > 1 + i > d > 0$$

$$u > \frac{(1+i)\cdot(1+g)}{1+r_U} > d$$

Mit

$$g = p\cdot(u-d) + d - 1$$

Der Wachstumsparameter g ist in jedem Zustandsknoten konstant, da die Up- bzw. Down-Faktoren zeitlich invariant sind.[313] Auf Basis der gewählten Parameter kann in jedem Zeitpunkt die Arbitragefreiheit bestätigt werden. Das risikoneutrale Wahrscheinlichkeitsmaß q lässt sich dabei folgendermaßen bestimmen:

$$q = \frac{\frac{(1+i)\cdot(1+g)}{1+r_U} - d}{u-d} = \frac{\frac{(1+0{,}05)\cdot(1+0{,}05)}{1+0{,}1025} - 0{,}8}{1{,}3-0{,}8} = 0{,}4$$ [314]

Damit beträgt q und (1-q) in jedem Knoten 0,4 bzw. 0,6. Mit dieser Erkenntnis können für die Zahlungsströme der Muster-AG risikoneutrale Erwartungswerte formuliert und mit dem risikolosen Zinssatz abgezinst werden, um den Wert des unverschuldeten Unternehmens zu bestimmen:

$$V_{U,0} = \frac{E^Q\left[\widetilde{FCF}_{U,j,1}\right]}{1+i} + \frac{E^Q\left[\widetilde{FCF}_{U,j,2}\right]}{(1+i)^2}$$

$$V_{U,0} = \frac{0{,}4\cdot 130{,}0 + 0{,}6\cdot 80{,}0}{1+0{,}05} + \frac{0{,}4\cdot(0{,}4\cdot 169{,}0 + 0{,}6\cdot 104{,}0) + 0{,}6\cdot(0{,}4\cdot 104{,}0 + 0{,}6\cdot 64{,}0)}{(1+0{,}05)^2}$$

$$= 185{,}94$$

313 Vgl. Helmis, S./Timmreck, C./Richter, F. (2002), S. 304.

314 Auf den Zeitindex kann verzichtet werden, da q intertemporal konstant ist.

Die Bewertung im Rahmen risikoneutraler Wahrscheinlichkeitsmaße bestätigt das Ergebnis der Risikozuschlagsmethode. Beide Verfahren führen zum identischen Wert des unverschuldeten Unternehmens.

Das Management der Muster-AG verfolgt eine autonome Verschuldungspolitik und plant die realisierbaren Fremdkapitalbestände $FK_0= 140$, $FK_1= 65$ sowie $FK_2= 0$ ein. Dem APV-Ansatz folgend lässt sich der Wert der risikolosen Tax Shields folgendermaßen ermitteln:

$$V_{TS,0} = \sum_{t=1}^{2} \frac{s_U \cdot i \cdot FK_{t-1}}{(1+i)^t} = \frac{0,3 \cdot 0,05 \cdot 140,0}{1,05} + \frac{0,3 \cdot 0,05 \cdot 65,0}{1,05^2} = 2,88$$

Die Summe aus operativem Wertbeitrag und Barwert der Tax Shields liefert den Wert des verschuldeten Unternehmens:

$$V_{L,0} = V_{U,0} + V_{TS,0} = 185,94 + 2,88 = 188,82$$

Durch Abzug des Wertes des Fremdkapitals vom Unternehmensgesamtwert kann der Marktwert des Eigenkapitals berechnet werden:

$$E_0 = V_{L,0} - D_0 = 188,82 - 140,0 = 48,82$$

Mit
E_0 = Marktwert des Eigenkapitals zum Zeitpunkt 0
D_0 = Marktwert des Fremdkapitals zum Zeitpunkt 0[315].

Bisher wurde der Ausschluss des Ausfallrisikos stillschweigend unterstellt. Um diese Vermutung zu bestätigen, muss zunächst die Gültigkeit des Insolvenzkriteriums in sämtlichen Zuständen geprüft werden. Dieses Kriterium liegt vor, wenn der vertraglich zu vereinbarte Fremdkapitaldienst nicht erfüllt wird bzw. wenn folgende Ungleichung zutrifft:

$$FCF_{U,t} + i \cdot FK_{t-1} \cdot s_U < (1+i) \cdot FK_{t-1} - FK_t$$

315 Der Marktwert des Fremdkapitals entspricht dem Nennwert des Fremdkapitals.

Die nachfolgende Abbildung visualisiert den pfadabhängigen Prüfprozess:

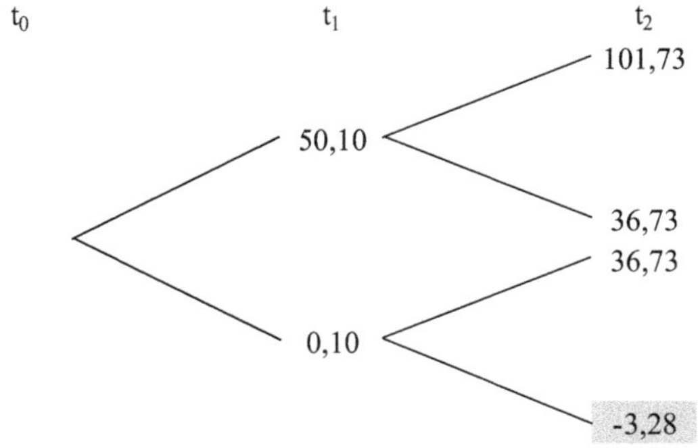

Abb. 2: Prüfung des Ausfallkriteriums der Muster-AG. Eigene Darstellung in Anlehnung an Friedrich, T. (2015), S. 193.

Der Abgleich mit den zustandsabhängigen Cashflows legt die Zahlungsunfähigkeit im Knotenpunkt 4,2 offen. Sofern der operative Cashflow zweimal den Abwärtspfad einschlägt, erleiden die Gläubiger einen (Teil-)Ausfall ihrer Ansprüche, da die vorhandenen Cashflows auf Unternehmensebene nicht ausreichen. Dieser Befund konterkariert die stillschweigende Annahme der Ausfallrisikofreiheit für das Beispiel. Um diesen logischen Konflikt aufzuheben, wird zusätzlich unterstellt, dass die rationalen Fremdkapitalgeber als Finanzierungskondition eine Nachschusspflicht der Eigentümer einfordern, um etwaige Kapitaldienstdefizite aufzufüllen, damit es sich um risikoloses Fremdkapital handelt. Somit stellt Abb. 2 auch die pfadabhängigen Zahlungsströme an die Eigenkapitalgeber dar.

Durch den Rückgriff auf martingale Wahrscheinlichkeitsmaße kann der Barwertanspruch der Eigenkapitalgeber ermittelt und das Ergebnis des APV-Ansatzes verifiziert werden. Hierzu können die periodischen levered Free Cashflows aus Abb. 2 herangezogen und jeweils mit den risikoneutralen Eintrittswahrscheinlichkeiten gewichtet werden.

$$E_0 = \frac{E^Q\left[\widetilde{FCF}_{L,j,1}\right]}{1+i} + \frac{E^Q\left[\widetilde{FCF}_{L,j,2}\right]}{(1+i)^2}$$

$$E_0 = \frac{0,4\cdot 50,1+0,6\cdot 0,1}{1+0,05} + \frac{0,4\cdot(0,4\cdot 101,73+0,6\cdot 36,73)+0,6\cdot(0,4\cdot 36,73+0,6\cdot(-3,28))}{(1+0,05)^2}$$

$$= 48,82$$

Es ist irrelevant, ob der APV-Ansatz oder das Prinzip der risikoneutralen Bewertung angewandt wird, da beide Verfahren zum gleichen Wert des verschuldeten Unternehmens bzw. des Eigenkapitals führen. Im weiteren Verlauf wird die Nachschusspflicht der Eigentümer aufgehoben, womit das Kreditengagement der Fremdkapitalgeber einem Ausfallrisiko unterliegt. Dabei wird zugleich der bisherige Prämissenkranz um weitere Annahmen erweitert.

2.2.3.2.3 Einfluss der Sanierungsgewinnbesteuerung – Modell I und II

Grundsätzlich sind ausfallinduzierte Buchgewinne auf das Fremdkapital als steuerpflichtiger Sanierungsgewinn zu erfassen (symmetrisches Steuersystem), da ein außerordentlicher Ertrag beim Emittenten realisiert wird. Allerdings finden in einigen Jurisdiktionen wie bspw. die Vereinigten Staaten von Amerika (USA) oder Deutschland, Ausnahmeregelungen zur steuerlichen Befreiung wie der Internal Revenue Code Section 61 (a) (12) bzw. § 8 Abs. 1 Körperschaftsteuergesetz (KStG) sowie § 7b Gewerbesteuergesetz (GewStG) Anwendung (asymmetrisches Steuersystem). In den USA können Sanierungsgewinne im Rahmen eines Chapter 11[316] Reorganisationsverfahrens steuerfrei gestellt werden. Analog dazu ist in Deutschland der Steuererlass an die Bedingung der Fortführung des Unternehmens geknüpft.[317] Dieser Erlass ist auf das Schreiben des Bundesfinanzministeriums vom 27.03.2003 und dem Bundesfinanzhof (BFH)-Urteil vom 14.06.2010 zurückzuführen.[318] Allerdings veranlasste die festgestellte Verletzung der Gesetzmäßigkeit des Sanierungserlasses durch den BFH am 28.11.2016, die Legislative am 04.07.2017 zur Schaffung eines gesetzlichen Fundamentes mit der Neureglung des § 3a, 3c Abs. 4 Einkommensteuergesetz

---

316 Im Gegensatz zum Chapter 7, welches auf die Liquidation des Unternehmens abzielt, wird bei diesem Verfahren die Sanierung des Unternehmens angestrebt, vgl. Berk, J. B./DeMarzo, P. M. (2016), S. 546.

317 Vgl. Krause, M. V./Lahmann, A. (2016), S. 485; Krause, M./Lahmann, A. (2017), S. 348.

318 Vgl. BMF vom 27.03.2003; BFH vom 14.07.2010.

(EStG), § 8 Abs. 1 KStG und § 7 b GewStG.[319] Sofern keine Fortführung des Unternehmens verfolgt wird, hat dies eine Reduktion der (zinsbedingten) Tax Shields im Zustand des Ausfalls zur Folge, wodurch der verbleibende Wertanspruch der Gläubiger zusätzlich gemindert wird.[320] Jedoch antizipieren rationale Fremdkapitalgeber die daraus folgenden steuerlichen Konsequenzen des Sanierungsgewinnes bei der Kalkulation des periodisch festzulegenden risikokompensierenden Zinssatzes. Das symmetrische Steuerregime wird gleichfalls in den Beiträgen von Sick (1990) sowie Kruschwitz/Lodowicks/Löffler (2005) aufgegriffen.[321] Daher wird zur Erlangung der notwendigen Parameter auf die Herleitungen der beiden Beiträge rekurriert, um einen potenziellen Werteffekt aufzudecken.

2.2.3.2.3.1 Vorbereitende Schritte – Model I (Sanierungsgewinnbesteuerung)

Die Überlegungen von Kruschwitz et al. (2005)[322] beginnen mit der Herleitung einer risikoneutralen Bewertungsgleichung für ein verschuldetes Unternehmen ohne ausfallbedrohtes Fremdkapital. Daraus resultiert folgender Zusammenhang:

$$V_{L,t-1} = V_{U,t-1} + \sum_{t=1}^{T} s_U \cdot i \cdot E^Q\left[\widetilde{FK_{t-1}}\right] \cdot (1+i)^{-t} \tag{2.16}$$

Im nächsten Schritt werden Bewertungsgleichungen für ein verschuldetes Unternehmen mit ausfallrisikobehaftetem Fremdkapital hergeleitet. Hierbei ist im Ausfallszenario zwischen der vertraglich vereinbarten Tilgungshöhe $FK_t - FK_{t-1}$ und dem tatsächlich zurückgeführten Nominalbetrag des Fremdkapitals R_t zu unterscheiden, denn die Differenz zwischen den beiden Größen bzw. die Ausfallhöhe unterliegt als Sanierungsgewinn der Besteuerung.[323] Jene steuerliche Belastung steht bei einer Insolvenz den klassischen Steuervorteilen gegenüber:

---

319 Vgl. BFH vom 28.11.2016; Bundestag vom 04.07.2017.

320 Drukarczyk/Schüler merken in diesem Zusammenhang an, dass die steuerliche Regelung die Gläubiger trifft, obwohl es sich nicht um die intendierte Zielgruppe des Gesetzgebers handelt, vgl. Drukarczyk, J./Schüler, A. (2016), S. 371 FN 16.

321 Vgl. Sick, G. (1990), S. 1434; Kruschwitz, L./Lodowicks, A./Löffler, A. (2005), S. 228.

322 Vgl. für die folgenden Ausführungen Kruschwitz, L./Lodowicks, A./Löffler, A. (2005), S. 226–229.

323 Vgl. Kruschwitz, L./Lodowicks, A./Löffler, A. (2005), S. 227–228.

$$FCF_{U+TS,t} = FCF_{U,t} + s_U \cdot (I_t - FK_{t-1} + FK_t + R_t) \tag{2.17}$$

Mit
$FCF_{U+TS,t}$ = Summe aus unlevered Free Cashflows und Steuervorteilen zum Zeitpunkt t
I_t = Zinsdienst zum Zeitpunkt t
R_t = Tatsächlicher Tilgungsbetrag zum Zeitpunkt t.

Unter Rückgriff von martingalen Wahrscheinlichkeitsmaßen kann das ausfallbedrohte Unternehmen wie folgt evaluiert werden:

$$V_{L,t-1} = V_{U,t-1} + \sum_{t=1}^{T} s_U \cdot E^Q\left[\tilde{I}_t - \widetilde{FK_{t-1}} + \widetilde{FK_t} + \tilde{R}_t\right] \cdot (1+i)^{-t} \tag{2.18}$$

Das risikoneutrale Bewertungskalkül ist gleichfalls auf die Perspektive des Gläubigers übertragbar, um den Barwert der Zins- und Tilgungsleistungen zu quantifizieren.

$$D_{t-1} = E^Q\left[\tilde{I}_t + \widetilde{FK_t} + \tilde{R}_t\right] \cdot (1+i)^{-1} \tag{2.19}$$

Nach der Umformung folgt:

$$E^Q\left[i \cdot \widetilde{FK_{t-1}}\right] = E^Q\left[\tilde{I}_t - \widetilde{FK_{t-1}} + \widetilde{FK_t} + \tilde{R}_t\right]$$

Durch diesen Zusammenhang wird die periodische Anpassung des vertraglichen Zinssatzes offenkundig. Mit diesem Wissen lässt sich nun Gleichung (2.18) vereinfachen:

$$V_{L,t-1} = V_{U,t-1} + \sum_{t=1}^{T} s_U \cdot i \cdot E^Q\left[\widetilde{FK_{t-1}}\right] \cdot (1+i)^{-t} \tag{2.20}$$

Die Identität von Gleichung (2.16) und (2.20) zeigt – für den gesetzten Prämissenkranz – keine Veränderung des Unternehmensgesamtwertes an. Dieses Ergebnis wird im Folgenden anhand der Muster-AG veranschaulicht.

2.2.3.2.3.2 Beispiel - Model I (Sanierungsgewinnbesteuerung)

Der Ausfall kann laut Abb. 2 in Zustand 4,2 dokumentiert und folgendermaßen formalisiert werden:

$$R_{4,2} + I_{4,2} = FCF_{U+TS,4,2}$$

Die Fremdkapitalgeber nehmen das Ausfallrisiko eine Periode vorher - also im Zustand 2,1 - wahr und berücksichtigen die antizipierte Höhe des Ausfalls bei der Vereinbarung ihres vertraglichen Zinssatzes. Durch die Substitution des Kapitaldienstes im Zustand 4,2 durch $FCF_{U+TS,4,2}$ in Gleichung (2.18) sowie Umformung lässt sich der geleistete Kapitaldienst im Zustand des Ausfalls quantifizieren:

$$FCF_{U+TS,4,2} = FCF_{U,4,2} + s_U \cdot \left(FCF_{U+TS,4,2} + FK_2 - FK_1\right)$$

$$FCF_{U+TS,4,2} = \frac{FCF_{U,4,2} + s_U \cdot \left(FK_2 - FK_1\right)}{1 - s_U}$$

$$FCF_{U+TS,4,2} = \frac{64{,}0 + 0{,}3 \cdot \left(0 - 65{,}0\right)}{1 - 0{,}3} = 63{,}57$$

Die Höhe der Fremdkapitalforderung im Zustand 3,2 ergibt sich unter Rückgriff auf risikoneutrale Eintrittswahrscheinlichkeiten aus der Perspektive des Gläubigers. Der Wert des Gläubigeranspruches lässt sich im Knoten 2,1 formal darstellen mit:

$$D_1 = \frac{\left(FCF_{U+TS,4,2} + FK_2\right) \cdot (1 - q) + \left(I_{3,2} + R_{3,2} + FK_2\right) \cdot q}{1 + i}$$

Wird der $FCF_{U+TS,4,2}$ ersetzt und nach dem Kapitaldienst im Zustand 3,2 aufgelöst, so folgt:

$$I_{3,2}+R_{3,2}=\frac{(1+i)\cdot FK_1-\left(\frac{FCF_{U,4,2}+s_U\cdot(FK_2-FK_1)}{1-s_U}+FK_2\right)\cdot(1-q)}{q}-FK_2$$

$$I_{3,2}+R_{3,2}=\frac{(1+0{,}05)\cdot 65{,}0-\left(\frac{64{,}0+0{,}3\cdot(0-65{,}0)}{1-0{,}3}+0\right)\cdot(1-0{,}4)}{0{,}4}-0=75{,}27$$

Zuletzt kann der vertragliche Fremdkapitalzinssatz ($i_{v,2}$) folgendermaßen abgeleitet werden:

$$(1+i_{V,2})\cdot FK_1=I_{3,2}+R_{3,2}+FK_2$$

$$i_{V,2}=\frac{(1+i)\cdot FK_1-\left(\frac{FCF_{U,4,2}+s_U\cdot(FK_2-FK_1)}{1-s_U}+FK_2\right)\cdot(1-q)}{q\cdot FK_1}-1$$

$$i_{V,2}=\frac{(1+0{,}05)\cdot 65{,}0-\left(\frac{64{,}0+0{,}3\cdot(0-65{,}0)}{1-0{,}3}+0\right)\cdot(1-0{,}4)}{0{,}4\cdot 65{,}0}-1=0{,}1580$$

Damit lassen sich nun die Steuervorteile des verschuldeten Unternehmens mit risikobehaftetem Fremdkapital bestimmen. In Abb. 3 können die pfadabhängigen Tax Shields unter Berücksichtigung der Ausfallgefahr entnommen werden.[324]

324 Laut Sick lässt sich der zustandsspezifische Steuervorteil auch dem Produkt aus der zustandsspezifischen Fremdkapitalrendite, dem Marktwert des Fremdkapitals sowie dem Steuersatz ermitteln.
$TS_{3,2}$ = (75,27/65,0–1) · 65,0 · 0,3 = 3,08; $TS_{4,2}$ = (63,57/65,0–1) · 65,0 · 0,3 = –0,43, vgl. Sick, G. (1990), S. 1436–1439.

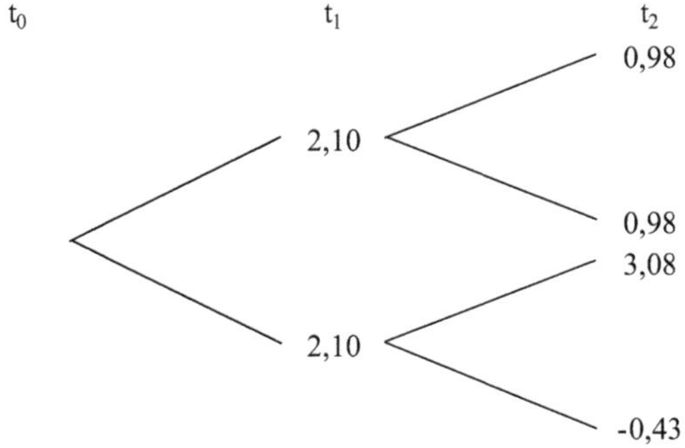

Abb. 3: Pfadabhängige Verteilung der steuerlichen Vorteile der Muster-AG – Modell I. Eigene Darstellung.

Mit diesem Wissen lässt sich der Barwert der Tax Shields und folglich auch der Wert des verschuldeten Unternehmens bei Ausfallrisiko bestimmen, da das Annahmegerüst eine Veränderung des operativen Wertbeitrages ausschließt und der Wert des unverschuldeten Unternehmens bereits ermittelt wurde. Somit gilt bei Anwendung des Prinzips der risikoneutralen Bewertung:

$$V_{TS,0} = \frac{E^Q\left[\widetilde{TS}_1\right]}{1+i} + \frac{E^Q\left[\widetilde{TS}_2\right]}{(1+i)^2}$$

$$V_{TS,0} = \frac{2,1}{1+0,05} + \frac{0,4 \cdot 0,98 + 0,6 \cdot \left(0,4 \cdot 3,08 + 0,6 \cdot (-0,43)\right)}{(1+0,05)^2} = 2,88$$

$$V_{L,0} = V_{U,0} + V_{TS,0} = 185,94 + 2,88 = 188,82$$

$$E_0 = V_{L,0} - D_0 = 188,82 - 140,0 = 48,82$$

Unter Berücksichtigung des Ausfallrisikos ist der Wert des verschuldeten Unternehmens deckungsgleich mit dem verschuldeten Unternehmenswert ohne Ausfallrisiko i. H. v. 188,82.[325] Der Wert des Eigenkapitalanspruches beträgt nach

325 Rosarius (2007) kritisiert die fehlende Prämisse bzgl. der zulässigen Entwicklung der Zahlungsströme. So modelliert er auf Basis von Kruschwitz et al. Modell einen Binomialbaum, der einen Knotenpunkt aufweist, in dem beide Folgezustände in einer Insolvenz münden. Dies würde jedoch einem Bruch der gesetzten Prämissen nach sich ziehen, vgl. Rosarius, S. (2007), S. 153–157. Allerdings weisen Kruschwitz et al. in der Schlussbemerkung ihres Beitrages vorsorglich darauf hin, dass lediglich

Abzug des angemessen bepreisten Fremdkapitals erneut 48,82. Das deckungsgleiche Ergebnis unterstreicht die Irrelevanz des Ausfallrisikos[326] unter den gesetzten Prämissen auf den Unternehmenswert bzw. die steuerlichen Wertbeiträge und bestätigt die Erkenntnisse aus der Arbeit von Sick (1990), dass „[…] the value of a risky debt tax shield is the same as that of a riskless debt tax shield […]“[327]. Demnach könnte unter den gesetzten Prämissen in einem neutralen Steuersystem (i. V. m. einer Informationssymmetrie und ohne Insolvenzkosten) auf eine explizite Modellierung von Insolvenzrisiken verzichtet werden.[328]

Im Folgenden wird das Modell im Rahmen eines asymmetrischen Steuersystems untersucht, d.h. es fallen keine steuerpflichtigen Sanierungsgewinne bei einem Ausfall der Fremdkapitalgeber an. Zur Herleitung der relevanten Variablen wird auf den Beitrag von Drukarczyk/Schüler (2006) verwiesen, da diese einen Fall ohne Sanierungsgewinnbesteuerung modellieren. Der Beitrag von Drukarczyk/Schüler (2006) zeigt primär auf, dass die gängigen Kapitalkostendefinitionen nach einer Modifikation ihre Gültigkeit behalten.[329]

2.2.3.2.3.3 Vorbereitende Schritte - Modell II (Ohne Sanierungsgewinnbesteuerung)

Bei Ausfallrisiko entspricht der Wert des Fremdkapitals dem Nennwert des Fremdkapitals, wenn die Gläubiger für den erwarteten Ausfall durch einen angemessenen Zinssatz kompensiert werden. Zur Herstellung dieser Bedingung werden innerhalb eines einperiodigen Binomialmodells – unter Annahme, dass im Zustand 2,1 ein Ausfallzustand vorliegt – ausfallrisikokompensierende Fremdkapitalzinsen ($i_{v,1}$) formuliert:[330]

„[…] Formen von Finanzierungspolitik, die angesichts drohender Insolvenzen mit den Fremdkapitalgebern vereinbart werden können“, zu einer Ergebnisidentität führen können, Kruschwitz, L./Lodowicks, A./Löffler, A. (2005), S. 234.

326 Meitner/Streitferdt illustrieren die Irrelevanz des Insolvenzrisikos unter Ausschluss von Steuern, vgl. Meitner, M./Streitferdt, F. (2016a), S. 3–8, (2016b), S. 72–74.

327 Sick, G. (1990), S. 1447.

328 Vgl. Kruschwitz, L./Löffler, A./Essler, W. (2009), S. 80; Meitner, M./Streitferdt, F. (2011), S. 68. Daher sind die Eigentümer indifferent, ob sie einer unbeschränkten Haftung unterliegen oder die Fremdkapitalgeber risikoäquivalente vertragliche Zinssätze in einem symmetrischen Steuersystem vereinbaren.

329 Vgl. Drukarczyk, J./Schüler, A. (2006), S. 716–721; Rapp, M. (2006), S. 788–790; Schüler, A. (2017), S. 1211–1213; Drukarczyk, J./Schüler, A. (2021), S. 367–381.

330 Die folgenden Ausführungen/Herleitungen basieren auf Drukarczyk, J./Schüler, A. (2006), S. 726–728. In Drukarczyk/Schüler (2021) werden stattdessen risikoneutrale Wahrscheinlichkeitsmaße zur Lösung des Bewertungsproblems herangezogen,

$$FK_0 = D_0 = \frac{(1-p)\cdot FK_0 \cdot (1+i_{V,1}) + p\cdot (FCF_{U,2,1} + s_U \cdot i_{V,1} \cdot FK_0)}{(1+r_{D,1})} \tag{2.21}$$

Mit
$r_{D,1}$ = Fremdkapitalkosten zum Zeitpunkt 1.

Die Umstellung nach $i_{v,1}$ bringt folgenden Zusammenhang zur Schau:

$$i_{V,1} = \frac{r_{D,1} + p\cdot\left(1-\frac{FCF_{U,2,1}}{D_0}\right)}{1-p\cdot(1-s_U)} \tag{2.22}$$

Unter Rückgriff auf das CAPM bzw. der Sicherheitsäquivalent-Methode können die Fremdkapitalkosten $r_{D,1}$ weiter disaggregiert werden:

$$r_{D,1} = i + \lambda \cdot cov\left(\widetilde{r_{D,1}}, \widetilde{r_{M,1}}\right) = i + \lambda \cdot \frac{cov\left(\widetilde{\Delta KD_1}, \widetilde{r_{M,1}}\right)}{D_0} \tag{2.23}$$

Mit
$\widetilde{\Delta KD_1}$ = Abweichung des zustandsabhängigen Fremdkapitaldienstes zum Zeitpunkt 1.

Die von den Fremdkapitalgebern übernommene (cashflowbasierte) Risikomenge lässt sich allgemein durch die Kovarianz aus dem zustandsabhängigen Kapitaldienst und der Marktrendite ermitteln. Zur Vereinfachung wird lediglich auf die erwartete Abweichung des zustandsabhängigen Kapitaldienstes zurückgegriffen. Es gilt:

$$cov\left(\widetilde{\Delta KD_1}, \widetilde{r_{M,1}}\right) = (1-p)\cdot p\cdot\left[1 + i_{V,1}\cdot(1-s_U) - \frac{FCF_{U,2,1}}{D_0}\right]\cdot\left(r_{M,1,1} - r_{M,2,1}\right)$$

---

vgl. Krotter, S./Schüler, A. (2013), S. 398; Drukarczyk, J./Schüler, A. (2021), S. 377–379.

Daraus folgt für den Fremdkapitalkostensatz:

$$r_{D,1} = i + \lambda \cdot (1-p) \cdot p \cdot \left[1 + i_{V,1} \cdot (1-s_U) - \frac{FCF_{U,2,1}}{D_0}\right] \cdot (r_{M,1,1} - r_{M,2,1}) \tag{2.24}$$

Durch das Einsetzen der Kapitalkostendefinition in Gleichung (2.21) und der Auflösung nach $i_{V,1}$ resultiert folgende Formel:

$$i_{V,1} = \frac{i - p \cdot \left(\frac{FCF_{U,2,1}}{D_0} - 1\right) \cdot \left[\lambda \cdot (1-p) \cdot (r_{M,1,1} - r_{M,2,1}) + 1\right]}{1 - p \cdot (1-s_U) \cdot \left[1 + \lambda \cdot (1-p) \cdot (r_{M,1,1} - r_{M,2,1})\right]} \tag{2.25}$$

Die hergeleitete Formel wurde vom Zirkularitätsproblem befreit und kann im Rahmen des Beispiels demonstriert werden. Bei der Evaluation des Unternehmenswertes kann erneut das APV-Verfahren – im einperiodigen Fall – zum Einsatz kommen. Jedoch muss nun der erhöhte Fremdkapitalzinssatz bei der Ermittlung des Barwertes der Tax Shields berücksichtigt werden. Die Diskontierung erfolgt (im einperiodigen Modell) weiterhin mit dem risikofreien Zinssatz, aufgrund der annahmegemäßen zustandsunabhängigen Bedienung der Zinszahlungen.

$$V_{L,0} = V_{U,0} + s_U \cdot i_{V,1} \cdot FK_0 \cdot (1+i)^{-1}$$

Daraus folgt ein erhöhter Unternehmenswert durch die Zunahme des steuerlichen Wertbeitrages im Vergleich zu ausfallrisikofreiem Fremdkapital der Fremdfinanciers. Diese Erkenntnisse werden erneut auf das Beispiel angewendet.

2.2.3.2.3.4 Beispiel – Model II (Ohne Sanierungsgewinnbesteuerung)

Analog zum letzten Beispiel fordern die Fremdkapitalgeber im Zustand 2,1 eine Entlohnung für das übertragene Kovarianzrisiko. Jedoch fällt in diesem Beispiel der vertragliche Zinssatz gemäß Gleichung (2.25) geringer aus, da die Sanierungsgewinnbesteuerung im Ausfallzustand ausbleibt:[331]

331 Die erwartete Fremdkapitalrendite beträgt Gleichung (2.25) folgend 0,05347.

$$i_{V,2,2} = \frac{0,05 - 0,5 \cdot \left(\frac{64,0}{65,0} - 1 \right) \cdot \left[0,8 \cdot 0,5 \cdot (0,35 + 0,15) + 1 \right]}{1 - 0,5 \cdot (1 - 0,3) \cdot \left[1 + 0,8 \cdot 0,5 \cdot (0,35 + 0,15) \right]} = 0,1021$$

Demnach kann im unteren Ast im Zeitpunkt 2 ein zustandsunabhängiger Steuervorteil i. H. v. 1,99 gehoben werden.[332] Die Veränderung wird in Abb. 4 evident. Die Differenz zwischen Abb. 3 und Abb. 4 ist auf die abweichende Behandlung von Sanierungsgewinnen zurückzuführen.

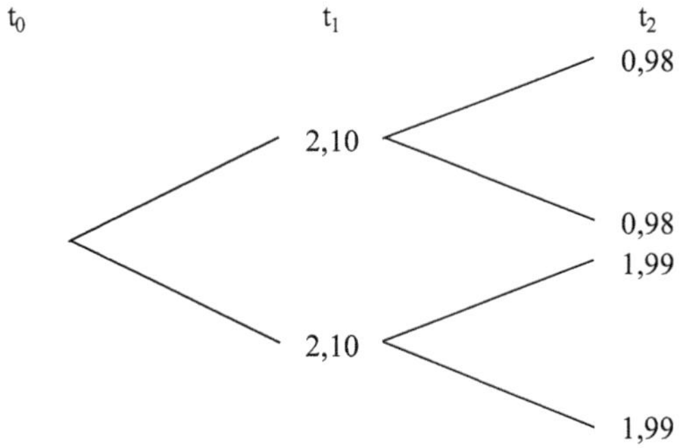

Abb. 4: Pfadabhängige Verteilung der steuerlichen Vorteile der Muster-AG – Modell II. Eigene Darstellung.

Nun lässt sich der Barwert der teilweise unsicheren Tax Shields mittels der Sicherheitsäquivalent-Methode bzw. Gleichung (2.14) wie folgt abbilden:[333]

$$V_{TS,0} = \frac{2,1}{1,05} + \frac{\left[0,5 \cdot 0,98 + 0,5 \cdot 1,99\right] - \left[0,8 \cdot 0,5^2 \cdot (0,98 - 1,99) \cdot (0,35 + 0,15)\right]}{1,05^2} = 3,44$$

332 $TS_{2,2} = 65,0 \cdot 0,3 \cdot 0,1021 = 1,99$.

333 Vgl. Drukarczyk, J. (1993), S. 272–275.

Da die operativen Cashflows der Muster-AG durch den vorliegenden Annahmekranz unberührt bleiben, beträgt der Wert des unverschuldeten Unternehmens weiterhin 185,94. Folglich entspricht der Wert des verschuldeten Unternehmens und des Eigenkapitals:

$$V_{L,0} = 185,94 + 3,44 = 189,38$$
$$E_0 = 189,38 - 140,0 = 49,38$$

Der Unternehmenswert sowie der Wert des Eigenkapitals nehmen durch steuerlich induzierte Effekte auf 189,38 bzw. 49,38 zu. Dies wird durch die Gegenüberstellung mit den Ergebnissen des Ausgangsbeispiels i. H. v. 188,82 bzw. 48,82 deutlich. Folglich steigt der an die Kapitalgeber zu verteilende Zahlungsstrom mit zunehmender LGD des Fremdkapitals an, da die vertraglichen Zinssätze und somit die vollabzugsfähigen Zinsaufwendungen zunehmen. Damit wirkt sich eine Erhöhung der Verlustquote zuträglich auf den Unternehmenswert sowie den Marktwert des Eigenkapitals aus. Diese Resultate sind ausschließlich auf das asymmetrische Steuersystem zurückzuführen. Im folgenden Abschnitt werden die Auswirkungen von Informationsasymmetrien zwischen den Kapitalgebern analysiert.

2.2.3.2.4 Einfluss der Informationsasymmetrien – Modell III und IV

Unter der Annahme von Informationsasymmetrien zwischen Management und Gläubiger verzichten Letztere auf die Anpassung des vertraglichen Zinssatzes und geben sich mangels besseren Wissens mit dem risikolosen Zinssatz zufrieden. Um die Auswirkungen der Informations-asymmetrien auf die Barwertansprüche bzw. den Unternehmenswert zu identifizieren, werden in zwei Binomialbäumen einerseits die Sanierungsgewinnbesteuerung (Modell III) und andererseits ohne Sanierungsgewinnbesteuerung (Modell IV) modelliert.

Die Annahmen in Modell III führen zu einer einseitigen Veränderung der finanzierungsbedingten Steuervorteile im Ausfallzustand, weshalb eine Veränderung des gesamten Unternehmenswertes naheliegt. Die nachfolgende Abbildung zeigt die Bewertung des unsicheren Steuervorteils mittels der Sicherheitsäquivalent-Methode i. V. m. dem Rollback-Verfahren auf.

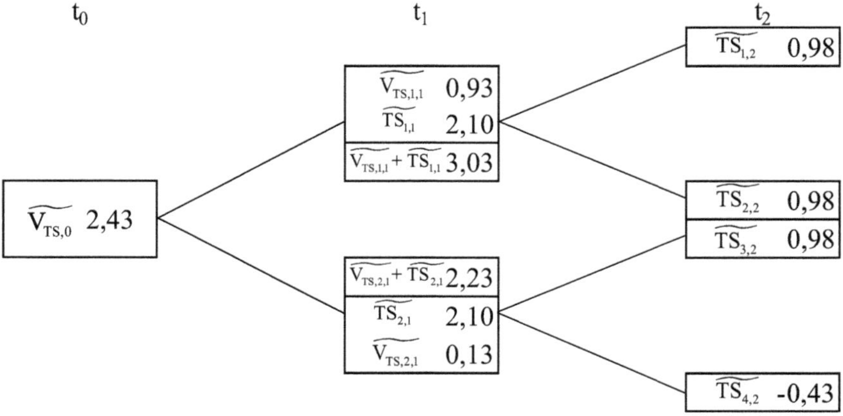

Abb. 5: Bestimmung des Barwerts der Steuervorteile der Muster-AG bei Informationsasymmetrien und Sanierungsgewinnbesteuerung – Modell III. Eigene Darstellung.

$$V_{TS,2,1}=\frac{\left(0,5\cdot 0,98+0,5\cdot\left(-0,43\right)\right)-0,8\cdot 0,18}{1,05}=0,13$$ [334]

$$V_{TS,0}=\frac{0,5\cdot\left(3,03+2,23\right)-0,8\cdot 0,1}{1,05}=2,43$$ [335]

Da die operativen Zahlungsströme durch die Prämissensetzung nicht beeinflusst werden, liegt der Wert des verschuldeten Unternehmens bei 188,37.

$$E_0=185,94+2,43=188,37$$

Im Anschluss wird der vorrangig zu bedienende Fremdkapitalanspruch bestimmt, um auf den Wert des Eigenkapitals überzuleiten. Abb. 6 illustriert das Rollback-Verfahren zur Bestimmung des Gläubigeranspruches.

334 Risikomenge = 0,5 · 0,5 · (0,98–(–0,43)) · (0,35–(–0,15)) = 0,18.
335 Risikomenge = 0,5 · 0,5 · (3,03–2,23) · (0,35–(–0,15)) = 0,10.

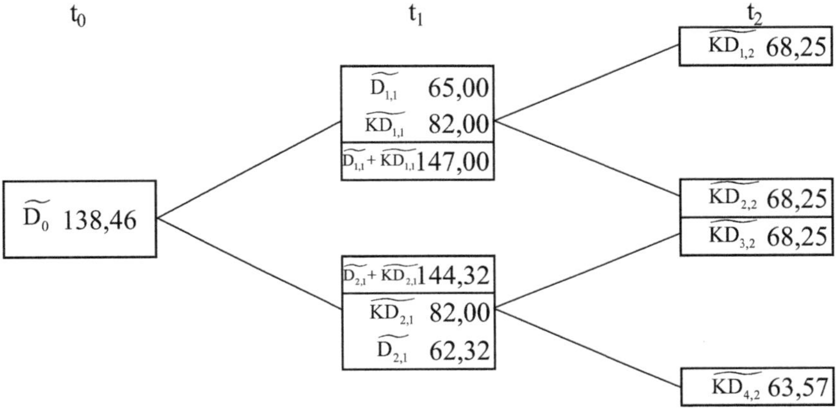

Abb. 6: Bewertung des Gläubigeranspruches bei Informationsasymmetrien und Sanierungsgewinnbesteuerung – Modell III. Eigene Darstellung.

$$D_{2,1} = \frac{0,5 \cdot (68,25 + 63,57) - 0,8 \cdot 0,59}{1,05} = 62,32$$ [336]

$$D_0 = \frac{0,5 \cdot (147,0 + 144,32) - 0,8 \cdot 0,34}{1,05} = 138,46$$ [337]

D_0 beträgt zum Zeitpunkt t_0 138,46. Daraus folgt der Marktwert des Eigenkapitals i. H. v. 49,91.

$$E_0 = 188,37 - 138,46 = 49,91$$

Der Verzicht der Sanierungsgewinnbesteuerung bei Informationsasymmetrien wird in Modell IV analysiert. Zwar bleibt der Wert des verschuldeten Unternehmens mit 188,82 unberührt, da die Steuervorteile stets zustandsunabhängig gehoben werden, dennoch findet erneut eine Vermögensverschiebung zwischen

336 $KD_{4,2} = 64,0 - 0,43 = 63,57$; Risikomenge $= 0,5 \cdot 0,5 \cdot (68,25 - 63,57) \cdot (0,35 - (-0,15)) = 0,59$.

337 Risikomenge $= 0,5 \cdot 0,5 \cdot (147,0 - 144,32) \cdot (0,35 - (-0,15)) = 0,34$.

den Financiers statt.[338] Unter Berücksichtigung der Verlusthöhe i. H. v. 3,28 in Periode 4,2 lässt sich gemäß dem Rollback-Verfahren in der nachfolgenden Abbildung der Marktwert des Fremdkapitals für t_0 quantifizieren:

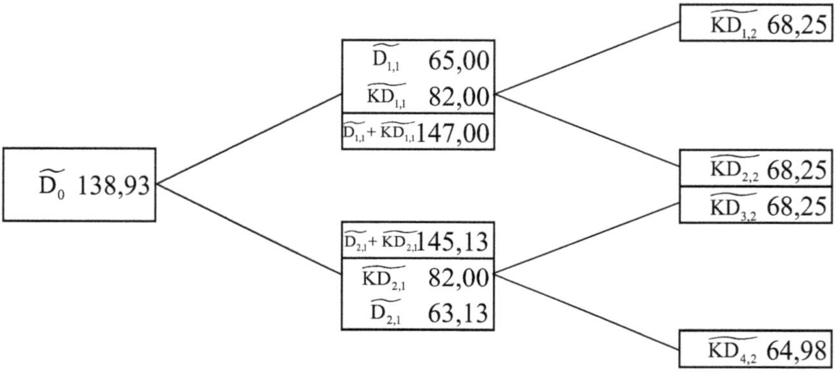

Abb. 7: Bewertung des Gläubigeranspruches bei Informationsasymmetrien und ohne Sanierungsgewinnbesteuerung – Modell IV. Eigene Darstellung.

$$D_{2,1} = \frac{0,5 \cdot (68,25 + 64,98) - 0,8 \cdot 0,42}{1,05} = 63,13$$ [339]

$$D_0 = \frac{0,5 \cdot (147,0 + 145,13) - 0,8 \cdot 0,23}{1,05} = 138,93$$ [340]

D_0 beträgt zum Zeitpunkt t_0 138,93. Daraus lässt sich der Marktwert des Eigenkapitals i. H. v. 49,89 ermitteln.

$$V_{L,0} = 185,94 + 2,88 = 188,82$$
$$E_0 = 188,82 - 138,93 = 49,89$$

338 Vgl. Drukarczyk, J./Schüler, A. (2021), S. 376.
339 Risikomenge = 0,5 · 0,5 · (68,25–64,98) · (0,35–(–0,15)) = 0,41.
340 Risikomenge = 0,5 · 0,5 · (147,0–145,13) · (0,35–(–0,15)) = 0,23.

Der Barwertanspruch des Fremdkapitals fällt in diesem Modellbeispiel höher aus, da die Fremdkapitalgeber keine zusätzliche Belastung in Form der Sanierungsgewinnbesteuerung erfahren.[341] Indessen bleibt der Wertanspruch der Eigentümer unverändert bei 49,89. Daher profitieren die Eigentümer unabhängig von der steuerlichen Behandlung von Sanierungsgewinnen von einem Werttransfer induzierten Barwertvorteil i. H. v. 0,51 (49,89–49,38). Ein Blick auf die Ratingkomponenten verrät, dass die Verlustquote einen ab- und zuträglichen Werteinfluss auf den Fremd- bzw. Eigenkapitalgeberanspruch entfaltet, da die Ausfallhöhe bzw. das Produkt aus LGD und EAD dem umverteilten Zahlungsstrom von Gläubiger zu Eigentümer bestimmt. Bei den bisherigen Überlegungen ist zwar die Vorlage einer Ausfallwahrscheinlichkeit > 0 % eine stillschweigende Annahme,[342] jedoch ging von dieser Ratingkomponente keine primäre Wertrelevanz aus. Dies ändert sich mit der Einführung weiterer Annahmen.

2.2.3.2.5 Einfluss von direkten und indirekten Insolvenzkosten – Modell V und VI

Indirekte und direkte Insolvenzkosten reduzieren die operativen Zahlungsströme des Unternehmens. Daher ist ein Wertverfall eines verschuldeten und ausfallbedrohten Unternehmens zu vermuten. Jedoch ist noch unklar, wie sich die beiden Insolvenzkostenarten auf die jeweiligen Ansprüche der Eigen- und Fremdkapitalgeber auswirken. In Modell V werden analog zu Friedrich (2015) die neu eingeführten Insolvenzkostenparameter zusammen mit Informationssymmetrien und einer Sanierungsgewinnbesteuerung modelliert.[343] Danach wird ein weiterer Binomialbaum (Modell VI) unter Annahme von Informationsasymmetrien und ohne Besteuerung von Sanierungsgewinnen aufgespannt.

2.2.3.2.5.1 Vorbereitende Schritte – Modell V und VI (Insolvenzkosten)

Zur Modellierung von direkten und indirekten Insolvenzkosten werden gemäß Friedrich (2015) die Parameter φ und γ eingeführt. Direkte Insolvenzkosten

341 Der Wertverfall des Fremdkapitals in Folge der Sanierungsgewinnbesteuerung entspricht der Reduktion des verschuldeten Unternehmenswertes gegenüber dem Ausgangsbeispiel ohne Ausfallrisiko.

342 Bei einer Verlustquote von 100 % muss zugleich eine Ausfallwahrscheinlichkeit > 0 % vorliegen damit der Fremdkapitalgeber Einbußen erleidet.

343 Vgl. Friedrich, T. (2015); Ballwieser, W./Friedrich, T. (2015); Friedrich, T. (2016); Drukarczyk, J./Schüler, A. (2021), S. 381–386.

lassen sich durch das Produkt aus dem Insolvenzkostenparameter φ sowie $FCF_{U,0}$ determinieren und können lediglich im Zustand des Insolvenzereignisses (Down-Zustand) anfallen.[344] Hingegen lassen sich indirekte Insolvenzkosten mittels des Produkts aus dem Parameter γ und dem $FCF_{U,t-1}$ quantifizieren, welche sowohl im Insolvenzzustand (Down-Zustand) als auch im Falle der abgewendeten Insolvenz (Up-Zustand) erwachsen. Demnach fallen indirekte Insolvenzkosten zustandsunabhängig für die kommende Periode an, sofern in einem der beiden angrenzenden Knoten eine Insolvenz droht.[345] Die nachfolgenden Zahlungsströme werden nicht durch eine vorhergehende Insolvenz beeinträchtigt, jedoch ist nicht auszuschließen, dass eine weitere Insolvenz drohen kann.[346]

Damit gilt für den zustandsabhängigen Free Cashflow unter Berücksichtigung von Steuervorteilen und Insolvenzkosten:[347]

344 Direkte Insolvenzkosten hängen weniger von der Entwicklung des eingeschlagenen Cashflow-Pfades, als von der Unternehmensgröße ab, weshalb die FCF_U zum Zeitpunkt 0 als Proxy- bzw. Referenzgröße für den Insolvenzkostenparameter φ herangezogen werden, vgl. Friedrich, T. (2015), S. 186 FN 894. Die Höhe der direkten Insolvenzkosten steht im Einklang mit den Parametern von S&P, vgl. Mock, T./ Ekholm, T. E. (2017), S. 1235.

345 Der FCF_U des Knotenpunktes, in dem die Gefahr einer Insolvenz erkannt wird, stellt die Bezugsgröße für den indirekten Insolvenzkostenparameter γ dar. Damit soll eine betragsmäßig gleich hohe Belastung in den beiden Folgezuständen sichergestellt werden, vgl. Friedrich, T. (2015), S. 187 FN 895.

346 Der originäre Beitrag von Friedrich (2015) unterstellt die Liquidation des Unternehmens bei Insolvenzeintritt. Hingegen wird der Geschäftsbetrieb in Friedrich (2016) nach einem Insolvenzereignis analog zu Kruschwitz et al. fortgeführt. Die vorliegende Thesis folgt damit dem aktuelleren Aufsatz, vgl. Friedrich, T. (2015), S. 182, (2016), S. 530.

347 Vgl. Friedrich, T. (2015), S. 190. Folgt man Friedrichs (2015) Annahme über einen vorzeitigen Abbruch der Unternehmenstätigkeit bei Eintritt in die Insolvenz, so ist die Erfassung von D_t in den folgenden Bewertungsgleichungen entbehrlich, da der Fremdkapitalbestand lediglich einen Wert von null aufweisen kann. Demgegenüber nimmt Friedrich (2016) an, das auch nach Insolvenzeintritt der Geschäftsbetrieb mit der unterstellten Investitions- und Finanzierungspolitik beibehalten wird, weshalb in diesem Fall die Berücksichtigung von D_t zweckdienlich ist, vgl. Friedrich, T. (2015), S. 181–182, (2016), S. 530.

$$FCF_{U+TS+IC,j,t} = FCF_{U,j,t} - \underbrace{\gamma \cdot FCF_{U,j,t-1}}_{\text{Indirekte Insolvenzkosten}} - \underbrace{\varphi \cdot FCF_{U,0}}_{\text{Direkte Insolvenzkosten}} + \underbrace{s_U \cdot \left(i_{V,j,t} \cdot FK_{t-1} - FK_{t-1} + FK_t + R_{j,t}\right)}_{\text{(zinsbedingter)Tax Shield + Sanierungsgewinnbesteuerung}} \quad (2.26)$$

Mit

$FCF_{U+TS+IC,j,t}$ = Summe aus unlevered Free Cashflow, Steuervorteilen sowie Insolvenzkosten im Zustand j zum Zeitpunkt t.

Im Insolvenzzustand ist die Bedienung des Fremdkapitaldienstes auf die $FCF_{U+TS+IC,j,t}$ der Muster-AG restringiert:[348]

$$FCF_{U+TS+IC,j,t} = i_{V,j,t} \cdot FK_{t-1} + R_{j,t} \quad (2.27)$$

Durch Einsetzen des Kapitaldienstes in Gleichung (2.26) kann nach Umstellung, die Höhe des $FCF_{U+TS+IC,j,t}$ bei Insolvenz hergeleitet werden:[349]

$$FCF_{U+TS+IC,j,t} = \frac{FCF_{U,j,t} + s_U \cdot (FK_t - FK_{t-1}) - \gamma \cdot FCF_{U,j,t-1} - \varphi \cdot FCF_{U,0}}{1 - s_U} \quad (2.28)$$

Für den Zustand einer abgewendeten Insolvenz gilt:

$$FCF_{U+TS+IC,j,t} = FCF_{U,j,t} + s_U \cdot i_{V,t-1} \cdot FK_{t-1} - \gamma \cdot FCF_{U,j,t-1}$$

Zur Ermittlung des vom risikofreien Zinssatz abweichenden vertraglichen Nominalzinses, der bei Insolvenzgefahr gefordert wird, können erneut risikoneutrale Wahrscheinlichkeiten aus der Gläubigerperspektive verwendet werden.[350] Somit gilt:

348 Vgl. Friedrich, T. (2015), S. 189, (2016), S. 532.
349 Vgl. Friedrich, T. (2015), S. 190.
350 Vgl. Friedrich, T. (2015), S. 189, 287.

$$D_{t-1} = FK_{t-1} = \frac{\overbrace{\left(i_{V,j,t} \cdot FK_{t-1} + FK_t + R_{j,t}\right)}^{\text{Kapitaldienst im Zustand abgewendete Insolvenz}} \cdot q + \overbrace{\left(FCF_{U+TS+IC,j,t} + FK_t\right)}^{\text{Kapitaldienst im Insolvenzzustand}} \cdot (1-q)}{1+i} \tag{2.29}$$

bzw.

$$i_{V,j,t-1} = \frac{FK_{t-1} \cdot (1+i) - (1-q) \cdot \left(FCF_{U+TS+IC,j,t} + FK_t\right)}{q \cdot FK_{t-1}} - \frac{FK_t + R_{j,t}}{FK_{t-1}} \tag{2.30}$$

Aufgrund der Besteuerung etwaiger Sanierungsgewinne führt die risikoneutrale Erwartungswertbildung der Steuervorteile zum selben Ergebnis wie bereits bei Kruschwitz et al. Folglich entspricht der steuerliche Wertbeitrag bei Ausfallrisiko dem eines ausfallrisikofreien Unternehmens.[351] Dagegen mündet die Erfassung von Insolvenzkosten in einer Reduzierung der operativen Zahlungsströme und somit in einem geringeren Unternehmenswert:[352]

$$V_{L,0} = V_{U,0} - V_{IC,0} + V_{TS,0} \tag{2.31}$$

Wobei

$$V_{IC,0} = \sum_{t=1}^{T} E^Q\left[\widetilde{IC_{j,t}}\right] \cdot (1+i)^{-t} \tag{2.32}$$

Mit
$V_{IC,0}$ = Barwert der Insolvenzkosten zum Zeitpunkt 0
$IC_{j,t}$ = Summe aus direkten und indirekten Insolvenzkosten im Zustand j zum Zeitpunkt t.

Dies wird im nächsten Schritt anhand eines Beispiels gezeigt.

351 Vgl. Friedrich, T. (2015), S. 190, (2016), S. 532–533.
352 Vgl. Friedrich, T. (2015), S. 190.

2.2.3.2.5.2 Beispiel - Modell V und VI (Insolvenzkosten)

Die Eingangsdaten werden um die Insolvenzkostenparameter φ und γ erweitert, welche jeweils 5 % betragen. Dadurch verändern sich die Zahlungsströme in den unteren beiden Zustandsknoten im Zeitpunkt 2, da bereits im Knotenpunkt 2,1 das Risiko einer Insolvenz spürbar wird. Abb. 8 skizziert die insolvenzbedingten Kosten.[353]

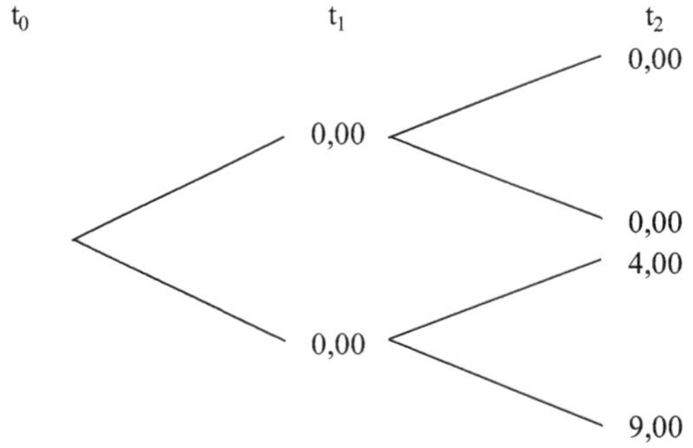

Abb. 8: Pfadabhängige Verteilung der Insolvenzkosten der Muster-AG - Modell V und VI. Eigene Darstellung.

Demnach lässt sich der Barwert der Insolvenzkosten mittels risikoneutraler Eintrittswahrscheinlichkeiten bestimmen:

$$V_{IC,0} = \frac{0,6 \cdot (0,4 \cdot 4,0 + 0,6 \cdot 9,0)}{1,05^2} = 3,81$$

Die Gläubiger nehmen zum einen die insolvenzbedingte Veränderung der Zahlungsströme und zum anderen die steuerlichen Implikationen einer Insolvenz

353 Friedrich erfasst die Insolvenzkosten als FCF_U nach Insolvenzkosten, vgl. Friedrich, T. (2015), S. 195. Dagegen folgt der Autor der vorliegenden Arbeit der Unternehmensbewertungskonvention, dass unverschuldete Unternehmen nicht insolvent gehen können und modelliert die Auswirkungen der Insolvenzkosten separat, da diese Vorgehensweise eine höhere Transparenz aufweist.

bei der Formulierung ihres vertraglichen Zinssatzes in das Kalkül auf. Zunächst wird der Kapitaldienst bei Insolvenzeintritt i. H. v. $FCF_{U+TS+IC,4,2}$ berechnet:

$$FCF_{U+TS+IC,4,2} = \frac{64,0 - 9,0 - 0,3 \cdot 65,0}{1 - 0,3} = 50,71$$

Daher fordern die Fremdkapitalgeber zum Ausgleich folgenden Zinssatz:

$$i_{V,2} = \frac{65,0 \cdot (1 + 0,05) - 0,6 \cdot 50,71}{0,4 \cdot 65,0} - 1 = 0,4548$$

Folglich können folgende zustandsabhängige Steuervorteile in Abb. 9 notiert werden.[354]

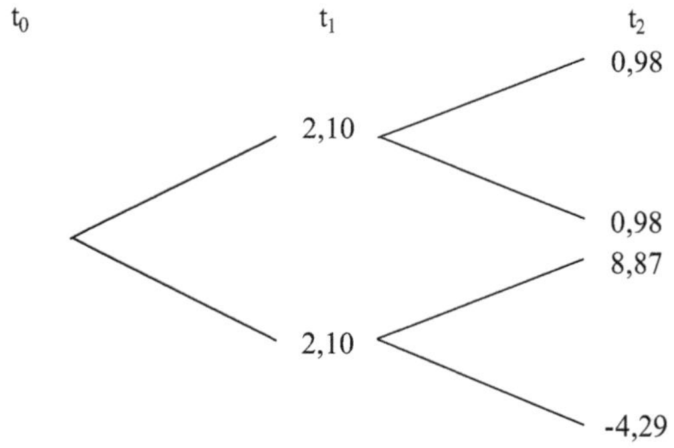

Abb. 9: Pfadabhängige Verteilung der steuerlichen Vorteile der Muster-AG – Modell V. Eigene Darstellung in Anlehnung an Friedrich, T. (2015), S. 195.

Die Verwendung von risikoneutralen Wahrscheinlichkeitsmaßen erlaubt die Berechnung des Wertes der Tax Shields:

354 $TS_{3,2} = FK_1 \cdot s_U \cdot i_{V,2} = 65,0 \cdot 0,3 \cdot 0,4548 = 8,87$;
$TS_{4,2} = FCF_{U+TS+IC,4,2} - FCF_{U,4,2} + BC_{4,2} = 50,71 - 64,0 + 9,0 = -4,29$.

$$V_{TS,0} = \frac{2{,}10}{1+0{,}05} + \frac{0{,}4 \cdot 0{,}98 + 0{,}6 \cdot (0{,}4 \cdot 8{,}87 + 0{,}6 \cdot (-4{,}29))}{(1+0{,}05)^2} = 2{,}88$$

Dabei kompensiert die Annahme der Sanierungsgewinnbesteuerung den aus dem Credit Spread erwachsenen erhöhten Steuervorteil. Letztlich steht damit dem Wert der Tax Shields bei fingiertem risikolosem Fremdkapital der Barwert der Insolvenzkosten gegenüber. Die Feststellung, welcher dieser beiden Wertkomponenten überwiegt, hängt vom jeweils gültigen Steuersatz, dem risikolosen Zinssatz, dem Fremdkapitalbestand sowie den beiden Insolvenzkostenparametern ab. Der Wert des Eigenkapitals lässt sich folgendermaßen ermitteln:

$$V_{L,0} = V_{U,0} - V_{IC,0} + V_{TS,0}$$
$$V_{L,0} = 185{,}94 - 3{,}81 + 2{,}88 = 185{,}01$$
$$E_0 = 185{,}01 - 140{,}0 = 45{,}01$$

Im gewählten Zahlenbeispiel überwiegen die negativen Effekte der (übermäßigen) Fremdfinanzierung die positiven Wertbeiträge mit 3,81 > 2,88 auf den Unternehmenswert gegenüber einem unverschuldeten Unternehmen. Damit hätte aus Anteilseignersicht auf die Aufnahme von Fremdkapital verzichtet werden sollen, um den wertmindernden Konsequenzen einer insolvenznahen Situation zu entgehen. Abschließend wird die Wertentwicklung für die Muster-AG unter der Annahme unaufmerksamer Fremdkapitalgeber und eines Besteuerungsverzichtes von Sanierungsgewinnen dargestellt.

Während der Wert des unverschuldeten Unternehmens, die Steuervorteile sowie die Insolvenzkosten aus dem vorangegangenen Beispiel (Modell V) übertragen werden können, müssen die Marktwerte der Kapitalgebergruppen erneut bewertet werden. Abb. 10 skizziert die pfadabhängigen Zahlungsströme an die Fremdkapitalgeber.

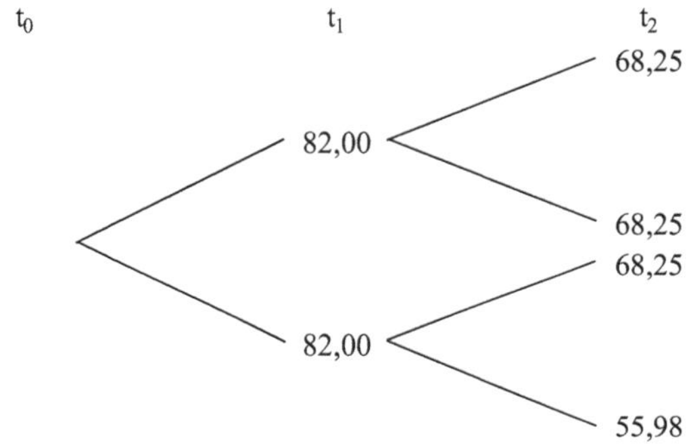

Abb. 10: Pfadabhängige Verteilung des Fremdkapitaldienstes – Modell VI. Eigene Darstellung.

$$D_0 = \frac{82{,}0}{1{,}05} + \frac{0{,}4 \cdot 68{,}25 + 0{,}6 \cdot \left(0{,}4 \cdot 68{,}25 + 0{,}6 \cdot 55{,}98\right)}{1{,}05^2} = 135{,}99$$ [355]

Damit erodiert der Wertanspruch der Gläubiger (-4,01) schneller als der Gesamtunternehmenswert (-3,81). Zwar trägt der Eigentümer ebenfalls indirekte Kosten im Falle einer abgewendeten Insolvenz (Zustand 3,2), jedoch wird dieser Verlust durch den Wertbeitrag der Gläubigerentreicherung überkompensiert, wie folgende Rechnung zeigt:

$$E_0 = 185{,}02 - 135{,}99 = 49{,}03$$

355 $KD_{4,2} = FCF_{U,4,2} + i \cdot s_U \cdot FK_1 - FCF_{U,2,1} \cdot \gamma - FCF_{U,0} \cdot \varphi = 64{,}0 + 0{,}05 \cdot 0{,}3 \cdot 65{,}0 - 80{,}0 \cdot 0{,}05 - 100 \cdot 0{,}05 = 55{,}98.$

Der Wertanspruch der Eigenkapitalgeber nimmt gegenüber dem (risikolosen) Benchmark um 0,20 zu, da die Eigentümer von den – eigentlich den Fremdkapitalgebern zustehenden – Zahlungsströmen in Höhe der Ausfallhöhe $(EAD \cdot LGD)$ profitieren. Die Ausfallwahrscheinlichkeit bzw. die Insolvenzkosten haben hingegen einen wertmindernden Charakter für beide Kapitalgebergruppen, wobei die Gläubiger zusätzlich durch die direkten Insolvenzkosten belastet werden.

2.2.3.2.5.3 Exkurs: Beispiel in Abhängigkeit der Ratingursachen

Im Folgenden werden die Konsequenzen einer Erhöhung der Ausfallwahrscheinlichkeit bzw. eine Zunahme der Zustände, in denen eine Insolvenz eintreten kann, verdeutlicht. Gemäß der Ratingliteratur basiert ein Anstieg der Ausfallwahrscheinlichkeit vornehmlich auf einer erhöhten Verschuldung und/oder auf einer Verschlechterung der operativen Performance des Emittenten.[356] Die Auswirkungen dieser beiden Ursachen können exemplarisch in Modell V aufgezeigt werden. So führt etwa eine weitere Zunahme des Fremdkapitalbestandes[357] in t_0 i. H. v. 10,0 zu einer erhöhten Ausfallfrequenz gegenüber dem Model V, denn neben dem Zustand 4,2 tritt auch im Knotenpunkt 2,1 ein Insolvenzereignis auf. Die negativen Konsequenzen in Form von Insolvenzkosten können dem nachfolgenden Binomialbaum entnommen werden.

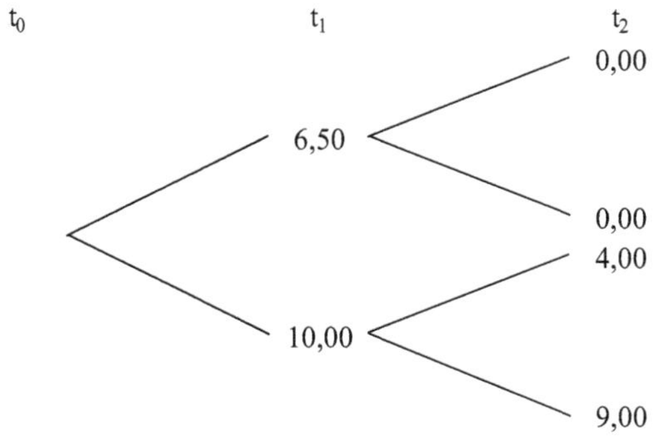

Abb. 11: Pfadabhängige Verteilung der Insolvenzkosten der Muster-AG bei einer überhöhten Verschuldung. Eigene Darstellung.

356 Siehe Ausführungen in Kapitel 3.1.2.
357 Vgl. Berk, J. B./DeMarzo, P. M. (2016), S. 554.

Im Zustand 2,1 erhalten die Gläubiger zunächst den anteiligen Kapitaldienst unter Berücksichtigung des neuaufgenommenen Fremdkapitals. Aufgrund der nicht vollständig befriedigten Gläubigeransprüche wird den Fremdkapitalgebern das Eigentumsrecht am Unternehmen zuteil. Falls im weiteren Verlauf der Zustand 4,2 eintreten sollte, müssen die (neuen) Eigentümer das Unternehmen ebenfalls an die (neuen) Gläubiger übertragen. Dagegen verbleibt in Zustand 3,2 die Kontrolle über das Unternehmen bei den neuen Eigentümern, da der Ausfall abgewendet werden konnte.

Zwar bewirkt der höhere Fremdkapitalbestand einen erhöhten (risikolosen) Steuervorteil, jedoch fallen auch die insolvenzinduzierten Einbußen mit einem Barwert von 12,0 stärker als im Modell V bzw. VI ins Gewicht:

$$V_{IC,0} = \frac{0{,}4 \cdot 6{,}50 + 0{,}6 \cdot 10{,}0}{1{,}05} + \frac{0{,}6 \cdot (0{,}4 \cdot 4{,}0 + 0{,}6 \cdot 9{,}0)}{1{,}05^2} = 12{,}0$$
$$V_{TS,0} = \frac{150{,}0 \cdot 0{,}3 \cdot 0{,}05}{1{,}05} + \frac{65{,}0 \cdot 0{,}3 \cdot 0{,}05}{1{,}05^2} = 3{,}03$$
$$V_{L,0} = 185{,}94 - 12{,}0 + 3{,}03 = 176{,}97$$
$$E_0 = 176{,}97 - 150{,}0 = 26{,}97$$

Demnach wirkt sich auf Basis des Modells eine verschuldungsbedingte Zunahme des Ausfallrisikos trotz erhöhter Steuervorteile wertmindernd auf den Unternehmenswert aus. Neben einer Erhöhung des Verschuldungsgrades kann auch eine Abnahme der operativen Performance eine Erhöhung der Ausfallwahrscheinlichkeit des Fremdkapitals begünstigen. Unter der Annahme der im Ausgangsbeispiel verfolgten Finanzierungspolitik werden in Abb. 12 die Auswirkungen einer Reduktion des Referenz-Zahlungsstromes ($FCF_{U,0}$) i. H. v. 5,0 zur Illustration der Konsequenzen eines generellen Performance-Rückganges skizziert.

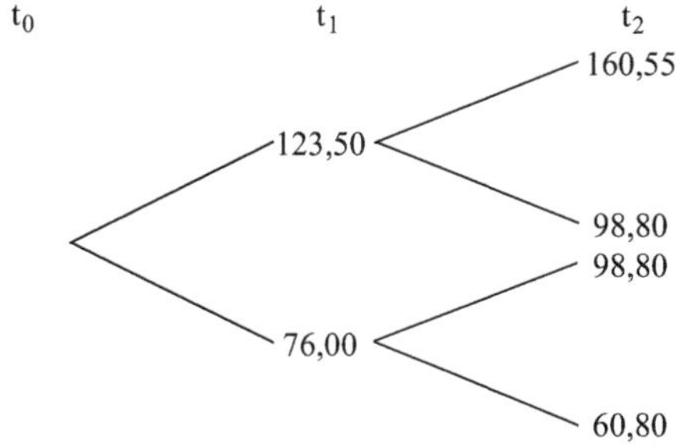

Abb. 12: Pfadabhängige unlevered FCF der Muster-AG bei Rückgang der operativen Performance. Eigene Darstellung.

Durch die Reduktion der zukünftigen Zahlungsströme wird ebenfalls in zwei Zuständen das Insolvenzkriterium erfüllt. Damit beträgt der Barwert der Insolvenzkosten erneut 12,0. Der Wert der Steuervorteile entspricht 2,88. In diesem Szenario muss lediglich der Wert des unverschuldeten Unternehmens bestimmt werden.

$$V_{U,0} = \frac{0{,}4 \cdot 123{,}5 + 0{,}6 \cdot 76{,}0}{1{,}05} + \frac{0{,}4 \cdot (0{,}4 \cdot 160{,}55 + 0{,}6 \cdot 98{,}8) + 0{,}6 \cdot (0{,}4 \cdot 98{,}8 + 0{,}6 \cdot 60{,}8)}{1{,}05^2}$$
$$= 176{,}64$$
$$V_{L,0} = 176{,}64 + 2{,}88 - 12{,}0 = 167{,}52$$
$$E_0 = 167{,}52 - 140{,}0 = 27{,}52$$

Der Unternehmenswert und der Marktwert des Eigenkapitals sinken auf 167,52 bzw. 27,52. Damit konnte der wertabträgliche Charakter des Ausfallrisikos in Form von einer Zunahme des Ausfallrisikos auf den Unternehmenswert bzw. den Marktwert des Eigenkapitals aufgezeigt werden.

2.2.3.2.6 Zusammenfassung der Ergebnisse

Die Erkenntnisse der analysierten Binomialbäume lassen sich verallgemeinern: „The valuation of a levered firm subject to a possible default is sensitive to the proposed assumptions."[358] Dies wird durch die zusammenfassende Darstellung der nachfolgenden Tabelle ersichtlich:

Tab. 2: Zusammenfassung der Barwertansprüche je Modell. Eigene Darstellung.

Untersuchtes Modell	Ausgangsbasis (Kein Ausfall)	Modell I	Modell II	Modell III	Modell IV	Modell V	Modell VI
Zusätzliche Prämissen	Private Haftung der Eigentümer	SG-Steuer	Ohne SG-Steuer	SG-Steuer, I-Asymmetrien	Ohne SG-Steuer, I-Asymmetrien	SG-Steuer, Insolvenzkosten	Ohne SG-Steuer, I-Asymmetrien, Insolvenzkosten
V_U	185,94	185,94	185,94	185,94	185,94	185,94	185,94
$+ V_{TS}$	2,88	2,88	3,44	2,43	2,88	2,88	2,88
$- V_{IC}$	0,00	0,00	0,00	0,00	0,00	3,81	3,81
$= V_L$	188,82	188,82	189,38	188,37	188,82	185,01	185,01
- D	140,00	140,00	140,00	138,46	138,93	140,00	135,99
= E	48,82	48,82	49,38	49,91	49,89	45,01	49,02

358 Lahmann, A./Arnold, S./Gmehling, P. (2017), S. 45.

Die Wertrelevanz innerhalb des aufgespannten Annahmerahmens hängt von der Berücksichtigung der Sanierungsgewinnbesteuerung (SG-Steuer), der Insolvenzkosten und der Informationssymmetrien ab. So wirkt sich ein Verzicht auf die Besteuerung eines Sanierungsgewinnes zuträglich auf den Unternehmenswert aus, da erhöhte Steuervorteile abgeschöpft werden können. Dagegen folgen aus der Einbettung von direkten und indirekten Insolvenzkosten stets negative Werteffekte für den Unternehmensgesamtwert. Die Aufteilung des Unternehmensgesamtwertes ist an die Informationsverteilung unter den Financiers geknüpft. Besteht seitens der Gläubiger ein Informationsdefizit (I-Asymmetrien), so können Umverteilungseffekte zugunsten der Eigenkapitalgeber wirken. Liegen Informationssymmetrien zwischen den Kapitalgebern vor, tragen die Eigenkapitalgeber die Kosten einer drohenden bzw. eintretenden Insolvenz. Zusammenfassend wird die Wertrelevanz der einzelnen Ratingkomponenten (LGD sowie PD) in Abhängigkeit der jeweiligen Annahmen in Tab. 3 noch einmal dargestellt.

Tab. 3: Wertrelevanz der Ratingkomponenten in Bezug auf den Unternehmens-, Eigenkapital- sowie Fremdkapitalwert je Modell. Eigene Darstellung.

Untersuchtes Modell	Zusätzliche Prämissen	Unternehmenswert		Marktwert Eigenkapital		Marktwert Fremdkapital	
		PD↑	LGD↑	PD↑	LGD↑	PD↑	LGD↑
Ausgangsbasis (Kein Ausfall)	Private Haftung der Eigentümer	0	0	0	0	0	0
Modell I	SG-Steuer	0	0	0	0	0	0
Modell II	Keine SG-Steuer	0	↑	0	↑	0	0
Modell III	SG-Steuer, I-Asymmetrien	0	↓	0	↑	0	↓
Modell IV	Keine SG-Steuer, I-Asymmetrien	0	0	0	↑	0	↓
Modell V	SG-Steuer & Insolvenzkosten	↓	0	↓	0	0	0
Modell VI	Keine SG-Steuer, I-Asymmetrien, Insolvenzkosten	↓	0	↓	↑	↓	↓

Das Ausgangsmodell sowie Modell I deckt keine Wertrelevanz der Ratingbestandteile auf, da im ersteren Modell kein Ausfall und im letzteren Modell eine Umverteilung der Zahlungsströme in den (unterschiedlichen) Zuständen stattfindet und sich somit die Barwerte beider Modelle gleichen. Modell II stellt den zuträglichen Werteffekt der Verlustquote auf den Unternehmenswert und den Marktwert des Eigenkapitals dar, denn mit einem zunehmenden Anstieg der Ausfallhöhe (LGD · EAD), steigt der vertraglich vereinbarte Zinssatz, welcher mit Sicherheit bedient wird und folglich der vereinnahmbare Steuervorteil. Die Modelle III und IV demonstrieren primär die Auswirkungen von Informationsasymmetrien und den damit einhergehenden Umverteilungseffekt zu Lasten der Gläubiger. Die Einbußen resultieren aus der ausbleibenden Antizipation des Teilausfalls und der verpassten Umlegung der Kosten auf die Eigentümer. Daher erzielen die Anteilseigner einen Barwertzuwachs im Vergleich zum risikolosen Ausgangsmodell. Sekundär werden auch die Konsequenzen der Sanierungsgewinnbesteuerung und eines Verzichtes der Sanierungsgewinnbesteuerung auf die Gläubigerposition berücksichtigt. So wirkt sich in Modell III eine zunehmende Ausfallhöhe – neben dem Fremdkapitalanspruch – ebenfalls abträglich auf den Unternehmenswert aus, da die abschreibungsbedingten Buchgewinne eine zusätzliche Besteuerung hervorrufen. Die letzten beiden Binomialbäume nehmen explizit Insolvenzkosten in das Modell auf. Modell V skizziert i. V. m. der Besteuerung von Sanierungsgewinnen sowie Informationssymmetrien einen abträglichen Werteffekt der – durch die Ausfallwahrscheinlichkeit induzierten – Insolvenzkosten auf Unternehmens- wie auch Anteilseignerebene, weil sämtliche finanzierungsbedingten Kosten durch risikokompensierende Zinssätze auf die Eigenkapitalgeber abgewälzt werden. Hingegen tragen die Eigentümer in Modell VI lediglich die indirekten Kosten einer Insolvenz, während die unachtsamen Gläubiger sowohl direkte als auch indirekte Kosten bei einem Ausfall schultern müssen. Trotz des negativen Wertbeitrags der Ausfallwahrscheinlichkeit führt die durch die Verlustquote induzierte Gläubigerentreicherung zu einem Wertzuwachs zu Gunsten der residualen Anspruchsinhaber.[359]

Die Prämissen des letzten Modells werden am geeignetsten erachtet, um Schlussfolgerungen für die Auswirkungen von Credit Rating-Revisionen zu ziehen. So kann eine Wertrelevanz des Ratings für Eigen- und Fremdkapitalansprüche in der Empirie erwartet werden.

359 Welcher dieser beiden Effekte tatsächlich überwiegt hängt wie oben beschrieben von der Wahl der Input-Parameter ab.

2.2.3.2.7 Einschätzung der Realitätsnähe der verfolgten Annahmen

Die vorgestellten Modelle basieren auf einer Vielzahl von Annahmen, die sich hinsichtlich der Realitätsnähe unterscheiden. Daher werden im Folgenden die Eignung einiger Prämissen diskutiert.

Die Bedienung der Zinskomponente des Fremdkapitaldienstes kann als überwiegend wahrscheinlich erachtet werden. Es ist hingegen fraglich, ob die steuerliche Bemessungsgrundlage für Unternehmen ausreichend ist, um die Zinsaufwendungen stets ansetzen zu können. Schüler (2003) weist in diesem Zusammenhang darauf hin, dass nach einer Untersuchung der DAX100 Unternehmen 90 % der Stichprobe einen positiven Jahresüberschuss erwirtschaften.[360] Für das verbleibende Sample werden zwar Jahresfehlbeträge dokumentiert, jedoch können diese durch die Ausnutzung von Verlustvorträgen - unter Berücksichtigung eines Barwertnachteils - die Steuervorteile in späteren Perioden heben.[361] Aufgrund dessen wird insgesamt die Realisierung von Steuervorteilen als plausibel erachtet.[362]

Die allgemeine Gültigkeit des anzuwendenden Sanierungssteuerregimes ist weniger eindeutig. Der (deutsche) Sanierungserlass ist anzuwenden, sofern das Unternehmen nach Eintritt in die Insolvenz fortgeführt wird.[363] Allerdings sollte die Anzahl der Unternehmen, die nach der Insolvenz in seiner bestehenden Form fortgeführt werden, vermutlich die Minderheit darstellen.[364] Im Hinblick auf - das später zu untersuchende - europäische Stichprobensample, kann keine einheitliche Aussage in Bezug auf die Besteuerung von Sanierungsgewinnen gefällt werden, da derzeit kein einheitliches europäisches Steuerrecht existiert. Dennoch ist davon auszugehen, dass im Falle einer Liquidation des Unternehmens auch die Erfüllungsquote des Fiskus gering ausfällt, weshalb zur Vereinfachung weiterhin der Fall ohne Sanierungsgewinnbesteuerung unterstellt.

---

360 Vgl. Schüler, A. (2003), S. 377; darauf bezugnehmend Drukarczyk, J./Schüler, A. (2021), S. 361–362.

361 Vgl. Schüler, A. (2003), S. 378.

362 Vgl. zur Diskontierung von Steuervorteilen bei ausfallbedrohten Fremdkapital Cooper, I. A./Davydenko, S. A. (2007); Cooper, I. A./Nyborg, K. G. (2008); Krause, M. V./Lahmann, A. (2016).

363 In diesem Zusammenhang sei erwähnt, dass die Ausfallraten in Chapter 11-Verfahren für die Gläubiger geringer sind als bei einem Chapter 7-Verfahren, vgl. Bris, A./Welch, I. V. O./Zhu, N. (2006), S. 1290–1297.

364 Vgl. Vierbuchen, R. (2005).

Die Annahme von Informationsasymmetrien ist vermutlich realistischer als die Vorstellung von symmetrisch verteilten Informationen – insbesondere im Hinblick auf die in Kapitel 2.1.2 vorgestellte neoinstitutionelle Finanzierungstheorie.[365] Zwar kann davon ausgegangen werden, dass Fremdkapitalgeber nicht gänzlich uninformiert sind und in praxi einen die risikolose Rendite übersteigenden Zinssatz fordern, insbesondere wenn ein (aktuelles) Rating zum Zeitpunkt der Fremdkapitalvergabe vorliegt. Dennoch ist es fraglich, ob die Mehrheit der Kredit-/Anleiheverträge ratingbasierte Event Risk Covenants aufweisen, welche zu einer unverzüglichen und adäquaten Anpassung des vertraglichen Zinssatzes bei einer Ratingänderung führen, um sie vor einer nachvertraglichen Veränderung des Bonitätsrisikos zu schützen. Deswegen basieren die Überlegungen vornehmlich auf einem asymmetrischen Informationsstand der Financiers.

Die Berücksichtigung der insolvenzbedingten Kosten scheint unumgänglich zu sein, um eine modellbasierte Approximation der Realität zu ermöglichen.[366] Denn die Aussparung dieser Transaktionskosten führt zu einer konterintuitiven Wertneutralität bzw. -erhöhung des Gesamtunternehmenswertes bei Ausfallrisiko (bspw. Modell I-IV). Ein reibungsfreier Transfer des Unternehmens ist nur in einer friktionslosen Welt gerechtfertigt. In der Realität ist die Andienung der Eigentumsrechte an die Fremdkapitalgeber mit Wertverlusten verbunden, die u.a. von der Qualität der Vermögenswerte abhängen und durch Verteilungskonflikte zwischen Gläubigergruppen verschärft werden können.[367] Die Höhe der direkten Insolvenzkosten wird auf 1 % bis 3 % des Unternehmenswertes vor der Insolvenzantragsstellung taxiert.[368] Die Modellierung von indirekten Insolvenzkosten wird durch die Annahme von Informationsasymmetrien zwischen dem Unternehmen und seinen Stakeholdern (mit Ausnahme der Shareholder) gestützt, da das Informationsdefizit der Grund für die wertmindernden Transaktionen der Vertragspartner ist.[369] Im Gegensatz zu

365 „Yet asymmetric information as a rule is truer to reality than our condition of homogenous expectations.“, Kruschwitz, L./Löffler, A. (2007), S. 52.

366 Vgl. Drukarczyk, J./Schüler, A. (2006), S. 732; Meitner, M./Streitferdt, F. (2011), S. 68.

367 Vgl. Brealey, R. A./Myers, S. C./Allen, F. (2017), S. 861.

368 Vgl. Weiss, L. (1990), S. 286; Drukarczyk, J./Schüler, A. (2006), S. 734. Die Mehrheit der Studien misst direkte Kosten im Verhältnis zur Bilanzsumme, vgl. Altman, E. I./Hotchkiss, E. (2019), S. 74–75.

369 Vgl. Hommel, U./Piper, M./Schneider, H. (2017), S. 1254–1255. Ob sich alle Stakeholder mit Ausnahme der Gläubiger, dieser immanenten Ausfallgefahr bewusst sind, ist diskussionswürdig.

den direkten Insolvenzkosten erweist sich die Quantifizierung v. a. auch der indirekten Kosten ex-ante als diffizil, da es sich um nicht beobachtbare Opportunitätskosten handelt und die Höhe nur indirekt über Indikatoren wie Marktanteilsverluste oder der Differenz zwischen antizipierten und tatsächlichem Gewinn abgeleitet werden kann.[370] Dennoch finden beide Insolvenzkostenarten Eingang in das Kalkül, um ein realistisches Bild über die Auswirkungen des Ausfallrisikos auf den Unternehmenswert zu erhalten.

Die Annahme einer exogen determinierten Investitionspolitik kann als schwierig in insolvenznahen Situationen eingestuft werden. So könnten die Entscheidungsträger dazu geneigt sein, defizitäre Geschäftseinheiten zu veräußern, um die laufenden Kosten zu reduzieren und zusätzliche Liquidität freizusetzen.[371] Dies wird durch eine Befragung von Vorstandsvorsitzenden von finanziell angeschlagenen Unternehmen aus dem Jahr 2008 bestätigt. Des Weiteren neigen solche Unternehmen auch zur Annullierung vorteilhafter Projekte, um Liquidität zu konservieren.[372] Weitere empirische Studien stellen ebenfalls eine Veränderung des Investitionsprogramms bei insolvenzbedrohten Unternehmen fest.[373] Diese Maßnahmen hätten allerdings eine Veränderung der (unverschuldeten) Eigenkapitalkosten und damit Bewertungsunterschiede zur Folge. Andererseits konnte ein empirischer Beitrag belegen, dass das Investitionsverhalten beibehalten wird, sofern keine negativen operativen Ergebnisse erzielt werden.[374] Daher wird aus Gründen der Vergleichbarkeit die Annahme der exogen determinierten Investitionspolitik beibehalten.

Die stringente Einhaltung einer exogenen Finanzierungspolitik kann bei spürbarem Ausfallrisiko ebenfalls angezweifelt werden. Im Kontext der Risikoabgeltungshypothese werden die (vermutlich risikoaversen) Kreditgeber von einer Prolongation absehen, wenn das Ausfallrisiko spürbar ist.[375] Ferner erscheint den neuen Eigentümern und Entscheidungsträgern – nach einem insolvenzbedingten Eigentümerwechsel – vermutlich die Fortsetzung der bisherigen Finanzierungspolitik abwegig. Allerdings führt eine abweichende Finanzierungspolitik zu gleichfalls abweichenden Steuervorteilen. Dies

370 Vgl. Drukarczyk, J. (1993), S. 389; Opler, T./Titman, S. (1994), S. 1024–1028; Meitner, M./Streitferdt, F. (2016b), S. 75–76; Altman, E. I./Hotchkiss, E. (2019), S. 72.

371 Vgl. Drukarczyk, J./Schüler, A. (2006), S. 716–717, 733.

372 Vgl. Campello, M./Graham, J. R./Harvey, C. R. (2010), S. 486.

373 Vgl. Andrade, G./Kaplan, S. N. (1998), S. 1476–1479; Eisdorfer, A. (2008), S. 622–632.

374 Vgl. Bhagat, S./Moyen, N./Suh, I. (2005), S. 450.

375 Dies gilt insbesondere in Fällen in denen Besicherungen vorliegen, vgl. Brealey, R. A./Myers, S. C./Allen, F. (2017), S. 860.

würde die Vergleichbarkeit zwischen einem risikolosen und ausfallbedrohten Unternehmen weiter einschränken, da jede Abweichung der Investitions- und Finanzierungsentscheidung zwischen den Unternehmen zwangsläufig Bewertungsdifferenzen hervorruft.[376] Deshalb wird die vereinfachende Annahme der exogenen Investitions- und Finanzierungspolitik beibehalten.

Nachdem die Auswahl der herangezogenen Annahmen begründet wurde, folgt im letzten Abschnitt die Ableitung empirisch überprüfbarer Variablen, welche das Bonitätsrisiko beeinflussen könnten.

2.2.3.2.8 Ableitung wertrelevanter Determinanten

Im Folgenden werden weitere Determinanten erörtert, welche Auswirkungen auf das vorgestellte Binomialmodell in insolvenznahen Situationen entfalten können. Darüber hinaus werden Aspekte vorgestellt, die nicht direkt durch das Modell abgebildet werden, aber dennoch eine Wertrelevanz für Marktteilnehmer besitzen.

Ein wichtiger Werttreiber im Binomialbaum ist der Barwert der Steuervorteile. Neben der Höhe des vertraglichen und risikolosen Zinssatzes sowie dem Fremdkapitalbestand, hängt dieser auch von der Ausgestaltung des jeweiligen Steuerregimes des Sitzlandes des Emittenten ab. Laut einer Studie der Europäischen Kommission zum Thema Steuertrends wurden zwischen 2002 und 2016 in den Mitgliedsländern bzw. assoziierten Ländern gesetzliche Unternehmensteuersätze zwischen 12,5 % und 40,3 % erhoben.[377] Dies spricht – unter der Annahme, dass alle untersuchten Länder die steuerliche Abzugsfähigkeit von Zinsaufwendungen gestatten – für divergierende steuerliche Wertbeiträge zwischen den Ländern. Daher dient die Höhe des Unternehmenssteuersatzes als Proxy zur Generierung von wertinduzierenden Tax Shields.[378]

Ferner weisen Unternehmen in Branchen mit einem geringeren Wachstum höhere Fremdkapitalquoten auf, da das Management solcher Emittenten

---

376 Vgl. Kruschwitz, L./Lodowicks, A./Löffler, A. (2005), S. 225.

377 Vgl. European Commission (2017), S. 34. Eine detaillierte Tabelle über die Entwicklung der Steuersätze im Zeitablauf befindet sich im Anhang 3. Einkommensteuern sowie potenzielle Steuervermeidungsstrategien multinationaler Konzerne bleiben außer Acht.

378 Graham ermittelt in seiner empirischen Studie, dass der Wert der Tax Shields im Durchschnitt ca. 9,7 % zum Unternehmensgesamtwert beiträgt, vgl. Graham, J. (2000), S. 1919. Krotter/Schüler ermitteln in Abhängigkeit des Steuersystems und der Finanzierungspolitik einen anteiligen Steuervorteil am Unternehmensgesamtwert zwischen 1,2 % bis 8,5 %, vgl. Krotter, S./Schüler, A. (2013), S. 420.

weniger Entscheidungsspielraum bei der Durchführung von Investitionsprojekten besitzt und damit gläubigerschädigende Strategien (Asset Substitution, Overinvestment) schwerer umsetzbar sind. Dahingegen ist bei wachstumsstarken Unternehmen ein tendenzieller Verzicht zur Aufnahme von Fremdkapital zu verzeichnen, da diese Mittel die notwendige Flexibilität des Unternehmens zur Realisation von wertschaffenden Wachstumsgelegenheiten einschränken.[379] Daher könnte die Höhe des Wachstums gemäß Tobin's Q potenzielle Werttransfereffekte zwischen den Financiers anzeigen.[380]

Die Höhe der Insolvenzkosten hängt u. a. von der Zusammensetzung der Vermögenswerte ab. So weisen Unternehmen mit einem hohen Anteil an materiellen Vermögenswerten höhere Verschuldungsquoten auf, da sich diese Assets in finanziellen Notlagen – mit Abschlag – liquidieren lassen. Dagegen vermeiden bzw. begrenzen Unternehmen im Technologie- oder Dienstleistungsbereich, aufgrund der eingeschränkten Veräußerbarkeit von immateriellen Vermögenswerten, wie etwa Markenimage, Kundenstämmen oder Technologie, den Rückgriff auf Fremdkapital. Dies impliziert höhere potenzielle Insolvenzkosten bei technologieorientierten Unternehmen.[381] Altmann/Kuehne (2018) bestätigen dies und ermitteln im Durchschnitt eine höhere Erfüllungsquote zum Zeitpunkt des Ausfalls bei Fremdkapitaltiteln von US-amerikanischen Versorgungs- und Industrieunternehmen im Vergleich zu Technologie- und Medienunternehmen.[382] Zusätzlich stellen Opler/Titman (1994) für hochverschuldete forschungsintensive Unternehmen einen signifikanten Marktanteilsverlust während rezessiven Branchenzyklen fest.[383] Infolgedessen wird das Verhältnis von immateriellen Vermögenswerten zur Bilanzsumme als indirekter Insolvenzkosten-Proxy eingestuft.

Die Komplexität der Kapitalstruktur kann ebenfalls einen Einfluss auf die Höhe der Insolvenzkosten haben. So ist davon auszugehen, dass die Verhandlungen in Gläubigerausschüssen durch eine fragmentierte Gläubigerstruktur in Bezug auf Forderungshöhe, Rang sowie Besicherung mehr Zeit in Anspruch nehmen und somit höhere direkte und indirekte Insolvenzkosten hervorrufen

---

379 Vgl. Graham, J. (2000), S. 1927–1930; Rudolph, B. (2006), S. 180; Koller, T./Goedhart, M. H./Wessels, D. (2015), S. 617; Berk, J. B./DeMarzo, P. M. (2016), S. 558.

380 Vgl. Graham, J. (2000), S. 1909.

381 Vgl. Koller, T./Goedhart, M. H./Wessels, D. (2015), S. 617; Berk, J. B./DeMarzo, P. M. (2016), S. 554; Brealey, R. A./Myers, S. C./Allen, F. (2017), S. 476–477.

382 Vgl. Altman, E. I./Kuehne, B. J. (2018) zitiert nach Altman, E. I./Hotchkiss, E. (2019), S. 309–310.

383 Vgl. Opler, T./Titman, S. (1994), S. 1029–1032.

können.[384] So stellen Asquith/Gertner/Scharfstein (1994) eine erhöhte Insolvenzwahrscheinlichkeit bei einer zunehmenden Anzahl ausstehender Fremdkapitaltitel fest, da außergerichtliche Einigungen durch die Holdout-Problematik[385] erschwert werden.[386] Demnach besteht – insbesondere für besicherte Gläubiger – keine Notwendigkeit im Rahmen einer außergerichtlichen Sanierung, Zugeständnisse zu tätigen, da ein zeitnahes Insolvenzverfahren die schnelle Verwertung der zugesagten Sicherheiten ermöglicht und damit kein Handlungsbedarf für diese Fremdkapitalgebergruppe besteht.[387] Als Indikator zur Erfassung der Komplexität der Gläubigerstruktur bzw. der Insolvenzkosten wird analog zu Asquith et al. die Anzahl der ausstehenden Fremdkapitaltitel für die vorliegende empirische Studie herangezogen.[388]

Bei Vorlage eines vollständigen sowie vollkommenen Kapitalmarktes spielt die Dauer einer Fremdkapitalüberlassung keine Rolle, denn Fremdkapitalgeber sind stets bereit Mittel zur Refinanzierung eines vorteilhaften Investitionsprojektes zur Verfügung zu stellen, falls bspw. die Rückzahlung eines Altkredites nicht termingerecht durch operative Cashflows des Unternehmens bedient werden kann.[389] Unter Abstraktion eines vollkommenen Marktes haben Lahman/Schreiter/Schwetzler (2018) in einer Modellanalyse unter Berücksichtigung von Insolvenzkosten, Kapitalstruktur und Finanzierungssequenz nachgewiesen, dass mit zunehmender Laufzeit des Fremdkapitals eine Erhöhung der Insolvenzwahrscheinlichkeit einhergeht.[390] Dieser Befund konnte empirisch belegt werden[391], weshalb die durchschnittliche Restlaufzeit der Fremdkapitaltitel als Proxy für die Ausfallwahrscheinlichkeit erfasst wird.

Der Adressat bzw. Zweck des vorliegenden Insolvenzrechtsregimes kann Einfluss auf die Preisbildung der Wertpapiere entfalten. Dabei unterscheidet

---

384 Vgl. John, K. (1993), S. 66; Brealey, R. A./Myers, S. C./Allen, F. (2017), S. 861; Hommel, U./Piper, M./Schneider, H. (2017), S. 1259; Altman, E. I./Hotchkiss, E. (2019), S. 81. Dies führt zu Agency-Kosten zwischen den beteiligten Gläubigergruppen, welche letztlich zu Lasten des Eigentümers gehen, vgl. Hommel, U./Piper, M./Schneider, H. (2017), S. 1259–1260.

385 Vgl. Gertner, R./Scharfstein, D. (1991), S. 1200–1201; Hommel, U./Piper, M./Schneider, H. (2017), S. 1260–1261.

386 Vgl. Asquith, P./Gertner, R./Scharfstein, D. (1994), S. 654–655; Hommel, U./Piper, M./Schneider, H. (2017), S. 1266–1267.

387 Vgl. Hommel, U./Piper, M./Schneider, H. (2017), S. 1261.

388 Vgl. Asquith, P./Gertner, R./Scharfstein, D. (1994), S. 655.

389 Vgl. Schmidt, R.H./Terberger, E. (1996), S. 422.

390 Vgl. Lahmann, A./Schreiter, M./Schwetzler, B. (2018), S. 109–110.

391 Vgl. Goyal, V. K./Wang, W. (2013), S. 802–805.

sich die Gläubigerfreundlichkeit der jeweiligen Insolvenzordnung weltweit wie auch innereuropäisch, wie die Systematisierung von La Porta/Lopez-de-Silanez/Shleifer/Vishny (1994) sowie die darauf aufbauende Erweiterung von Djankov/Hart/McLiesh/Shleifer (2008) offenbart.[392] Davydenko/Franks (2008) stellen in ihrer Untersuchung gezielt die britische, deutsche und französische Insolvenzordnung gegenüber und stellen für ein Sample bestehend aus Bankkrediten für private Unternehmen nach Ingangsetzung eines Insolvenzverfahrens eine (Median) Befriedigungsquote von 92 %, 67 % bzw. 56 % fest, während bei außergerichtlichen Sanierungen eine ähnlich hohe Verlustquote in allen drei Ländern erzielt wird.[393] Dies spricht für eine unvorteilhafte Insolvenzordnung für französische Kreditgeber gegenüber Gläubigern der anderen beiden Jurisdiktionen.[394] In diesem Kontext hat S&P 2016 eine Einschätzung der „Gläubigerfreundlichkeit“[395] von diversen Gerichtsbarkeiten veröffentlicht. Die Analyse erfolgt anhand der Determinanten Verwertbarkeit der Sicherheiten, Kontrolle sowie Verteilungsrangfolge der Gläubiger und Länge eines Insolvenzverfahrens.[396] Auf dieser Grundlage können die Ergebnisse der Studie von Davydenko/Franks in Bezug auf die abweichende Gläubigerausrichtung bestätigt werden, wie die nachfolgende Tabelle zeigt:[397]

So liegt in den skandinavischen und in am englischen Rechtssystem angelehnten Ländern (1) der höchste Schutz für besicherte und unbesicherte Gläubiger vor. Ferner steht zwar hauptsächlich in mitteleuropäischen Ländern (2) der

392 Vgl. La Porta, R./Lopez-de-Silanes, F./Shleifer, A./Vishny, R. W. (1998), S. 1136–1137; Djankov, S./Hart, O./McLiesh, C./Shleifer, A. (2008), S. 1226–1228; Mock, T./Ekholm, T. E. (2017), S. 1241; Drukarczyk, J. (1993), S. 390.

393 Die niedrige Befriedigungsquote resultiert aus der (hierarchischen) Zielvorgabe des französischen Insolvenzrechts: „[…] going concern, preserve employment, and satisfy creditors' claims […]“, Davydenko, S./Sergei, A./Franks, J. R. (2008), S. 569. Dagegen stellt die italienische Insolvenzordnung die Sicherung von staatlichen Großkrediten in den Vordergrund, vgl. Ebke, W. (2017), S. 2082.

394 Vgl. Davydenko, S./Sergei, A./Franks, J. R. (2008), S. 572–574, 581–582.

395 Ein weniger gläubigerfreundliches Insolvenzregime muss nicht zwangsläufig den Aktionären zugutekommen, wie der französische Fall es demonstriert: „Such a process is equally ‚unfriendly' to both the debtor and the creditors.“, Davydenko, S./Sergei, A./Franks, J. R. (2008), S. 571.

396 Vgl. S&P Global Ratings (2016), S. 6–11; Mock, T./Ekholm, T. E. (2017), S. 1240–1242. Diese Analyse dient S&P zur Limitierung von positiven Abweichungen des Emissionsratings vom Emittentenrating, vgl. Mock, T./Ekholm, T. E. (2017), S. 1240.

397 Die Tabelle entspricht großenteils der Einteilung von Djankov et al. (2008), dennoch wurde aufgrund der Aktualität der Daten auf die Auswertung von S&P abgestellt.

Tab. 4: Einschätzung der Gläubigerfreundlichkeit des Insolvenzverfahrens europäischer Jurisdiktionen gemäß S&P. Eigene Darstellung in Anlehnung an Mock, T./Ekholm, T. E. (2017), S. 1241.

Höchster Gläubigerschutz (1)	**Hoher Gläubigerschutz (2)**	**Mittlerer Gläubigerschutz (3)**
Dänemark	Belgien	Frankreich
Finnland	Deutschland	Italien
Irland	Luxemburg	Spanien
Niederlande	Portugal	
Norwegen	Schweiz	
Schweden	* Österreich	
Vereinigtes Königreich	* Tschechien	

Die Länder Österreich und Tschechien werden in der Studie von S&P nicht erwähnt, allerdings lehnt sich die Rechtsordnung an die deutsche Jurisdiktion an, weshalb diese beiden Länder vermutlich in die mittlere Kategorie eingeordnet werden können, vgl. Djankov, S./Mcliesh, C./ Shleifer, A. (2007), S. 306.

Gläubigerschutz nach Insolvenzeintritt an erster Stelle, jedoch kann die Dauer des Verfahrens sowie die direkte Mitwirkung des Fremdkapitalgebers limitiert sein. Hingegen können Fremdkapitalgeber in vornehmlich südeuropäischen Staaten (3) von einer eingeschränkten Protektion ihrer Ansprüche ausgehen. Diese kann etwa durch ein langes Insolvenzverfahren (> zwei Jahre), fehlende Mitsprache (Priorisierung anderer Stakeholder: Mitarbeiter, Aktionäre oder Staat) und der diffizilen Prognostizierbarkeit des Verfahrensausganges begründet sein.[398] Dabei gilt: Je gläubigerorientierter das Insolvenzregime ist, desto höher sollte die Verwertungsquote eines besicherten und unbesicherten Gläubigers sein.[399] Die Arbeit folgt dieser These und betrachtet das Insolvenzregime als Indikator für die Höhe der direkten Insolvenzkosten bzw. der Verlustquote eines unbesicherten Gläubigers.[400]

Die präsentierten Variablen werden im nachfolgenden Kapitel, nach der Bestandsaufnahme der empirischen Credit Rating Literatur, in überprüfbare Forschungshypothesen überführt.

398 Vgl. Mock, T./Ekholm, T. E. (2017), S. 1241.

399 Zwar bezieht sich die Einschätzung vornehmlich auf besicherte Gläubiger, dennoch ist auch für unbesicherte Gläubiger eine Planungssicherheit wünschenswert, welche in der ersten Kategorie vorliegt.

400 Die Möglichkeit des sogenannten Forum Shoppings, also der Unterwerfung unter eine andere (ggf. vorteilhaftere) Jurisdiktion bleibt außer Acht, vgl. Ebke, W. (2017), S. 2083.

3 Erkenntnisse und Vorüberlegungen zur Durchführung eigener Credit Rating-Ereignisstudien

Im vorliegenden Kapitel werden die Erkenntnisse bisheriger Credit Rating-Ereignisstudien in Abhängigkeit des Forschungsschwerpunktes vorgestellt und eingeordnet. Auf diesem Wissen aufbauend erfolgt im Anschluss die Synthese mit den konzeptionellen Erkenntnissen des zweiten Kapitels zur Ableitung validierbarer Forschungshypothesen. Abschließend wird die Methodik der Ereignisstudie erörtert.

3.1 Empirische Untersuchungen zum Credit Rating: eine Bestandsaufnahme

Das Unterkapitel beginnt mit einem Überblick über die zentralen US-amerikanischen Studien sowie deren Erkenntnisse, um einen Vergleichsmaßstab für die im Anschluss zu besprechenden europäischen Beiträge zu erhalten.[401] Ferner wird der Interessenkonflikt zwischen Eigen- und Fremdkapitalgeber bei Ausfallrisiko thematisiert, welcher bereits im vorangegangen Kapitel theoretisch beleuchtet wurde. Darauffolgend werden die empirischen Untersuchungsergebnisse im Hinblick auf die Ratingkategorie sowie die gesamtwirtschaftliche Situation erfasst.

3.1.1 Allgemeine Erkenntnisse zum Credit Rating für USA und Europa

Der empirischen Credit Rating-Literatur liegen zwar per se keine einheitlichen und teils widersprüchlichen Resultate für den Einfluss des Credit Ratings auf

---

401 Aufgrund der Vielzahl von Credit Rating-Ereignisstudien kann nicht jeder Beitrag separat gewürdigt werden. Für einen detaillierten Überblick empfiehlt sich die Systematisierung der Ereignisstudien durch Hundt, vgl. Hundt, S. (2015), S. 281–299. Die Dominanz US-amerikanischer Studien ist auf die informationelle und gesetzliche Bedeutung von Ratingagenturen für den US-amerikanischen Kapitalmarkt zurückzuführen. Denn die vornehmlich kapitalmarktorientiere Fremdfinanzierung in den Vereinigten Staaten begünstigt den Rückgriff auf Bonitätseinschätzung von Ratingagenturen, vgl. Kiesel, F./Schiereck, D. (2015), S. 84.

den Börsenwert des Eigen- und Fremdkapitals vor.[402] Dennoch herrscht eine Einigkeit über die grundsätzliche Wertrelevanz von Bonitätsauskünften.[403] Dabei ist die jeweilige Richtung der Ratingankündigung maßgebend für den beobachtbaren Preiseffekt auf die Wertpapierrendite. Denn die Beiträge zeigen mehrheitlich, dass Downgrades eine signifikante negative abnormale Rendite über die untersuchten Wertpapierklassen, d.h. Eigen- und Fremdkapitaltitel nach sich ziehen, während für Upgrades keine bzw. kaum signifikante positive Überrenditen realisiert werden können.[404]

Gleichwohl hat sich in den vergangenen fünf Jahrzehnten eine Basis entwickelt, die für die meisten Credit Rating-Ereignisstudien Gültigkeit besitzt.[405] Die Grundlage vieler Studien bildet die Untersuchung der Information Content Hypothesis, die erstmals durch Katz (1974) analysiert wurde, welcher auch den empirischen Forschungszweig für Credit Rating-Ankündigungen begründete. Die Hypothese unterstellt einen Einfluss von Credit Rating-Verlautbarungen auf den Marktpreis von Rentenpapieren im Monat bzw. am Tag der Ankündigung.[406] Bei der Analyse des US-amerikanischen Kapitalmarktes im Zeitraum von 1966–1972 konnte ein signifikanter Informationseffekt für Anleihen sechs bis zehn Wochen nach der Ratingankündigung festgestellt werden.[407] Nachfolgende Studien konnten zwar mehrheitlich[408] die Ergebnisse für Wertpapiere[409] bestätigen, jedoch weisen diese Beiträge neben divergierenden methodischen Untersuchungsansätzen die gleichen Unzulänglichkeiten in Bezug auf die

402 Vgl. Kliger, D./Sarig, O. (2000), S. 2899; Dallocchio, M./Hubler, J./Raimbourg, P./Salvi, A. (2006), S. 294.

403 Vgl. Heinke, V. (2005), S. 180; Dallocchio, M./Hubler, J./Raimbourg, P./Salvi, A. (2006), S. 294; Hubler, J./Louargant, C./Ory, J./Raimbourg P. (2013), S. 1030–1031.

404 Vgl. Für Aktien Holthausen, R. W./Leftwich, R. W. (1986); Hand, J. R. M./Holthausen, R. W./Leftwich, R. W. (1992); Goh, J. C./Ederington L. H. (1993), (1999); Dichev, I. D./Piotroski, J. D. (2001); Norden, L./Weber, M. (2004). Vgl. für Anleihen Hand, J. R. M./Holthausen, R. W./Leftwich, R. W. (1992); Steiner, M./Heinke, V. G. (2001); May, A. (2010).

405 Vgl. Hubler, J./Louargant, C./Ory, J./Raimbourg P. (2013), S. 1011.

406 Vgl. Katz, S. (1974), S. 551. Sollte im Nachgang ebenfalls eine signifikante Reaktion nachgewiesen werden, so kann die mittelstrenge Ausprägungsform der Informationseffizienz nicht zweifelsfrei vorliegen, vgl. Steiner, M./Heinke, V. G. (2001), S. 140.

407 Vgl. Katz, S. (1974), S. 557–558.

408 Die Studien von Weinstein sowie Pinches/Singleton bilden die Ausnahme, vgl. Weinstein, M. (1977), S. 340; Pinches, G. E./Singleton, J. C. (1978), S. 36–38.

409 Vgl. Grier, P./Katz, S. (1976), S. 230–238; Griffin, P. A./Sanvicente, A. Z. (1982), S. 115–116; Ingram, R. W./Brooks, L. D./Copeland, R. M. (1983), S. 1001.

verwendeten monatsbasierten Renditen auf, da unklar ist, ob der Preiseffekt ausschließlich auf die Ratingankündigung oder auf andere kursrelevante Ereignisse (Confounding Events) zurückzuführen ist.[410]

Die Beiträge von Holthausen/Leftwich (1986) sowie Hand/Holthausen/Leftwich (1992) heilen diesen Mangel durch die Verwendung von täglichen Renditen, weshalb mindestens einer der Beiträge als klassische Referenzstudie im empirischen Schrifttum Eingang findet. Durch diese methodische Erweiterung ist es beiden Studien möglich, kontaminierte Ereignisse herauszufiltern, um den tatsächlichen Ankündigungseffekt durch das Credit Rating zu ermitteln. Beide Aufsätze untersuchen Ratingankündigungen von S&P und Moody's auf US-amerikanische Emittenten für den Zeitraum 1977 bis 1982 und kommen zu dem Schluss, dass Downgrades signifikant negative Überrenditen bei Aktien hervorrufen, während bei Upgrades keine statistisch relevante Abweichung festzustellen ist.[411] Zusätzlich deckt der jüngere Beitrag für tägliche Anleiherenditen signifikante positive und negative Überrenditen für Up- bzw. Downgrades auf.[412] Augenfällig sind dabei die deutlich stärkeren Reaktionen – im Sinne der Höhe der Überrendite und Signifikanz – bei negativen Bonitätsrevisionen für beide Wertpapierklassen. Daraus folgern die Autoren, dass eine asymmetrische Verlustfunktion für Agenturen vorliegt. Darunter versteht sich die Allokation von Ressourcen der Ratingagentur zugunsten der Aufdeckung von potenziellen Ratingverschlechterungen als von Bonitätsverbesserungen, da die Ratingagenturen einen Anreiz zur Wahrung ihrer Reputation besitzen. Denn zu optimistische Ratings, würden spätestens im Falle eines Ausfalls zu einem ausgeprägteren Imageverlust führen, als wenn ein zu strenges Rating vergeben worden wäre. Folglich sollten neue Informationen schneller in eine Herabstufung als in eine Heraufstufung übersetzt werden, wodurch Upgrades durch die Verzögerung eher von den Kapitalmarktteilnehmern vorweggenommen werden können.[413] Darüber hinaus wird die Einflussnahme des Managements auf den Veröffentlichungszeitpunkt neuer kursrelevanter

410 Vgl. Holthausen, R. W./Leftwich, R. W. (1986), S. 68, 70; May, A. (2010), S. 2835.

411 Vgl. Holthausen, R. W./Leftwich, R. W. (1986), S. 72–73; Hand, J. R. M./Holthausen, R. W./Leftwich, R. W. (1992), S. 745, 747.

412 Für das unkontaminierte Sample liegt keine Preisreaktion bei Downgrades vor. Für das Upgrades-Sample konnte eine stärkere Reaktion festgestellt werden.

413 Vgl. Holthausen, R. W./Leftwich, R. W. (1986), S. 71; Schweitzer, R./Szewczyk, S. H./Varma, R. (1992), S. 255; Ederington, L. H./Goh, J. C. (1998), S. 584; Abad-Romero, P./Robles-Fernández, M. D. (2007), S. 80–81. Für eine ausführliche Darstellung des Effektes empfiehlt sich Heinke, V. (1998), S. 241–242.

Unternehmensinformationen als weitere Ursache für die Asymmetrie aufgeführt. Denn Manager hätten tendenziell den Anreiz, positive Informationen früher und negative später zu publizieren, um ihre eigene Reputation und/ oder die Fremdfinanzierungskonditionen vor der erfolgenden Publikation des Ratings zu verbessern.[414] Das letzte Argument konnte empirisch nicht bestätigt werden,[415] wohingegen das Argument der asymmetrischen Verlustfunktion nachgewiesen werden konnte.[416]

Weitere US-amerikanische Studien konnten in diesem Zusammenhang feststellen, dass tendenziell eher große IG-Emittenten Adressaten von Upgrades sind, während überwiegend kleine NG-Unternehmen negative Bonitätsänderungen erfahren. Letztere weisen tendenziell eine geringe Informationsdichte auf, weshalb eine Ratingänderung eher überraschend erfolgen könnte.[417] Zusätzlich verstärkt die Samplekomposition den Effekt der asymmetrischen Gewinnfunktion, da zumeist Downgrades den gesamten Stichprobenumfang zahlreicher Studien dominieren, wodurch tendenziell mehr Emittenten in der Non-Investment Grade-Kategorie zu verorten sind.[418]

414 Vgl. Holthausen, R. W./Leftwich, R. W. (1986), S. 71; Ederington, L. H./Goh, J. C. (1998), S. 584; Jorion, P./Zhang, G. (2007), S. 57. Zudem merken Holthausen/Leftwich an, dass tendenziell eher über Down- als über Upgrades berichtet wird, was ebenfalls die Asymmetrien in Bezug auf die Reaktionsstärke begünstigen könne, vgl. Holthausen, R. W./Leftwich, R. W. (1986), S. 65.

415 Die Untersuchung der Publikationsfrequenz von Unternehmen konnte keine Präferenz vermehrter Veröffentlichungen vor Upgrades feststellen. Allerdings gibt die Studie keine Auskunft über die inhaltliche Tragweite jener Publikationen, vgl. Kim, Y./Nabar, S. (2007), S. 3857–3858. Eine weitere empirische Studie, welche Ankündigungen des Managements zur Produkt- und Geschäftserweiterung vor Ratingänderungen analysiert, kommt zu dem Schluss, dass zwar vermehrt Informationen veröffentlicht werden, jedoch keine Tendenz zur Publikation von positiven oder negativen Informationen vorliegt, vgl. He, G. (2018), S. 354–363.

416 Die Analyse der Ausfallwahrscheinlichkeit anhand eines Modells führt zum Ergebnis, dass im Durchschnitt eine Erhöhung des Ausfallrisikos vor und nach einem Downgrade vorliegt. Hingegen kann lediglich vor einer Bonitätsverbesserung eine Reduktion der Ausfallwahrscheinlichkeit festgestellt werden, während im Nachgang eine weitere Verbesserung ausbleibt. Somit ziehen die Forscher die Schlussfolgerung, dass Downgrades frühzeitiger publiziert werden als Upgrades, vgl. Kim, Y./Nabar, S. (2007), S. 3855–3856.

417 Vgl. Dichev, I. D./Piotroski, J. D. (2001), S. 190–191. Liu/Sun unterstützen den Befund, dass von kleineren Emittenten ein höherer Informationswert von Ratings ausgeht, vgl. Liu, A. Z./Sun, Le (2017), S. 279 FN 10.

418 Vgl. Jorion, P./Zhang, G. (2007), S. 46; Kiesel, F./Kolaric, S. (2018), S. 661.

Insgesamt können die Studien von Holthausen/Leftwich sowie Hand et al. einen Informationswert für angekündigte Credit Rating-Änderungen für den US-amerikanischen Kapitalmarkt belegen. Dieser Befund wird von weiteren US-amerikanischen Studien untermauert.[419] Dabei ist besonders die Studie von Kliger/Sarig (2000) hervorzuheben, welche einen Informationswert durch die Einführung einer feingliedrigeren Ratingsystematik[420] (Notchingkriteriums) von Moody's im Jahr 1982 auf Aktien- und Anleihetitel aufdeckt. Für die Stichprobe kann die beobachtbare Preisänderung ausschließlich auf die Bonitätsbeurteilung durch die Ratingagentur zurückgeführt werden.[421] Solche „reinen" Stichproben sind in der Credit Rating-Literatur selten vorzufinden, da bonitätsrelevante Informationen z. T. vor der Veröffentlichung des Ratings vom Kapitalmarkt verarbeitet werden und bereits zu Kauf- bzw. Verkaufstransaktionen führen.

Neben dem Ankündigungseffekt von Ratingrevisionen bemerken Holthausen/Leftwich einen Antizipationseffekt für ihre Stichprobe, welcher sich durch eine signifikante positive (negative) Überrendite im 60-tägigen Zeitraum vor der eigentlichen Upgrade (Downgrade)-Ankündigung äußert.[422] Die zum Effekt zugehörige Antizipations-Hypothese unterstellt hierbei, dass lediglich in den Handelstagen vor Ratingänderungen signifikante Reaktionen festzustellen sind, da alle (bonitäts)relevanten Informationen dem Markt bereits vor der Publikation der Ratingrevision zur Verfügung stehen und somit das neue Rating keinen Informationswert aufweist. Damit steht die Hypothese (zunächst) in direkter Konkurrenz zur Informationswert-Hypothese.[423] Infolge der vorzeitigen Benachrichtigung des Kapitalmarktes wird der Neuigkeitsgrad einer Ratinganpassung geschmälert, wodurch der beobachtbare Preiseffekt niedriger ausfällt, bzw. gänzlich ausbleibt. Im umgekehrten Fall ist von einer unantizipierten Ratingänderung eine deutlich höhere Reaktion zu erwarten, da diese Änderung überraschend eintritt.[424] Die

---

419 Vgl. bspw. Schweitzer, R./Szewczyk, S. H./Varma, R. (1992), S. 254–255; Hsueh, L. P./Liu, Y. A. (1992), S. 232; Goh, J. C./Ederington L. H. (1993), S. 2005, (1999), S. 105; Kliger, D./Sarig, O. (2000), S. 2895; Jorion, P./Liu, Z./Shi, C. (2005), S. 321; Jorion, P./Zhang, G. (2007), S. 53; Bannier, C./Hirsch, C. (2010), S. 3041; May, A. (2010), S. 2832–2833.

420 Moody's hat Notching Abstufungen eingeführt (vormals: bspw. A, seit 1982: A1, A2, A3).

421 Vgl. Kliger, D./Sarig, O. (2000), S. 2883, 2895, 2891.

422 Vgl. Holthausen, R. W./Leftwich, R. W. (1986), S. 70–71.

423 Vgl. Hundt, S./Horsch, A. (2015), S. 493.

424 Vgl. Hsueh, L. P./Liu, Y. A. (1992), S. 227.

Erwartungsänderung der Marktteilnehmer kann dabei auf mehrere Ursachen zurückgeführt werden. Demnach kann bspw. das Ereignis (bspw. Mergers & Acquisitions (M&A)-Ankündigung oder Gewinnwarnung), welches die Änderung des Ratings hervorruft, selbst zur Anpassung der Erwartungen bzgl. der Ausfallwahrscheinlichkeit und -schwere führen. Alternativ kann auch ein „Durchsickern" privater Informationen über die bevorstehende Veröffentlichung eines Ratings nicht gänzlich als antizipatorisches Element ausgeschlossen werden. Daneben kann auch eine vorherige Credit Watch- oder Outlook-Platzierung des Emittenten zur Vorwegnahme der zukünftigen Ratingrevision beitragen und dadurch den Informationswert der tatsächlichen Ratingankündigung reduzieren.[425] Dem aktuellen Stand[426] der US-amerikanischen Literatur zu urteilen, können sowohl Effekte im Vorfeld einer Ratingankündigung als auch am Ereignistag selbst vorliegen.

Auf der US-amerikanischen Basisliteratur aufbauend, können nun die Resultate sämtlicher Studien mit europäischem Bezug in diesem Zusammenhang analysiert werden. Zunächst werden die Studien einzelner europäischer Länder präsentiert, bevor die gesamteuropäischen Studien analysiert werden. Tab. 5 fasst die wesentlichen Ergebnisse einzelner Länder im Zusammenhang mit der Informationswert- und Antizipationshypothese bei Ratingänderungen zusammen.[427]

Die Hälfte der aufgeführten Beiträge kann – den aus der US-amerikanischen Literatur bekannten – Ankündigungseffekt von Herabstufungen bestätigen. Demnach erzielen Aktien von heruntergestuften britischen[428] und deutschen

425 Vgl. Schweitzer, R./Szewczyk, S. H./Varma, R. (1992), S. 255; Steiner, M./Heinke, V. G. (2001), S. 141; Bannier, C./Hirsch, C. (2010), S. 3045–3046; Finnerty, J. D./Miller, C. D./Chen, R.-R. (2013), S. 2012; Imbierowicz, B./Wahrenburg, M. (2013), S. 33.

426 Vgl. bspw. Schweitzer, R./Szewczyk, S. H./Varma, R. (1992), S. 257; Goh, J. C./Ederington L. H. (1993), S. 2005, (1999), S. 107–108; May, A. (2010), S. 2828.

427 Reviews und Credit Watch-Platzierungen werden nicht berücksichtigt, da diese nicht im Fokus der Arbeit stehen.

428 Die britische Ereignisstudie von Barron et al. weist zwar ebenfalls eine signifikante Überrendite auf, allerdings wird lediglich der parametrische t-Test angewandt, obwohl weder ein ausreichend großer Stichprobenumfang vorliegt noch die Verteilungseigenschaften der Überrenditen geprüft werden. Daher ist die Gültigkeit der Studienergebnisse nicht gewährleistet.

Tab. 5: Europäische Credit Rating-Beiträge zum Informations- und Antizipationseffekt für einzelne Souveränitäten. Eigene Darstellung auf Basis von Barron, M. J./Clare, A. D./Thomas, S. H. (1997), S. 498–500; Dallocchio, M./Hubler, J./Raimbourg, P./Salvi, A. (2006), S. 299–313; Abad-Romero, P./Robles-Fernández, M. D. (2006), S. 894, 897–907; Ott, C. (2011), S. 166–167, 172–173, 187–189; Biermann, S./Ewelt-Knauer, C./Wömpener, A. (2014), S. 25, 34–37; Kiesel, F./Schiereck, D. (2015), S. 86–92.

Autor(en)	Jahr	Zeitraum	Land	Wertpapier	Rating-agentur	Berücksichtigung Kontaminierung	Sample		Antizipation		Ereignistag [-1,1], [0] oder [0,1]		Nachgang	
							Upgrade	Downgrade	Upgrade	Downgrade	Upgrade	Downgrade	Upgrade	Downgrade
Kiesel/Schiereck	2015	2000-2014	Deutschland	Aktien	M/S&P	-	105	166	0	0	0	--	NA	NA
Biermann et al.	2014	2000-2010	Deutschland	Aktien	M	Ausschluss	26	68	NA	NA	0	--	NA	NA
Ott	2011	1991-2005	Deutschland	Aktien	F/M/ S&P	-	37	190	0	[-5,0]: --	0	0	0	0
Abad-Romero/ Roble-Fernández	2006	1990-2003	Spanien	Aktien	F/M/ S&P	Vergleich	34 {31}	33 {28}	NA	NA	0	0	[0,15]: -- {--}	0
Dallocchiio et al.	2006	2000-2004	Frankreich	Anleihen	M/S&P	Ausschluss	15	20	NA	NA	0	0	NA	NA
Barron et al.	1997	1984-1992	UK	Aktien	S&P	Ausschluss	9	14	NA	NA	0	-	0	0

Die Ratingagenturen werden durch F sowie M für Fitch bzw. Moody's abgekürzt. Die Kategorie „Berücksichtigung Kontaminierung" gibt Auskunft, ob Confounding Events ignoriert (-), ausgemustert (Ausschluss) oder verglichen (Vergleich kontaminiert vs. {unkontaminiert}) werden. Die Werte in den eckigen Klammern geben das jeweilige Ereignisintervall wieder. NA gibt an, dass der jeweilige Untersuchungsgegenstand nicht untersucht wird. Die Symbole ++/--, +/- und 0 dokumentieren, dass zwei, ein bzw. kein Signifikanztest(s) eine positive bzw. negative Überrendite identifizieren. Es werden lediglich Tests akzeptiert, welche die Anwendungsvoraussetzungen erfüllen.

Emittenten eine negative abnormale Rendite, während spanische Aktionäre bzw. französische Gläubiger keine signifikanten Verluste erfahren. Im Handelszeitraum vor Downgrade-Ankündigungen kann lediglich Ott (2011) einen negativen Antizipationseffekt am deutschen Kapitalmarkt identifizieren, welcher u.U. auf die mangelnde Berücksichtigung von kontaminierten Ereignissen zurückzuführen ist. Der Blick auf die Heraufstufungen lässt den Schluss zu, dass die Asymmetrie der Ratingrelevanz von Up- und Downgrades auch in europäischen Ländern Bestand hat, da keine statistisch relevanten Abweichungen für Upgrades vorliegen. Die (konterintuitive) negative Aktienrendite nach Upgrade-Publikationen gemäß Abad-Romero/Robles-Fernández (2007) sollte aufgrund der geringen Stichprobengröße nicht als allgemeingültig erachtet werden.[429]

Insgesamt wirken die Ergebnisse nicht durchwegs konsistent gegenüber den US-amerikanischen Beiträgen. Calderoni/Colla/Gatti (2009) fassen diese Erkenntnis treffend zusammen: „When looking at the European market, literature hasn't come to definitive results“[430]. Die Autoren führen die bisherigen heterogenen Ergebnisse auf geringe Stichprobenumfänge der jeweiligen „small-medium european markets“ zurück.[431] Darüber hinaus könnten die divergierenden Untersuchungszeiträume und die uneinheitliche Erfassung von kontaminierten Ereignissen diese Diskrepanz begünstigen.[432]

Die in Tab. 6 illustrierte Bestandsaufnahme von Credit Rating-Ereignisstudien, die den europäischen Kapitalmarkt länderübergreifend betrachten, hinterlässt einen homogenen Eindruck. So kann die Mehrheit der Studien, welche größere Stichprobenumfänge aufweisen und zumeist Confounding Events berücksichtigen, die negative Bewertungsrelevanz von Bonitätsherabstufungen für Aktien und Anleihen bejahen. Dahingegen trifft der positive Befund für Upgrades nur bei drei Beiträgen zu, womit im europäischen Gesamtkontext

---

429 Die Autoren verteidigen ihre Resultate mit dem Hinweis, dass die Kapitalmarktteilnehmer im Vorfeld möglicherweise von einer höheren Ratingverbesserung ausgegangen seien, die unerwarteterweise nicht eingetreten ist, vgl. Abad-Romero, P./Robles-Fernández, M. D. (2007), S. 81. Unter Berücksichtigung der Häufigkeitsverteilung von positiven Notches scheint diese Erwartung nicht gerechtfertigt, wie ein Blick auf Abb. 15 offenbart.

430 Calderoni, F./Colla, P./Gatti, S. (2009), S. 4.

431 Vgl. Calderoni, F./Colla, P./Gatti, S. (2009), S. 10.

432 Vgl. in Bezug auf US-amerikanische Studien Barron, M. J./Clare, A. D./Thomas, S. H. (1997), S. 497.

Tab. 6: Europäische Credit Rating-Beiträge zum Informations- und Antizipationseffekt mit länderübergreifendem Sample. Eigene Darstellung auf Basis von Gropp, R./Richards, A. J. (2001), S. 383, 387–388, 392, 396; Calderoni, F./Colla, P./Gatti, S. (2009), S. 13–14; Hundt, S./Horsch, A. (2015), S. 497–501; Hundt, S. (2015), S. 195, 211; Alsakka, R./Gwilym, O./Klusak, P./Tran, V. (2015), S. 284, 291; Chodnicka-Jaworska, P. (2016), 142–143; Hu, H./Kaspereit, T./Prokop, J. (2016), S. 103–105; Pellens, B./Starke, D./Damnke, D. (2017), S. 13, 15, 19; Chodnicka-Jaworska, P. (2018), S. 53–56; Lobão, J./Pacheco, L./Campos, S. (2019), S. 7, 10, 12.

Autor(en)	Jahr	Zeitraum	Anzahl europäischer Länder	Wert-papier	Rating-agentur	Berücksichtigung Kontaminierung	Sample		Antizipation		Ereignistag: [-1,1], [0] oder [0,1]		Nachgang	
							Upgrade	Downgrade	Upgrade	Downgrade	Upgrade	Downgrade	Upgrade	Downgrade
Lobão et al.	2019	2004-2015	14	Aktien	F/M	Vergleich	74 {63}	325 {239}	[-10,-1]: ++ {++}	0	++ {++}	-- {-}	[2,11]: -- {--}	[2,11]: - {-}
Chodnicka-Jaworska	2018	1995-2015	12	Aktien	F/M/S&P	-	99	245	0	0	0	0	0	[1,31]: -
Pellens et al.	2017	2002-2015	19	Anleihen	F/M/S&P	-	296	578	NA	NA	0	-	NA	NA
Hu et al.	2016	1994-2013	u.a. 4	Aktien	F/M/S&P	Ausschluss	NA	408	NA	NA	NA	-- (Italien)	NA	NA
Chodnicka-Jaworska	2016	1980-2015	bis 24	Aktien	S&P	-	96	231	0	[-31,-2]: -	0	--	0	[4,34]: --
Alsakka et al.	2015	2008-2013	17	Aktien	F/M/S&P	-	NA	417	NA	NA	NA	-	NA	[0,22]: -
Hundt	2015	2000-2010	9	Aktien	F/M/S&P	Ausschluss	49	66	[-10,0]: ++	[-10,0]: --	0	--	0	0
				Anleihen			102	129	0	[-10,0]: --	++	--	[0,5]: ++	0
Hundt/Horsch	2015	2001-2010	7	Aktien	F/M/S&P	Ausschluss	28	19	[-5,0]: ++	[-5,0]: --	0	--	0	0
Calderderoni et al.	2009	2002-2007	17	Aktien	M	Ausschluss	143	262	0	[-10,-6]: -	0	--	0	0
Gropp/Richard	2001	1989-2000	11	Aktien	F/M/S&P	Vergleich	63 {26}	99 {66}	0	0	+ {0}	0 {-}	NA	NA
				Anleihen			57 {23}	72 {39}	0	0	0 {0}	0 {0}	NA	NA

Die Ratingagenturen werden durch F sowie M für Fitch bzw. Moody's abgekürzt. Die Kategorie „Berücksichtigung Kontaminierung" gibt Auskunft, ob Confounding Events ignoriert (-), ausgemustert (Ausschluss) oder verglichen (Vergleich kontaminiert vs. {unkontaminiert}) werden. Die Werte in den eckigen Klammern geben das jeweilige Ereignisintervall wieder. NA gibt an, dass der jeweilige Untersuchungsgegenstand nicht untersucht wird. Die Symbole ++/--, +/- und 0 dokumentieren, dass zwei, ein bzw. kein Signifikanztest(s) eine positive bzw. negative Überrendite identifizieren. Jedoch werden lediglich Tests akzeptiert, welche die Anwendungsvoraussetzungen erfüllen.

eine asymmetrische Relevanz für die Marktteilnehmer bestätigt werden kann. Diese ungleichmäßige Wahrnehmung scheint auch bereits im Vorfeld vorzuliegen, zumal negative Ratingänderungen tendenziell eher vorweggenommen werden als positive Revisionen.[433] Trotz der teilweisen Antizipation von ratingrelevanten Informationen besitzen Downgrades einen signifikanten Informationswert. In diesem Kontext resümiert Hundt (2015), „[…] dass beide Effekte in einem sukzessiven Angleichungsprozess koexistieren."[434] Die im Nachgang mehrheitlich ausbleibenden signifikanten Kurskorrekturen für Anleihen und Aktien für beide Ratingrichtungen, sprechen für eine adäquate Einpreisung des Bonitätsurteils spätestens am Ereignistag. Neben dem Informationseffekt muss noch zwischen den untersuchten Wertpapierarten differenziert werden. Im Regelfall werden in der empirischen Literatur die Reaktionen von Aktientiteln untersucht, während Rentenpapiere bisher eher zurückhaltend behandelt wurden.[435] Insbesondere die simultane Analyse der beiden Wertpapierarten findet bisher in lediglich zwei europäischen Studien statt.[436] Dies ist verwunderlich, da nur so die Auswirkungen des Ratings auf den Unternehmenswert aus Perspektive des Kapitalmarktes offenbart wird. In diesem Kontext unterstellt die Information Content Hypothesis, dass eine Heraufstufung (Herabstufung) als positives (negatives) Signal über die Ertragsaussichten des Emittenten für die jeweiligen Wertpapierbesitzer interpretiert werden kann. Demnach sollte der Gesamtwert des Unternehmens nach einem Up- oder Downgrade zu- bzw. abnehmen.[437] Diese Annahme kann z. T. oder in Gänze für die vollständige Untersuchungsstichprobe von Gropp/Richards (2001) bzw. Hundt (2015)

433 Das ist konsistent zu anderen Beiträgen, vgl. Goh, J. C./Ederington L. H. (1999), S. 105.

434 Hundt, S. (2015), S. 222. Die Studien von Hundt et al. (2017a, b) werden hier zu einer Studie zusammengefasst.

435 Vgl. Gropp, R./Richards, A. J. (2001), S. 382; Dallocchio, M./Hubler, J./Raimbourg, P./Salvi, A. (2006), S. 299; Hundt, S. (2015), S. 192; Pellens, B./Starke, D./Damnke, D. (2017), S. 15.

436 Vgl. Gropp, R./Richards, A. J. (2001), S. 382; Hundt, S. (2015), S. 192. Die Folgebeiträge von Hundt werden nicht hinzugezählt, da diese auf den gleichen Datensatz zurückgreifen, vgl. Hundt, S./Sprungk, B./Horsch, A. (2017a), (2017b).

437 Vgl. Zaima, J. K./McCarthy, J. (1988), S. 485–487; Goh, J. C./Ederington L. H. (1993), S. 2002; Abad-Romero, P./Robles-Fernández, M. D. (2006), S. 887; Calderoni, F./Colla, P./Gatti, S. (2009), S. 2; Hubler, J./Louargant, C./Ory, J./Raimbourg P. (2013), S. 1010. Dabei fungiert das marktgängige Fremdkapital als Vertreter für das gesamte Fremdkapital, vgl. Kliger, D./Sarig, O. (2000), S. 2894.

bewiesen werden.[438] Gleichwohl muss dieser Befund nicht für jede einzelne Stichprobe zutreffen.[439] Denn die Information Content Hypothesis lässt den tatsächlichen Grund der Ratingänderung außer Acht,[440] welche nach der US-amerikanischen Studie von Goh/Ederington (1993) u. U. zu Fehleinschätzungen vor dem Hintergrund der postulierten Interessenharmonie der Eigen- und Fremdkapitalgeber führen kann.

3.1.2 Einfluss der Ratingursache

Basierend auf den Vorüberlegungen von Holthausen/Leftwich (1986) und Zaima/McCarthy (1988) untersuchen Goh/Ederington im Rahmen einer empirischen Analyse des US-amerikanischen Kapitalmarktes mögliche Vermögenstransfereffekte zwischen Eigen- und Fremdkapitalgeber die durch publizierte Rating-Reklassifikationen eintreten können.[441] Die Gültigkeit der „Wealth Redistribution Hypothesis" bzw. die Reaktionsrichtung von Aktientiteln soll dabei maßgeblich von der konkreten Ursache der Ratingrevision abhängig sein. Goh/Ederington argumentieren, dass die unterstellte gleichläufige Änderung von Aktien- und Anleihetitel lediglich bei ertragsinduzierten und unantizpierten Ratingänderungen zu erwarten ist. Wohingegen eine gegensätzliche Reaktionsrichtung vermutet wird, sofern die Ursache der Ratingänderung auf eine Erhöhung des Verschuldungsgrades beruht, falls sich der Kapitalmarkt darüber in Unkenntnis befindet. Demnach soll eine verschuldungsbedingte Herabstufung (Heraufstufung) zu einer Überperformance (Unterperformance) für Aktien und eine Unterperformance (Überperformance) für Anleihen am Publikationstag führen.[442] Allerdings bleibt Goh/Ederington eine ökonomische Legitimierung seiner auf Plausibilitätsüberlegungen beruhenden Behauptung schuldig. Demgegenüber verweisen Kliger/Sarig (2000) auf die Asset Substitution-Theorie, um den gegensätzlichen Wirkungsmechanismus bei einer Bonitätsveränderung zwischen Anteilseignern- und Gläubigern zu erklären.[443] Die beiden Autoren notieren Folgendes: „[…] because bond value declines when default risk increases, holding the value of the firm constant,

438 Vgl. Gropp, R./Richards, A. J. (2001), S. 387–388; Hundt, S. (2015), S. 221.
439 Vgl. Goh, J. C./Ederington L. H. (1993), S. 2001.
440 Vgl. Hubler, J./Louargant, C./Ory, J./Raimbourg P. (2013), S. 1010.
441 Vgl. Holthausen, R. W./Leftwich, R. W. (1986), S. 66; Zaima, J. K./McCarthy, J. (1988), S. 486.
442 Vgl. Goh, J. C./Ederington L. H. (1993), S. 2002–2003.
443 Vgl. Kliger, D./Sarig, O. (2000), S. 2881.

an increase in assessed default risks will lower debt value and increase equity value“[444].

Dagegen erkennt Ott (2011) mit dem Financial-Leverage-Effekt die Ursache für die entgegengesetzte Entwicklung von Eigen- und Fremdkapitalansprüchen nach einer verschuldungsbedingten Ratingänderung durch die beschränkte Haftung der Eigentümer an. Dieser Ansatz mag auf den ersten Blick einleuchtend erscheinen, jedoch ist diese Erklärung zu kurz gegriffen. Grundlegend nimmt die (buchwertbasierte) erwartete Eigenkapitalrendite mit einer Erhöhung des Verschuldungsgrades gemäß der linearen Funktionsgleichung zu, sofern der (risikolose) Fremdkapitalzinssatz konstant bleibt. Jedoch bleiben Eigenkapitalkosten in diesem Zusammenhang von der Autorin unerwähnt, obwohl der Beitrag von MM (1958) zitiert wird. Denn die Kapitalkosten sind letztlich dafür verantwortlich, ob sich der Marktwert des Eigenkapitals verändert. Im Fall ohne Steuern wird der Zuwachs der erwarteten Rendite durch einen kompensierenden Anstieg der Eigenkapitalkosten erkauft, womit der Eigenkapitalwert unverändert bleibt. Erst die Einführung eines Steuersystems, welches die steuerliche Abzugsfähigkeit von Zinsaufwendungen vorsieht, führt zu einem Anstieg des Unternehmensgesamtwertes, da die Hebung der sicheren Steuervorteile den Anstieg der Eigenkapitalkosten dämpft und somit die erwartete Rendite unterschreitet.[445] Die Einführung von Ausfallrisiko bzw. von einem oder mehreren Zuständen, in denen der Fremdkapitaldienst nicht mit Sicherheit bedient werden kann, führt zur Ablehnung des von MM aufgezeigten linearen Zusammenhanges, da das Kovarianzrisiko den Gläubigern aufgebürdet wird, wodurch die (geforderten) Fremdkapitalkosten steigen und somit die Eigenkapitalkosten abflachen. Geschieht dieser Risikotransfer unbemerkt bzw. ohne Risikokompensation seitens der Fremdkapitalgeber, so sinkt deren Wertanspruch. Hingegen profitieren die Eigenkapitalgeber von der Risikoreduktion ihrer Barwertansprüche.[446] Dieser Zusammenhang wurde bereits in Kapitel 2.2.3.3 ausführlich beschrieben.

Goh/Ederington untersuchen ihre Hypothese anhand von US-amerikanischen Aktienemittenten zwischen 1984–1986. Dazu erfolgt die Bildung von Teilstichproben anhand der Ratinggründe: Ertragsaussichten, Verschuldung

444 Kliger, D./Sarig, O. (2000), S. 2883.

445 Vgl. Ott, C. (2011), 89–91; bezugnehmend darauf Hundt, S. (2015), S. 91–92. Für ein ausführliches Beispiel empfiehlt sich Schüler, A. (2016), S. 265–270.

446 Annahmen über die Sicherheit bzw. Wahrscheinlichkeit zur Realisierung von Tax Shields haben ebenfalls Einfluss auf das Ergebnis.

oder sonstigen Gründen. Die Analyse offenbart ausschließlich negative signifikante Renditen für performanceinduzierte Downgrades, weshalb die Gültigkeit der Wealth Redistribution Hypothesis nicht bestätigt werden kann. Die beiden Autoren führen das Ergebnis darauf zurück, dass ertragsbedingte Ratingveränderungen eine neue Information über die zukünftige Entwicklung der Ertragslage des Unternehmens gewähren, während verschuldungsinduzierte Bonitätsurteile meist auf vergangene Ereignisse (etwa M&A oder Leveraged Buy Out) zurückzuführen sind, die bereits in den Aktienkursen eingepreist sind.[447] Daher schließen die Forscher eine pauschale Betrachtung von Ratings bzgl. der Reaktionsrichtung aus und fordern, dass die Ratingursache berücksichtigt werden muss.[448] Alle nachfolgenden Beiträge, die diesem Appell nachgekommen sind und somit die Wealth Redistribution Hypothesis falsifizieren, werden in Tab. 7 aufgeführt, auch wenn lediglich eine Wertpapierklasse untersucht wird.

Grundsätzlich können die Beiträge in der Zusammenschau nur schwache Signale zur Bestätigung eines Vermögenstransfereffektes zwischen den beiden Wertpapierarten feststellen, denn neben uneindeutigen Signalen, zeichnen sich die Studien durch geringe Stichprobengrößen aus. Die überwiegende Mehrheit der Publikationen fokussiert sich auf die Untersuchung von europäischen Aktientiteln. So verneinen etwa Hundt/Horsch (2015) einen Werttransfereffekt für europäische Finanzdienstleister,[449] während Biermann/Evelt-Knauer/Wömpener (2014) für deutsche Emittenten auf Basis einer uni- und multivariaten Analyse diesen Effekt belegen können. So münden verschuldungsinduzierte Heraufstufungen (Herabstufungen) in signifikanten negativen (positiven) abnormalen Renditen bzw. weisen solche Ratings einen dämpfenden Effekt für Up- und Downgrades auf.[450] Die Beiträge von Ott (2011) sowie Kiesel/Schiereck (2015), die sich ebenfalls mit dem deutschen Kapitalmarkt befassen, konnten diesen konkreten Befund nicht bestätigen, jedoch auch nicht gänzlich widerlegen, da im Vorfeld einer leveragebedingten Ratingverschlechterung eine Überperformance der untersuchten Emittenten attestiert werden kann.[451] Nach Imbierowicz/Wahrenburg (2013) gehen die divergierenden Ergebnisse auf die mangelnde Berücksichtigung des Antizipationseffektes bzw.

447 Vgl. Goh, J. C./Ederington L. H. (1993), S. 2004, 2006–2007.
448 Vgl. Goh, J. C./Ederington L. H. (1993), S. 2007.
449 Vgl. Hundt, S./Horsch, A. (2015), S. 500–501.
450 Vgl. Biermann, S./Ewelt-Knauer, C./Wömpener, A. (2014), S. 36–37, 41–42.
451 Vgl. Ott, C. (2011), S. 176, 189, 191; Kiesel, F./Schiereck, D. (2015), S. 91–92.

Tab. 7: Credit Rating-Beiträge mit dem Fokus auf die Ratingursache bzw. den Vermögenstransfereffekt. Eigene Darstellung auf Basis von Goh, J. C./Ederington L. H. (1993), S. 2006; Gropp, R./Richards, A. J. (2001), S. 389–390; Ott, C. (2011), S. 176, 188, 191; Imbierowicz, B./Wahrenburg, M. (2013), S. 32, 36; Biermann, S./Ewelt-Knauer, C./Wömpener, A. (2014), S. 36, 41; Hundt, S./Horsch, A. (2015), S. 500–501; Hundt, S. (2015), S. 198, 221; Kiesel, F./Schiereck, D. (2015), S. 91–93.

Autor(en)	Jahr	Zeitraum	Land	Wertpapier	Analyse-verfahren	Performance		Leverage	
						Upgrade	Downgrade	Upgrade	Downgrade
Kiesel/Schiereck	2015	2000-2014	Deutschland	Aktien	Univariat	0 (50)	-- (101)	0 (46)	[-2,-1]: ++ (48)
					Multivariat	0 (ca. 225)	0 (ca. 105)	NA	NA
Hundt	2015	2000-2010	Europa	Aktien	Univariat	Sample besteht hauptsächlich aus verschuldungsbedingten Ratings, allerdings ist keine transparente Trennung zwischen den Ratingursachen zu vernehmen.			
				Anleihen					
Hundt/Horsch	2015	2001-2010	Europa	Aktien	Univariat	NA	NA	0 (28)	-- (19)
Biermann et al.	2014	2000-2010	Deutschland	Aktien	Univariat	++ (17)	-- (49)	- (9)	++ (19)
					Multivariat	NA	NA	- (114)	+ (37)
Imbierowicz/ Wahrenburg	2013	2001-2007	International	Aktien	Univariat	NA	-- (206)	NA	- (74)
					Multivariat; für M&A+NG-Sample	NA	NA	NA	+ (82)
Ott	2011	1991-2005	Deutschland	Aktien	Univariat	++ (7)	-- (116)	0 (16)	[-2,0]: + (30)
Gropp/Richard	2001	1989-2000	Europa	Aktien	Univariat	0 (21)	- (56)	+ (42)	+ (21)
Goh/Ederington	1993	1984-1986	US	Aktien	Univariat	0 (157)	-- (138)	NA	0 (64)

Die Werte in den eckigen und runden Klammern geben das jeweilige Ereignisintervall bzw. die Stichprobengröße wieder. NA gibt an, dass der jeweilige Untersuchungsgegenstand nicht untersucht wird. Bei univariaten Untersuchungen dokumentieren ++/--, +/- und 0, dass zwei, ein bzw. kein Signifikanztest(s) eine positive bzw. negative Überrendite identifizieren. Im Rahmen der multivariaten Analyse zeigen +, 0 und – einen positiven, neutralen bzw. negativen Einfluss der Variable auf die Überrendite auf. Es werden lediglich Tests akzeptiert, welche die Anwendungsvoraussetzungen erfüllen.

der Erwartungshaltung der Investoren zurück. In ihrer globalen Studie kann für die Teilstichprobe von verschuldungsinduzierten Ratingverschlechterungen am Ereignistag eine signifikante negative Überrendite festgestellt werden, wohingegen für das Sample[452], welches ausschließlich überraschende Ankündigungen beinhaltet, eine schwach positive abnormale Rendite detektiert wird.[453] Trotz dieser Erkenntnisse ist es schwierig, eine allgemeine Aussage über den Umverteilungseffekt zu tätigen, wenn ausschließlich die Auswirkungen auf den Wert des Eigenkapitals (Aktie) analysiert werden. Denn dieser Vorgehensweise haftet die implizierte Annahme an, dass eine festgestellte negative (positive) Überrendite nach einem verschuldungsbedingten Upgrade (Downgrade) stets eine gegensätzliche Richtung des korrespondierenden Anleihekurses zur Folge hat, ohne diese These einer empirischen Prüfung zu unterziehen.[454]

Lediglich die Beiträge von Gropp/Richards (2001) und Hundt (2015) untersuchen beide Wertpapierarten simultan und erlauben somit Aussagen über ratinginduzierte Verteilungseffekte.[455] Der erstgenannte Beitrag, welcher den europäischen Bankensektor untersucht, kann keine Preisreaktion für Ratingänderungen bei Fremdkapitaltiteln aufspüren und benennt die unzureichende Liquidität sowie die mangelnde Informationseffizienz dieses Marktes als mögliche Ursache. Dagegen scheinen Aktionäre – unabhängig von der Ratingrichtung – von risikobedingten Bonitätsrevisionen zu profitieren. Diese Entdeckung könnte zum einen auf den geringen Stichprobenumfang und zum anderen auf die Klassifizierung von risikoinduzierten Ratingereignissen mit dem Fokus auf M&A-Transaktionen zurückzuführen sein.[456] Trotzdem kann aufgrund der widersprüchlichen Resultate die Wealth Redistribution Hypothesis durch Gropp/Richards nicht bestätigt werden. Dieser Eindruck wird durch die Analyse europäischer Wandelanleiheemittenten von Hundt (2015) bestärkt. Die Untersuchung der gesamten Stichprobe, die zu ca. 87 % aus

452 Die Ratingereignisse finden häufig in unmittelbaren Zeitraum nach Publikationen über Aktienrückkäufen, außerordentlichen Wertabschreibungen sowie Fremdkapitalemissionen statt, vgl. Imbierowicz, B./Wahrenburg, M. (2013), S. 33.

453 Vgl. Imbierowicz, B./Wahrenburg, M. (2013), S. 31–33.

454 Bspw. könnten Gläubiger (& Eigentümer) von einer gesteigerten Disziplin des Managements oder durch die Realisierung von Projekten mit einem positiven NPV profitieren, vgl. Jensen, M. (1986), S. 323.

455 Zaima/McCarthy haben gleichfalls Aktien- und Anleihetitel untersucht, jedoch auf der Basis wöchentlicher Renditen, vgl. Zaima, J. K./McCarthy, J. (1988), S. 488.

456 Vgl. Gropp, R./Richards, A. J. (2001), S. 386–390, 396.

verschuldungsbedingten Ratings besteht,[457] deckt für Downgrades eine signifikante Underperformance für Aktien und Anleihen am Ankündigungstag auf. Hingegen führen Heraufstufungsankündigungen lediglich für Anleihetitel zu signifikanten positiven abnormalen Kursgewinnen. Infolgedessen verwirft der Autor die Umverteilungshypothese, da lediglich ein Informationseffekt vorzuliegen scheint.[458]

Trotz der mehrheitlichen Ablehnung der Wealth Redistribution Hypothesis im Schrifttum, kann ein partieller Vermögenstransfer nicht gänzlich ausgeschlossen werden, da weder die Information Content Hypothesis noch die Wealth Redistribution Hypothesis einen Exklusivitätsanspruch aufweisen.[459] So könnte bspw. ein Teil des Transfereffektes durch den Informationseffekt absorbiert werden, wodurch die beobachtbare Überrendite marginalisiert wird. Dieses Argument wird ebenfalls angeführt, um die häufig ausbleibende Ankündigungsreaktion von Upgrades bei Aktientiteln zu erklären.[460] Unabhängig von der Existenz eines Transfereffektes wird deutlich, dass die Ratingursache unterschiedliche Werteffekte induziert. Daher warnen Wahrenburg/Imbierowicz davor, die Ergebnisse bisheriger Credit Rating-Studien zu verallgemeinern, da die mangelnde Berücksichtigung des Ratinggrundes mit einem Sample Selection Bias erkauft wird und damit die zufällige Komposition der Ratingursachen das Ergebnis der gesamten Stichprobe determiniert.[461] Zuletzt vermuten die beiden Autoren, dass die divergierenden Ergebnisse der Wealth Redistribution Hypothesis auch auf die Ratingkategorie zurückzuführen sein könnten.[462]

3.1.3 Einfluss der Ratingkategorie

Wie bekannt, werden geratete Fremdkapitaltitel mit einem Rating von AAA bis BBB- als IG und mit einem Rating von BB+ bis C als NG bezeichnet. Damit teilt die – aus Konventionen entstandene – Einteilung, die Fremdkapitaltitel in sichere oder spekulative Instrumente in Bezug auf das Bonitätsrisiko ein.[463] Die

457 Vgl. Hundt, S. (2015), S. 198. Eine klare Differenzierung des Samples nach der jeweiligen Ratingursache hätte die Aussagekraft verstärkt.
458 Vgl. Hundt, S. (2015), S. 221, 225.
459 Vgl. Zaima, J. K./McCarthy, J. (1988), S. 487.
460 So etwa May, A. (2010), S. 2833.
461 Vgl. Imbierowicz, B./Wahrenburg, M. (2013), S. 34.
462 Vgl. Imbierowicz, B./Wahrenburg, M. (2013), S. 36–37.
463 Vgl. FitchRatings (2020c), S. 1, 12–14.

empirische Literatur geht davon aus, dass der Informationswert einer Ratingänderung ebenfalls von der Ratingkategorie des betroffenen Emittenten determiniert werden könnte. Gemäß der „Rating Category Hypothesis" wird ein stärkerer Informationseffekt für NG- gegenüber IG-Ratingänderungen erwartet. Die auf Plausibilitätsüberlegungen beruhende Vermutung unterstellt, dass die Risikowahrnehmung der Kapitalmarktteilnehmer mit zunehmenden Ausfallrisiko ansteigt und zu einer sensibleren Verarbeitung von bewertungsrelevanten Informationen führt.[464]

Die Hypothese konnte in einer Vielzahl von Beiträgen im Rahmen von uni- oder multivariaten Untersuchungen bestätigt werden. Tab. 8 fasst die tendenziell homogenen Untersuchungsergebnisse zur Ratingkategorie zusammen. Im Allgemeinen ist festzuhalten, dass die Reaktionsstärke von Anleihe- und Aktientiteln, deren Emittent ein schlechteres Rating als BBB- ausgestellt wird, ausgeprägter und statistisch signifikanter ausfällt.[465] Unterstützend dazu kann eine dämpfende Wirkung von positiven (negativen) Ankündigungsreaktionen von Upgrades (Downgrades) auf beide Wertpapierklassen, sofern der Emittent der IG-Kategorie zugehörig ist, nachgewiesen werden.[466]

Hingegen scheinen Langzeitereignisstudien mit einem Untersuchungszeitraum von einem Jahr und gleichzeitig spezifischeren Untersuchungsrahmen abweichende Resultate aufzudecken. Die Studie von Dichev/Piotroski (2001) vergleicht etwa die Auswirkungen der Unternehmensgröße mit den Preiseffekten von Ratingänderungen und stellen fest, dass lediglich von kleinen (großen) NG-Emittenten eine signifikante negative (positive) abnormale Rendite von Herabstufungen (Heraufstufungen) ausgeht.[467] Imbierowicz/Wahrenburg (2013) sehen Hinweise, dass die Ratingkategorie Werttransfereffekte beeinflussen könnte. So scheinen bei verschuldungsbedingten Ratingverschlechterungen, Aktieninhaber von überraschenden Ankündigungen bei NG-Emittenten zu profitieren und damit den negativen Effekt der Herabstufungsankündigung zu marginalisieren.[468]

---

464 Vgl. Hundt, S. (2015), S. 177.

465 Vgl. Jorion, P./Zhang, G. (2007), S. 54, (2010), S. 692; May, A. (2010), S. 2832–2833; Pellens, B./Starke, D./Damnke, D. (2017), S. 21.

466 Vgl. Hundt, S./Sprungk, B./Horsch, A. (2017b), S. 159–161.

467 Vgl. Dichev, I. D./Piotroski, J. D. (2001), S. 190.

468 Vgl. Imbierowicz, B./Wahrenburg, M. (2013), S. 36–37.

Tab. 8: Credit Rating-Beiträge mit dem Fokus auf die Ratingkategorie. Eigene Darstellung auf Basis von Hand, J. R. M./Holthausen, R. W./Leftwich, R. W. (1992), S. 745, 747; Dichev, I. D./Piotroski, J. D. (2001), S. 175–190; Jorion, P./Zhang, G. (2007), S. 692, (2010), S. 49, 54; May, A. (2010), S. 2827–2828, 2832–2833; Imbierowicz, B./Wahrenburg, M. (2013), S. 36–37; Pellens, B./Starke, D./Damnke, D. (2017), S. 21; Hundt, S./Sprungk, B./Horsch, A. (2017b), S. 159–161.

Autor(en)	Jahr	Zeitraum	Land	Wertpapier	Analyseverfahren	IG		NG	
						Upgrade	Downgrade	Upgrade	Downgrade
Hundt et al.	2017	2000-2010	Europa	Aktien	Multivariat	0 (53)	0 (40)	NA	NA
				Anleihen		- (103)	+ (82)	NA	NA
Pellens et al.	2017	2002-2015	Europa	Anleihen	Univariat; IG vs. NG	0 (27)	0 (50)	0 (120)	- (164)
Imbierowicz/ Wahrenburg	2013	2001-2007	International	Aktien	Multivariat	Ratingänderungen eines NG-Emittenten erhöhen die Möglichkeit von (überraschenden) Werttransfereffekten			
May	2010	2002-2009	US	Anleihen	Univariat; unkontaminiertes Sample	0 (251)	- (322)	+ (359)	- (330)
Jorion/Zhang	2010	1996-2002	US	Aktien	Univariat	0 (245)	- (269)	+ (228)	- (228)
Jorion/Zhang	2007	1996-2002	US	Aktien	Multivariat	0 (361)	0 (1.195)	+ (361)	- (1.195)
Dichev/Piotroski	2001	1970-1997	US	Aktien	Univariat; Große vs. kleine Unternehmen	Groß: - (419) Klein: 0 (124)	Groß: - (525) Klein: - (141)	Groß: + (99) Klein: 0 (221)	Groß: 0 (148) Klein: - (722)
Hand et al.	1992	1977-1982	US	Aktien	Univariat; unkontaminiertes Sample	+ (22)	- (79)	0 (7)	- (13)
		1981-1983		Anleihen		0 (54)	0 (176)	0 (12)	0 (29)

Die Werte in den runden Klammern geben die jeweilige Stichprobengröße wieder. NA gibt an, dass der jeweilige Untersuchungsgegenstand nicht untersucht wird. Bei univariaten Untersuchungen dokumentieren ++/--, +/- sowie 0, dass zwei, ein bzw. kein Signifikanztest(s) eine positive bzw. negative Überrendite identifizieren. Im Rahmen der multivariaten Analyse zeigen +, 0 und – einen positiven, neutralen bzw. negativen Einfluss der Variable auf die Überrendite auf. Es werden lediglich Tests akzeptiert, welche die Anwendungsvoraussetzungen erfüllen.

Neben der Untersuchung der Preiseffekte zwischen den Ratingkategorien, ist die Analyse des Überganges zwischen dem IG- und NG-Bereich ein übliches Untersuchungsobjekt. Die zugrunde liegende Fallen Angel-Hypothese erwartet eine verstärkte negative Ankündigungsreaktion von einem Kategorienwechsel, also von IG- in die NG-Kategorie (und ggf. umgekehrt),[469] aufgrund der satzungsmäßigen Verpflichtung institutioneller Investoren lediglich in Fremdkapitaltitel höchster Güte zu investieren.[470] Empirisch konnte diese Hypothese auch mehrheitlich bestätigt werden,[471] allerdings ist die Stichprobengröße der vorliegenden Arbeit zu gering, um diese Hypothese zweifelsfrei validieren zu können.

3.1.4 Einfluss der gesamtwirtschaftlichen Situation

Grundsätzlich verfolgen die Ratingagenturen eine „Rating-through-the-Cycle"-Ratingpolitik, die versucht, die Bonität des Unternehmens langfristig - über einen Konjunkturzyklus hinaus - einzuordnen. Damit soll eine unübersichtliche Inflationierung der Ratingankündigung im Rahmen eines Konjunkturabschwungs/-aufschwungs vermieden werden, da sich i. d. R. die absolute Bonität der Emittenten in dem jeweiligen Domizil verschlechtert bzw. im Nachgang der Krise verbessert. Gleichwohl werden in Krisenzeiten die meisten Downgrades ausgesprochen,[472] um der relativen Bonitätsverschlechterung der Unternehmen Rechnung zu tragen. Diese Maßnahmen werden durch die deutliche Zunahme der Fremdkapitalausfälle in rezessiven Konjunkturzyklen legitimiert und eingefordert.[473] Denn die Agenturen sehen sich in solchen Phasen vermehrt dem Vorwurf einer verzögerten Ratinganpassung ausgesetzt.[474] Daher sollten die Intermediäre gemäß der unterstellten asymmetrischen Gewinnfunktion noch zügiger und strenger auf eine Verschlechterung der Bonität als in wirtschaftlich guten Zeiten reagieren. Somit würden Downgrades schneller und Upgrades verzögerter ausgesprochen werden, wodurch erstere und letztere Ratings einen erhöhten bzw. eingeschränkten Informationswert besitzen würden.

---

469 Vgl. Hundt, S. (2015), S. 177.

470 Vgl. May, A. (2010), S. 2834–2835; Kiesel, F./Schiereck, D. (2015), S. 91. Solche Unternehmen werden auch als Fallen Angel bezeichnet, vgl. Chung, K. H./Frost C. A./Kim, M. (2012), S. 123.

471 Vgl. Hite, G./Warga, A. (1997), S. 39–43; Jorion, P./Zhang, G. (2007), S. 54.

472 Siehe Abb. 16. Vgl. zudem Hundt, S./Sprungk, B./Horsch, A. (2017b), S. 150.

473 Vgl. Baghai, R. P./Servaes, H./Tamayo, A. N. E. (2014), S. 1979–1980.

474 Siehe Kapitel 1.1.

Andere Autoren setzen (undifferenziert nach Wertpapierart) die Investoren in den Fokus der Überlegungen. Zum einen sollen die Kapitalgeber in konjunkturell schwierigen Phasen eine erhöhte Risikoaversion besitzen und daher sensibler auf Bonitätsverschlechterungen reagieren. Andererseits könnten die Financiers bereits eine drohende Herabstufung in ihren Erwartungen eingepreist haben, wodurch eine abgeschwächte Reaktion bei Downgrades vorliegen könnte. Demgegenüber könnten Upgrades aufgrund ihres Seltenheitswertes in solchen Phasen zu einer Überraschung führen, die durch eine erhöhte abnormale Rendite belohnt wird.[475] In der Empirie hat sich die Hypothese, welche einen erhöhten (eingeschränkten) Informationswert für Downgrades (Upgrades) in Krisenzeiten für beide Wertpapierarten unterstellt, durchgesetzt. Die Ausführungen gelten umgekehrt im Falle einer prosperierenden Phase, womit Upgrades eine positive Überrendite nach sich ziehen, während Downgrades keine signifikanten Änderungen offenlegen.[476]

Die Resultate bisheriger Beiträge, die das wirtschaftliche Umfeld im Rahmen von Credit Rating-Revisionen analysieren, lassen sich der Tab. 9 entnehmen. Anleiheinhaber sollten in rezessiven Phasen mit negativeren abnormalen Renditen gegenüber prosperierenden Phasen im Rahmen von Downgrades rechnen. Indessen zeigen Heraufstufungen im gleichen Zeitraum keine statistische Relevanz auf.[477] Die Ergebnisse für Aktientitel fallen ambivalent aus. Dies könnte auf die unterschiedlichen Kapitalmärkte sowie Zeiträume zurückzuführen sein. So kann für Herabstufungen in rezessiven Konjunkturphasen gemäß Jorion/Liu/Shi (2005) ein dämpfender Preiseffekt für negative Überrenditen US-amerikanischer Emittenten beobachtet werden, während Kiesel/Schiereck (2015) einen verstärkenden Renditeeffekt am deutschen Aktienmarkt offenlegen.[478] Des Weiteren negieren Abad-Romero/Roblez-Fernández (2006) sowie Bannier/Hirsch (2010) eine konjunkturbedingte Signifikanz von Ratingänderungen auf die Kurse spanischer bzw. US-amerikanischer Aktienemittenten.[479] Dagegen decken zwei

475 Vgl. Jorion, P./Liu, Z./Shi, C. (2005), S. 323; May, A. (2010), S. 2828.

476 Vgl. Hundt, S. (2015), S. 139–140.

477 Vgl. Goh, J. C./Ederington L. H. (1999), S. 108; May, A. (2010), S. 2835; Hundt, S. (2015), S. 233.

478 Vgl. Jorion, P./Liu, Z./Shi, C. (2005), S. 326; Kiesel, F./Schiereck, D. (2015), S. 93.

479 Vgl. Abad-Romero, P./Robles-Fernández, M. D. (2006), S. 904; Bannier, C./Hirsch, C. (2010), S. 3042.

europäische Studien aus dem Jahr 2015 einen signifikanten positiven bzw. intensivierten Ankündigungseffekt für Upgrades in rezessiven Phasen auf.[480]

Ferner kann ein wirtschaftlicher Auf- oder Abschwung auch das Rating des Sitzlandes eines Emittenten und in der Folge auch das Unternehmensrating beeinflussen. Denn die Ratingagenturen verfolgen eine „Sovereign Ceiling"-Ratingpolitik, wodurch die höchste erzielbare Ratingnote eines Emittenten durch das jeweilige Landesrating bestimmt wird. Zwar wurde jüngst über die Lockerung dieser Regelung gemutmaßt, jedoch zeigt die Studie von Almeida/Cunha/Ferreira/Restrepo (2017), dass nach einer erfolgten Herabstufung eines Landes überwiegend Emittenten mit einer höheren oder gleichen Ratingnote, ebenfalls im Nachgang eine Bonitätsverschlechterung ausgestellt wird.[481] Die Kapitalmarktteilnehmer scheinen diesen Automatismus bereits in ihren Investitionsentscheidungen einzupreisen, wie die empirische Untersuchung der Auswirkungen der europäischen Staatsschuldenkrise auf Banken offenbart. So erzielen Kreditinstitute bereits zum Zeitpunkt der Herabstufung des Domizils eine statistisch relevante negative Überrendite, während im Anschluss die eigentliche Herabstufung des Emittenten mit einer insignifikanten Überrendite quittiert wird.[482] Im weiteren Verlauf werden Länderratings und davon beeinflusste Unternehmensratings nicht analysiert, da diese eine Überlappung von Ratingereignissen hervorrufen und somit die Anwendungsvoraussetzungen für das Untersuchungsverfahren konterkarieren.

480 Vgl. Hundt, S. (2015), S. 233; Kiesel, F./Schiereck, D. (2015), S. 93.
481 Vgl. Almeida, H./Cunha, I./Ferreira, M. A./Restrepo, F. (2017), S. 250, 265–267.
482 Vgl. Schiereck, D./Streuer, O./Wild, M. (2016), S. 246–247.

Tab. 9: Credit Rating-Beiträge mit dem Fokus auf die gesamtwirtschaftliche Situation. Eigene Darstellung auf Basis von Goh, J. C./ Ederington L. H. (1999), S. 107–108; Jorion, P./Liu, Z./Shi, C. (2005), S. 325; Abad-Romero, P./Robles-Fernández, M. D. (2006), S. 895, 899, 904; Bannier, C./Hirsch, C. (2010), S. 3039, 3042; May, A. (2010), S. 2834–2835; Hundt, S. (2015), S. 194, 233; Kiesel, F./Schiereck, D. (2015), S. 92–93.

Autor(en)	Jahr	Zeitraum	Land	Wertpapier	Analyseverfahren	Prosperität		Rezession		Konjunkturzyklen
						Upgrade	Downgrade	Upgrade	Downgrade	
Kiesel/Schiereck	2015	2000-2014	Europa	Aktien	Multivariat	NA		+ (ca. 105)	- (ca. 225)	Dummy Rezession: Jahr 2008 sowie 2009
Hundt	2015	2000-2010	Europa	Aktien	Univariat	0 (34)	0 (21)	+ (15)	- (45)	Prosperität: Oktober 2002 bis November 2007 Rezession: März 2001 bis September 2002; Dezember 2007 bis Dezember 2010
				Anleihen		+ (75)	- (33)	0 (27)	- (96)	
May	2010	2002-2009	US	Anleihen	Multivariat	NA		0	-	Dummy Rezession: Dezember 2007 bis März 2009
Bannier et al.	2010	1982-2004	US	Aktien	Multivariat	NA		NA	0 (2.531)	Dummy Rezession: April 1982 bis November 1982; Juli 1990 bis März 1991; März 2001 bis November 2001
Abad-Romero/ Robles-Fernandez	2006	1990-2003	Spanien	Aktien	Univariat	0 (18)	0 (16)	0 (16)	0 (17)	Prosperität: 1990 bis 1999 Rezession: 2000 bis 2003
Jorion et al.	2005	1998-2002	US	Aktien	Multivariat	NA		0 (127)	+ (990)	Dummy Rezession: November 2000 bis November 2001
Goh/Ederington	1999	1984-1990	US	Anleihen	Multivariat	NA		NA	- (266)	Dummy Rezesion: Jahr 1990

Die Werte in den runden Klammern geben die jeweilige Stichprobengröße wieder. NA gibt an, dass der jeweilige Untersuchungsgegenstand nicht untersucht wird. Bei univariaten Untersuchungen dokumentieren ++/--, +/- und 0, dass zwei, ein bzw. kein Signifikanztest(s) eine positive bzw. negative Überrendite identifizieren. Im Rahmen der multivariaten Analyse zeigen +, 0 und – einen positiven, neutralen bzw. negativen Einfluss der Variable auf die Überrendite auf. Es werden lediglich Tests akzeptiert, welche die Anwendungsvoraussetzungen erfüllen.

3.2 Ableitung und Formulierung der Forschungshypothesen

Auf der Grundlage der konzeptionellen Analyse der Ratingkomponenten und der Bestandsaufnahme der empirischen Credit Rating-Literatur erfolgt die Synthese und Formulierung von Forschungshypothesen, die in der vorliegenden Arbeit untersucht werden. Zunächst werden die ersten vier Hypothesen, welche im Rahmen der univariaten Analyse einer Prüfung unterzogen werden, abgeleitet und formuliert. Anschließend folgt auf Basis empirischer und konzeptioneller Erkenntnisse die Überleitung und Bildung von elf weiteren Hypothesen, welche im Rahmen der Querschnittsregression untersucht werden.

Die Ausführungen zur neoinstitutionellen Finanzierungstheorie haben aufgezeigt, dass die Berücksichtigung von Informationsasymmetrien eine wichtige Prämisse für die Wertrelevanz von Bonitätsurteilen darstellt. In einem unvollkommenen Kapitalmarkt scheinen Ratings als vorvertragliches Signaling- und nachvertragliches Bonding-Instrument einen Nettonutzen für Emittenten sowie potenzielle Financiers durch die kosteneffiziente Eindämmung des Informationsgefälles zu stiften. Die anschließende konzeptionelle Analyse der Ratingkomponenten (PD, LGD) im Binomialmodell kann ebenfalls eine Bewertungsrelevanz - in Abhängigkeit der gesetzten Annahmen - offenlegen. Als Referenzpunkt zur Ableitung von Implikationen dienen (verteidigbare) Prämissen in Bezug auf die Informationsasymmetrien, die Besteuerung von Sanierungsgewinnen und Insolvenzkosten. Demnach sollte der Wertanspruch der Eigen- und Fremdkapitalgeber im Zuge einer Zunahme der Ausfallwahrscheinlichkeit (PD) durch den Anstieg der indirekten (und direkten) Insolvenzkosten sinken. Auf der anderen Seite können Eigenkapitalgeber zu Lasten der Gläubiger bei einem Anstieg der Verlustquote (LGD) profitieren. Die Verknüpfung der Ausfallwahrscheinlichkeit und Verlustquote mündet in einem Ratingurteil. Während eine Ratingherabstufung (-heraufstufung) für Fremdkapitalgeber stets mit einem Rückgang (Zuwachs) des Wertanspruches einhergeht, sind die Auswirkungen für Eigenkapitalgeber nicht eindeutig zuzuordnen, da zwei gegenteilige Effekte wirken. Dennoch wird für Aktionäre (vorerst) ein Gleichlauf mit der Reaktionsrichtung der Anleiheinhaber unterstellt, da keine Informationen über die dominierenden Bestandteile (PD, LGD) des Bonitätsurteils vorliegen, jedoch angenommen werden kann, dass die Ausfallwahrscheinlichkeit von einem durchschnittlich gerateten Unternehmen schneller als die Verlustquote zunimmt.[483] In der Literatur wird

483 Die durchschnittliche Ratingnote entspricht BBB+ für das vorliegende Untersuchungssample.

dieser skizzierte Zusammenhang nicht bestritten, wie etwa die Studien von Biermann et al. (2014), Hundt (2015), Kiesel/Schiereck (2015), Pellens/Starke/Damnke (2017) sowie Lobão/Pacheco/Campos (2019) belegen.[484] Daher lautet die erste Hypothese (H1) wie folgt:

H1: Herauf- und Herabstufungen führen am Publikationstag zu signifikant positiven bzw. negativen abnormalen Aktien- und Anleiherenditen.

Falls die Hypothese nicht zutreffen sollte, könnte dies laut Goh/Ederington (1993) auch auf abweichende Ratingursachen zurückzuführen sein. In der Credit Rating-Literatur wird üblicherweise zwischen ertrags- und verschuldungsbedingten Ratingänderungen differenziert.[485] Mit Blick auf die Ratingkomponenten (PD, LGD) lassen sich für beide Ratingursachen Schlussfolgerungen ziehen. So schränkt eine prognostizierte Ertragsminderung mögliche Szenarien ein, in denen das Management eine gläubigerschädigende Strategie zu Gunsten der Anteilseigner umsetzen kann, wodurch der negative Aspekt, also der Verlust operativer Zahlungsströme für Aktionäre überwiegen sollte. Hingegen löst die Zunahme des Fremdkapitalbestandes erhöhte Steuervorteile sowie Werttransferpotenziale aus, die Folgen einer Zunahme der Ausfallwahrscheinlichkeit evtl. neutralisieren bzw. überwiegen können. Infolgedessen sollten Eigenkapitalinvestoren lediglich bei ertragsbedingten Up- und Downgrades signifikant positive bzw. negative abnormale Renditen erzielen. Stattdessen sollte der Wert der Fremdkapitalansprüche unabhängig von der Ratingursache signifikant auf die Ratingrevision gemäß H1 reagieren. In der Empirie liegt kein Konsens über diese Überlegung vor, allerdings decken die Beiträge von Ott (2011), Imbierowicz/Wahrenburg (2013), Biermann et al. (2014) sowie Kiesel/Schiereck (2015) schwache Hinweise auf deren Gültigkeit auf.[486] Deshalb wird nachfolgende Hypothese formuliert:

H2: Während performancebedingte Up- und Downgrades von beiden Kapitalgebergruppen gleichermaßen (signifikant) positiv bzw. negativ beurteilt werden, gilt bei verschuldungsbedingten Ratinganpassungen dieser Zusammenhang lediglich für Fremdkapitalgeber. Hingegen ist bei Eigenkapitalgebern kein signifikanter bzw. sogar ein gegenläufiger Effekt im Rahmen dieses Ratinggrundes zu vermuten.

484 Siehe Tab. 5 und Tab. 6
485 Vgl. Goh, J. C./Ederington L. H. (1993), S. 2001–2003.
486 Siehe Tab. 7.

Ein weiterer relevanter Aspekt stellt die Ratingkategorie des Emittenten dar. Die Vergabe eines IG-Ratings sollte vornehmlich die Ratingkomponente Ausfallwahrscheinlichkeit berühren. Ferner könnte eine Revision im NG-Bereich die LGD und somit Werttransfereffekte zwischen den Kapitalgebern in den Fokus rücken, da ein Ausfall ein spürbares Szenario darstellt in denen möglicherweise nicht alle Fremdkapitalforderungen bedient werden können. Diese Vermutung ist an die gängige Ratingpraxis der Agenturen angelehnt, die nur für NG-Emittenten LGD-Ratings zur Verfügung stellen, um mögliche Verlustquotenintervalle zu ermitteln.[487] Demnach sollten im IG-Bereich sowohl Eigen- und Fremdkapitalgeber von einem Up- und Downgrade profitieren bzw. Einbußen erfahren. Im Gegensatz dazu sollten entgegengesetzte Reaktionsrichtungen in der NG-Kategorie zu erwarten sein. Damit würden bei NG-Downgrades Anleihen- und Aktienkurse stärker bzw. schwächer sinken als bei IG-Bonitätsurteilen. Eine empirische Evidenz dieser Schlussfolgerung liegt bisher nicht vor. So legen die Resultate von Jorion/Zhang (2007), Jorion/Zhang (2010), May (2010) sowie Hundt/Sprungk/Horsch (2017) einen gegenläufigen Zusammenhang für Aktientitel nahe.[488] Die folgende Hypothese wird an der eigenen Herleitung angelehnt:

> H3: Für Anleihen rufen Bonitätsurteile der NG-Kategorie stärkere Ankündigungsreaktionen als in der IG-Kategorie hervor. Für Aktien ist hingegen ein stärkerer Effekt für Ratings im IG-Bereich gegenüber dem NG-Bereich zu erwarten.

Zuletzt könnte die gesamtwirtschaftliche Situation Einfluss auf die Ankündigungsreaktion ausüben. Im Hinblick auf die Ratingkomponenten nimmt neben der Ausfallwahrscheinlichkeit auch die Verlustquote in rezessiven Konjunkturzyklen zu. So ist davon auszugehen, dass für Gläubiger die Botschaft einer Ratingverschlechterung in solchen Phasen schwerer als in einem florierenden gesamtwirtschaftlichen Umfeld wiegt. Auch Anteilseigner können von dieser Situation betroffen sein. Zwar könnte die Zunahme der LGD einen positiven Werttransfereffekt auf Kosten der Gläubiger induzieren, allerdings verbleibt der negative Effekt durch den Anstieg der PD bzw. der indirekten

487 Vgl. Mock, T./Ekholm, T. E. (2017), S. 1236; S&P Global Ratings (2018), S. 14; Moody's Investor Service (2019), S. 24, 29.

488 Siehe Tab. 8.

Insolvenzkosten. Zudem sinken meist auch die operativen Ertragsaussichten[489], die ebenfalls den Barwertanspruch des Eigenkapitalgebers belasten. In Summe sollten daher die negativen Wertbeiträge für Anteilseigner überwiegen, weshalb eine signifikante negative Reaktion zu erwarten ist. Dagegen sollte eine Bonitätsverbesserung in positive abnormale Renditen für Aktionäre münden. Bisherige Ereignisstudien wie etwa von Hundt (2015) und Kiesel/Schiereck (2015), deuten auf verstärkte Ankündigungsreaktionen von Up- und Downgrades für Aktien in Krisenzeiten hin, während diese Effekte für Anleihen laut Hundt (2015) und May (2010) lediglich bei Herabstufungen bemerkbar sind.[490] Aufgrund dessen wird folgende Hypothese abgeleitet:

> H4: Ratingverbesserungen und -verschlechterungen führen in rezessiven Konjunkturphasen zu signifikant höheren positiven bzw. negativen Überrenditen bei Aktien- und Anleihetitel im Vergleich zu prosperierenden Konjunkturphasen.

Im weiteren Verlauf werden elf Variablen bzw. Hypothesen vorgestellt, die sich mit einer Querschnittsregression untersuchen lassen. Die folgenden fünf Variablen basieren auf empirischen Erkenntnissen der Literatur.

Die Determinante Unternehmensgröße findet häufig Eingang in multivariate Regressionen, da ein schwächerer Effekt von Ratingankündigungen mit zunehmender Unternehmensgröße unterstellt wird.[491] Denn größere Emittenten sollten einen besseren Zugang zum Kapitalmarkt haben, wodurch die Absorptionsfähigkeit von Verlusten zunimmt und somit bonitätsrelevante Auswirkungen für die Kapitalgeber abschwächt.[492] Des Weiteren ist davon auszugehen, dass die Medienpräsenz und die Anzahl der beobachtenden Analysten positiv mit der Unternehmensgröße korrelieren. Daher wird eine höhere Informationsdichte den Neuigkeitsgrad veröffentlichter Ereignisse vermutlich hemmen. Dieser Zusammenhang konnte von einigen Credit Rating-Ereignisstudien bereits bestätigt werden.[493] Daher wird folgende Hypothese formuliert:

---

489 Damit sind keine Insolvenzkosten gemeint, sondern eine Reduktion der unlevered Free Cashflows.

490 Siehe Tab. 9.

491 Vgl. Schweitzer, R./Szewczyk, S. H./Varma, R. (2001), S. 152–153; Kiesel, F./Schiereck, D. (2015), S. 93.

492 Vgl. Graham, J. (2000), S. 1911; Morris, J. (2009), S. 36; Koller, T./Goedhart, M. H./Wessels, D. (2015), S. 620–621; Berk, J. B./DeMarzo, P. M. (2016), S. 543.

493 Vgl. Imbierowicz, B./Wahrenburg, M. (2013), S. 40; Biermann, S./Ewelt-Knauer, C./Wömpener, A. (2014), S. 41; Schiereck, D./Streuer, O./Wild, M. (2016), S. 247–248;

H5a: Mit zunehmender Größe des emittierenden Unternehmens nimmt die Stärke der Ankündigungsreaktion im Rahmen von Up- und Downgrades für Eigen- und Fremdkapitalinstrumente ab.

Die nächste Einflussgröße stellt eine Abwandlung der H2 dar. Anstelle der Ratingkategorie wird das (vorherige) Rating als Untersuchungsvariable herangezogen. Dies erlaubt eine feinere Abstufung, denn die regulatorischen Preiseffekte (bspw. satzungsmäßige Verpflichtungen von institutionellen Investoren) aus dem Ratingübergang zwischen beiden Kategorien werden somit ausgeklammert.[494] Insbesondere jüngere Credit Rating-Studien greifen diese Variable auf und attestieren einen positiven Zusammenhang zwischen der Reaktionsstärke und der Höhe des ehemaligen Ratings.[495] Damit lautet die nächste Hypothese:

H5b: Je niedriger das vorherige Rating des Emittenten ist, desto stärker sollte die Reaktion auf die Ratingänderung für beide Wertpapierarten ausfallen.

Möglicherweise spielt die Zugehörigkeit zu einem Sektor eine Rolle für die Reaktionsstärke der Kapitalgeberansprüche. Einige Erklärungsansätze unterstellen einen erhöhten Effekt für Nicht-Finanzunternehmen gegenüber Finanzunternehmen, da Letztere höheren Publizitätspflichten unterworfen sind.[496] Dagegen skizzieren andere Autoren einen umgekehrten Wirkungszusammenhang, da Finanzinstitute durch ihr Geschäftsmodell auf eine regelmäßige Finanzierung über den Kapitalmarkt angewiesen sind.[497] Einerseits konnten sensiblere Ankündigungsreaktionen für Nicht-Finanzunternehmen empirisch belegt werden,[498] andererseits sprechen andere Studien diesen Befund

Hundt, S./Sprungk, B./Horsch, A. (2017b), S. 159–160; Liu, A. Z./Sun, Le (2017), S. 284. Einen gegenteiligen Zusammenhang dokumentieren Hu et al., vgl. Hu, H./Kaspereit, T./Prokop, J. (2016), S. 106. Hundt greift als Proxy für die Unternehmensgröße auf die Bilanzsumme zurück, vgl. Hundt, S. (2015), S. 237–238.

494 Vgl. Jorion, P./Zhang, G. (2007), S. 46.

495 Vgl. Jorion, P./Zhang, G. (2007), S. 55–56; Bannier, C./Hirsch, C. (2010), S. 3042; May, A. (2010), S. 2835; Biermann, S./Ewelt-Knauer, C./Wömpener, A. (2014), S. 41.

496 Vgl. Calderoni, F./Colla, P./Gatti, S. (2009).

497 Vgl. Ott, C. (2011), S. 178.

498 Vgl. Hundt, S. (2015), S. 227.

Finanzunternehmen zu.[499] Die erst genannte Argumentationslinie wird als plausibler erachtet, weshalb folgende Forschungshypothese untersucht wird:

> H5c: Kapitalgeber von Nicht-Finanzunternehmen reagieren sensibler auf Ratingänderungen als die von Finanzunternehmen.

Ratings basieren u.a. auf einer Kennzahlenanalyse. Daher könnten die zugrunde liegenden Ratingkennzahlen u. U. die Stärke der Ankündigungsreaktion beeinflussen. Als wichtiger quantitativer Treiber für Ratingänderungen fungieren die Schulden- (Net Debt/EBITDA) sowie Zinsdeckungsquote (EBIT/Zinsaufwand). Diese beiden Kennzahlen geben Aufschluss, ob der Emittent in der Lage ist, seine Schulden- bzw. Zinslast mit operativen Erträgen tragen bzw. bedienen zu können. So nimmt die Bonität des Emittenten bei einer zunehmenden Schuldendeckungsquote bzw. abnehmenden Zinsdeckungsquote ab.[500] Daraus resultieren die beiden folgenden Hypothesen:

> H5d: Je höher die Schuldendeckungsquote (Net Debt/EBITDA) des Emittenten ausfällt, desto höher sollte die korrespondierende abnormale Aktien- und Anleiherendite sein.
>
> H5e: Je höher die Zinsdeckungsquote (EBIT/Zinsaufwand) des Emittenten ausfällt, desto schwächer sollten die korrespondierenden Aktien- und Anleihetitel reagieren.

Abschließend werden Hypothesen auf Basis der konzeptionellen Analyse der Ratingkomponenten formuliert. Die in Kapitel 2.2.3.3.8 aufgespannte Argumentationslinie wird im Folgenden kurz zusammengefasst, um im Anschluss die Hypothesen abzuleiten.

Als wertrelevantes Element im Binomialbaum konnten Steuervorteile identifiziert werden, welche u. a. positiv durch die Höhe des Steuersatzes beeinflusst werden. Damit ruft ein erhöhter Steuersatz einen höheren Steuervorteil

499 Vgl. Steiner, M./Heinke, V. G. (2001), S. 153; Ott, C. (2011), S. 185. Andere Studien stellen keine signifikanten Abweichungen fest, vgl. Hundt, S./Sprungk, B./Horsch, A. (2017b), S. 160–161.

500 Vgl. Baghai, R. P./Servaes, H./Tamayo, A. N. E. (2014), S. 1967; Standard & Poor's Ratings Services (2014b), S. 4; Moody's Investor Service (2016), S. 5; Spremann, K./Grüner, A. (2019), S. 250.

hervor, der in ausfallfreien Zuständen den Anteilseignern[501] und im Zustand des Ausfalls den Gläubigern zugutekommt, womit die Verlustquote sinkt. Deshalb liegt die Vermutung nahe, dass in Hochsteuerländern die Konsequenzen von Ratingrevisionen für Eigen- und Fremdkapitalgeber abgeschwächt werden. Daraus ergibt sich folgende Forschungshypothese:

H6a: Je höher der Steuersatz der vorliegenden Jurisdiktion des Emittenten, desto geringer (höher) fällt die Ankündigungsreaktion von Downgrades (Upgrades) für die Eigen- und Fremdkapitalgeber aus.

Der Restlaufzeit des Fremdkapitals wird ebenfalls eine Bewertungsrelevanz zugesprochen, da mit zunehmender Laufzeitlänge die Ausfallwahrscheinlichkeit zunimmt. Demnach sollten die Ausfallzustände im Binomialbaum bzw. die indirekten Insolvenzkosten für Eigen- und Fremdkapitalgeber zunehmen. Somit ist folgender Zusammenhang zu erwarten:

H6b: Ein Anstieg der durchschnittlichen Restlaufzeit der Fremdkapitalinstrumente führt bei beiden Wertpapierarten zu stärkeren Reaktionen in Form erhöhter signifikanter positiver und negativer Überrenditen bei Up- bzw. Downgrades.

Laut dem zuletzt modellierten Binomialmodell können die Eigentümer durch Zunahme der LGD auf Kosten der Gläubiger profitieren. So lassen sich diverse Werttransfermöglichkeiten durch gläubigerschädigende Strategien umsetzen, die insbesondere für ausfallbedrohte Unternehmen ihr volles Potenzial entfalten können. Hierbei kann das Wachstumspotenzial als Indikator für das Umverteilungspotenzial gewertet werden, welches durch Tobin's Q approximiert wird. Dementsprechend sollte sich bei Downgrades ein hoher Q-Wert des Unternehmens zu- bzw. abträglich auf die Eigen- bzw. die Fremdkapitalansprüche auswirken. Für Upgrades wird der jeweils entgegengesetzte Wirkungszusammenhang auf die beiden Financiers vermutet. Daher wird folgende Forschungshypothese getestet:

501 Zwar liegt ein konträrer Werteffekt zwischen der Zunahme der Steuervorteile sowie der Reduktion der LGD vor, jedoch wird unterstellt, dass erstere Wertbeitrag überwiegt.

H6c: Für herabgestufte Unternehmen, die ein erhöhtes Tobin's Q aufweisen, sollten Aktionäre und Gläubiger eine verminderte bzw. erhöhte negative Ankündigungsreaktion feststellen. Dagegen sollte bei heraufgestuften Emittenten für die beiden Kapitalgebergruppen der umgekehrte Zusammenhang vorliegen.

Ein weiterer Einflussfaktor, der die Höhe der indirekten Insolvenzkosten adressiert, stellt die Komplexität der Vermögensstruktur bzw. der Quotient aus immateriellen Vermögensgegenständen zur Bilanzsumme dar. Eine Zunahme dieser metrischen Kennzahl sollte sich negativ (positiv) auf die Bewertung der Kapitalgeberansprüche im Rahmen von Downgrades (Upgrades), aufgrund der Zunahme (Abnahme) der indirekten Insolvenzkosten, auswirken. Somit reiht sich folgende Forschungshypothese in den Untersuchungsprozess ein:

H6d: Je höher der Anteil immaterieller Vermögenswerte zu Bilanzsumme ist, desto stärker sollten Aktionäre und Gläubiger auf Ratingänderungen reagieren.

Ferner kann die Komplexität der Kapitalstruktur als Proxy für Insolvenzkosten interpretiert werden. Denn Unternehmen, welche eine stark fragmentierte Gläubigerstruktur besitzen, sollten eine geringere Erfolgswahrscheinlichkeit bei außergerichtlichen Sanierungen und eine längere Dauer von Insolvenzverfahren aufweisen und damit höhere indirekte bzw. direkte Insolvenzkosten verursachen. Deshalb sollten Aktionäre und Gläubiger solcher Emittenten für Upgrades und Downgrades höhere positive bzw. negative Überrenditen erfahren. Daher wird nachfolgende Hypothese überprüft:

H6e: Mit zunehmender Anzahl ausstehender börsengehandelter Fremdkapitalinstrumente eines Emittenten sollten Ratinganpassungen zu signifikant stärkeren Reaktionen für Inhaber von Eigen- und Fremdkapitaltitel führen.

Das Land, in dem der Emittent ansässig ist, könnte Auswirkungen auf die Bewertung von Wertpapieren haben, da länderspezifisches Insolvenzrecht Anwendung findet. Aufgrund dessen liegt der Verdacht nahe, dass Gläubiger sensibler auf Veränderungen der Bonität des Emittenten reagieren, wenn ein eingeschränkter Gläubigerschutz im Rahmen des Insolvenzrechts vorliegt. Denn ein Ausfall könnte höhere direkte Insolvenzkosten als in Ländern mit hohem Schutz der Gläubigerinteressen hervorrufen, welche lediglich von den Fremdkapitalgebern zu tragen sind. Deswegen lautet die letzte Hypothese:

H6f: Anleiheinvestoren von Emittenten mit Sitz in einem Land mit beschränktem Gläubigerschutz reagieren signifikant sensibler auf publizierte Bonitätsänderungen.

Die Hypothese sowie das erwartete Untersuchungsergebnis je Hypothese werden in Tab. 10 zusammengefasst.

Tab. 10: Zusammenfassung der formulierten Hypothesen. Eigene Darstellung.

Forschungs-hypothese	Analyse-verfahren	Univariate Analyse: Subsample Multivariate Analyse: Proxy Variable	Skalierung	Erwartetes Vorzeichen der Wertänderung			
				Upgrade		Downgrade	
				Aktien	Anleihen	Aktien	Anleihen
H1: Informationswert	Univariate Analyse	(C)AR	Metrisch	+	+	-	-
H2: Ratingursache	Univariate Analyse	(C)AR Performance	Metrisch	+	+	-	-
		(C)AR Leverage		-/0	+	+/0	-
	Multivariate Analyse	Performance	Dummy	+	+	-	-
		Leverage		-	+	+	-
H3: Ratingkategorie	Univariate Analyse	Zweistichprobentest: (C)AR IG - (C)AR NG	Metrisch	+	-	-	+
H4: Konjunkturzyklus	Univariate Analyse	Zweistichprobentest: (C)AR Aufschwung - (C)AR Abschwung	Metrisch	-	-	+	+
	Multivariate Analyse	Abschwung	Dummy	+	+	-	-
H5a: Unternehmensgröße	Multivariate Analyse	ln(Marktkapitalisierung)	Metrisch	-	-	+	+
H5b: Ausgangsrating		Vorheriges Rating	Metrisch	+	+	-	-
H5c: Sektor		Nicht-Finanzunternehmen	Dummy	+	+	-	-
H5d: Ratingkennzahl		Net Debt/EBITDA	Metrisch	+	+	-	-
H5e: Ratingkennzahl		EBIT/Zinsaufwand	Metrisch	-	-	+	+
H6a: Steuervorteile		Steuersatz	Metrisch	-	-	+	+
H6b: Ausfall-wahrscheinlichkeit		Maturity	Metrisch	+	+	-	-
H6c: Werttransferpotenzial		Tobin's Q	Metrisch	-	+	+	-
H6d: Komplexität Vermögensstruktur		Immatrielle Vermögenswerte/ Bilanzsumme	Metrisch	+	+	-	-
H6e: Komplexität Gläubigerstruktur		Anzahl der marktnotierten Fremdkapitalinstrumente	Metrisch	+	+	-	-
H6f: Gläubiger-freundlichkeit		Einschätzung der Gläubigerunfreundlichkeit des Insolvenzrechts der Jurisdiktion	Dummy	0	+	0	-

Im nachfolgenden Kapitel wird die Methodik zur Durchführung von Ereignisstudien vorgestellt, damit die aufgestellten Hypothesen adäquat verifiziert werden können.

3.3 Erläuterung der Ereignisstudienmethodik

Das vorliegende Unterkapitel legt das methodische Fundament zur Durchführung der empirischen Analyse. Die Ereignisstudienmethodik hat sich zu einem etablierten Bestandteil der empirischen Kapitalmarktforschung entwickelt.[502] Mit diesem Verfahren lässt sich primär der Informationsgehalt, also die Auswirkungen eines vorab definierten Ereignisses auf die Preise eines Wertpapiers, untersuchen. Dazu wird die Höhe der Abweichung zwischen tatsächlicher und erwarteter Rendite ermittelt. Das Ergebnis ist die abnormale Rendite bzw. die Überrendite.[503]

Zur Anwendung einer Ereignisstudie wird die mittelstrenge Informationseffizienz auf dem zu untersuchenden Kapitalmarkt vorausgesetzt,[504] da neben dem fehlenden Informationswert eines Ereignisses auch die mangelnde Informationseffizienz verantwortlich für die ausbleibende Reaktion sein könnte. Deshalb führt lediglich die Veröffentlichung neuer bewertungsrelevanter[505] Informationen, die von den Marktteilnehmern nicht antizipiert werden, zur Anpassung des untersuchten Wertpapierkurses.[506]

Es gibt kein Standardrezept zur Durchführung einer Ereignisstudie. Grundsätzliche Elemente haben sich zwar seit den Beiträgen von Ball/Brown (1968)[507] sowie Fama/Fisher/Jensen/Roll (1969)[508] kaum verändert,[509] allerdings

---

502 Vgl. Campbell, J. Y./Lo, A. W.-C./MacKinlay, A. C. (1997), S. 149; Binder, J. (1998), S. 126; Kothari, S. P./Warner, J. B. (2007), S. 5.

503 Vgl. Brown, S. J./Warner, J. B. (1980), S. 207–208; Campbell, J. Y./Lo, A. W.-C./MacKinlay, A. C. (1997), S. 150–152; Kliger, D./Gurevich, G. (2014), S. 1.

504 Vgl. Fama, E. (1991), S. 1576.

505 Dabei handelt es sich um Informationen, die das künftige Rendite- und Risikoprofil des Wertpapiers auf dem Kapitalmarkt verändern, vgl. Heinke, V. (2005), S. 166.

506 Vgl. Campbell, J. Y./Lo, A. W.-C./MacKinlay, A. C. (1997), S. 149; Mc Williams, A./Siegel, D. (1997), S. 626, 630–631; Heinke, V. (2005), S. 165; Kliger, D./Gurevich, G. (2014), S. 20.

507 Ball/Brown analysieren den Informationsgehalt von unerwarteten Gewinnmeldungen, vgl. Ball, R./Brown, P. (1968), S. 159–162.

508 Die Wissenschaftler untersuchen u. a. den Grad der Informationseffizienz anhand von Aktiensplitts, vgl. Fama, E. F./Fisher, L/Jensen, M. C./Roll, R. (1969), S. 1, 20.

509 Vgl. Campbell, J. Y./Lo, A. W.-C./MacKinlay, A. C. (1997), S. 150; MacKinlay, C. (1997), S. 14; Corrado, C. (2011), S. 208, 211, 225.

müssen die Anwender in jedem Untersuchungsschritt[510] konzeptionelle Entscheidungen treffen, die Auswirkungen auf das Untersuchungsergebnis haben können.[511] Somit sind die Ereignisstudien per se nicht ohne Weiteres miteinander vergleichbar, wie bereits die Bestandsaufnahme der empirischen Studien gezeigt hat.

Es hat sich folgende Vorgehensweise etabliert,[512] die in Abb. 13 veranschaulicht wird:

1. Formulierung der Forschungshypothesen	Kapitel 3.2
2. Abgrenzung des sachlichen und zeitlichen Untersuchungsgegenstandes	Kapitel 4.1
3. Stichproben- und Datenerhebungsprozess	Kapitel 4.1
4. Ermittlung der Überrendite	Kapitel 3.3.1
5. Validierung der Datenqualität	Kapitel 3.3.2
6. Univariate Analyse einzelner Determinanten und Interpretation	Kapitel 3.3.3/ Kapitel 4.2
7. Multivariate Analyse von wertrelevanten Determinanten und Interpretation	Kapitel 3.3.4/ Kapitel 4.3

Abb. 13: Ablaufprocedere einer Ereignisstudie. Eigene Darstellung in Anlehnung an Vollmar, J. (2014), S. 189.

510 Für eine Übersicht möglicher Untersuchungsdesign-Entscheidungen, vgl. Beaver, W. (1982), S. 329–330.

511 Vgl. Peterson, P. (1989), S. 36; Armitage, S. (1995), S. 26.

512 Vgl. Bowman, R. (1983), S. 563; Campbell, J. Y./Lo, A. W.-C./MacKinlay, A. C. (1997), S. 151–152; MacKinlay, C. (1997), S. 14–16.

Der Inhalt des ersten Schrittes wurde bereits im vorangegangenen Abschnitt behandelt. Schritt zwei und drei werden in Kapitel 4 thematisiert. Im Folgenden werden die Schritte vier bis sieben erläutert.

3.3.1 Ermittlung der Überrenditen

Zur Analyse der Bewertungsrelevanz von Credit Rating-Ankündigungen bedarf es der Ermittlung von abnormalen Renditen bzw. Überrenditen. Dazu erfolgt eine Gegenüberstellung der tatsächlichen mit der ex-ante erwarteten bzw. normalen Rendite des untersuchten Tages im Ereigniszeitraum. Der Subtrahend ist definiert als die Rendite, die ohne Ereignis eintritt, und ermöglicht dadurch die Isolation von nicht-ereignisinduzierten Einflüssen auf die beobachtete Wertpapierrendite. Es gilt folgender allgemeiner Zusammenhang zur Berechnung der Überrendite:[513]

$$AR_{i,t} = R_{i,t} - NR_{i,t} \tag{3.1}$$

Mit
$AR_{i,t}$ = Überrendite des Wertpapiers i zum Zeitpunkt t
$R_{i,t}$ = Tatsächliche Rendite des Wertpapiers i zum Zeitpunkt t
$NR_{i,t}$ = Erwartete Rendite des Wertpapiers i zum Zeitpunkt t
Index i = Wertpapier i.

Bevor die Überrendite berechnet werden kann, müssen einige konzeptionelle Zwischenschritte durchgeführt werden. Nachfolgend werden Gestaltungsvarianten erörtert und das geeignetste Verfahren ausgewählt, um die abnormale Rendite bestimmen zu können.

3.3.1.1 Berechnung der Rendite

Zunächst müssen die gängigen Wertpapierrenditen ermittelt und vorab Entscheidungen über die Renditeform, das -intervall sowie die -art getroffen werden. Die Form der beobachteten Wertpapierrendite kann diskret oder stetig berechnet werden.[514]

---

513 Vgl. Brown, S. J./Warner, J. B. (1980), S. 207; Peterson, P. (1989), S. 42; Campbell, J. Y./Lo, A. W.-C./MacKinlay, A. C. (1997), S. 151; Kothari, S. P./Warner, J. B. (2007), S. 9.

514 Vgl. Strong, N. (1992), S. 535; Auer, B./Rottmann, H. (2015), S. 40–42; Schüler, A. (2016), S. 225–226.

Diskret:

$$R_{i,t} = \frac{K_{i,t}}{K_{i,t-1}} - 1 \tag{3.2}$$

Stetig:

$$r_{i,t} = \ln\left(\frac{K_{i,t}}{K_{i,t-1}}\right) \tag{3.3}$$

Mit
$K_{i,t}$ = Wertpapierkurs i zum Zeitpunkt t
$R_{i,t}$ = Diskrete Rendite des Wertpapiers i zum Zeitpunkt t
$r_{i,t}$ = Stetige Rendite des Wertpapiers i zum Zeitpunkt t.

Diskrete Renditen sind zur Ermittlung von Portfoliorenditen geeignet, da sich die Renditen über den Querschnitt additiv verknüpfen lassen. Hingegen führt die Addition von stetigen Renditen, bedingt durch die konkave Logarithmusfunktion,[515] im Querschnitt zu einer Unterschätzung der Renditen des Portfolios.[516] Logarithmierte Renditen lassen sich dagegen über den Längsschnitt additiv aggregieren, während das für diskrete Renditen nur multiplikativ gilt.[517]

Zwar werden stetige Renditen konzeptionell präferiert, da die Logarithmierung die Eigenschaft der Symmetrie und Normalverteilung von Renditen tendenziell begünstigt.[518] Dabei handelt es sich um eine Voraussetzung zur gültigen Anwendung von parametrischen Signifikanztests. Allerdings trifft die Verteilungsannahme nicht immer zu.[519] Des Weiteren kann gemäß dem zentralen Grenzwertsatz von einer asymptotischen Normalverteilung für diskrete Renditen ausgegangen werden, wenn eine ausreichende Stichprobengröße

---

515 Vgl. Dorfleitner, G. (2002), S. 221; Backhaus, K./Erichson, B./Plinke, W./Weiber, R. (2016), S. 151.

516 Vgl. Barber, B. M./Lyon, J. D. (1997), S. 349–350; Marsh, P. (1979), S. 849.

517 Vgl. Strong, N. (1992), S. 535; Dorfleitner, G. (2002), S. 220–221; Tsay, R. (2010), S. 5.

518 Vgl. Tsay, R. (2010), S. 16–17; Auer, B./Rottmann, H. (2015), S. 43; Steiner, M./Bruns, C./Stöckl, S. (2017), S. 60.

519 Vgl. Dorfleitner, G. (2002), S. 232.

vorliegt.[520] Die wenigen Stabilitätsanalysen[521], die sich mit dem Vergleich der Renditeform befassen, kommen zum Schluss, dass die „[...] return form [...] does not seem to be an important consideration in event studies."[522] Deshalb werden analog zu den jüngsten europäischen Credit Rating-Ereignisstudien diskrete Renditen berechnet.[523]

Nach der Bestimmung der Renditeform kann das Zeitintervall festgelegt werden. Dabei wird i. d. R.[524] zwischen täglichen, wöchentlichen und jährlichen Renditen differenziert.[525] Während monatliche Renditen vorwiegend in der älteren Literatur[526] Anwendung finden, hat sich mit zunehmender Datenverfügbarkeit und Rechenleistung die Verwendung täglicher Renditen in Ereignisstudien etabliert.[527] Dadurch hat sich die Ergebnisgüte (Power) der parametrischen Signifikanztests im Vergleich zu monatlichen Renditen wesentlich verbessert.[528] Simulationsstudien bestätigen das sowohl für Aktien[529] als auch für Anleihen[530].

---

520 Vgl. Backhaus, K./Erichson, B./Plinke, W./Weiber, R. (2016), S. 111.

521 Vgl. Fama, E. F./Fisher, L/Jensen, M. C./Roll, R. (1969), S. 4; Vgl. Brown, S. J./Warner J. B. (1985), S. 10; Böhmer, E./Löffler, Y. (1999), S. 308. Corrado/Truong können für den US-amerikanischen und für einige ausgewählte asiatische Kapitalmärkte leicht verbesserte Ergebnisse für parametrischen Tests bei stetigen Renditen feststellen, vgl. Corrado, C. J./Truong, C. (2008), S. 506–509.

522 Thompson, J. (1988), S. 81. Gleicher Meinung sind Henderson, G. (1990), S. 287; Kruschwitz, L./Löffler, A./Essler, W. (2009), S. 125.

523 Vgl. Biermann, S./Ewelt-Knauer, C./Wömpener, A. (2014), S. 30; Hundt, S. (2015), S. 147; Hundt, S./Sprungk, B./Horsch, A. (2017a), S. 1425; Pellens, B./Starke, D./Damnke, D. (2017), S. 16; Kiesel, F./Kolaric, S. (2018), S. 659. Ältere Ereignisstudien verwenden hingegen mehrheitlich stetige Renditen, vgl. Abad-Romero, P./Robles-Fernández, M. D. (2007), S. 84; Calderoni, F./Colla, P./Gatti, S. (2009), S. 8; Ott, C. (2011), S. 117; Imbierowicz, B./Wahrenburg, M. (2013), S. 29. Hundt et al. können keine statistisch relevanten Abweichungen zwischen diskreten und stetigen Renditen für die Untersuchung feststellen, vgl. Hundt, S./Sprungk, B./Horsch, A. (2017a), S. 1426–1427.

524 Intra-Day-Renditen auf Basis von Transaktionsdaten können auch verwendet werden, vgl. MacKinlay, C. (1997), S. 35.

525 Vgl. Strong, N. (1992), S. 536.

526 Vgl. Katz, S. (1974), S. 554; Weinstein, M. (1977), S. 332; Brooks, L. D./Ingram, R. W./Copeland, R. M. (1983), S. 5.

527 Seit 1985 greifen ca. 90 % der Credit Rating-Ereignisstudien auf tägliche Wertpapierkurse zurück, vgl. Hundt, S. (2015), S. 275–280.

528 Vgl. Strong, N. (1992), S. 542; MacKinlay, C. (1997), S. 34–35.

529 Vgl. Brown, S. J./Warner J. B. (1985), S. 25.

530 Vgl. Bessembinder, H./Kahle, K. M./Maxwell, W. F./Xu D. (2009), S. 4248.

Zudem ist damit eine präzise Messung des Informationsgehalts des Ereignisses möglich. Lediglich im Falle einer Ereignistagunsicherheit könnte die Anwendung von monatlichen Renditen in Erwägung gezogen werden.[531] Allerdings trifft das nicht für die vorliegende Studie zu, da der Publikationstag der Ratingänderung bekannt ist. Deswegen werden zur Renditeberechnung die täglichen Schlusskurse der untersuchten Wertpapiere herangezogen.

Zuletzt wird die Renditeart bestimmt. Da nicht nur die Kursrendite, sondern die gesamte Performance des jeweiligen Wertpapiers im Fokus steht, wird auf Total-Return-Index-Renditen von Thomson Reuters Datastream zurückgegriffen. Die Datenbank ermittelt einen hypothetischen periodischen Wertzuwachs der Wertpapiere unter der Annahme, dass die anfallenden Zahlungsströme in Form von Dividenden bzw. Kupons wieder in den jeweiligen Titel reinvestiert werden. Außerdem sind die Daten rekursiv um Kapitalmaßnahmen bereinigt.[532] Für Aktien und Anleihen gilt folgende Berechnungsweise.[533]

$$PI_{i,t} = PI_{i,t-1} \cdot \frac{K_{i,t} + Div_{i,t}}{K_{i,t-1}} \tag{3.4}$$

Mit

$PI_{i,t}$ = Performanceindex des Wertpapiers i zum Zeitpunkt t

$Div_{i,t}$ = Dividende der Aktie i zum Zeitpunkt t, wenn t = ex-Dividende-Stichtag, sonst Div = 0.

$$PI_{i,t} = PI_{i,t-1} \cdot \frac{CP_{i,t} + AI_{i,t} + NC_{i,t} + CU_{i,t}}{CP_{i,t-1} + AI_{i,t-1} + NC_{i,t-1}} \tag{3.5}$$

531 Vgl. Morse, D. (1984), S. 619; Cichello, M./Lamdin, D. J. (2006), S. 231.

532 Das Verfahren wird als Opération Blanche bezeichnet, vgl. für eine illustrative Darstellung Schüler, A. (2016), S. 392–393.

533 Vgl. Hauser, S. (2003), S. 172; Hundt, S./Horsch, A. (2012), S. 142; Oppenländer, C./Röder, K. (2013), S. 457.

Mit
$CP_{i,t}$ = Clean Price der Anleihe i zum Zeitpunkt t
$AI_{i,t}$ = Stückzinsen[534] der Anleihe i zum Zeitpunkt t
$CU_{i,t}$ = Erhaltener Zinskupon der Anleihe i zum Zeitpunkt t
$NC_{i,t}$ = Bevorstehende Zinszahlung[535] für die Anleihe i zum Zeitpunkt t; wenn t = ex-Dividende Stichtag, sonst NC = 0.

3.3.1.2 Darstellung der Preisbildungsmodelle

Ein wichtiger Aspekt für das methodische Gerüst einer Ereignisstudie ist die Bestimmung des Modells, auf deren Basis die erwartete Rendite und letztlich auch die abnormale Rendite geschätzt wird.[536] In diesem Abschnitt wird ein Diskurs über anwendbare Rendite-Erwartungsmodelle geführt und deren Eignung in Abhängigkeit der untersuchten Wertpapierart erörtert.

Grundsätzlich wird zwischen statistischen und ökonomischen Preisbildungsmodellen differenziert. Erstere Modelle zeichnen sich durch die ausschließliche Fokussierung auf statistische Zusammenhänge aus, um die Preise auf dem Kapitalmarkt zu erklären. Dabei werden lediglich statistische Annahmen – wie etwa die Normalverteilungs- und Unabhängigkeitsannahme der Wertpapierrenditen – vorausgesetzt. Darauf aufbauend setzen ökonomische Modelle restriktive Prämissen über die Eigenschaften des Kapitalmarktes[537] und das Verhalten der Marktteilnehmer[538] voraus.[539] Ökonomische Preisbildungsmodelle – wie

---

534 Bessembinder et al. und Ederington et al. können lediglich eine marginale Verbesserung der Ergebnisgüte durch die Berücksichtigung von Stückzinsen detektieren. Daher kommt die Anleihenereignisstudien-Literatur zum Schluss, dass „[…] accrued interest does not seem to be a requirement to conduct a bond event study.", Maul, D./Schiereck, D. (2017), S. 780. Vgl. Bessembinder, H./Kahle, K. M./Maxwell, W. F./Xu D. (2009), S. 4226; Ederington, L./Guan, W./Yang, L. (2015), S. 283.

535 Dadurch wird der sprunghafte Abfall der Stückzinsen kompensiert, bevor die tatsächliche Kuponzahlung am Ende des ex-Dividende Zeitraums erfolgt, vgl. Thomson Reuters (2012), S. 7.

536 „[…] the specification of the benchmark for calculating abnormal returns is a crucial part of the design of the event study.", Strong, N. (1992), S. 534.

537 Darunter fällt etwa ein vollkommener Kapitalmarkt ohne Steuern und Transaktionskosten mit einer strengen Informationseffizienz, vgl. Perridon, L./Steiner, M./Rathgeber, A. W. (2017), S. 24.

538 Hierunter verstehen sich etwa risikoaverse Investoren, deren Übernahme von Risiko durch eine höhere Rendite vergolten werden muss, vgl. Perridon, L./Steiner, M./Rathgeber, A. W. (2017), S. 284.

539 Vgl. Campbell, J. Y./Lo, A. W.-C./MacKinlay, A. C. (1997), S. 154; MacKinlay, C. (1997), S. 17.

das CAPM oder die Arbitrage Pricing Theory (APT)[540] – sind den statistischen Verfahren zwar konzeptionell überlegen, allerdings weisen deren empirische Ergebnisse – trotz höheren Aufwands[541] – lediglich eine marginal höhere Güte auf.[542] Damit lässt sich die zurückhaltende Anwendung theoriegestützter Preisbildungsmodelle und die Dominanz der stochastischen Modelle im Rahmen von Ereignisstudien erklären.[543] Vor diesem Hintergrund werden deshalb nur das mittelwertbereinigte Modell, das Marktmodell sowie das marktbereinigte Modell bzw. der Matching Portfolio-Ansatz vorgestellt und diskutiert.

3.3.1.2.1 Mittelwertbereinigtes Modell

Dieses Modell ermittelt die erwartete Aktienrendite $NR_{i,t}$ anhand des arithmetischen Mittelwertes $E[R_i]$ der Wertpapierrendite i im Schätzzeitraum. Neben der Normalverteilungs- und Unabhängigkeitsannahme der Wertpapierrenditen ist die Prämisse der Mittelwertstationarität über den Zeitablauf zu berücksichtigen.[544] Letztere Voraussetzung negiert die Kursrelevanz externer Faktoren wie etwa das systematische Risiko.[545] Formal lässt sich das Modell für Aktientitel wie folgt darstellen:[546]

$$NR_{i,t} = E[R_i] + \varepsilon_{i,t} \tag{3.6}$$

$$E[R_i] = \frac{1}{T_s} \cdot \sum_{i=1}^{T_s} R_{i,t} \tag{3.7}$$

540 Die APT unterstellt, dass sich der Marktpreis anhand von mehreren Faktoren neben dem Marktportfolio ableiten lässt, vgl. Ross, S. (1976), 346–354.

541 Da die Bestimmung der risikolosen Rendite, des Marktportfolios oder die Auswahl der geeigneten Faktoren erfordert wird, vgl. Rau, M. (2004), S. 56, 58.

542 Vgl. Brown, S. J./Warner, J. B. (1980), S. 224, 249; Brown, S./Weinstein, M. I. (1985), S. 493–494. Für eine kritische Auseinandersetzung über die empirische Anwendbarkeit des CAPM, vgl. Rau, M. (2004), S. 131–133.

543 Vgl. dazu die Bestandsaufnahme von 400 Ereignisstudien zwischen 1990–2010 von Holler, J. (2012), S. 88.

544 Vgl. Masulis, R. (1980), S. 155; Campbell, J. Y./Lo, A. W.-C./MacKinlay, A. C. (1997), S. 154.

545 Vgl. Entrup, U. (1995), S. 149.

546 Vgl. Brown, S. J./Warner, J. B. (1980), S. 250.

Mit
$NR_{i,t}$ = Erwartete Rendite des Wertpapiers i zum Zeitpunkt t
$E[R_i]$ = Arithmetischer Durchschnitt des Wertpapiers i im Schätzzeitraum
$\varepsilon_{i,t}$ = Residuum des Wertpapiers i zum Zeitpunkt t
T_S = Anzahl der Handelstage im Schätzzeitraum.

Es gilt:

$$E\left[\varepsilon_{i,t}\right]=0;\ VAR\left[\varepsilon_{i,t}\right]=\sigma^2_{\varepsilon_i}$$

Trotz der einfachen Anwendung schneidet das Verfahren laut der Simulationsstudie von Brown/Warner (1980) im Vergleich zu methodisch anspruchsvolleren Modellen, die das systematische Risiko erfassen, nicht wesentlich schlechter ab.[547] Allerdings stellen jüngere Studien diesen Befund infrage, da die parametrischen Signifikanztests vermutlich nicht konsistent angewendet wurden.[548]

Darüber hinaus stehen die Annahmen über den mangelnden Einfluss des Marktrisikos auf den Einzeltitel und somit auch über den stationären Verlauf des Mittelwertes auf tönernen Füßen.[549] Insbesondere in Zeiten nachhaltig prosperierender oder rezessiver Marktphasen ist eine Überschätzung bzw. Unterschätzung der Überrenditen für diese Methode empirisch evident.[550] Eine Differenzierung zwischen markt- und/oder ereignisinduzierten Komponenten der abnormalen Renditen findet nicht statt.[551] Dementsprechend scheint die Berücksichtigung des systematischen Risikos zwingend geboten, wodurch das mittelwertbereinigte Modell zur Renditeschätzung für die vorliegende Aktienuntersuchung als ungeeignet erscheint.

---

547 Vgl. Brown, S. J./Warner, J. B. (1980), S. 224; Brown, S. J./Warner J. B. (1985), S. 12–13; Campbell, J. Y./Lo, A. W.-C./MacKinlay, A. C. (1997), S. 154. Indes warnen Cable/Holland vor den positiven Ergebnissen nicht-regressionsbasierter Renditeschätzmodelle früherer Simulationsstudien, vgl. Cable, J./Holland, K. (1999), S. 339.

548 Chandra et al. kommen zum Schluss, dass die robusten Testergebnisse des mittelwertbereinigten Models auf die Anwendung des Patell-Tests, welches ausschließlich auf das mittelwertbereinigte Modell adaptiert wird, zurückzuführen sind, vgl. Chandra, R./Moriarity, S./Willinger, G. L. (1990), S. 403–404. Ferner auch Binder, J. (1998), S. 121.

549 Vgl. Binder, J. (1998), S. 117.

550 Vgl. Klein, A./Rosenfeld, J. (1987), S. 350; Armitage, S. (1995), S. 33.

551 Vgl. Corrado, C. (2011), S. 209.

Das vorgestellte Renditereferenzmodell sollte ebenso wenig unbedacht auf Anleihen angewendet werden. Denn es bedarf eines vorgelagerten Schrittes, um mögliche Zinsänderungseffekte zu bereinigen. Dazu wird die Prämienrendite ($PR_{i,t}$) anhand der Differenz aus der Anleiherendite und der Rendite einer laufzeitäquivalenten Staatsanleihe ($TR_{i,t}$) mit ähnlichen Kupons ermittelt. Dabei wird ebenfalls ein stationärer Verlauf der Prämienrendite im Untersuchungszeitraum angenommen.[552] Im Anschluss kann zur Bestimmung der erwarteten Rendite die Herangehensweise aus Gleichung (3.6) auf den vorliegenden Fall übertragen werden:[553]

$$PR_{i,t} = PI_{i,t} - TR_{i,t} \tag{3.8}$$

Mit
$PR_{i,t}$ = Prämienrendite der Anleihe i zum Zeitpunkt t
$TR_{i,t}$ = Rendite einer laufzeitäquivalenten Staatsanleihe der Anleihe i zum Zeitpunkt t.

Simulationsstudien raten von der Verwendung dieses Modells in Anleiheereignisstudien ab. Neben der fehlenden Berücksichtigung des Marktrisikos wird das unregelmäßige Handelsvolumen von Anleihen, welches die Kalkulation von Anleiherenditen erschwert, zu Felde geführt.[554] So fassen Bessembinder/Zhang/Cooper (2009) zusammen, dass „[t]he mean-adjusted model is the least powerful of all the tests examined, which makes it the most susceptible to Type II errors."[555] Des Weiteren weist das Verfahren eine starke Verzerrung gegenüber einem Event Date Clustering auf.[556] Unabhängig vom zuletzt genannten Einwand ist die Varianz im Ereigniszeitraum stets höher als etwa beim Marktmodell.[557] Weshalb auf die Anwendung dieses Modells auch bei Anleihen verzichtet wird.

552 Vgl. Bessembinder, H./Kahle, K. M./Maxwell, W. F./Xu D. (2009), S. 4232.
553 Vgl. Handjinicolaou, G./Kalay, A. (1984), S. 43–44.
554 Vgl. Bessembinder, H./Kahle, K. M./Maxwell, W. F./Xu D. (2009), S. 4244.
555 Bessembinder, H./Kahle, K. M./Maxwell, W. F./Xu D. (2009), S. 4255. Der Fehler zweiter Art liegt vor, sofern eine inkorrekte Nullhypothese nicht verworfen wird, vgl. Armitage, S. (1995), S. 26.
556 Vgl. Masulis, R. (1980), S. 155.
557 Vgl. Binder, J. (1998), S. 118.

3.3.1.2.2 Marktmodell

Das Marktmodell basiert[558] auf dem Indexmodell von Sharpe (1963)[559], welches wiederum auf dem Fundament der Portfolio-Selection-Theorie von Markowitz (1952)[560] fußt. Das Indexmodell ermöglicht eine deutliche Reduktion des Datenbedarfs zur Portfoliobildung im Vergleich zu Markowitz-Theorie und lässt die Zerlegung der Aktienvarianz bzw. des Risikos in einen systematischen (marktabhängigen) sowie unsystematischen (marktunabhängigen) Bestandteil zu.[561] Hingegen versucht das Marktmodell einen historischen Rendite-Zusammenhang in die Zukunft zu extrapolieren. Dazu wird ein stationärer linearer Zusammenhang zwischen der untersuchten Wertpapierrendite i und dem erklärenden Risikofaktor Markt(index)rendite unterstellt und mittels einer Ordinary Least Squares (OLS)-Regressionsfunktion eines vorgelagerten Schätzintervalls, Parameter für die zukünftige erwartete Rendite $NR_{i,t}$ geschätzt. Die markt- und wertpapierinduzierten Renditebestandteile werden durch die Steigungs- ($\hat{\beta}_i$) bzw. den Achsenabschnittsparameter ($\hat{\alpha}_i$) abgebildet:[562]

$$NR_{i,t} = \hat{\alpha}_i + \hat{\beta}_i \cdot R_{M,t} + E[\varepsilon_{i,t}] \qquad (3.9)$$

Mit
$\hat{\alpha}_i$ = Geschätzte konstante und wertpapierabhängige Renditekomponente des Wertpapiers i
$\hat{\beta}_i$ = Geschätzte marktabhängige Renditekomponente (Beta) des Wertpapiers i
$R_{M,t}$ = Rendite des Marktindexes zum Zeitpunkt t.

Es gilt:

$$EL_R = E\left[\varepsilon_{i,t}\right] = 0; VAR\left[\varepsilon_{i,t}\right] = \sigma^2_{\varepsilon_i}; cov\left(\varepsilon_{i,t}, R_{M,t}\right) = 0$$ [563]

---

558 Das Indexmodell und das Marktmodell weisen den gleichen Prämissenkranz mit Ausnahme der Unkorreliertheit der Residuenterme auf, auf welches bei letzterem Modell verzichtet wird, vgl. Elton, E. J./Gruber, M. J./Brown, S. J./Goetzmann, W. N. (2017), S. 148.

559 Siehe Sharpe, W. (1963).

560 Siehe Markowitz, H. (1952).

561 Vgl. Schüler, A. (2016), S. 219.

562 Vgl. Kliger, D./Gurevich, G. (2014), S. 25; Schüler, A. (2016), S. 219; Steiner, M./Bruns, C./Stöckl, S. (2017), S. 37–38.

563 Vgl. Sharpe, W. (1963), S. 281; Strong, N. (1992), S. 537; Campbell, J. Y./Lo, A. W.-C./MacKinlay, A. C. (1997), S. 155; Steiner, M./Bruns, C./Stöckl, S. (2017), S. 38–40.

Die Schätzung der Koeffizienten erfolgt anhand einer OLS-Regression. Zur Fortschreibung der vergangenheitsbasierten OLS-Schätzer in die Zukunft müssen die Störterme zwingend einen Erwartungswert von null und eine konstante Varianz (Homoskedastizität) aufweisen. Ansonsten sind die Parameter verzerrt bzw. es liegt keine Zeitstabilität der Schätzparameter vor.[564] Die Güte im Sinne der Unverzerrtheit und Effizienz der OLS-Schätzer hängt außerdem von der Handelsintensität des untersuchten Wertpapiers ab, da niedrige Handelsumsätze volatile bzw. keine Kursveränderung(en) begünstigen und somit eine Normalverteilung der Renditen konterkarieren.[565] Gleichwohl finden Brown/Warner (1985) nach der Untersuchung alternativer Regressionsverfahren „[…] no evidence that procedures other than OLS improve either the specification or the power of the tests."[566]

Trotz der aufgezählten Kritikpunkte überzeugt das Marktmodell durch seine leichte Anwendbarkeit[567] sowie theoretischen Fundierung[568]. Insbesondere durch die explizite Berücksichtigung von systematischen und unsystematischen Renditekomponenten kann der gängigen Auffassung der Literatur über die Relevanz des Marktrisikos zur Erklärung von Marktpreisen Rechnung getragen werden. Dadurch erschließt sich auch die statistische Überlegenheit gegenüber dem mittelwertbereinigten Modell, da die erwartete Rendite bereits marktabhängige Schwankungen berücksichtigt und somit zu einer Reduktion der Varianz der Überrenditen beiträgt. Folglich erhöht sich die Power der Signifikanztests.[569] Dieses Ergebnis wird auch durch Aktiensimulationsstudien belegt.[570] In Anbetracht der vorgebrachten Argumente und den Ergebnissen der Simulationsstudien ist die favorisierte Anwendung dieses Modells in der

564 Vgl. Steiner, M./Bruns, C./Stöckl, S. (2017), S. 38–40.

565 Vgl. Dyckman, T./Philbrick, D./Stephan, J. (1984), S. 6 FN 6; Oerke, M. (1999), S. 76.

566 Brown, S. J./Warner J. B. (1985), S. 18. Vgl. auch Dyckman, T./Philbrick, D./Stephan, J. (1984), S. 20, 29; Karafiath, I. (2009), S. 798–801.

567 Vgl. Binder, J. (1998), S. 118.

568 Vgl. Rau, M. (2004), S. 134.

569 Vgl. MacKinlay, C. (1997), S. 18.

570 „Results from a pilot study showed a clear preference for the regression-based Market and CAPM models, with the Market Model everywhere valid and dominating the CAPM in all but a few cases. The Mean-Adjusted Returns Model fared particularly badly, being rejected against the Market Model in all cases; and the Market-Adjusted (Index) Model was likewise rejected in more than one-in-three cases.", Cable, J./Holland, K. (1999), S. 339. Vgl. auch Dyckman, T./Philbrick, D./Stephan, J. (1984), S. 28–29; Armitage, S. (1995), S. 33.

Literatur bei Aktientiteln nachvollziehbar.[571] Deshalb findet in der vorliegenden Arbeit dieses Verfahren Anwendung bei der Untersuchung von Aktien.

Die vorteilhaften Ergebnisse der Aktiensimulationsstudien lassen sich nicht auf Anleihen übertragen, da meist die Anwendungsvoraussetzungen der OLS-Regression verletzt und somit keine Stabilität der Koeffizienten vorliegt.[572] Dazu haben analytische[573] sowie empirische Studien[574] nachgewiesen, dass die Marktsensitivität (Beta) der Anleihe mit sinkender Restlaufzeit abnimmt.[575] Darüber hinaus scheint die ausschließliche Verwendung der Marktrendite zur Erklärung von Anleiherenditen als unzureichend. Bedingt durch die individuellen Ausgestaltungskomponenten und geringen Handelsumsätze von Anleihen im Vergleich zu Aktien, können Steuer-, Liquiditäts-, Callability- und Ausfallrisikoprämien sich auf die Preisbildung des Anleihekurses auswirken.[576] Daher müssen bei Anwendung des Marktmodells alle Einflüsse intertemporär konstant bleiben, damit unverzerrte Ergebnisse vorliegen.[577] Infolgedessen wird auf die Anwendung des Marktmodells zur Bestimmung der erwarteten Anleiherendite verzichtet.

3.3.1.2.3 Marktbereinigtes Modell bzw. Matching Portfolio-Ansatz

Das marktbereinigte Modell verwendet lediglich die Marktrendite zur Ermittlung der erwarteten Rendite. Damit impliziert das Modell, dass ex-ante sämtliche Wertpapiere die gleiche erwartete (Markt)Rendite erzielen.[578] Durch diese Annahme, ist die Parameterschätzung entbehrlich, da ein besonderer Fall des Marktmodells mit den Parametern $\hat{\alpha}_i = 0$ und $\hat{\beta}_i = 0$ vorliegt.[579] Damit gilt:

$$NR_{i,t} = R_{M,t} \tag{3.10}$$

571 Laut Hundts Bestandsaufnahme wenden 77 % der Credit Rating-Ereignisstudien das Marktmodell an, vgl. Hundt, S. (2015), S. 281–288.

572 Vgl. Alexander, G. (1980), S. 1077–1078; Weinstein, M. (1981), S. 261; Warga, A./Welch, I. (1993), S. 968.

573 Vgl. Jarrow, R. (1978), S. 1238–1239.

574 Vgl. Alexander, G. (1980), S. 1075, 1077.

575 Vgl. Bessembinder, H./Kahle, K. M./Maxwell, W. F./Xu D. (2009), S. 4220.

576 Vgl. Elton, E. J./Gruber, M. J./Agrawal, D./Mann, C. (2001), S. 272–273.

577 Vgl. Elton, E. J./Gruber, M. J./Brown, S. J./Goetzmann, W. N. (2017), S. 576.

578 Vgl. Brown, S. J./Warner, J. B. (1980), S. 208; Peterson, P. (1989), S. 42.

579 Vgl. Campbell, J. Y./Lo, A. W.-C./MacKinlay, A. C. (1997), S. 156; Binder, J. (1998), S. 118.

Das Modell weist bei Aktien keine wesentlichen Vorteile gegenüber dem Marktmodell auf, es sei denn es liegt keine ausreichende Kurshistorie, wie etwa bei Börsengängen, vor. Allerdings krankt das marktbereinigte Modell an der schwer zu verteidigen Annahme, dass alle Wertpapiere ein identisches systematisches, jedoch kein idiosynkratisches Risiko aufweisen.[580] Dementsprechend wird für Aktien weiterhin das Marktmodell verwendet.

Für Anleihen existiert mit dem Matching Portfolio-Ansatz eine Erweiterung des marktbereinigten Modells.[581] Hierbei wird üblicherweise jede Anleihe mit einem Time to Maturity[582] und ausfallrisiko- bzw. ratingäquivalenten Anleiheportfolio verglichen. Dazu erfolgt die Bildung von 16 bis 32 Vergleichsportfolios in Abhängigkeit der verwendeten Laufzeitbänder und der inkludierten Ratingkategorien.[583] Die Portfolios können entweder selbst anhand von fünf bis zehn passenden Anleihen konstruiert oder direkt von Marktdatenanbietern übernommen werden.[584] Zwar ist die Berücksichtigung weiterer erklärender Faktoren möglich, allerdings führt etwa die Ausklammerung von Liquiditäts- oder Callability-Charakteristika nachweislich zu keinen überlegenen Testergebnissen.[585] Damit ist der Matching Portfolio-Ansatz unter Berücksichtigung von Restlaufzeit und Ausfallrisiko das empirisch vorzugswürdigste Modell für Anleihe-Ereignisstudien.[586] Diese Ansicht teilt Maul (2016): „One conclusion of past studies is that the matched portfolio approach [...] works well in event studies utilizing bond returns."[587] Der Autor der vorliegenden Arbeit schließt sich

580 Vgl. Campbell, J. Y./Lo, A. W.-C./MacKinlay, A. C. (1997), S. 156; MacKinlay, C. (1997), S. 18–19.

581 Vgl. grundlegend zum Matching Portfolio-Ansatz Maul, D. (2016), S. 29–31; Maul, D./Schiereck, D. (2017), S. 774–775.

582 Die Verwendung der Duration führt zu ähnlichen Ergebnissen, vgl. Bessembinder, H./Kahle, K. M./Maxwell, W. F./Xu D. (2009), S. 4233.

583 Vgl. Warga, A./Welch, I. (1993), S. 978; Hite, G./Warga, A. (1997), S. 37; Bessembinder, H./Kahle, K. M./Maxwell, W. F./Xu D. (2009), S. 4233; Ederington, L./Guan, W./Yang, L. (2015), S. 284; Maul, D. (2016), S. 53; Pellens, B./Starke, D./Damnke, D. (2017), S. 16.

584 Vgl. Maul, D./Schiereck, D. (2017), S. 774.

585 Vgl. Bessembinder, H./Kahle, K. M./Maxwell, W. F./Xu D. (2009), S. 4233; Chen, Z./Lookman, A. A./Schürhoff, N./Seppi, D. J. (2014), S. 20.

586 Der Matching Portfolio-Ansatz ist in Bessembinder et al. Anleihesimulationsstudie dem mittelwertbereinigten Modell stets überlegen, vgl. Bessembinder, H./Kahle, K. M./Maxwell, W. F./Xu D. (2009), S. 4238–4240, 4244, 4256.

587 Maul, D. (2016), S. 40.

dieser Meinung an und greift auf dieses Modell zur Berechnung der erwarteten Anleiherendite zurück.

3.3.1.3 Definition relevanter Vergleichsportfolios

Zur Anwendung des Marktmodells (Aktien) bzw. des Matching Portfolio-Ansatzes (Anleihen) wird jeweils ein geeignetes Vergleichsportfolio benötigt. Aus der theoretischen Perspektive sollte ein Marktportfolio, das sämtliche riskanten Wertpapiere enthält, verwendet werden. Allerdings ist solch ein Portfolio durch die eingeschränkte Sichtbarkeit des „perfekten" Marktportfolios nicht darstellbar.[588] Deshalb wird das Marktportfolio durch ein breit gestreutes Aktienportfolio approximiert.[589] Dem gesamtwirtschaftlichen Risiko wird bei Anleihen durch die Berücksichtigung von risiko- und restlaufzeitähnlichen Anleiheportfolios Rechnung getragen. Doch bevor die Vergleichsportfolios ermittelt werden können, müssen noch grundlegende Indexeigenschaften determiniert werden.

Indizes werden in Abhängigkeit der Berücksichtigung der Wertentwicklung als Kurs- oder Performanceindizes ausgewiesen. Während Kursindizes lediglich den Verlauf der zugrunde liegenden Wertpapierkurse widerspiegeln, sind bei Performanceindizes die Kurse um Dividenden und Kapitalmaßnahmen bereinigt.[590] Analog zur Renditeberechnung des Einzeltitels wird letztere Indexberechnungsmethode eingesetzt, da nicht nur die Kursrendite per se, sondern die gesamte Rendite für Anteilseigner und Gläubiger von Relevanz ist.

Ein weiteres Unterscheidungsmerkmal von Indizes betrifft die Gewichtung. Gleichgewichtete Indizes bilden ausschließlich den ungewichteten arithmetischen Mittelwert der abgebildeten Wertpapiere ab. Hingegen erfassen wertgewichtete Indizes die abweichende Unternehmensgröße der Indexmitglieder, indem die Gewichtung anhand der Marktkapitalisierung erfolgt. Theoretische Analysen ziehen zur Erfassung der Gesamtmarktperformance die Verwendung von wertgewichteten Indizes vor,[591] allerdings können für Eigenkapitaltitel keine gänzlich einheitlichen empirischen Ergebnisse nachgewiesen werden.

---

588 Vgl. Roll, R. (1977), S. 130; Drukarczyk, J./Schüler, A. (2021), S. 58.

589 Vgl. Campbell, J. Y./Lo, A. W.-C./MacKinlay, A. C. (1997), S. 155; Goerke, B. (2009), S. 474; Kruschwitz, L./Löffler, A./Essler, W. (2009), S. 115; Drukarczyk, J./Schüler, A. (2021), S. 262.

590 Es wird eine Reinvestition aller Ertragskomponenten unterstellt, vgl. Strong, N. (1992), S. 539; Kruschwitz, L./Löffler, A./Essler, W. (2009), S. 72.

591 Vgl. Brown, S. J./Warner, J. B. (1980), S. 239; Roll, R. (1981), S. 879–880; Kruschwitz, L./Löffler, A./Essler, W. (2009), S. 126.

Zwar legen einige Beiträge eine deutliche Verbesserung für gleichgewichtete Indizes nahe,[592] jedoch kann die Majorität der Studien lediglich über eine marginale bzw. eine ausbleibende Ergebnisverbesserung berichten.[593] Hingegen können Bessembinder et al. (2009) die empirische Vorteilhaftigkeit von wertgewichteten Anleiheindizes eindeutig belegen.[594] Infolgedessen zieht Peterson (1989) folgenden Schluss: „[…] the estimation results are seldom sensitive to such choices as the use of […] equally-weighted versus value-weighted market indices […]"[595]. Daher wird auf marktwertgewichtete Indizes abgestellt.

Für die vorliegende Studie eignet sich für Aktientitel als erklärende Variable des Marktmodells der wertgewichtete Total Return STOXX® Europe 600 Index.[596] Das Benchmark-Portfolio ist mit seinen 600 Indexmitgliedern der geografischen und sektoralen Diversifikation zuträglich. Darüber hinaus eignet sich der Index, um die Marktentwicklung in ganz Europa abzubilden.[597] Zuletzt basiert das Untersuchungssample auf jener Indexmitgliederliste vom 31.12.2016[598], wodurch ein Rückgriff auf diesen Index sinnvoll erscheint.

Zur Isolation von marktabhängigen Anleihekomponenten werden 25 wertgewichtete Total Return Referenzportfolios herangezogen, die die Rating-Risikoklassen AAA, AA, A, BBB und High Yield[599] sowie die Restlaufzeitbänder

---

592 Vgl. Campbell, C. J./Wasley, C. E. (1993), S. 76–77; Corrado, C. J./Truong, C. (2008), S. 506.

593 Vgl. Brown, S. J./Warner, J. B. (1980), S. 248; Agrawal, A./Jaffe, J. F./Mandelker, G. N. (1992), S. 1609; Seeger, H. (1998), S. 279; Jorion, P./Liu, Z./Shi, C. (2005), S. 319; Vassalou, M./Xing, Y. (2005), S. 11; Corrado, C. J./Truong, C. (2008), S. 506. Die Ergebnisgüte des wertgewichteten Indexes nähert sich mit zunehmender Stichprobengröße und Kürze des Ereigniszeitraumes dem des gleichgewichteten Indexes an, vgl. Brown, S. J./Warner, J. B. (1980), S. 242.

594 Vgl. Bessembinder, H./Kahle, K. M./Maxwell, W. F./Xu D. (2009), S. 4240, 4246–4247, 4256.

595 Peterson, P. (1989), S. 57.

596 „The STOXX Europe 600 Index represents large, mid and small capitalization companies across 17 countries of the European region: Austria, Belgium, Czech Republic, Denmark, Finland, France, Germany, Ireland, Italy, Luxembourg, the Netherlands, Norway, Portugal, Spain, Sweden, Switzerland and the United Kingdom.", Stoxx (2021).

597 Vgl. Kruschwitz, L./Löffler, A./Essler, W. (2009), S. 130.

598 Vgl. zu einem identischen Vorgehen zur Bestimmung des Untersuchungssamples Kiesel, F./Schiereck, D. (2015), S. 86.

599 Der High Yield Index repräsentiert alle NG-Ratingklassen im Bereich BB, B, CCC, CC sowie C.

1-3, 3-5, 5-7, 7-10 und >10 abdecken.[600] Die entsprechenden IG- und NG-Vergleichsportfolios werden von iBoxx € Corporate Index bzw. dem Bank of America Merill Lynch € High Yield Index zur Verfügung gestellt.[601] Dadurch entfällt die Auswahl angemessener Anleihen sowie die Konstruktion diverser Benchmarkportfolios.

3.3.1.4 Festlegung des Untersuchungszeitraumes

Zur Anwendung des Marktmodells ist zunächst die Bestimmung des Schätzzeitraums notwendig, um die Regressionskoeffizienten zu ermitteln. Dabei besteht ein Zielkonflikt zwischen der Parameterstabilität und der Vorbeugung von Strukturbrüchen.[602] Der Zeitraum muss lang genug sein, um mit zunehmenden Freiheitsgraden die Parameterstabilität zu erhöhen, dennoch kurz genug sein, um Strukturbrüche zu vermeiden. Deshalb werden bei tagesbasierten Ereignisstudien i. d. R. Regressionszeiträume zwischen 100 und 300 Tagen verwendet.[603] Corrado/Zivney (1992) und Park (2004) untermauern jeweils die Irrelevanz des Schätzintervalls auf die Ergebnisgüte für Zeiträume zwischen 89 und 239 bzw. 100 und 250 Handelstage.[604] Deshalb wird für die vorliegende Studie analog zur bisherigen Credit Rating-Literatur ein Schätzzeitraum von 100 Tagen bestimmt.[605]

Anschließend wird der Ereigniszeitraum - der meist an den Schätzzeitraum anschließt[606] - bestimmt, um die täglichen Überrenditen zu quantifizieren. Dieser Zeitraum wird üblicherweise symmetrisch um den Ereignistag gelegt. Dadurch sollen - neben dem Informationsgehalt am Ereignistag - auch antizipierende oder verzögerte Reaktionen der Marktteilnehmer aufgedeckt werden.[607]

---

600 Für die Vergleichsgruppe ist das Rating vor der Ankündigung relevant.

601 Analog zu Pellens, B./Starke, D./Damnke, D. (2017), S. 16.

602 Vgl. Strong, N. (1992), S. 538.

603 Vgl. Peterson, P. (1989), S. 38.

604 Lediglich im Fall des 39-tägigen Ereigniszeitraums kann eine leichte Verschlechterung der Power nachgewiesen werden, vgl. Corrado, C. J./Zivney, T. L. (1992), S. 470, 473, 477; Park, N. (2004), S. 663.

605 Vgl. Abad-Romero, P./Robles-Fernández, M. D. (2006), S. 892, (2007), S. 84; Hundt, S. (2015), S. 210. Bei Verlängerung bzw. Verkürzung des Schätzzeitraumes um 50 Handelstage sind keine signifikanten Abweichungen festzustellen, vgl. Hundt, S./Sprungk, B./Horsch, A. (2017a), S. 1429-1430.

606 Der Schätz- sowie Ereigniszeitraum darf sich nicht überschneiden, um eine Verzerrung der Parameter zu verhindern, vgl. Kliger, D./Gurevich, G. (2014), S. 25-26.

607 Vgl. Mc Williams, A./Siegel, D. (1997), S. 636; MacKinlay, C. (1997), S. 14-15; Cichello, M./Lamdin, D. J. (2006), S. 231; Goerke, B. (2009), S. 475.

Die Länge des Ereigniszeitraums ergibt sich dabei aus dem Trade-Off zwischen der vollständigen Erfassung ereignisinduzierter Informationseffekte sowie der Vermeidung überlappender kurserheblicher Ereignisse, die eine Verzerrung hervorrufen.[608] Üblicherweise werden für die Ereignisperiode 21, 27 oder 50 Handelstage herangezogen.[609] Zur Erhöhung des gesamten Samples wird lediglich auf einen 21-tägigen Ereigniszeitraum[610] abgestellt, da Ratingrevisionen der großen Ratingagenturen regelmäßig in kurzen Zeitabständen aufeinander erfolgen.[611] Darüber hinaus kann eine Antizipation einer bevorstehenden Ratingänderung nicht per se ausgeschlossen werden. Deshalb werden 14 unterschiedliche Intervalle innerhalb des Ereigniszeitraums untersucht.

3.3.1.5 Ermittlung der täglichen und kumulierten abnormalen Rendite

Nach der Bestimmung der Funktionsgleichung und der Inputparameter kann die abnormale Aktienrendite im Ereigniszeitraum formal ermittelt werden:

$$AR_{S,i,t} = R_{S,i,t} - NR_{i,t} = R_{S,i,t} - \left(\hat{\alpha}_i + \hat{\beta}_i \cdot R_{STOXX,t}\right) \quad (3.11)$$

Mit

$AR_{S,i,t}$ = Abnormale Aktienrendite i zum Zeitpunkt t

$R_{S,i,t}$ = Beobachtbare Aktienrendite i zum Zeitpunkt t

$\hat{\alpha}_i$ = Geschätzter Achsenabschnitt für die Aktie i im Untersuchungszeitraum t_{-110} bis t_{-10}

$\hat{\beta}_i$ = Geschätzter Steigungsparameter der Aktie i im Untersuchungszeitraum t_{-110} bis t_{-10}

$R_{STOXX,t}$ = Rendite des STOXX® Europe 600 zum Zeitpunkt t.

Die abnormale Aktienrendite resultiert aus dem Residuum der Schätzfunktion, das per Definition unabhängig von Markteinflüssen ist und den ereignisinduzierten Renditebestandteil der beobachteten Rendite isoliert.[612] Zur Berechnung

608 Vgl. Brown, S. J./Warner J. B. (1985), S. 14–15; Mc Williams, A./Siegel, D. (1997), S. 636.

609 Vgl. Peterson, P. (1989), S. 38.

610 Vgl. Calderoni, F./Colla, P./Gatti, S. (2009), S. 8; Hundt, S. (2015), S. 227.

611 Siehe dazu Kapitel 4.1.

612 Vgl. Bowman, R. (1983), S. 568; Brown, S. J./Warner J. B. (1985), S. 7; Peterson, P. (1989), S. 42; Corrado, C. (2011), S. 210.

der Überrenditen für Anleihen wird auf den Matching Portfolio-Ansatz verwiesen. Es gilt folgende Gleichung:[613]

$$AR_{B,i,t} = R_{B,i,t} - MBP_t \tag{3.12}$$

Mit
$AR_{B,i,t}$ = Abnormale Anleiherendite i zum Zeitpunkt t
$R_{B,i,t}$ = Beobachtbare Anleiherendite i zum Zeitpunkt t
MBP_t = Laufzeit- und risikoäquivalentes Anleiheportfolio zum Zeitpunkt t.

Sofern ein Unternehmen mehr als eine Anleihe ausstehend hat, bedarf es eines weiteren Zwischenschrittes. Während börsennotierte Unternehmen meist nur eine Aktienart[614] zum Handel freigeben, ist es nicht unüblich, dass mehrere Anleihen eines Unternehmens zur gleichen Zeit am Markt notieren.[615] Bessembinder et al. stellen dazu drei mögliche Ansätze zur Berücksichtigung multipler Anleihetranchen vor.[616]

Beim Bond Level-Ansatz wird jede ausstehende Anleihe eines Unternehmens als separate Stichprobe behandelt. Daraus resultiert eine Übergewichtung von Unternehmen, die viele laufende Anleihen besitzen, welche sich meist durch ihre Größe und einer überdurchschnittlich guten Bonität auszeichnen. Erschwerend kommt die Verletzung der Unabhängigkeitsannahme der Beobachtungen hinzu, da eine Korrelation der Residuen der Anleihen vom selben Unternehmen nicht auszuschließen ist. Folglich kann – je nach angewandtem t-Test – die nach sich ziehende Varianzreduktion zur Erhöhung des Fehlertyps 1. Art beitragen.[617] Nicht-parametrische Tests sind ebenfalls in geringerem Maß davon betroffen.[618]

Der Representative Bond-Ansatz berücksichtigt hingegen lediglich eine repräsentative Anleihe je Unternehmen. Zwar können die beiden Kritikpunkte

---

613 Vgl. May, A. (2010), S. 2827.

614 Darunter fallen Stamm- und Vorzugsaktien, vgl. Schüler, A. (2016), S. 372–373.

615 Siehe dazu Kapitel 4.1.

616 Vgl. Bessembinder, H./Kahle, K. M./Maxwell, W. F./Xu D. (2009), S. 4229–4230.

617 Beim Fehler 1. Art wird eine korrekte Nullhypothese fälschlicherweise abgelehnt. Wenn ein erhöhter Fehler 1. Art vorliegt, übersteigt die Typ-1-Fehlerwahrscheinlichkeit die gewählte Irrtumswahrscheinlichkeit, vgl. Kothari, S. P./Warner, J. B. (2007), S. 12; von Auer, L. (2016), S. 134.

618 Vgl. Bessembinder, H./Kahle, K. M./Maxwell, W. F./Xu D. (2009), S. 4229; Maul, D. (2016), S. 21.

des vorherigen Ansatzes geheilt werden, allerdings wird eine Verzerrung des repräsentativen Wertpapiertitels anhand des Selektionskriteriums[619] in Kauf genommen. Weshalb eine präzise Messung der Wertveränderung des Gläubigeranspruches nicht möglich ist.[620]

Als Lösungsansatz bietet sich der Firm Level-Ansatz an, welcher alle aktuell marktnotierten Anleihen eines untersuchten Unternehmens zu einem gewichteten Portfolio auf Unternehmensebene zusammenfasst. Die Gewichtung erfolgt - analog zum Aktienindex - anhand des Marktwertes aller Anleihen des Unternehmens.[621] Zur Ermittlung des Unternehmensanleiheportfolios wird die Summe aus dem Produkt von abnormaler Anleiherendite i und marktwertorientiertem Gewichtungsfaktor $w_{k,i,t}$ des Emittenten k gebildet:

$$FAR_{k,t} = \sum_{i=1}^{N} AR_{B,k,i,t} \cdot w_{k,i,t} \tag{3.13}$$

Mit:
$FAR_{k,t}$ = Überrendite des gewichteten Anleiheportfolios des Emittenten k zum Zeitpunkt t
N = Stichprobenumfang
$AR_{B,k,i,t}$ = Überrendite der Anleihe i des Emittenten k zum Zeitpunkt t
$w_{k,i,t}$ = Marktwertorientierter Gewichtungsfaktor der Anleihe i des Emittenten k zum Zeitpunkt t.

Durch dieses Procedere können die genannten Kritikpunkte der ersten beiden Ansätze behoben werden,[622] weswegen in der vorliegenden Studie dieser Lösungsansatz zum Tragen kommt. Das weitere Vorgehen ist für die beiden Wertpapierarten identisch.

---

619 Maul/Schiereck zählen mehrere Kriterien, nach denen die Auswahl der repräsentativen Anleihe in der Literatur erfolgt ist, auf: zufällige Auswahl, höchste Handelsfrequenz oder -volumen, Median der Restlaufzeit oder die jüngste Anleiheemission, vgl. Maul, D./Schiereck, D. (2017), S. 768.

620 Vgl. Maul, D./Schiereck, D. (2017), S. 768.

621 Ederington et al. kann nur marginale Ergebnisverbesserungen durch unterschiedliche Gewichtungskriterien feststellen, vgl. Ederington, L./Guan, W./Yang, L. (2015), S. 283 FN 7.

622 Vgl. Bessembinder, H./Kahle, K. M./Maxwell, W. F./Xu D. (2009), S. 4230; Maul, D. (2016), S. 21; Maul, D./Schiereck, D. (2017), S. 768.

Die Bildung eines Stichprobenquerschnitts ist unerlässlich, um allgemeingültige Aussagen über die Ankündigungsreaktion von Credit Ratings abzuleiten. Die Zusammenfassung der individuellen Überrenditen auf Portfolioebene ermöglicht die Reduktion von zufälligen und vereinzelten Störeinflüssen, sodass ausschließlich systematisch ereignisinduzierte Wertveränderungen verbleiben. Dafür erfordert das Querschnittsportfolio - ausgedrückt durch die mittlere abnormale Rendite - die ungewichtete Mittelwertbildung der untersuchten täglichen Überrenditen der einzelnen Wertpapiere:[623]

$$\overline{AR}_t = \frac{1}{N}\sum_{i=1}^{N} AR_{i,t} \tag{3.14}$$

Mit
$\overline{AR}_t$ = Mittlere abnormale Rendite zum Zeitpunkt t.

Zur Erfassung des vollumfänglichen Werteffekts einer Credit Rating-Revision, bedarf es einer Aggregation der mittleren täglichen Überrenditen im Zeitablauf. Dazu wird üblicherweise[624] das Cumulative Average Residual (CAR)-Verfahren von Fama et al. (1969) angewendet, welches eine additive Verknüpfung der täglichen abnormalen Renditen postuliert, um die kumulierte arithmetische Überrendite ($\overline{CAR}_{(\tau_1,\tau_2)}$) zu ermitteln. Hierbei werden dreizehn[625] unterschiedliche Ereignisintervalle aggregiert, um ggf. auftretende Antizipations- oder verzögerte Preisanpassungseffekte festzustellen. Formal ergibt sich der Zusammenhang wie folgt:[626]

$$\overline{CAR}_{(\tau_1,\tau_2)} = \frac{1}{N}\sum_{i=1}^{N} CAR_{i,(\tau_1,\tau_2)} = \sum_{t=\tau_1}^{\tau_2} \overline{AR}_t = \frac{1}{N}\sum_{t=\tau_1}^{\tau_2}\sum_{i=1}^{N} AR_{i,t} \tag{3.15}$$

623 Vgl. Binder, J. (1998), S. 113; Seeger, H. (1998), S. 175; Kothari, S. P./Warner, J. B. (2007), S. 9–10.

624 Vgl. Henderson, G. (1990), S. 297; Cichello, M./Lamdin, D. J. (2006), S. 232.

625 [-10,0], [-10,-1], [-5,0], [-5,-1], [1,0], [0,1], [0,5], [1,5], [0,10], [1,10], [-1,1], [-5,5] und [-10,10].

626 Vgl. Fama, E. F./Fisher, L/Jensen, M. C./Roll, R. (1969), S. 8; Campbell, J. Y./Lo, A. W.-C./MacKinlay, A. C. (1997), S. 161; Binder, J. (1998), S. 113; Kothari, S. P./ Warner, J. B. (2007), S. 10; Campbell, J. Y./Cowan, A. R./Salotti, V. (2010), S. 3080.

Mit

$\overline{CAR}_{(\tau_1,\tau_2)}$ = Kumulierte mittlere abnormale Rendite im Ereignisintervall τ_1 bis τ_2

$CAR_{i,(\tau_1,\tau_2)}$ = Kumulierte abnormale Rendite des Wertpapiers i im Ereignisintervall τ_1 bis τ_2

Index τ_1,τ_2 = Ereignisintervall von τ_1 bis τ_2.

Das CAR-Verfahren impliziert ein periodisches (bzw. tägliches) Rebalancing des Investitionsbetrags, um ein gleichgewichtetes Portfoliogewicht wiederherzustellen. Dagegen verzichtet der konkurrierende Buy-and-Hold-Ansatz, durch die multiplikative Verknüpfung der abnormalen Renditen, auf eine Reallokation und bildet dabei den Wertzuwachs, während der untersuchten Haltedauer ab. Zwar überzeugt letzterer Ansatz vor dem Hintergrund von Transaktionskosten, allerdings sind die Abweichungen beider Verfahren für kurze Ereigniszeiträume marginal,[627] weshalb im Weiteren der gängigere CAR-Ansatz verwendet wird.

3.3.1.6 *Bestimmung der inkrementellen absoluten Marktwertänderung*

Um die ökonomischen Auswirkungen einer Ratingänderung vollumfänglich zu erfassen, bietet sich der Vergleich der absoluten Marktwertänderung der beiden beobachteten Wertpapierarten an. Darüber hinaus lassen sich damit potenzielle Werttransfereffekte zwischen den Gläubigern und Aktionären detektieren. Dazu wird zunächst der Börsenwert der beobachteten Wertpapierkategorie je Emittenten k zum Zeitpunkt t-1 mit der korrespondierenden abnormalen Rendite des jeweiligen Ereignistages (t) multipliziert.[628]

$$\begin{aligned} \Delta V_{S,k,t} &= MCAP_{S,k,t-1} \cdot AR_{S,k,t} \\ \Delta V_{B,k,t} &= MCAP_{B,k,t-1} \cdot AR_{B,k,t} \end{aligned} \tag{3.16}$$

627 Vgl. Bowman, R. (1983), S. 569–571; Strong, N. (1992), S. 540; Cichello, M./Lamdin, D. J. (2006), S. 232. Für Langzeit-Ereignisstudien empfiehlt sich die Verwendung von Buy-and-Hold Renditen, vgl. Barber, B. M./Lyon, J. D. (1997), S. 344–346.

628 Vgl. Peterson, P. (1989), S. 51; Mc Williams, A./Siegel, D. (1997), S. 653. Daneben können auch weitere Renditeintervalle herangezogen werden.

Wobei

$$\begin{aligned} MCAP_{S,k,t-1} &= K_{S,t-1} \cdot \text{Anzahl der ausstehenden Aktien} \\ MCAP_{B,k,t-1} &= K_{B,t-1} \cdot \text{Anzahl der ausstehenden Anleihen} \end{aligned} \tag{3.17}$$

Mit
$\Delta V_{S,k,t}$ = Ereignisinduzierte absolute Marktwertänderung des Eigenkapitals des Emittenten k zum Zeitpunkt t
$\Delta V_{B,k,t}$ = Ereignisinduzierte absolute Marktwertänderung des Fremdkapitals des Emittenten k zum Zeitpunkt t
$K_{S,t-1}$ = Aktienkurs zum Zeitpunkt t-1
$K_{B,t-1}$ = Anleihekurs zum Zeitpunkt t-1.

Zuletzt erfolgt die Aggregierung der emittenten- und wertpapierspezifischen Marktwertänderungen anhand des ungewichteten (UM) und gewichteten (GM) arithmetischen Mittels sowie des Medians (Med), um einen Gesamteindruck über die Entwicklung von $\Delta V_{S,t}$ bzw. $\Delta V_{B,t}$ zu gewinnen.[629]

$$\begin{aligned} \Delta V_{S,UM,t} &= \frac{1}{N}\sum_{k=1}^{N}\Delta V_{S,k,t}; \Delta V_{S,GM,t} = \frac{1}{N}\sum_{k=1}^{N}\frac{\Delta V_{S,k,t}}{\sum_{k=1}^{N}\Delta V_{S,k,t}} \cdot \Delta V_{S,k,t}; \Delta V_{S,Med,t} = Med\left(\Delta V_{S,k,t}\right) \\ \Delta V_{B,UM,t} &= \frac{1}{N}\sum_{k=1}^{N}\Delta V_{B,k,t}; \Delta V_{B,GM,t} = \frac{1}{N}\sum_{k=1}^{N}\frac{\Delta V_{B,k,t}}{\sum_{k=1}^{N}\Delta V_{B,k,t}} \cdot \Delta V_{B,k,t}; \Delta V_{B,Med,t} = Med\left(\Delta V_{B,k,t}\right) \end{aligned} \tag{3.18}$$

Mit
$\Delta V_{S,t}$ = Ereignisinduzierte absolute Marktwertänderung des Eigenkapitals zum Zeitpunkt t
$\Delta V_{B,t}$ = Ereignisinduzierte absolute Marktwertänderung des Fremdkapitals zum Zeitpunkt t.

Abschließend können die absoluten Marktwertänderungen beider Wertpapierklassen durch den Rangkorrelationskoeffizienten nach Pearson auf mögliche Vermögensverteilungseffekte analysiert werden. So liegt ein signifikanter negativer Zusammenhang einen Transfereffekt zwischen den Financiers nahe, während eine signifikant positive Relation einen solchen Effekt verneint.[630]

629 Vgl. für ein ähnliches Vorgehen Maul, D. (2016), S. 81.
630 Vgl. Maul, D. (2016), S. 82–84.

3.3.2 Validierung der Datenqualität

Obwohl viele Ereignisstudien auf eine explizite Analyse des Datensatzes verzichten,[631] ist die Diagnose der geforderten formalen Modellkriterien unerlässlich zur Durchführung einer Regressionsanalyse und der im Nachgang folgenden Interpretation der Ergebnisse. Daher werden anhand gängiger Testverfahren die grundlegende Modellspezifikation sowie die Residueneigenschaften bzgl. der Homoskedastizität und Autokorrelation eruiert.[632] Anschließend werden die Regressionsergebnisse des Marktmodells präsentiert. Zuletzt wird die Normalverteilungseigenschaft der abnormalen Wertpapierrenditen untersucht, um Schlüsse über die anwendbaren Signifikanztests zu ziehen.

3.3.2.1 Prüfung der statistischen Modellprämissen

Eine zentrale Prämisse zur Anwendung einer OLS-Regression ist die Linearitätsannahme und die Annahme der Vollständigkeit der erklärenden Variablen, da eine Verletzung in beiden Fällen verzerrte Schätzkoeffizienten hervorruft.[633] Zur Aufdeckung solcher Fehlspezifikationen im Regressionsmodell wird üblicherweise[634] auf das Ramsey Regression Specification Error Test (RESET)-Verfahren abgestellt. Dabei fügt der Fehlspezifikationstest dem originären Regressionsmodell weitere Regressoren in Form des Regressanden höherer Ordnung[635] hinzu und prüft deren Signifikanz anhand des F-Tests.[636] Weisen die zusätzlichen Variablen eine gemeinsame statistische Signifikanz auf, so ist die Hypothese, dass kein Spezifikationsfehler im ursprünglichen Modell vorliegt, abzulehnen. Infolgedessen sollte das Regressionsmodell, um eine adäquate funktionale (nicht-lineare) Form und/oder weitere systematische Einflussfaktoren ergänzt werden. Hierbei wird ein Nachteil des RESET-Verfahrens offenkundig, da keine Auskunft über die konkrete Ursache der Fehlspezifikation erteilt wird.[637]

---

631 Holler zieht nach der Analyse von 400 Ereignisstudien dieses Fazit, vgl. Holler, J. (2012), S. 46.

632 Vgl. von Auer, L. (2016), S. 53–54; Backhaus, K./Erichson, B./Plinke, W./Weiber, R. (2016), S. 111.

633 Vgl. Backhaus, K./Erichson, B./Plinke, W./Weiber, R. (2016), S. 99, 101–102.

634 Vgl. Schremper, R. (2002), S. 239–240; Nix, P. (2007), S. 369; Bimberg, M. (2009), S. 121.

635 Ramsey hält lediglich die Erfassung quadratischer, kubischer und biquadratischer Variablen für sinnvoll, vgl. Ramsey, J. (1969), S. 362.

636 Siehe zur Erklärung des F-Tests den nächsten Unterabschnitt.

637 Dieses Spezifikationsverfahren wurde von Ramsey (1969) entwickelt, vgl. Ramsey, J. (1969), S. 350–371. Für eine ausführliche Einführung empfiehlt sich Poddig,

Tab. 11: Ergebnis des (quadratischen) Ramsey RESET-Verfahrens. Eigene Darstellung.

Signifikanzniveau	1%	5%	10%
Ablehnung Nullhypothese	38	91	138
Nicht-Ablehnung Nullhypothese	828	775	728

Die Ergebnisse des RESET-Verfahrens aus Tab. 11 zeigen, dass für 38 bzw. 91 Beobachtungen die Nullhypothese auf einem Signifikanzniveau von 1 % bzw. 5 % abgelehnt werden muss. Für die verbleibenden 95,6 % bzw. 89,5 % der Stichproben existieren keine Hinweise auf eine mögliche Fehlspezifikation.[638] Damit scheinen die lineare Funktionsform und die Anzahl der erklärenden Variablen für die Majorität der Stichproben geeignet zu sein, um den statistischen Zusammenhang zwischen der endogenen sowie exogenen Variable zu modellieren.

Die geforderten Residueneigenschaften setzen sich aus der Homoskedastizität und Autokorrelationsfreiheit zusammen. Die Prämisse der Homoskedastizität unterstellt, dass die Streuung der Störgrößen für alle Beobachtungen konstant ist. Bei Nichterfüllung liegt Heteroskedastizität der Residuen vor, weshalb dem Schätzer die Effizienzeigenschaft abgesprochen werden muss. D. h. es existieren Schätzverfahren mit einer kleineren Varianz bzw. höheren Reliabilität. Zudem wird die Standardabweichung der Koeffizienten verzerrt, wodurch die Ergebnisse des parametrischen t-Tests ihre Gültigkeit einbüßen. Das Vorliegen von Varianzheterogenität ist zwar vornehmlich in Querschnittsregressionen anzutreffen, allerdings können Zeitreihen ebenfalls vereinzelt davon betroffen sein.[639]

T./Dichtl, H./Petersmeier, K. (2003), S. 393–395; Auer, B./Rottmann, H. (2015), S. 486–488; von Auer, L. (2016), S. 344–350; Wooldridge, J. (2016), S. 277. Andere nicht-lineare Formen bleiben dadurch unberücksichtigt, vgl. Wooldridge, J. (2016), S. 277.

638 Nix sowie Bimbergers Ergebnisse lehnen ebenfalls ca. 9 % der Beobachtungen auf einem Signifikanzniveau von 5 % ab, vgl. Nix, P. (2007), S. 364; Bimberg, M. (2009), S. 169.

639 Vgl. Auer, B./Rottmann, H. (2015), S. 527–528; von Auer, L. (2016), S. 421; Backhaus, K./Erichson, B./Plinke, W./Weiber, R. (2016), S. 103.

Zur Überprüfung der Nullhypothese, dass Homoskedastizität vorliegt, wird das Breusch-Pagan[640] sowie das White-Testverfahren[641] herangezogen. Ersteres Verfahren eignet sich, wenn die Homoskedastizität verursachenden Variablen bekannt sind und eine Normalverteilung[642] der Störgrößen vorliegt. Im Rahmen einer Hilfsregression regressiert der Test die quadrierten Residuen mit den – die potenzielle Heteroskedastizität verursachenden – erklärenden Variablen. Die Nullhypothese wird abgelehnt, sofern einer der Regressionskoeffizienten signifikant von null abweicht. Andernfalls entspricht die Varianz des Residuums der Regressionskonstante, dann verteilen sich die Störterme homoskedastisch.[643] Hingegen ist das zuletzt genannte Verfahren vorzugswürdiger, wenn auf die Festlegung der verursachenden exogenen Variablen oder die Normalverteilungsannahme der Störterme verzichtet wird, weswegen dieses Verfahren die Ergebnisse des Breusch-Pagan-Tests plausibilisiert. Das Testverfahren nach White erweitert die Hilfsregression nach Breusch-Pagan um quadrierte originäre exogene Variablen sowie paarweise Produkte der erklärenden Variablen. Sofern die Regressionskoeffizienten keine signifikante Abweichung von null aufweisen, kann die Nullhypothese nicht verworfen werden. Die Nullhypothese wird bei beiden Tests negiert, sobald der kritische Wert einer χ^2-Verteilung die Lagrange-Multiplier-Statistik[644] unterschreitet.[645]

Tab. 12: Ergebnisse des Breusch-Pagan- und des White-Tests. Eigene Darstellung.

Testverfahren	Breusch-Pagan-Test			White-Test		
Signifikanzniveau	1%	5%	10%	1%	5%	10%
Ablehnung der Nullhypothese	22	78	126	61	96	120
Keine Ablehnung der Nullhypothese	844	788	740	805	770	746

640 Analog zu Theuerkorn, K. (2013), S. 238; Distler, J. (2018), S. 257.

641 Analog zu Schremper, R. (2002), S. 241–242; Nix, P. (2007), S. 365; Bimberg, M. (2009), S. 117; Theuerkorn, K. (2013), S. 238.

642 Aufgrund des zentralen Grenzwertsatzes gilt die Prämisse als erfüllt, vgl. Poddig, T./Dichtl, H./Petersmeier, K. (2003), S. 334.

643 Vgl. Wooldridge, J. (2016), S. 250–251.

644 Die Teststatistik resultiert aus dem Produkt aus Bestimmtheitsmaß und Stichprobenumfang der Hilfsregression, vgl. Auer, B./Rottmann, H. (2015), S. 534.

645 Vgl. Poddig, T./Dichtl, H./Petersmeier, K. (2003), S. 324–333; Auer, B./Rottmann, H. (2015), S. 531–534; von Auer, L. (2016), S. 434–436; Wooldridge, J. (2016), S. 252–253; Verbeek, M. (2017), S. 109–110.

Tab. 12 fasst die Ergebnisse des Breusch-Pagan- und White-Testverfahrens zusammen. Der White-Test scheint gegenüber dem Breusch-Pagan-Test bei einem Signifikanzniveau von 1 % und 5 % restriktiver zu sein. So lehnt das Breusch-Pagan-Diagnoseverfahren die Nullhypothese lediglich in 2,5 % bzw. 9,0 % der Fälle ab, während der White-Test für 7,0 % bzw. 11,1 % des Stichprobenumfangs die Nullhypothese, dass Homoskedastizität vorliegt, verwirft. Demgegenüber legen beide Testverfahren für die Mehrheit des Samples eine homoskedastische Verteilung der Residuen nahe. Gleichwohl findet für die gesamte Stichprobe eine Korrektur der Standardabweichung der Koeffizienten statt, um den heteroskedastischen Störtermen – bei Ermittlung der Signifikanz der Koeffizienten – im nachfolgenden Abschnitt Rechnung zu tragen.

Eine weitere Annahme über die Eigenschaft der Residuen betrifft die Unkorreliertheit der Störterme im Zeitablauf (Autokorrelationsfreiheit). Bei Vorlage von Autokorrelation ist ein positiver oder negativer statistischer Zusammenhang der benachbarten[646] Residuen nachweisbar. Zwar sind die negativen Konsequenzen einer Annahmeverletzung mit der der Heteroskedastizität vergleichbar, allerdings sind korrelierte Residuen tendenziell ein Problem von Zeitreihen als von Querschnittsdaten.[647]

Als Standardverfahren[648] zur Aufdeckung von Autokorrelation hat sich der Durbin-Watson-Test[649] etabliert. Die Nullhypothese unterstellt die Freiheit der Residuen von Autokorrelation erster Ordnung. Zur Ermittlung der benötigten Durbin-Watson-Teststatistik wird der Quotient aus der Summe der quadrierten Differenz der jeweils angrenzenden Residuenpaare zu den quadrierten Residuen gebildet. Die Teststatistik nähert sich bei positiver bzw. negativer Autokorrelation einem Wert von null bzw. vier an, während bei Freiheit von Autokorrelation sich ein Wert nahe zwei einstellt. Ferner gibt es in Abhängigkeit der Freiheitsgrade zwischen null und zwei bzw. zwei und vier einen Wertebereich,

646 Darunter verstehen sich die im Zeitablauf aufeinander folgenden Residuen.

647 Vgl. Poddig, T./Dichtl, H./Petersmeier, K. (2003), S. 311; Auer, B./Rottmann, H. (2015), S. 452–453; Backhaus, K./Erichson, B./Plinke, W./Weiber, R. (2016), S. 105; Verbeek, M. (2017), S. 114–115.

648 Vgl. Bimberg, M. (2009), S. 116–117; Theuerkorn, K. (2013), S. 223; Vollmar, J. (2014), S. 225–226; Backhaus, K./Erichson, B./Plinke, W./Weiber, R. (2016), S. 105–106; Distler, J. (2018), S. 256, 258.

649 Vgl. Durbin, J./Watson, G. S. (1951).

der keine Aussage über die Autokorrelation zulässt.[650] Neben dieser Unschärfe erweist sich auch die Normalverteilungsannahme sowie die ausschließliche Fokussierung auf die Autokorrelation erster Ordnung als abträglich für die Diagnose. Deshalb kommt unterstützend[651] der Breusch-Godfrey Lagrange-Multiplier-Test[652] zum Einsatz, der diese Mängel beseitigt.[653] Dieses Testverfahren regressiert das Residuum der originären Gleichung zum Zeitpunkt t mit den zurückliegenden Residuen in Abhängigkeit der unterstellten Ordnung der Autokorrelation. Die Teststatistik weist eine approximative χ^2-Verteilung[654] auf. Bei dieser führt eine Überschreitung des kritischen Testwertes anhand des gewählten Signifikanzniveaus zur Ablehnung der Autokorrelationsfreiheit höherer Ordnung.[655] Die nachfolgende Tabelle stellt die Ergebnisse des Durbin-Watson- und Breusch-Godfrey-Tests dar.

Tab. 13: Ergebnisse des Durbin-Watson- und Breusch-Godrey-Tests. Eigene Darstellung.

Testverfahren	Durbin-Watson-Test		Breusch-Godfrey-Test		
Signifikanzniveau	2%	10%	1%	5%	10%
Ablehnung der Nullhypothese	51	125	29	91	146
Keine Ablehnung der Nullhypothese	795	689	837	775	720
Keine Entscheidung	20	52	-	-	-

650 Vgl. Auer, B./Rottmann, H. (2015), S. 553–554; von Auer, L. (2016), S. 469–473; Verbeek, M. (2017), S. 120–121; Wooldridge, J. (2016), S. 378. Die Nullhypothese der Autokorrelationsfreiheit, wird bei einem Signifikanzniveau von 2 % (10 %) bei einer Teststatistik ≤ 1,522 (1,654) oder ≥ 2,478 (2,346) verworfen und in einem Intervall zwischen 1,562 (1,694) und 2,438 (2,306) nicht abgelehnt, vgl. Savin, N. E./White, K. J. (1977), S. 1992, 1994.

651 Folgende Arbeiten greifen ebenfalls auf dieses Verfahren zurück, vgl. Nix, P. (2007), S. 366; Bimberg, M. (2009), S. 116–117; Theuerkorn, K. (2013), S. 223.

652 Breusch, T. (1978); Godfrey, L. (1978).

653 Vgl. Auer, B./Rottmann, H. (2015), S. 554; von Auer, L. (2016), S. 473–474; Verbeek, M. (2017), S. 121; Winker, P. (2017), S. 178.

654 Die Freiheitsgrade basieren auf der Anzahl der untersuchten Lags, vgl. Auer, B./ Rottmann, H. (2015), S. 556.

655 Vgl. Auer, B./Rottmann, H. (2015), S. 555–556.

Bei der Auswertung der Durbin-Watson-Testergebnisse wird die Autokorrelationsfreiheit erster Ordnung ausschließlich bei Nicht-Ablehnung der Nullhypothese anerkannt.[656] Der Durbin-Watson-Test kann die Nullhypothese in 91,8 % bzw. 85,6 % der Untersuchungen bei einem Signifikanzniveau von 2 % bzw. 10 % beibehalten. Die abgelehnten Stichproben lassen keine Tendenz für positive oder negative Autokorrelation erkennen. Dahingegen kann der Breusch-Godfrey-Test keine Aussagen über die Korrelationsrichtung treffen, dafür kann dieser allerdings die Annahme von Autokorrelationsfreiheit dritter Ordnung validieren.[657] Die Ausgangshypothese kann für 96,7 % bzw. 83,1 % der Beobachtungen bei einem Signifikanzniveau von 1 % bzw. 10 % nicht verworfen werden. Der Vergleich mit der vorherigen Tabelle verdeutlicht, dass bei Zeitreihen autokorrelierte Residuen häufiger als eine Varianzheterogenität der Störterme vorliegen. Trotzdem kann für das Gros der Gesamtstichprobe auf Grundlage der Ergebnisse eine Autokorrelation der Residuen ausgeschlossen werden.

3.3.2.2 Präsentation der Regressionsgüte

Nach der Überprüfung der Modellprämissen wird die Güte der Regression untersucht. Hierbei werden sowohl das Gesamtmodell als auch die einzelnen Parameter analysiert. Die Erklärungskraft des Modells lässt sich anhand des Bestimmtheitsmaßes (R^2) darstellen. Mit diesem wird gemessen, wie gut sich die Regressionsgerade an die erfassten Daten anpasst, indem der Quotient aus erklärbarer Variation und Gesamtvariation gebildet wird. Dabei stellen sich Werte im Bereich zwischen null und eins ein. Je höher dieser Wert liegt, desto höher ist der Erklärungsgrad der Regressionsgeraden.[658] Dennoch gibt das Bestimmtheitsmaß keine Auskunft über die statistische Signifikanz

---

656 Im Hinblick auf den Unschärfebereich wird analog zu Bimberg der strengeren Definition gefolgt, vgl. Bimberg, M. (2009), S. 171.

657 Andere Ordnungen sind auch validierbar.

658 Vgl. von Auer, L. (2016), S. 198–200. Durch die Aufnahme weiterer exogener Variablen wird ein Anstieg des R^2 – unabhängig von dem ursächlichen ökonomischen Zusammenhang – begünstigt, weshalb zur Bereinigung dieses unerwünschten Effekts bei der multivariaten Analyse auf das korrigierte Bestimmtheitsmaß abgestellt wird. Dabei wird die Hinzunahme weiterer erklärender Variablen durch einen Abschlag sanktioniert, weshalb der Anstieg des Erklärungsgehalts an der Gesamtstreuung diesen mindestens kompensieren muss, vgl. Poddig, T./Dichtl, H./Petersmeier, K. (2003), S. 265; von Auer, L. (2016), S. 314; Verbeek, M. (2017), S. 22.

des gesamten Modells.[659] Daher wird zusätzlich auf den F-Test zurückgegriffen, um die Validität des Gesamtmodells beurteilen zu können.[660] Der F-Test überprüft die Nullhypothese, dass alle Regressionskoeffizienten dem Wert null entsprechen und somit kein statistisch signifikanter Zusammenhang zwischen der endogenen und der exogenen Variable vorliegt. Die Nullhypothese wird abgelehnt, sofern der empirisch ermittelte F-Wert den theoretischen - aus der F-Verteilungstabelle entnommenen - F-Wert übersteigt. Damit besitzt die Regressionsfunktion eine statistisch signifikante Aussagekraft für die Grundgesamtheit.[661]

Neben dem Gesamtmodell werden auch die einzelnen Parameter einer Signifikanzprüfung mittels des t-Tests unterzogen. Dazu werden - unter der Annahme der Normalverteilung der Residuen - die jeweiligen Regressionsparameter mit dem Standardfehler der Regression normiert, um die Prüfgröße t zu berechnen. Sofern t das vorgegebene Signifikanzniveau für N-2 Freiheitsgrade überschreitet, muss die Nullhypothese, dass kein statistisch signifikanter Zusammenhang vorliegt, abgelehnt werden. Zur Bereinigung der teilweisen heteroskedastischen und autokorrelierten Störeinflüsse wird die Standardabweichung der Regressionskoeffizienten durch das Newey/West-Verfahren korrigiert. Dies hat eine Erhöhung des Standardfehlers und somit eine Reduktion der t-Werte zur Folge.[662] In Tab. 14 werden die Ergebnisse der Regressionsgüte zusammengefasst:

Tab. 14: Regressionsgüte der univariaten Regressionsanalyse. Eigene Darstellung in Anlehnung an Nix, P. (2007), S. 369.

Lage- und Streuungsmaße	$\hat{\alpha}$	$\hat{\beta}$	R^2	Signifikante Parameter auf einem Niveau von	$\hat{\alpha}$	$\hat{\beta}$
Mittelwert	0,00	1,07	0,34	10%	73	845
Median	0,00	1,05	0,33	5%	34	839
Maximum	0,03	3,04	0,82	1%	6	814
Minimum	-0,01	-1,52	-0,01	Total	866	866

659 Vgl. Auer, B./Rottmann, H. (2015), S. 472; Verbeek, M. (2017), S. 22.

660 Vgl. von Auer, L. (2016), S. 318; Backhaus, K./Erichson, B./Plinke, W./Weiber, R. (2016), S. 86.

661 Vgl. Poddig, T./Dichtl, H./Petersmeier, K. (2003), S. 346; Auer, B./Rottmann, H. (2015), S. 472–473; Backhaus, K./Erichson, B./Plinke, W./Weiber, R. (2016), S. 86; Winker, P. (2017), S. 155–156

662 Vgl. Winker, P. (2017), S. 151–154.

Laut der Ergebnistabelle erklärt der STOXX® Europe 600 Marktindex im Regressionsmodell im Durchschnitt 34 % der gesamten Streuung der Aktienrendite.[663] Vor diesem Hintergrund kann der Median von 33 % als Hinweis für eine geringe Anzahl an Ausreißern interpretiert werden. Es scheint, dass im Mittel ein gewichtiger Anteil der Gesamtstreuung eines Wertpapiers durch das unsystematische Risiko bestimmt wird. Unabhängig davon weisen 97,6 % bzw. 96,9 % der geschätzten Beta-Koeffizienten eine statistische Signifikanz bei einem Niveau von 5 % bzw. 10 % auf. Die jeweiligen Schätzer für Beta besitzen einen Mittelwert und Median i. H. v. 1,07 bzw. 1,05. Neben den konzeptionellen Gründen liegt die empirische Legitimation für die Anwendung des Marktmodells – anstelle des mittelwertbereinigten Modells – vor, da die untersuchten Aktien nicht exakt den Marktbewegungen entsprechen. Ansonsten wären beide Rendite-Erwartungsmodelle zur Beschreibung der Realität vermutlich ergebnisgleich, da der Alphaschätzer im Durchschnitt gegen den Wert null tendiert. Dementsprechend fällt der Anteil der signifikanten Alphaschätzer i. H. v. 3,9 % und 8,4 % an der gesamten Stichprobe bei einem Signifikanzniveau von 5 % und 10 % gering aus. Insgesamt weist der Datensatz eine ähnliche Qualität wie vorangegangene Ereignisstudien auf.[664] Für die Anleihen liegen keine Analysen über die Ergebnisgüte vor, da diese anhand des Matching Portfolio-Ansatzes ermittelt werden.

3.3.2.3 Überprüfung der Normalverteilungsannahme der Überrenditen

Die Anwendung parametrischer Signifikanztests erfordert die Gültigkeit der Normalverteilungsannahme der abnormalen Renditen. Zur Validierung dieser Prämisse bieten sich zum einen visuelle Verfahren wie etwa der Quantil-Quantil(QQ)-Plot und zum anderen formale Normalverteilungstests wie etwa der Shapiro-Wilk-Test an.[665]

In QQ-Plots werden die beobachtbaren Überrenditen den theoretischen – auf der Normalverteilung basierenden – Überrenditen gegenübergestellt. Dabei deutet eine Konvergenz oder Kongruenz der Residuenpaare an die

663 Theuerkorn hat in ihren Analysen ein durchschnittliches Bestimmtheitsmaß von 37 % ermittelt, vgl. Theuerkorn, K. (2013), S. 239–240.

664 Die Güte der Regressionsfunktion ist besser als etwa bei Bimberg, M. (2009), S. 172–713; Distler, J. (2018), S. 285–286.

665 Es existieren noch weitere Normalverteilungstests für erklärende Variablen, die die Verteilungsfunktion (Lilliefors-Test) oder deren Spezifika in Form von Wölbung und Kurtosis (Jarque-Berra-Test) begutachten, vgl. Lilliefors, H. (1969); Jarque, C. M./Bera, A. K. (1980).

Winkelhalbierenden auf eine Bestätigung der Normalverteilungsannahme hin, während eine systematische Divergenz auf die Ablehnung dieser Annahme hinweist.[666] Darauf aufbauend versucht der Verteilungstest nach Shapiro-Wilk die grafischen Ergebnisse des QQ-Plots zu formalisieren. Zur Prüfung der postulierten Nullhypothese, dass eine Normalverteilung der gesamten Stichprobe vorliegt, wird der Quotient aus theoretischer[667] Varianz und tatsächlicher Stichprobenvarianz ermittelt. Die Nullhypothese wird beibehalten, sofern die Varianzen identisch sind bzw. bei einem gewählten Signifikanzniveau der kritische Wert für den Quotienten nicht unterschritten wird.[668] Andernfalls liegt eine Unverträglichkeit der Normalverteilungsannahme vor. Die nachfolgende Abbildung stellt das Ergebnis des visuellen Normalverteilungstests zum Ereignistag (t_0) für Aktien (links) und Anleihen (rechts) dar.

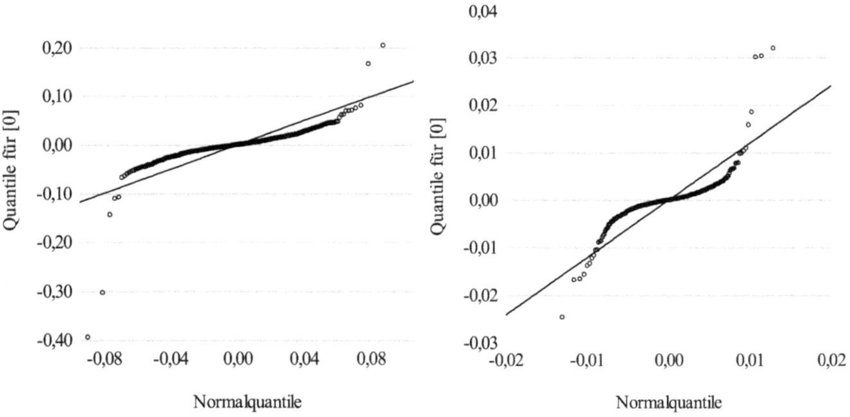

Abb. 14: Ergebnisse des QQ-Plots der Überrenditen am Ereignistag für Aktien und Anleihen. Eigene Darstellung.

Die Verteilung der Überrenditen weicht gemäß den QQ-Plots sowohl für Aktien als auch Anleihen signifikant von der hypothetischen Normalverteilung ab. Dies wird gleichfalls durch den Shapiro-Wilk-Test für Aktien und Anleihen mit einem Wert von 0,6594 bzw. 0,6950 auf einem höchstsignifikanten Niveau

666 Vgl. Auer, B./Rottmann, H. (2015), S. 478.

667 Die erwartete Varianz entspricht der quadrierten Steigung der Regressionsgeraden bzw. Winkelhalbierenden des QQ-Plots, vgl. Shapiro, S. S./Wilk, M. B. (1965), S. 592.

668 Vgl. Shapiro, S. S./Wilk, M. B. (1965), S. 591–593.

bestätigt. Dennoch neigen die Überrenditen der Aktien eher zu einer normalverteilten Form als die abnormalen Anleiherenditen. Für längere Ereignisintervalle muss die Nullhypothese ebenfalls verneint werden. Der Befund der Normalverteilungsverletzung korrespondiert mit den Ergebnissen von Fama (1977), welcher eine leptokurtische Renditeverteilung für abnormale Renditen feststellt.[669] Trotz dieser Erkenntnisse finden parametrische Verfahren in nahezu alle Ereignisstudien Eingang,[670] da sich die jeweiligen Beiträge auf den zentralen Grenzwertsatz berufen. So nähert sich die Verteilung der Überrenditen mit zunehmenden Stichprobenumfang asymptotisch der Normalverteilung an, sofern die Beobachtungen unabhängig und identisch[671] verteilt sind. Die Approximation der Normalverteilung gilt nach Lehrbuchmeinungen ab $N \geq 30$ als hinreichend präzise.[672] Brown/Warner (1985) können die gewünschte Normalverteilungsannäherung für tägliche Überrenditen bei einem Stichprobenumfang $N \geq 50$ empirisch nachweisen.[673] Deshalb verzichten viele Studien auf eine explizite Durchführung von Verteilungstests, da meist ausreichend hohe Stichprobenumfänge vorliegen.[674] Dessen ungeachtet besteht nun Klarheit über die unzureichende Validität von parametrischen Tests bei kleinen Subsamples ($N < 50$), weshalb in diesen Fällen ausschließlich nicht-parametrische Tests interpretiert werden.

3.3.3 Signifikanzanalyse im Rahmen der univariaten Untersuchung

In diesem Abschnitt werden zunächst grundlegende statistische Vorüberlegungen in Bezug auf die Hypothesenspezifikation sowie die Überrenditeeigenschaften diskutiert. Danach folgt die Darstellung von geeigneten parametrischen sowie nicht-parametrischen Testverfahren, um die univariaten

---

669 Vgl. Fama, E. (1977a), S. 21.

670 Vgl. Hundt, S. (2015), S. 217.

671 Je symmetrischer die Verteilung ist, desto schneller vollzieht sich die Annäherung der Beobachtungen an die Normalverteilung, vgl. Auer, B./Rottmann, H. (2015), S. 286.

672 Vgl. Campbell, J. Y./Lo, A. W.-C./MacKinlay, A. C. (1997), S. 161; Auer, B./Rottmann, H. (2015), S. 285–286; von Auer, L. (2016), S. 493. Backhaus hält einen Stichprobenumfang von $N \geq 40$ für zulänglich, vgl. Backhaus, K./Erichson, B./Plinke, W./Weiber, R. (2016), S. 111.

673 Vgl. Brown, S. J./Warner J. B. (1985), S. 9–10; Bartholdy, J./Olson, D./Peare, P. (2007), S. 240.

674 Vgl. Poddig, T./Dichtl, H./Petersmeier, K. (2003), S. 331–332; Auer, B./Rottmann, H. (2015), S. 478.

Forschungshypothesen validieren zu können. Zuletzt werden ungepaarte Zweistichprobentests zur vertiefenden Analyse vorgestellt.

3.3.3.1 Grundlegende statistische Vorüberlegungen

Zur Validierung der Nullhypothese müssen die ermittelten Überrenditen statistischen Testverfahren unterzogen werden. Hierbei wird geprüft, ob die Abweichung vom Erwartungswert null auf zufällige Schwankungen oder systematisch auf das untersuchte Ereignis zurückzuführen ist.[675] Daraus lassen sich allgemeingültige Aussagen über den Informationsgehalt des Ereignisses ableiten.

Vor der Durchführung der Signifikanzanalyse müssen die in Kapitel 3.2 formulierten Hypothesen spezifiziert werden. Dazu wird zunächst eine Nullhypothese aufgestellt, die das Gegenteil der ursprünglich postulierten Hypothese unterstellt. Bspw. nimmt die Nullhypothese von H1 an, dass Ratingänderungen keinen systematischen Einfluss auf die mittlere abnormale Rendite von Eigen- und Fremdkapitalinstrumente hervorrufen. Hingegen vermutet die Alternativhypothese für jene Wertpapiertitel eine im Durchschnitt wesentliche Einflussnahme durch Ratingrevisionen. In Abhängigkeit des gewählten Signifikanzniveaus kann die Höhe der Abweichung vom Erwartungswert null auf einen schwach signifikanten (10 %), signifikanten (5 %), hochsignifikanten (1 %) oder höchstsignifikanten (0,1 %) Zusammenhang geprüft werden. Die postulierten Erwartungswerte für die abnormale Rendite für Null- (H_0) und Alternativhypothese (H_A) lauten wie folgt:[676]

$$H_0 : \overline{AR_t} = 0 \text{ bzw. } \overline{CAR_{\tau_1,\tau_2}} = 0$$

$$H_A : \overline{AR_t} \neq 0 \text{ bzw. } \overline{CAR_{\tau 1,\tau 2}} \neq 0$$

Die Signifikanzanalyse kann anhand von parametrischen und nicht-parametrischen Tests erfolgen. Erstere Verfahren zeichnen sich durch die Analyse des Mittelwertes aus, wodurch die Normalverteilungsannahme eine zwingende Prämisse darstellt. Dagegen erfordert letzteres Verfahren weniger restriktive Verteilungsprämissen zur Durchführung, da auf den Median abgestellt wird.[677]

675 Vgl. Cowan, A. (1992), S. 343.
676 Vgl. Kothari, S. P./Warner, J. B. (2007), S. 9–11; Corrado, C. (2011), S. 211.
677 Vgl. Corrado, C. J./Zivney, T. L. (1992), S. 465; Vollmar, J. (2014), S. 218.

Bevor die einzelnen Tests im Detail vorgestellt und ausgewählt werden, müssen die Auswirkungen möglicher unerwünschter statistischer Eigenschaften der Überrenditen erörtert werden. Darunter fällt die Auto- und Querschnittskorrelation der abnormalen Rendite, die Varianzheterogenität der Überrenditen der (einzelnen) Unternehmen sowie ein Varianzanstieg der Renditen im Ereigniszeitraum.[678]

Die Unabhängigkeit der Überrenditen im Zeitablauf ist eine gängige Annahme in der Ereignisstudienliteratur. Allerdings wird diese Prämisse im Regelfall verletzt, da sämtliche abnormale Renditen im Ereigniszeitraum auf denselben Schätzparametern beruhen.[679] Die mangelnde Berücksichtigung führt zu einer reduzierten Varianz der Überrenditen und folglich zu überhöhten Teststatistiken bzw. Fehlern 1. Art.[680] Letztlich entscheidet bei unadjustierten t-Tests das Verhältnis aus Länge des untersuchten Ereignisintervalls zum Schätzzeitraum über die Ausprägung der Autokorrelation. So weist Cowan (1993) bei einem 100-tägigen Regressionszeitraum und einem Ereignisintervall von zehn (60) Tagen eine um 4,4 % (25,2 %) erhöhte unkorrigierte gegenüber korrigierter Teststatistik nach.[681] Der Forscher kommt zu folgendem Schluss: „[...] that the conventional test statistic based on standardized market model abnormal returns is well specified for event periods of one to 11 days. For longer event periods, the conventional test statistic, called the uncorrected test statistic in this paper, is less well specified."[682] Da alle Ereignisintervalle – mit Ausnahme des Intervalls von [-10,10] – sich in diesem Rahmen bewegen, wird auf eine explizite Erfassung der Autokorrelation verzichtet.

Weitere diskussionswürdige Eigenschaften stellen die Querschnittskorrelation der Überrenditen sowie die abweichende Varianz der Überrendite der einzelnen Unternehmen dar. Zumeist sind Ereignisstudien mit sektoraler Fokussierung und/oder überlappender kalendarischer Ereigniszeitpunkte (Event Date Clustering) von diesen statistischen Eigenschaften betroffen.[683] Bspw. wird eine Analyse der Bekanntgabe einer branchenregulierenden Gesetzesänderung mit hoher Wahrscheinlichkeit heteroskedastische und (positive) querschnittskorrelierte

678 Vgl. Brown, S. J./Warner J. B. (1985), S. 5; Binder, J. (1998), S. 114.

679 Vgl. Salinger, M. (1992), S. 39.

680 Vgl. Cowan, A. R./Nayar, N./Singh, A. K. (1990), S. 550; Kolari, J. W./Pynnönen, S. (2010), S. 3998.

681 Vgl. Cowan, A. (1993), S. 56.

682 Cowan, A. (1993), S. 65.

683 Vgl. Kothari, S. P./Warner, J. B. (2007), S. 11.

Überrenditen aufdecken.[684] Infolgedessen führen die reduzierten Varianzen ebenfalls zu erhöhten Fehlern 1. Art.[685] Allerdings ist bei einer arbiträren Auswahl der kalendarischen Ereignisse die Berücksichtigung von korrelierten Überrenditen entbehrlich.[686]

Zuletzt wirkt sich die Erhöhung der Varianz in der Ereignisperiode im Verhältnis zur Schätzperiode auf die Qualität der verwendeten Teststatistik aus. Bereits frühere Studien haben auf die Problematik des sogenannten ereignisinduzierten Varianzanstiegs hingewiesen.[687] Hierbei kann das Ereignis Ursache oder Symptom einer erhöhten Unsicherheit darstellen. Während bspw. eine unerwartete Ratingänderung eines insolvenznahen Unternehmens selbst zu Unsicherheit auf dem Markt führen kann, kann eine – durch Verschlechterung der makroökonomischen Rahmenbedingungen hervorgerufene – Zunahme der Unsicherheit eine Herabstufung bedingen.[688] Dementsprechend verändert sich in beiden Fällen das Risiko-Ertrags-Profil des untersuchten Emittenten.[689] Weshalb eine Nicht-Berücksichtigung des Varianzanstiegs im Ereigniszeitraum in einer zu häufigen Ablehnung der wahren Hypothese mündet.[690] Dyckman/Philbrick/Stephan (1984) schätzen dieses statistische Problem als das schwerwiegendste von den vier genannten Faktoren ein.[691] Zur Prävention verzerrter Teststatistiken müssen deshalb geeignete parametrische sowie nicht-parametrische Signifikanztests herangezogen werden.

3.3.3.2 Parametrische Signifikanztests

Vor dem Hintergrund der zu berücksichtigenden Überrenditespezifika kann nun ein adäquater parametrischer Signifikanztest ermittelt werden, der potenziellen Verzerrungen Rechnung trägt und gleichzeitig die Power der Tests nicht vermindert. Dafür bietet sich der Ansatz von Boehmer/Musumeci/Poulsen (BMP) (1991)

684 Vgl. Collins, D. W./Dent, W. T. (1984), S. 50–52; Ederington, L./Guan, W./Yang, L. (2015), S. 290.

685 Vgl. Dyckman, T./Philbrick, D./Stephan, J. (1984), S. 3; Harrington, S. E./Shrider, D. G. (2007), S. 230; Kolari, J. W./Pynnönen, S. (2010), S. 3996.

686 Vgl. Dyckman, T./Philbrick, D./Stephan, J. (1984), S. 3; Binder, J. (1998), S. 116.

687 Vgl. Beaver, W. (1968), S. 81–82.

688 Vgl. Kothari, S. P./Warner, J. B. (2007), S. 12.

689 Vgl. Brown, K.C./Harlow, W. V./Tinic S. M. (1988), S. 356–358.

690 Vgl. Brown, S. J./Warner J. B. (1985), S. 23; Binder, J. (1998), S. 115.

691 Vgl. Dyckman, T./Philbrick, D./Stephan, J. (1984), S. 2.

an, welcher als „[...] der bestspezifizierte parametrische Test [...]“[692] erachtet werden kann.[693]

BMP entwickelten auf der Grundlage von Patell (1976) sowie Mikkelson/Partch (MP) (1988) einen Ansatz, der die abnormale Rendite eines Wertpapiers anhand der jeweiligen Standardabweichung der Marktresiduen des Regressionszeitraumes normiert und damit die abweichende Wertpapiervarianz homogenisiert. Damit unterstellt der Ansatz, dass alle abnormalen Wertpapierrenditen eine uniforme Varianz i. H. v. eins besitzen, sofern keine Querschnittskorrelation vorliegt. Für die täglichen mittleren Renditen dient die Korrekturgröße $(C_{i,t})^{0,5}$ zur Adjustierung der Stichprobenstandardabweichung, sofern eine Diskrepanz zwischen der Marktrenditevarianz im Schätz- sowie Ereigniszeitraum besteht, was unbehandelt zu ergebnisverzerrenden Schätzfehlern führt. Darüber hinaus kuriert $C_{i,t}$ die ergebnisverzerrende intertemporäre Korrelation für kumulierte durchschnittliche Überrenditen.[694] Abschließend kann unter Zuhilfenahme des Querschnittansatzes von Brown/Warner (1985) die Querschnittsstandardabweichung des Ereignistages bzw. -zeitraums verwendet werden, um einem möglichen Anstieg der Renditevolatilität in diesem Zeitraum zu begegnen.[695]

Die tägliche standardisierte Überrendite $SAR_{i,t}$ lässt sich gemäß Patell wie folgt ermitteln:[696]

692 Holler, J. (2012), S. 99.

693 Trotz der Vorzüge hat sich diese Methodik eher zögerlich etabliert. So ermitteln Harrington/Shrider (2007), dass lediglich zwei von 103 Studien zwischen 1992 und 2003 auf dieses Verfahren zurückgreifen, vgl. Harrington, S. E./Shrider, D. G. (2007), S. 233. Corrado fasst den Siegeszug von BMP-Test wie folgt zusammen: „The Boehmer-Musumeci-Poulsen T-test is a candidate example of the pieces of an idea floating around for a time before coalescing in a form attracting widespread interest.“, Corrado, C. (2011), S. 214.

694 Vgl. Salinger, M. (1992), S. 39; Ott, C. (2011), S. 129–131; Holler, J. (2016), S. 98–99.

695 Vgl. Boehmer, E./Masumeci, J./Poulsen, A. B. (1991), S. 259–260; Bartholdy, J./Olson, D./Peare, P. (2007), S. 251; Kolari, J. W./Pynnönen, S. (2010), S. 4004.

696 Vgl. Patell, J. (1976), S. 255–256; Peterson, P. (1989), S. 44. Die Verfahren von Patell und MP gleichen sich im Falle von täglichen Überrenditen bei der Berechnung der Stichprobenstandardabweichung und des Korrekturterms. Die MP-Modifikation betrifft lediglich kumulierte Überrenditen, vgl. Mikkelson, W. H./Partch, M. M. (1988b), S. 121–123.

$$SAR_{i,t} = \frac{AR_{i,t}}{\hat{\sigma}_{AR_{i,T_S}} \cdot \sqrt{C_{i,t}}} \tag{3.19}$$

Wobei

$$\hat{\sigma}_{AR_{i,T_S}} = \sqrt{\frac{1}{T_s - 2} \sum_{-110}^{-10} (AR_{i,t} - \overline{AR}_{i,T_S})^2}$$

$$C_{i,t} = 1 + \frac{1}{T_s} + \frac{\left(R_{M,t} - \overline{R}_{M,T_S}\right)^2}{\sum_{t=-110}^{t=-10} (R_{M,t} - \overline{R}_{M,T_S})^2}$$

Mit

$SAR_{i,t}$ = Standardisierte abnormale Rendite i zum Zeitpunkt t

$\hat{\sigma}_{AR_{i,T_S}}$ = Geschätzte Standardabweichung der abnormalen Wertpapierrendite i im Zeitraum von t_{-110} bis t_{-10} mit 98 Freiheitsgraden

$C_{i,t}$ = Korrekturfaktor des Wertpapiers i zum Zeitpunkt t

$\overline{AR}_{i,T_S}$ = Durchschnittliche abnormale Rendite des Wertpapiers i im Schätzzeitraum von t_{-110} bis t_{-10}

$\overline{R}_{M,T_S}$ = Durchschnittliche Marktrendite des Schätzzeitraums von t_{-110} bis t_{-10}.

Zur Erfassung von Ereignisintervallen bietet sich die Modifikation von MP an, da die Autokorrelation der Überrenditen durch $C_{i,t}$ korrigiert wird. Die standardisierte kumulierte Überrendite $SCAR_{i,\tau 1,\tau 2}$ für $[\tau_1,\tau_2]$ ergibt sich aus:[697]

$$\text{Aktien: } SCAR_{i,\tau_1,\tau_2} = \frac{\sum_{t=\tau_1}^{\tau_2} AR_{i,t}}{\hat{\sigma}_{AR_{i,T_S}} \cdot \sqrt{C_{i,\tau_1,\tau_2}}} \tag{3.20}$$

697 Vgl. Mikkelson, W. H./Partch, M. M. (1988b), S. 122–123; Mikkelson, W. H./Partch, M. M. (1988a) Errata; Salinger, M. (1992), S. 41; Ott, C. (2011), S. 130–131; Holler, J. (2016), S. 103.

$$\text{Anleihen: } SCAR_{i,\tau_1,\tau_2} = \frac{\sum_{t=\tau_1}^{\tau_2} AR_{i,t}}{\hat{\sigma}_{AR_{i,T_S}} \cdot \sqrt{T_E}}$$

Wobei

$$C_{i,\tau_1,\tau_2} = T_E + \frac{T_E}{T_S}^2 + \frac{\left(\sum_{t=\tau_1}^{\tau_2}\left(R_{M,t} - \bar{R}_{M,T_S}\right)\right)^2}{\sum_{t=-110}^{t=-10}(R_{M,t} - \bar{R}_{M,T_S})^2}$$

Mit

$SCAR_{i,\tau_1,\tau_2}$ = Standardisierte kumulierte Überrendite des Wertpapiers i für den Zeitraum τ_1 bis τ_2

C_{i,τ_1,τ_2} = Korrekturfaktor für das Wertpapier i für den Zeitraum τ_1 bis τ_2

T_E = Tage im Ereigniszeitraum.

Zuletzt erfolgt die Berücksichtigung des ereignisinduzierten Varianzanstieges durch die Verknüpfung des Ansatzes von Patell bzw. MP mit dem Querschnittsansatz von Brown/Warner[698]. Hierbei wird die standardisierte (kumulierte) durchschnittliche Überrendite mit der Querschnittsstandardabweichung des jeweiligen Ereigniszeitraumes normiert, um die Informationen aus dieser Periode zu inkludieren.[699] Die Teststatistik nach BMP folgt dabei einer studentischen Verteilung mit T_S-1[700] Freiheitsgraden und lässt sich für standardisierte tägliche bzw. kumulierte mittlere abnormale Renditen wie folgt berechnen:[701]

698 Der Querschnittsansatz ermittelt die Teststatistik durch die Division der mittleren abnormalen Rendite mit der Querschnittsstandardabweichung, vgl. Brown, S. J./Warner, J. B. (1980), S. 251; Boehmer, E./Masumeci, J./Poulsen, A. B. (1991), S. 259.

699 Damit impliziert die Methodik eine proportionale Erhöhung der Varianz im Ereigniszeitraum über die gesamte Stichprobe hinweg.

700 Dies gilt sowohl für Aktien als auch Anleihen.

701 Vgl. Boehmer, E./Masumeci, J./Poulsen, A. B. (1991), S. 270–271; Harrington, S. E./Shrider, D. G. (2007), S. 254; Corrado, C. J./Truong, C. (2008), S. 503; Holler, J. (2012), S. 112.

$$t_{BMP} = \frac{\overline{SAR_t} \cdot \sqrt{N}}{\sqrt{\frac{1}{(N-1)} \sum_{i=1}^{N} (SAR_{i,t} - \overline{SAR_t})^2}} \tag{3.21}$$

$$t_{BMP} = \frac{\overline{SCAR_{\tau_1,\tau_2}} \cdot \sqrt{N}}{\sqrt{\frac{1}{(N-1)} \sum_{i=1}^{N} (SCAR_{i,\tau_1,\tau_2} - \overline{SCAR_{\tau_1,\tau_2}})^2}} = \frac{\overline{SCAR_{\tau_1,\tau_2}} \cdot \sqrt{N}}{\hat{\sigma}_{SCAR_{\tau_1,\tau_2}}} \tag{3.22}$$

Wobei

$$\overline{SAR_t} = \frac{1}{N} \sum_{i=1}^{N} SAR_{i,t}$$

$$\overline{SCAR_{\tau_1,\tau_2}} = \frac{1}{N} \sum_{i=1}^{N} SCAR_{i,\tau_1,\tau_2}$$

Mit
$\hat{\sigma}_{SCAR_{\tau_1,\tau_2}}$ = Geschätzte Querschnittsstandardabweichung der standardisierten kumulierten mittleren Überrendite im Ereignisintervall τ_1 bis τ_2 mit 99 Freiheitsgraden
$\overline{SAR_t}$ = Standardisierte mittlere Überrendite zum Zeitpunkt t
$\overline{SCAR_{\tau_1,\tau_2}}$ = Standardisierte kumulierte mittlere Überrendite für das Ereignisintervall τ_1 bis τ_2.

Der Ansatz überzeugt sowohl theoretisch als auch empirisch bei aktienbasierten Ereignisstudien. Insbesondere bei der Robustheit in Bezug auf die Querschnittsvariation der Überrenditen steht der BMP-Ansatz elaborierteren Verfahren in nichts nach.[702] Des Weiteren heben Boehmer et al. (1991) sowie Corrado/Truong (2008) im Rahmen von Aktiensimulationsstudien die Power dieses Tests für die New York Stock Exchange hervor.[703] Auch Holler (2012) hält nach seiner Untersuchung des deutschen, französischen und britischen Kapitalmarktes das

702 Vgl. Harrington, S. E./Shrider, D. G. (2007), S. 230, 239–243; Ott, C. (2011), S. 134.
703 Vgl. Boehmer, E./Masumeci, J./Poulsen, A. B. (1991), S. 260–268; Corrado, C. J./Truong, C. (2008), S. 506–507.

BMP-Testverfahren für einen geeigneten Kandidaten für Ereignisstudien in diesen Märkten.[704]

Der vorgestellte Ansatz kann ebenso zur Standardisierung von Anleiherenditen eingesetzt werden. Allerdings entfällt, wie man Gleichung (3.20) entnehmen kann, der zweite und dritte Term bei der Berechnung des Korrekturfaktors $C_{i,t}$, da zur Ermittlung der Überrendite nach der Matching Portfolio-Methode kein originärer Schätzzeitraum zugrunde liegt.[705] Außerdem weist die Stichprobenvarianz $\hat{\sigma}^2_{AR_i}$ für abnormale Anleiherenditen T_S-1 Freiheitsgrade auf.[706] Während viele Kurzzeitereignisstudien die Notwendigkeit zur individuellen Normierung von Aktien anzweifeln,[707] herrscht in der jüngsten Literatur Einigkeit über die Überlegenheit dieses Verfahrens für Anleihetitel.[708] Dies wird zum einen durch die Heteroskedastizität begünstigenden Eigenschaft des vertraglichen Rückzahlungsanspruches von Fremdkapital begründet. So steigt bspw. die Volatilität von Anleihen mit zunehmender Restlaufzeit, sinkendem Rating sowie in rezessiven Marktphasen. Zum anderen führt die niedrige Liquidität von marktgängigen Fremdkapitaltiteln ebenfalls zu uneinheitlichen Schwankungen innerhalb der Stichprobe.[709] Infolge der Standardisierung verschiebt sich das Gewicht von volatilen zugunsten schwankungsärmeren Anleihen in der Gesamtstichprobe.[710] Deshalb kann Ederington et al. (2015) im Vergleich zur (unstandardisierten) Anleihesimulationsstudie von Bessembinder et al. (2009) eine deutliche Zunahme der Power des t-Tests nach BMP nachweisen.[711]

Trotz der konzeptionellen Vorzüge können verzerrte Testergebnisse resultieren, wenn die Annahme der Querschnittsunabhängigkeit der Überrenditen nicht erfüllt ist. Als Ausweg könnte zwar das adjustierte Verfahren von BMP

704 Vgl. Holler, J. (2012), S. 279, 287, 294.

705 Vgl. Maul, D. (2016), S. 32; Maul, D./Schiereck, D. (2017), S. 776.

706 Vgl. Ederington, L./Guan, W./Yang, L. (2015), S. 285 FN 10.

707 Vgl. Campbell, J. Y./Lo, A. W.-C./MacKinlay, A. C. (1997), S. 162; Kothari, S. P./ Warner, J. B. (2007), S. 11; Vollmar, J. (2014), S. 216.

708 Vgl. Ederington, L./Guan, W./Yang, L. (2015), S. 284.

709 Vgl. Peterson, P. (1989), S. 53; Bessembinder, H./Kahle, K. M./Maxwell, W. F./Xu D. (2009), S. 4220, 4225; Ederington, L./Guan, W./Yang, L. (2015), S. 282, 284; Maul, D./Schiereck, D. (2017), S. 781.

710 Vgl. Kolari, J. W./Pynnönen, S. (2010), S. 4002; Ederington, L./Guan, W./Yang, L. (2015), S. 285.

711 Vgl. Bessembinder, H./Kahle, K. M./Maxwell, W. F./Xu D. (2009), S. 4247; Ederington, L./Guan, W./Yang, L. (2015), S. 286–287; Maul, D./Schiereck, D. (2017), S. 776–777. Darauf bezugnehmend zieht Maul folgendes Fazit: "[…] the improvement of the t-test is the most impressiv.", Maul, D. (2016), S. 32.

nach Kothari und Warner (2010) fungieren. Jedoch ist die Berücksichtigung dieses Verfahrens beim vorliegenden Datensatz nicht opportun, weil maximal drei Stichproben im vorliegenden Sample auf denselben Kalendertag fallen und die Auswahl der Ereignisse arbiträr erfolgt.[712] Schwerer würde eine potenzielle Verfehlung der postulierten (approximativen) Normalverteilung wiegen, da die Ergebnisse der Teststatistik ihre Gültigkeit verlieren.[713] So attestieren Corrado/Truong, dass die Anwendung des BMP-Verfahrens auf die Aktien von herauf- oder herabgestuften US-amerikanischen sowie asiatischen Emittenten eine zu hohe Ablehnungsquote der wahren Nullhypothese nach sich zieht.[714] Dies ist ein valider Kritikpunkt der parametrische Tests im Allgemeinen adressiert. Aus diesem Grund werden zur Validierung der parametrischen Testergebnisse – wie es in der Ereignisstudienliteratur üblich ist – auch nicht-parametrische Signifikanztest komplementär zurate gezogen.[715]

3.3.3.3 Nicht-parametrische Signifikanztests

Nicht-parametrische Signifikanztests abstrahieren zwar von der Prämisse normalverteilter abnormaler Renditen, allerdings werden i. d. R.[716] zumindest

712 Für den interessierten Leser empfiehlt sich Kolari, J. W./Pynnönen, S. (2010). Bei dieser Modifikation wird der t-Test u. a. mit der mittleren Korrelation der Residuenpaare multipliziert, vgl. Ederington, L./Guan, W./Yang, L. (2015), S. 290. Grundsätzlich scheint das Problem der Querschnittskorrelation tendenziell eher Aktien als Anleihen zu betreffen. Letztere Wertpapierart profitiert von der Adaption des Matching Portfolio-Ansatzes, welches bereits korrelierende Effekte wie Laufzeit und Ausfallrisiko erfasst, vgl. Ederington, L./Guan, W./Yang, L. (2015), S. 291–293; Maul, D./Schiereck, D. (2017), S. 777.

713 Vgl. Corrado, C. (2011), S. 215, (1989), S. 386.

714 Vgl. Corrado, C. J./Truong, C. (2008), S. 497, 506–507. Zum gleichen Ergebnis kommen auch Bartholdy et al. für den dänischen Kapitalmarkt, vgl. Bartholdy, J./Olson, D./Peare, P. (2007), S. 236–240.

715 Vgl. Campbell, J. Y./Lo, A. W.-C./MacKinlay, A. C. (1997), S. 173; Kolari, J. W./Pynnönen, S. (2011), S. 3; Distler, J. (2018), S. 253. Dagegen ist eine ausschließliche Betrachtung von nicht-parametrischen Tests atypisch in der Literatur. Jedoch kommen Kolari/Pynnönen zum Schluss, "[...] that nonparametric tests tend to dominate parametric tests and therefore are preferred in event studies of abnormal security price performance.", Kolari, J. W./Pynnönen, S. (2011), S. 966. Vgl. auch Bartholdy, J./Olson, D./Peare, P. (2007), S. 236–240; Ahern, K. (2009), S. 473 FN 6.

716 Dies gilt nicht für den Corrado-Test bzw. seinen Modifikationen, vgl. Corrado, C. (1989), S. 388; Cowan, A. (1992), S. 343.

symmetrische Verteilungsformen für die Überrenditen vorausgesetzt.[717] Im Rahmen der Ereignisstudienliteratur haben sich der Vorzeichentest, Rangtest sowie Vorzeichen-Rangtest etabliert.[718] Die Auswahl der verwendeten Signifikanztests basiert vornehmlich auf der Einschätzung diverser Simulationsstudien, die die Spezifikation dieser Verfahren validieren.

Ein potenzieller Anwärter stellt der Rangtest dar, welcher speziell für die Adaption im Rahmen von Ereignisstudien von Corrado (1988) konzipiert und durch Corrado/Zivney (1992) weiterentwickelt wurde. Grundlegend hat die Beschaffenheit (Schiefe) der zugrunde liegenden Überrenditeverteilung keinen Einfluss auf die Ergebnisgüte, wodurch keine Annahmen über die Verteilungseigenschaft getroffen werden müssen.[719] Bei der Erweiterung nach Corrado/Zivney findet eine Modifikation bzw. Standardisierung der Überrenditen im Geiste von Patell und BMP statt, um die Robustheit gegen die Residueneigenschaften der divergierenden Varianz und des ereignisinduzierten Varianzanstieges zu unterstützen. Zuerst werden die $SAR^{*}_{i,t}$ gemäß Gleichung (3.23) ermittelt.[720]

$$SAR^{*}_{i,t} = \begin{cases} SAR_{i,t} \\ \dfrac{SAR_{i,t}}{\hat{\sigma}_{SAR_t}} \end{cases} \tag{3.23}$$

Mit

$\hat{\sigma}_{SAR_t}$ = Geschätzte Standardabweichung der standardisierten mittleren Überrendite zum Zeitpunkt t.

Danach werden die $SAR_{i,t}$-Werte der Größe absteigend sortiert und der jeweilige Rangplatz $U_{i,t}$ zugeordnet. Es gilt:[721]

$$SAR^{*}_{i,t} \geq SAR^{*}_{i,z}, U_{i,t} \geq U_{i,z} \text{ und } 121 \geq U_{i,t} \geq 1$$

Mit

717 Vgl. Corrado, C. (1989), S. 386; Maul, D./Schiereck, D. (2017), S. 777. Bei symmetrischen Verteilungsformen wird üblicherweise ein Median von null unterstellt, vgl. Corrado, C. J./Zivney, T. L. (1992), S. 477; Armitage, S. (1995), S. 42.

718 Vgl. Mc Williams, A./Siegel, D. (1997), S. 653; Corrado, C. (2011), S. 213; Kliger, D./Gurevich, G. (2014), S. 68–70.

719 Vgl. Corrado, C. (1989), S. 386; Maul, D./Schiereck, D. (2017), S. 777–778.

720 Vgl. Kolari, J. W./Pynnönen, S. (2010), S. 4008; Corrado, C. (2011), S. 215.

721 Vgl. Corrado, C. (1989), S. 388; Corrado, C. J./Zivney, T. L. (1992), S. 475; Kolari, J. W./Pynnönen, S. (2010), S. 4007.

$U_{i,t}$ = Rangplatz der standardisierten mittleren Überrendite i zum Zeitpunkt t.

Bei identischen $SAR^{*}_{i,t}$ -Werten wird der arithmetische Mittelwert der zu verteilenden Ränge jeweils den betroffenen Ausprägungen zugeordnet. Der mittlere zu erwartende Rang lässt sich gemäß der postulierten Nullhypothese, dass das Ereignis keinen wertrelevanten Einfluss auf das Wertpapier ausübt, folgendermaßen ermitteln:[722]

$$\overline{U} = \frac{121}{2} + 0{,}5 = 61 \tag{3.24}$$

Mit
$\overline{U}$ = Erwarteter mittlerer Rangplatz.

Zur Ermittlung der Teststatistik nach Corrado bzw. Corrado/Zivney muss die durchschnittliche Abweichung des Ranges am Ereignistag vom Erwartungswert mit der Standardabweichung der Ränge des gesamten Untersuchungszeitraumes dividiert werden. Die Verteilung der Ränge nähert sich approximativ einer Normalverteilung an, sobald die Stichprobengröße zehn überschreitet.[723] Die Corrado-Teststatistik lässt sich folgendermaßen berechnen:[724]

$$t_C = \frac{1}{N}\sum_{i=1}^{N} \frac{\left(U_{i,t} - \overline{U}\right)}{\sqrt{\frac{1}{121}\sum_{t=-110}^{+10}\left[\frac{1}{N}\sum_{i=1}^{N}\left(U_{i,t} - \overline{U}\right)\right]^2}} \tag{3.25}$$

Der Rangtest scheint in Bezug auf Aktienereignisstudien der leistungsstärkste Signifikanztest und damit ein geeigneter Kandidat für die vorliegende Studie zu sein. Zahlreiche Studien können diese Beobachtung für den US-amerikanischen und dänischen Kapitalmarkt sowie einzelne asiatische Kapitalmärkte

722 Vgl. Corrado, C. (1989), S. 388.

723 Vgl. Corrado, C. (1989), S. 391–392.

724 Vgl. Corrado, C. (1989), S. 388; Campbell, C. J./Wasley, C. E. (1993), S. 78; Campbell, J. Y./Lo, A. W.-C./MacKinlay, A. C. (1997), S. 173.

belegen.[725] Vor diesem Hintergrund ist es nicht nachvollziehbar, weshalb diese Methodik auf dem Gebiet der Anleiheereignisstudien kaum Verwendung findet. So wenden lediglich die Anleihestudien von Steiner (1998) sowie Steiner/Heinke (2001) den Rangtest von Corrado an.[726] Dennoch verbleibt der Einwand, dass lediglich einzelne Ereignistage problemlos mit diesem Ansatz dargestellt werden können.[727] Für Ereignisintervalle bzw. kumulierte Überrenditen sollte stattdessen auf die Erweiterung von Kolari/Pynnönen (2011), dem generalisierten Rangtest (Grank) zurückgegriffen werden, da ansonsten ein Informationsverlust droht.[728]

Analog zu Corrado/Zivney erfolgt die Standardisierung der abnormalen täglichen Renditen im Schätzzeitraum sowie der betrachteten täglichen bzw. kumulierten Überrendite(n) im Ereigniszeitraum gemäß Gleichung (3.19) bzw. (3.20). Dabei wird allerdings der Ereignistag bzw. das jeweils untersuchte kumulierte Ereignisintervall als ein Datenpunkt (π) ausgegeben. Dies hat zur Folge das jede Untersuchungsgruppe 101 Tage aufweist. Weiterhin erfolgt die Querschnittsstandardisierung der standardisierten (kumulierten) abnormalen Rendite.[729] Für tägliche (oben) bzw. kumulierte Überrenditen (unten) gilt:

$$GSAR_{i,t} = \begin{cases} SAR_{i,t} & t = -110,\ldots,-11 \\ \dfrac{SAR_{i,t}}{\hat{\sigma}_{SAR_t}} & t = \pi \in [-10,10] \end{cases}$$

$$GSAR_{i,t} = \begin{cases} SAR_{i,t} & t = -110,\ldots,-11 \\ \dfrac{SCAR_{i,t}}{\hat{\sigma}_{SCAR_t}} & t = \pi = \tau_1, \tau_2 \end{cases}$$

725 Vgl. Corrado, C. (1989), S. 389, 391–393; Corrado, C. J./Zivney, T. L. (1992), S. 476–477; Cowan, A. (1992), S. 350–351; Campbell, C. J./Wasley, C. E. (1993), S. 80–81, 83–84, 91; Cowan, A. R./Sergeant, A. M. A. (1996), S. 1751,1754; Bartholdy, J./Olson, D./Peare, P. (2007), S. 238–239; Corrado, C. J./Truong, C. (2008), S. 505–509, 516–517; Kolari, J. W./Pynnönen, S. (2010), S. 4014–4015.

726 Vgl. Heinke, V. (1998), S. 393–394; Steiner, M./Heinke, V. G. (2001), S. 140, 143.

727 Vgl. Corrado, C. (1989), S. 395; Cowan, A. (1992), S. 351.

728 Vgl. Cowan, A. (1992), S. 351; Kolari, J. W./Pynnönen, S. (2011), S. 954. Aus Sicht von Kolari/Pynnönen erklärt das die weite Verbreitung parametrischer Testverfahren, da diese nicht unter diesen Unzulänglichkeiten leiden, vgl. Kolari, J. W./Pynnönen, S. (2011), S. 954.

729 Vgl. für die folgenden Ausführungen Kolari, J. W./Pynnönen, S. (2011), S. 955–956.

Mit

$\hat{\sigma}_{SCAR_t}$ = Geschätzte Querschnittsstandardabweichung der standardisierten kumulierten mittleren Überrendite zum Zeitpunkt t.

Im nächsten Schritt erfolgt die Rangzuweisung der generalisierten standardisierten Überrenditen in absteigender Reihenfolge sowie eine Standardisierung der zugeteilten Rangplätze:

$$y_{i,t} = \frac{\text{Rang}(GSAR_{i,t})}{(T_S + 2)} - 0{,}5 \qquad (3.26)$$

Mit

$y_{i,t}$ = Standardisierter mittlerer Querschnittsrangplatz der Überrendite i zum Zeitpunkt t.

Somit beträgt, unter der postulierten Nullhypothese, dass das kumulierte Ereignisintervall nicht signifikant von null abweicht, der erwartete standardisierte Rang am Ereignistag $E[y_{i,0}]$:

$$E[y_{i,0}] = 0$$

Danach muss der mittlere standardisierte Querschnittsrangplatz $\bar{y}_t$ sowie die Standardabweichung der standardisierten mittleren Querschnittsrangplätze $\sigma_{\bar{y}}$ quantifiziert werden:

$$\bar{y}_t = \frac{1}{N}\sum_{i=1}^{N} y_{i,t} \qquad (3.27)$$

$$\sigma_{\bar{y}} = \sqrt{\frac{1}{T_S + 1}\sum_{t=1}^{T_S+1} \bar{y}_t^{\,2}} \qquad (3.28)$$

Abschließend lässt sich die approximativ normalverteilte Prüfgröße t_{KP} bilden:

$$t_{KP} = \frac{\bar{y}_0}{\sigma_{\bar{y}}} \sqrt{\frac{T_S - 1}{T_S - \left(\frac{\bar{y}_0}{\sigma_{\bar{y}}}\right)^2}} \tag{3.29}$$

Die Vorzüge dieses Tests lassen sich wie folgt zusammenfassen: „[...] it is robust to event-induced volatility [...], it is reasonably robust to autocorrelation of abnormal returns [...], it is robust against a certain degree of cross-correlation caused by event day clustering [... a]nd last, it is distribution free and thus less sensitive to distributional assumptions than parametric counterparts.“[730] Der vorgestellte Ansatz profitiert vom Rangtest als Ausgangsbasis sowie den durchgeführten Modifikationen, die dadurch die Power des Grundmodells übertreffen. So verdeutlicht die Simulationsstudie von Kolari/Pynnönen die Überlegenheit dieses Tests gegenüber den gängigen parametrischen (Brown/ Warner, Patell sowie BMP) sowie nicht-parametrischen Verfahren (Rang- sowie Vorzeichentest). Dies gilt insbesondere bei längeren Ereignisintervallen wie etwa [-5,5] sowie [-10,10].[731] Dieser Befund wird ebenfalls von Holler (2012) für die Länder Deutschland, Frankreich und das Vereinigte Königreich geteilt.[732] Aufgrund dessen wird der generalisierte Rangtest für die vorliegende Credit Rating-Ereignisstudie als zuverlässigstes Signal zur Signifikanzprüfung abnormaler Aktienrenditen erachtet.

Da keine empirischen Studienergebnisse für Anleiherenditen zum Rangtest bzw. Grank-Test vorliegen, wird ergänzend auf den etablierten Vorzeichen-Rangtest nach Wilcoxon[733] abgestellt, welcher als nicht-parametrisches Verfahren am häufigsten Einzug in Ereignisstudien hält.[734] Bei dieser Methodik wird im Vergleich zum Vorzeichen oder Rangtest, sowohl das Vorzeichen als auch die Höhe der Überrendite erfasst. Den Ausgangspunkt bildet erneut die standardisierten abnormalen Renditen gemäß Gleichung (3.19) bzw. (3.20). Die Ausgangshypothese unterstellt, dass für die täglichen (bzw. kumulierten) standardisierten Überrenditen keine signifikante Abweichung vom Median von null (Med_0) vorliegt. Zur Überprüfung dieser These wird zunächst die

730 Kolari, J. W./Pynnönen, S. (2011), S. 954.
731 Vgl. Kolari, J. W./Pynnönen, S. (2011), S. 963.
732 Vgl. Holler, J. (2012), S. 272–296.
733 Vgl. Wilcoxon, F. (1945).
734 Vgl. Holler, J. (2012), S. 99.

Differenz zwischen dem unterstellten Median und der standardisierten Überrendite $SAR_{i,t}$ gebildet.[735]

$$SAR'_{i,t} = SAR_{i,t} - Med_0 \tag{3.30}$$

Im Anschluss folgt die Anordnung der absoluten $SAR'_{i,t}$-Werte in absteigender Reihenfolge und die simultane Transformation dieser Wertdifferenzen in Rangplätze. Dem betragsmäßig kleinsten $SAR'_{i,t}$-Wert wird dabei der erste Rang zugewiesen, während dem größten Wert der Rang N zugeteilt wird. Es gilt:

$$M_{i,t} = \text{Rang}\left(SAR'_{i,t}\right) \tag{3.31}$$

Wobei
$\left|SAR'_{i,t}\right| \geq \left|SAR'_{i,z}\right|$, $M_{i,t} \geq M_{i,z}$ sowie $121 \geq M_{i,t} \geq 1$

Mit
$M_{i,t}$ = Rangplatz der standardisierten Überrendite i zum Zeitpunkt t.

Anschließend lässt sich die Testgröße W_N^+ durch die Addition der Rangzahlen, deren zugrunde liegenden Differenzen $\left(SAR'_{i,t}\right)$ ein positives Vorzeichen besitzen, ermitteln:[736]

$$W_N^+ = \sum_{i=1}^{N} M_i^+ \tag{3.32}$$

Unter der Annahme eines ausreichend großen Stichprobenumfangs $(N > 20)$ liegt eine approximative Normalverteilung der Teststatistik vor, womit sich die Prüfgröße z_W wie folgt ermitteln lässt:[737]

---

735 Vgl. Seeger, H. (1998), S. 192–193; Hauser, S. (2003), S. 152; Vollmar, J. (2014), S. 218.

736 Vgl. Seeger, H. (1998), S. 193; Oerke, M. (1999), S. 86; Theuerkorn, K. (2013), S. 204.

737 Vgl. Oerke, M. (1999), S. 86; Hauser, S. (2003), S. 152; Pauser, S. (2007), S. 104; Hartung, J. (2009), S. 541; Holler, J. (2016), S. 125.

$$z_W = \frac{W_N^+ - \frac{N \cdot (N+1)}{4}}{\sqrt{\frac{N \cdot (N+1) \cdot (2 \cdot N+1)}{24}}} \tag{3.33}$$

Die Vorgehensweise behält ihre Gültigkeit auch bei kumulierten Überrenditen und kann sowohl für Anleihe- als auch für Aktientitel angewendet werden.[738] Der Vorteil dieses Tests liegt in der weniger rigiden Verteilungseigenschaft gegenüber parametrischen Tests. So wird lediglich unterstellt, dass die Überrenditen unabhängig und symmetrisch um den Median verteilt sind. Insbesondere bei Verteilungen mit sogenannten fetten Enden zeigt sich die Überlegenheit des Vorzeichen-Rangtests im Vergleich zum parametrischen t-Test.[739] Allerdings führt eine Verletzung der Binomialverteilung bzw., dass positive und negative Abweichungen vom Med_0 gleichwahrscheinlich sind, dazu, dass die Testergebnisse verzerrt werden. Im Allgemeinen weisen Finanzmarktrenditen eine Tendenz zur Rechtsschiefe auf. Infolgedessen wird die Nullhypothese zu oft nicht verworfen (Fehler 2. Art).[740] Im speziellen Fall von Credit Rating-Revisionen ist in der Literatur die Annahme verbreitet, dass solch eine Symmetrie eher zufällig als systematisch vorliegt und die Art der Schiefe von der Ratingrichtung abhängt.[741] Zudem stellen Aktiensimulationsstudien ein gemischtes Urteil über die Leistungsfähigkeit dieses Verfahrens aus.[742] Dennoch findet dieses Verfahren in der vorliegenden Arbeit Anwendung. Dieser Schritt wird durch die nachgewiesene Power sowie Trennschärfe im Rahmen der Anleihesimulationsstudien von Bessembinder et al. (2009) sowie Ederington et al. (2015) begründet.[743] Insbesondere die Standardisierung der abnormalen Renditen

738 Vgl. Heinke, V. (1998), S. 392–393; Seeger, H. (1998), S. 193.

739 Vgl. Kolari, J. W./Pynnönen, S. (2010), S. 3998.

740 Vgl. Armitage, S. (1995), S. 42–43; Campbell, J. Y./Lo, A. W.-C./MacKinlay, A. C. (1997), S. 172.

741 Vgl. Ott, C. (2011), S. 137; Hundt, S. (2015), S. 168.

742 Vgl. Blair, R. C./Higgins, J. J. (1980), 317–320; Brown, S. J./Warner, J. B. (1980), S. 215, 218; Holler, J. (2012), S. 278, 282, 287, 289, 295–296.

743 Vgl. Bessembinder, H./Kahle, K. M./Maxwell, W. F./Xu D. (2009), S. 4249; Ederington, L./Guan, W./Yang, L. (2015), S. 287. Der Verfasser der vorliegenden Arbeit unterstellt, dass sich die beiden Ergebnisse des US-amerikanischen Kapitalmarktes auch auf den europäischen Markt übertragen lassen.

scheint diese Dominanz zu begünstigen.[744] Daher wird der Wilcoxon-Test als Signifikanztest erster Ordnung für Anleiherenditen eingestuft.

Für die vorliegende Credit Rating-Ereignisstudie werden damit der parametrische t-Test nach BMP sowie der nicht-parametrische generalisierte Rangtest nach Kolari/Pynnönen und Vorzeichen-Rangtest nach Wilcoxon eingesetzt.[745] Allerdings wird in Abhängigkeit der untersuchten Wertpapierkategorie das Signifikanzverfahren eine abweichende Relevanz aufweisen. So orientiert sich die Interpretation der Signifikanzanalyse für Aktien primär auf die Ergebnisse des Grank-Tests bzw. für Anleihen auf die Resultate des Wilcoxon-Tests, da diese nachweislich die beste Performance in den jeweiligen Simulationsstudien erzielen. Sofern kein signifikantes Ergebnis vorliegt, wird simultan auf die sekundären bzw. den verbliebenen Analyseverfahren abgestellt. Dabei müssen beide Tests signifikante Ergebnisse ausweisen, damit die Wertrelevanz anerkannt wird. Dies stellt sicher, dass die parametrische Verteilungsannahme keine Rolle für die Interpretation der Ergebnisse spielt.[746] Dennoch können die Ergebnisse des t-Tests sinnvoll sein, um diese mit bisherigen Credit Rating-Studien vergleichen zu können.[747] Das gleiche Argument wird auch angeführt, um die Berechnung der standardisierten Überrenditen auf die statistischen Signifikanzanalysen zu beschränken. Kolari/Pynnönen (2010) merken dazu an: „[...] scaled returns should be used only for statistical testing purposes as signal detection devices of the event effect, while raw returns carry the economic information for interpretation purposes when a signal is detected."[748]

3.3.3.4 Ungepaarte Zweistichproben-Signifikanztests

Nachdem die univariaten Analysen durchgeführt worden sind, kann im zweiten Schritt getestet werden, ob sich die ermittelten kumulierten mittleren Überrenditen von zwei Subsamples signifikant unterscheiden. Dies kann bspw. bei

744 Vgl. Ederington, L./Guan, W./Yang, L. (2015), S. 287. Ein direkter Vergleich zwischen dem Vorzeichen-Rangtest und dem Grank-Test würde sich im Rahmen einer Anleihesimulationsstudie zur Erforschung anbieten.

745 Nach der Studie von Holler kommen in lediglich 22 % der Ereignisstudien mehr als ein Signifikanztest zum Einsatz, vgl. Holler, J. (2012), S. 98–99.

746 Vgl. Campbell, J. Y./Lo, A. W.-C./MacKinlay, A. C. (1997), S. 171–172.

747 Vgl. Hundt, S./Sprungk, B./Horsch, A. (2017b), S. 152.

748 Kolari, J. W./Pynnönen, S. (2010), S. 4002. Auch andere Autoren bevorzugen zur besseren Interpretation unstandardisierte Überrenditen, vgl. Renneboog, L./Szilagyi, P. G./Vansteenkiste, C. (2017), S. 178.

der Gegenüberstellung von NG- zu IG-Ratingurteilen innerhalb einer Wertpapierkategorie sinnvoll sein.[749]

Der parametrische Zweistichproben t-Test überprüft die Nullhypothese, ob die beiden unabhängigen Stichprobengruppen den gleichen Mittelwert besitzen. Bei Vorlage eines ausreichend großen Stichprobenumfanges gilt die Teststatistik als approximativ normalverteilt und wird wie folgt dargestellt:[750]

$$t_{\text{Zweistichprobentest}} = \frac{\overline{AR}_1 - \overline{AR}_2}{\sqrt{\dfrac{(N_1 + N_2)\cdot\left((N_1 - 1)\hat{\sigma}_1^2 + (N_2 - 1)\hat{\sigma}_2^2\right)}{N_1 \cdot N_2 \cdot (N_1 + N_2 - 2)}}}$$

$$t_{\text{Zweistichprobentest}} = \frac{\overline{CAR}_{1,\tau_1,\tau_2} - \overline{CAR}_{2,\tau_1,\tau_2}}{\sqrt{\dfrac{(N_1 + N_2)\cdot\left((N_1 - 1)\hat{\sigma}_1^2 + (N_2 - 1)\hat{\sigma}_2^2\right)}{N_1 \cdot N_2 \cdot (N_1 + N_2 - 2)}}} \tag{3.34}$$

Mit

$\overline{AR}_u$ = Mittlere Überrendite der Untersuchungsgruppe $u \in \{1,2\}$

$\overline{CAR}_{u,\tau_1,\tau_2}$ = Mittlere kumulierte Überrendite der Untersuchungsgruppe $u \in \{1,2\}$ für das Ereignisintervall τ_1 bis τ_2

N_u = Anzahl der Stichproben je Untersuchungsgruppe $u \in \{1,2\}$

$\hat{\sigma}_u^2$ = Geschätzte Stichprobenvarianz der Untersuchungsgruppe $u \in \{1,2\}$

Index u = Untersuchungsgruppe u.

Die Anzahl der Freiheitsgrade entspricht $d_F = N_1 + N_2 - 2$. Neben der Normalverteilung der betrachteten Renditen muss bei diesem Verfahren eine homogene Varianz vorliegen. Diese Bedingung kann mittels des F-Tests überprüft werden.[751]

---

749 Liegen hingegen gepaarte Stichproben vor, können die Tests aus Kapitel 3.3.3.2 und 3.3.3.3 verwendet werden.

750 Vgl. Ott, R. L./Longnecker, M. (2001), S. 293–297.

751 Vgl. Heinke, V. (2000), S. 324; Ott, R. L./Longnecker, M. (2001), S. 369–375.

Sollte hingegen eine heterogene Varianz zwischen den Gruppen vorliegen, so wird alternativ auf den Welch t-Test rekurriert, welcher speziell für diese Rahmenbedingung konzipiert wurde und die gleiche Nullhypothese prüft. Die Teststatistik kann als approximativ normalverteilt bei $N_1 > 30$ sowie $N_2 > 30$ angenommen werden und wird folgendermaßen bestimmt:[752]

$$t_{Welch} = \frac{\overline{AR_1} - \overline{AR_2}}{\sqrt{\frac{\hat{\sigma}_1^2}{N_1} + \frac{\hat{\sigma}_2^2}{N_2}}} \text{ bzw. } t_{Welch} = \frac{\overline{CAR_{1,\tau1,\tau2}} - \overline{CAR_{2,\tau1,\tau2}}}{\sqrt{\frac{\hat{\sigma}_1^2}{N_1} + \frac{\hat{\sigma}_2^2}{N_2}}} \tag{3.35}$$

Wobei[753]

$$d_{F,Welch} = \frac{\left(\frac{\hat{\sigma}_1^2}{N_1} + \frac{\hat{\sigma}_1^2}{N_1}\right)}{\frac{\frac{\hat{\sigma}_1^2}{N_1}}{N_1 - 1} + \frac{\frac{\hat{\sigma}_2^2}{N_2}}{N_2 - 1}} \tag{3.36}$$

Der Vorteil dieses Verfahrens liegt darin, dass keine Varianzhomogenität zwischen den beiden Stichproben vorliegen muss.[754] Jedoch ist die Leistungsfähigkeit dieses Verfahrens weiterhin an die Normalverteilungsbedingung geknüpft.

Daher wird gleichfalls auf den nicht-parametrischen Rangsummentest von Wilcoxon-Mann-Whitney zurückgegriffen, um die Nullhypothese, dass ein gleicher Median vorliegt zu überprüfen.[755] Dazu werden als Erstes die Werte beider Stichproben gepoolt. Danach folgt analog zum Vorzeichen-Rangtest die Sortierung der absoluten Werte in aufsteigender Reihenfolge (3.31) und die Zuordnung des entsprechenden Ranges von 1 bis (N_1+N_2). Zur Ermittlung der Prüfgröße W_{N_1,N_2} bedarf es zuletzt der Aggregation der Rangplätze L_i für die erste Stichprobengruppe (1):[756]

---

752 Vgl. Auer, B./Rottmann, H. (2015), S. 374; Bleymüller, J./Weißbach, R./Dörre, A. (2020), S. 105–106.

753 Vgl. Holler, J. (2012), S. 124; Hartung, J. (2009), S. 510.

754 Vgl. Auer, B./Rottmann, H. (2015), S. 374.

755 Vgl. Wilcoxon, F. (1945); Mann, H. B./Whitney, D. R. (1947).

756 Vgl. Hartung, J. (2009), S. 517.

$$W_{N_1,N_2} = \sum_{i=1}^{N_1} L_i \tag{3.37}$$

Bei Vorlage eines ausreichend großen Stichprobenumfanges ($N_1 \geq 10$, $N_2 \geq 10$) gilt eine approximative Standardnormalverteilung der Teststatistik. Damit lässt sich die Prüfgröße z_{WMW} des Wilcoxon-Mann-Whitney-Tests wie folgt berechnen:[757]

$$z_{WMW} = \frac{W_{N_1,N_2} - 0{,}5 \cdot N_1 \cdot (N_1 + N_2 + 1)}{\sqrt{\frac{1}{12} N_1 \cdot N_2 \cdot (N_1 + N_2 + 1)}} \tag{3.38}$$

Der Test benötigt zwar keine Normalverteilungsannahme wie der parametrische t-Test, jedoch ist weiterhin die Unabhängigkeit der Stichproben sowie eine einheitliche Varianz vonnöten.[758] Dennoch erweist sich der Rangsummentest als robust gegenüber schiefen und gewölbten Verteilungsformen und schneidet bei solchen Charakteristika besser als der parametrische t-Test ab. Liegt hingegen eine Normalverteilung vor, weist der t-Test im Vergleich eine höhere Power auf, da der parametrische Test die Spannweite und nicht den relativen Rang bei der Auswertung heranzieht.[759] Daher ist der Rückgriff auf beide Testverfahren gerechtfertigt, um unabhängig von der vorliegenden Verteilungsform ein valides Urteil fällen zu können.

3.3.4 Konzeption der multivariaten Analyse

Üblicherweise werden bei der Feststellung signifikanter Überrenditen im Rahmen der univariaten Analyse die Untersuchungen mittels einer Querschnittsregression vertieft.[760] Dabei finden die ermittelten abnormalen Renditen der vorangegangenen Analyse als erklärte Variable und emittenten-, rating- sowie marktspezifische Kennzahlen als erklärende Variable Eingang in das Kalkül.

Die Querschnittsregression dient dazu, ggf. dämpfende oder verstärkende Einflüsse der untersuchten Variablen auf die Reaktionsstärke der Überrenditen

757 Vgl. Ott, R. L./Longnecker, M. (2001), S. 289; Hartung, J. (2009), S. 516–517.
758 Vgl. Ott, R. L./Longnecker, M. (2001), S. 288.
759 Vgl. Ott, R. L./Longnecker, M. (2001), S. 295.
760 Vgl. Peterson, P. (1989), S. 49; Goh, J. C./Ederington L. H. (1999), S. 106.

aufzudecken.[761] Die Auswahl der Regressoren und die Formulierung der Wirkungszusammenhänge sollte jedoch nicht willkürlich, sondern auf Basis einer gehaltvollen Theorie erfolgen, um die Aussagekraft der empirischen Ergebnisse zu untermauern.[762] Die Querschnittsregressionsfunktion weist i. d. R. folgende allgemeingültige Form auf:[763]

$$AR_{i,t} = \alpha_0 + \sum_{q=1}^{m} \beta_q \cdot X_q + \varepsilon_t \text{ bzw. } CAR_{i,\tau_1,\tau_2} = \alpha_0 + \sum_{q=1}^{m} \beta_q \cdot X_q + \varepsilon_{\tau_1,\tau_2} \quad (3.39)$$

Mit
X_q = Erklärende Variable q mit ∈ {1 bis m}
β_q = Regressionskoeffizient q mit ∈ {1 bis m}
Index q = Variable q.

Doch bevor die Ergebnisse der multivariaten Analyse interpretiert werden dürfen, müssen zunächst die Anwendungsvoraussetzungen im Hinblick auf die Multikollinearität überprüft werden, um ggf. notwendige Adjustierung vornehmen zu können.[764] Bei mehr als einer erklärenden Variable kann das Problem der Multikollinearität auftreten. Dabei handelt es sich um einen linearen Zusammenhang zwischen den erklärenden Variablen, welche ab einer bestimmten Ausprägung zu verzerrten Teststatistiken führen können, da der Standardfehler der Koeffizienten überschätzt wird. Ursächlich verantwortlich ist die Redundanz der Informationen und die mangelnde Zuweisbarkeit der Informationsmenge auf die Regressoren.[765] Aufgrund dessen können bspw. die Koeffizienten insignifikante Ergebnisse aufweisen, während das Bestimmtheitsmaß jedoch signifikant ist, da der Standardfehler der Regressionsfunktion abnimmt.[766] Zur Identifikation von potenzieller Multikollinearität wird auf Variance Inflation Factors (VIF)

---

761 Vgl. Hair, J. (2014), S. 229; Karafiath, I. (2014), S. 428; Hundt, S./Sprungk, B./Horsch, A. (2017b), S. 158.

762 Vgl. Mc Williams, A./Siegel, D. (1997), S. 638.

763 Vgl. Kiesel, F./Schiereck, D. (2015), S. 90.

764 „Published studies often contain little or no discussion of why a particular estimation method was chosen.“, Harrington, S. E./Shrider, D. G. (2007), S. 235 FN 7. So auch Steiner, M./Heinke, V. G. (2001), S. 150.

765 Vgl. Heinke, V. (1998), S. 470 FN 228; Chatterjee, S./Simonoff, J. S. (2013), S. 26; Backhaus, K./Erichson, B./Plinke, W./Weiber, R. (2016), S. 107.

766 Vgl. Greene, W. (2003), S. 57; Auer, B./Rottmann, H. (2015), S. 514.

zurückgegriffen. Dazu wird jede unabhängige Variable q mit den verbliebenen Regressoren regressiert und das resultierende Bestimmtheitsmaß R_q^2 dieser Regressionsfunktion wie folgt berücksichtigt, um den VIF_q zu ermitteln:[767]

$$VIF_q = \frac{1}{1 - R_q^2} \tag{3.40}$$

Die Literatur definiert üblicherweise VIF_q Ausschlussgrenzen i. H. v. zehn, wodurch ein $R^2 < 0{,}9$ zulässig ist.[768] Durch die Suspendierung von Variablen kann die Multikollinearität des Modells beseitigt werden, weil i. d. R. das Bestimmtheitsmaß und infolgedessen der VIF abnimmt.[769] Da mehrere Modelle mit unterschiedlichen Variablenkonstellationen geprüft werden, erfolgt ein Ausschluss von Modellen, welche den Schwellenwert von zehn überschreiten.

Daneben ist die Bedingung der Homoskedastizität zu prüfen. Dazu erfolgt erneut die Anwendung des Breusch-Pagan-Verfahrens.[770] Sollten sich im Rahmen dieser Diagnose heteroskedastisch geprägte Residuen abzeichnen, so wird anstelle des einfachen t-Tests auf robuste Standardfehler nach White abgestellt.[771] Darüber hinaus erfolgt zur Korrektur der Heteroskedastizität auch die Anwendung des Feasible Generalized Least Square (FGLS)-Ansatzes auf Anraten von Wooldridge (2018), um die allgemeine Modellgüte zwischen der klassischen OLS-Regression und der FGLS-Regression gegenüberzustellen.

Zur Durchführung des FGLS-Verfahrens sind fünf Schritte notwendig. Im ersten Schritt wird eine OLS-Regression durchgeführt, um die Residuen zu erhalten. Die Störterme werden danach quadriert und mit dem natürlichen

---

767 Vgl. Auer, B./Rottmann, H. (2015), S. 515; Backhaus, K./Erichson, B./Plinke, W./Weiber, R. (2016), S. 108–109.

768 Vgl. Backhaus, K./Erichson, B./Plinke, W./Weiber, R. (2016), S. 108; Wooldridge, J. (2018), S. 92.

769 Vgl. Auer, B./Rottmann, H. (2015), S. 519; Backhaus, K./Erichson, B./Plinke, W./Weiber, R. (2016), S. 110.

770 Hair weist auf die Wichtigkeit zur Prüfung der Anwendungsvoraussetzungen hin, vgl. Hair, J. (2014), S. 179–182. Die Autokorrelationsfreiheit wird nicht geprüft, da kein zeitlicher Zusammenhang zwischen den Stichproben besteht, vgl. Hundt, S./Sprungk, B./Horsch, A. (2017b), S. 160–161.

771 Vgl. Harrington, S. E./Shrider, D. G. (2007), S. 230–231. Vgl. für eines ähnliches Resultat Karafiath, I. (2014), S. 425–427. "The use of heteroskedasticity-consistent standard errors is advised since there is no reason to expect the residuals […] to be homoskedastic.", Campbell, J. Y./Lo, A. W.-C./MacKinlay, A. C. (1997), S. 174.

Logarithmus logarithmiert. Anschließend wird dieses Ergebnis als Regressand in die originäre Regressionsfunktion eingesetzt und regressiert. Darauffolgend werden die resultierenden geschätzten Regressanden exponiert, um den Faktor h zu erhalten. Zuletzt wird erneut die erste Regressionsfunktion ausgeführt, wobei jeder Koeffizient mit dem Faktor $\frac{1}{h^{0,5}}$ gewichtet wird.[772]

Überdies werden nicht nur die Regressionskoeffizienten, sondern auch die standardisierten Koeffizienten vorgestellt. Dies erlaubt einen direkten Vergleich zwischen den Koeffizienten in Bezug auf die Effektstärke auf den Regressanden, da alle Koeffizienten die gleiche Einheit in Form einer Standardabweichung aufweisen.[773] Damit sind alle relevanten Schritte zur Durchführung der Ereignisstudie bekannt, welche im anschließenden Kapitel angewendet werden.

772 Vgl. von Auer, L. (2016), S. 440–442; Wooldridge, J. (2018), S. 278–281.
773 Vgl. Hair, J. (2014), S. 207–208.

4 Durchführung der Credit Rating-Ereignisstudie

Das Kapitel bildet den Kern der empirischen Arbeit. Zunächst werden der Rating-Stichprobenerhebungsprozess, die verwendeten Daten sowie deren Herkunft beschrieben. Danach schließt sich die deskriptive Analyse des verbliebenen Stichprobensamples an. Im Anschluss daran folgt die empirische Untersuchung mit der uni- und multivariaten Analyse. Die univariate Analyse verifiziert die ersten vier aufgestellten Forschungshypothesen, indem sie den statistisch signifikanten Einfluss der Ratingänderung auf den Wert von Aktien- und Anleihetitel durch die Bildung, Analyse und Gegenüberstellung von Teilstichproben testet. Dabei werden auch Auskünfte über den absoluten Werteinfluss von Bonitätsauskünften auf die zugrunde liegenden Wertpapiere erteilt. Die multivariate Untersuchung validiert die verbliebenen elf Hypothesen mittels einer Querschnittsregression. Hierbei soll ein geeignetes Regressionsmodell eruiert werden, um zum einen signifikante Determinanten auf die Überrendite bei Ratingrevisionen zu identifizieren und zum anderen ein Prognosemodell aufzusetzen, welches in der Lage ist, die abnormalen Renditen zu schätzen. Abschließend wird das Kapitel durch die Konsolidierung der ermittelten Erkenntnisse und der Ableitung von Handlungsempfehlungen abgerundet.

4.1 Darstellung des Stichprobenerhebungsprozesses

Bevor der Einfluss des Credit Ratings auf den Unternehmenswert europäischer Unternehmen untersucht werden kann, muss die Stichprobenzusammensetzung konkretisiert werden. Zunächst erfolgt die Bildung eines geeigneten Portfolios von europäischen börsennotierten Unternehmen, das einerseits eine geografische, sektorale und größenrelevante Diversifikation innerhalb Europas aufweist, andererseits keinem „Selection Bias" unterliegt. Hierzu eignet sich der Rückgriff auf den STOXX® Europe 600, der Unternehmen aus verschiedenen Branchen und mit unterschiedlichen Größen[774] vereinigt, wodurch er einen repräsentativen Querschnitt für die europäische Unternehmenslandschaft bildet. Dazu erfolgt die Auswahl der Indexmitglieder anhand des objektiven

774 Es werden je 200 Unternehmen aus dem Bereich Large-, Medium- und Small-Cap ausgewählt.

Kriteriums der Marktkapitalisierung des Streubesitzes.[775] In der vorliegenden Arbeit wird die Indexmitgliederliste des STOXX® Europe 600 zum 31.12.2016 als Referenzzeitpunkt zur Auswahl der untersuchten europäischen[776] Unternehmen festgelegt.[777] Dieser Zeitpunkt markiert ebenfalls das Ende des Untersuchungszeitraumes, welches sich vom 01.01.2002 bis zum 31.12.2016 erstreckt und damit 15 Jahre abdeckt. Damit liegt diese Arbeit in Bezug auf den Untersuchungszeitraum tendenziell am oberen Ende bisheriger Credit Rating-Ereignisstudien.[778] Der gewählte Zeitraum dient zur Abbildung unterschiedlicher Marktphasen, die neben prosperierenden auch rezessive Konjunkturphasen im Zusammenhang mit dem Zerfall des Neuen Marktes 2001/2002,[779] der Finanzmarktkrise 2008/2009 sowie die europäische Staatsschuldenkrise 2011–2013 abdecken.

Üblicherweise beschränkt sich die Literatur auf die Ratingänderungen von S&P, Moody's sowie Fitch, da diese den globalen Ratingmarkt dominieren.[780] Für die vorliegende Untersuchungsfrage werden ausschließlich die langfristigen Emittenten-Ratingänderungen (Up- und Downgrades) akzeptiert, die vom Unternehmen selbst in Auftrag gegeben wurden. Darunter fallen das Long-Term Issuer Rating (S&P und Moody's) bzw. Long-Term Issuer Default Rating (Fitch). Sollte kein Issuer Rating vorliegen, wird alternativ auf das Senior Unsecured Rating des Emittenten abgestellt.[781] Dies lässt sich damit begründen, das unbesicherte und nicht nachrangige Fremdkapitaltitel oft der allgemeinen langfristigen Bonität des Emittenten entsprechen und somit die Vergleichbarkeit

---

775 Vgl. Stoxx (2019), S. 36–37. Die Indexzusammenstellung wird quartalsweise angepasst.

776 Unternehmen mit dem Sitz in Bermuda, Isle of Man sowie Jersey wurden nicht berücksichtigt.

777 Allerdings wird mit diesem Vorgehen die Problematik des Survivorship Bias begünstigt. So erhalten lediglich operativ erfolgreiche Unternehmen eine Indexierung, wodurch eine relative Häufung von IG-Emittenten vorliegt, vgl. Krotter, S./Schüler, A. (2013), S. 412; Drukarczyk, J./Schüler, A. (2021), S. 362.

778 Vgl. Hundt, S. (2015), S. 275–280.

779 Caldeorni et al. vernehmen eine deutliche Zunahme von Downgrades im Zeitraum von 2002–2003, vgl. Calderoni, F./Colla, P./Gatti, S. (2009), S. 6.

780 Siehe für den europäischen Marktanteil der drei Ratingagenturen Anhang 1.

781 Moody's erteilt für NG-Emittenten lediglich Corporate Family-Ratings, welche anstelle des Emittentenratings adaptiert werden, vgl. Moody's Investor Service (2019), S. 7.

der unterschiedlichen Wertpapierarten gegeben ist.[782] Der Fokus auf langfristige Ratingurteile ist der Prognosedauer der bewertungsrelevanten Zahlungsströme sowie der Entwicklung der künftigen Fremdkapitalbestände geschuldet, welche bei Kurzfrist-Ratings nicht ausreichend gewürdigt werden.[783] Eingangsratings und zurückgezogene Ratings bleiben hierbei gänzlich außer Acht. Dies gilt ebenfalls für Watchlistings sowie Reviews, „[...] da diese Art von Bonitätsinformationen seitens der Rating-Unternehmen allenfalls hypothetischen Charakter haben."[784] Die Einschränkung auf mandatierte Ratings ist durch die teilweise Verwendung von privaten Informationen zu erklären, da etwa ein unbeauftragtes Rating (auf Basis von bereits veröffentlichen Jahreszahlen) nach der mittelstrengen Effizienzmarkthypothese keinen Informationswert liefern kann. Wäre dies dennoch möglich, so wären die Anwendungsvoraussetzungen zur Anwendung der Ereignisstudienmethodik nicht erfüllt.[785] Die benötigten Daten werden aus der Datenbank Thomson Reuters Datastream entnommen. Auf Basis dieser Informationen und der aufgestellten Kriterien wird das Ausgangssample mit 2.137 Ereignissen von 297 Unternehmen generiert.

Um die Vergleichbarkeit mit anderen Studien zu gewährleisten, müssen noch einige Korrekturen durchgeführt werden. Zunächst werden Unternehmen aus der Stichprobe entfernt, welche als Real Estate Investment Trust (REIT) oder Investmentgesellschaft fungieren, da solche Unternehmen schwer vergleichbar mit dem verbleibenden Sample sind. Danach folgt die Ausmusterung von branchen- und länderratingbedingten Bonitätsveränderungen der Unternehmen. Dieser Schritt wird mit der mangelnden Fokussierung auf die unternehmensindividuellen Bonitätscharakteristika begründet, da mehrere Emittenten zugleich von jenen makroökonomischen Verschiebungen betroffen sind.[786] Zusätzlich erfolgt die Bereinigung von Stichprobenunternehmen, die

---

782 Vgl. Kenjegaliev, A./Duygun, M./Mamedshakhova, D. (2016), S. 337; Hundt, S./Sprungk, B./Horsch, A. (2017a), S. 1418.

783 Moody's Investor Service (2019), S. 8.

784 Hundt, S. (2015), S. 192.

785 Vgl. Steiner, M./Heinke, V. G. (1996), 583–584. Allerdings besteht keine Sicherheit, dass bei der Urteilsbildung ggf. nur öffentliche Informationen Eingang finden.

786 Vgl. Kiesel, F./Kolaric, S. (2018), S. 658. Bei einem sogenannten Branchenrating werden Emittenten der gleichen Branche bewertet. Dabei handelt es sich hauptsächlich um Banken, Versicherungsunternehmen und Energieversorger. Erfolgt hingegen eine Vielzahl branchenübergreifender Ratingveränderungen innerhalb eines Landes, ist dies zumeist Folge eines veränderten Ratings des Domizils. Insbesondere Emittenten mit einem Rating über dem Landesrating sind von solchen schematischen Ratinganpassungen (Sovereign Ceiling) betroffen. Solche Ratings

aufgrund ihres Mutter- bzw. Tochterverhältnisses identische Ratingverläufe aufweisen,[787] um möglichen Clustereffekten vorzubeugen.[788] Zudem bedarf es des Ausschlusses von Ereignissen mit einer unzureichenden Aktienkurshistorie, die den vollständigen Untersuchungszeitraum (Schätz- und Ereigniszeitraum) nicht abdecken. Dabei wird auf den Tagesschlusskurs in der jeweiligen Währung gemäß Thomson Reuters Datastream zurückgegriffen.[789] Zusätzlich werden Ratingereignisse die mit einem D (Default) oder SD (Selective Default) versehen sind, aus der Stichprobe entfernt, um die potenziellen kursverzerrenden Effekte eines Fremdkapitalausfalles zu vermeiden.[790]

Des Weiteren sollten Double Counting Events (DCE) ausgemustert werden. Darunter verstehen sich mehrere Ratinganpassungen einer bzw. mehrerer Ratingagenturen im Abstand von wenigen Tagen oder Wochen, weil eine gegenseitige Einflussnahme nicht ausgeschlossen werden kann. Im konkreten Fall werden die betroffenen Ereignisse eines Emittenten als DCE deklariert und entfernt, sofern mehr als eine Ratingänderung im jeweiligen 21-tägigen Ereigniszeitraum vorliegt.[791] Neben verzerrenden Ratingereignissen ist die Stichprobe ebenfalls um andere kursbeeinflussende Ereignisse zu bereinigen, die kurz vor oder nach der Publikation der Ratingeinschätzung veröffentlicht werden, um den originären Wertbeitrag der Ratingänderung klar von anderen kontaminierenden Ereignissen abgrenzen zu können.[792] Der mögliche Kontaminierungszeitraum erstreckt sich in der Literatur i. d. R. vom Ereignisintervall [-1,1] bis

---

konnten im Untersuchungszeitraum vornehmlich in den Jahren 2012–2014 in den Ländern Spanien sowie Italien festgestellt werden.

787 Dies führt zur Extrahierung von simultanen Ratingänderungen der Unternehmen Endesa/Enel, Fresenius/Fresenius Medical Care, RELX NV/RELX plc., Renault/Volvo, Schaeffler/Continental, Société Générale/Komerční sowie Volkswagen/MAN.

788 Für ein ähnliches Vorgehen, vgl. Liu, A. Z./Sun, Le (2017), S. 277.

789 Vgl. Jorion, P./Zhang, G. (2010), S. 688; Biermann, S./Ewelt-Knauer, C./Wömpener, A. (2014), S. 32.

790 So auch May, A. (2010), S. 2824; Hu, H./Kaspereit, T./Prokop, J. (2016), S. 101; Pellens, B./Starke, D./Damnke, D. (2017), S. 15. Ratingurteile werden mit dem Symbol „D" gekennzeichnet, sofern ein Insolvenzantrag eingereicht wird und die vollständige Bedienung der Fremdkapitalforderung unwahrscheinlich ist. Das „SD"-Rating bezeichnet einen Teilausfall einer Forderung bspw. im Rahmen eines Distressed Exchange Offers, vgl. Mock, T./Ekholm, T. E. (2017), S. 1245.

791 Vgl. Goh, J. C./Ederington L. H. (1993), S. 2003; Hundt, S. (2015), S. 191; Hundt, S./Sprungk, B./Horsch, A. (2017a), S. 1418.

792 Vgl. Ott, C. (2011), S. 94.

[-5,5]. Da der Ankündigungseffekt am Ereignistag im Fokus dieser Arbeit liegt, wird wie bei der Mehrheit der Credit Rating-Literatur gleichfalls der Zeitraum [-1,1] ausgewählt.[793] Zur Klassifizierung von Confounding Events gibt es zwar keine universale Vorgehensweise in der Literatur, jedoch sind Ereignisse wie M&A-Ankündigungen sowie Jahres- und Quartalsberichterstattungen bzw. Gewinnmitteilungen in den Studien, die die Confounding-Problematik adressieren, mehrheitlich vorzufinden.[794] Deshalb haben die aufgezählten Ereignisse innerhalb des dreitägigen Zeitraumes um die Ratingankündigung eine Suspendierung der jeweiligen Stichprobe zur Folge. Die Datenbank Lexis Nexis bietet die hierfür notwendigen Informationen zur Identifikation kontaminierter Ereignisse.[795] Unterstützend kommt dabei die I/B/E/S Datenbank von Thomson Reuters Datastream zum Einsatz, um Jahres- und Quartalsmeldungen sowie M&A-relevante Veröffentlichung heraus zu filtern.

Anlässlich der Ermittlung der Ratingursache findet eine Analyse der publizierten Ratingberichte bzw. veröffentlichten Zeitungsberichte statt.[796] Dabei werden zuerst die Ratingpublikationen von Moody's und Fitch erhoben, welche freizugänglich auf der Webseite der jeweiligen Ratingagentur abgerufen werden können.[797] Indessen muss zur Erfassung der S&P-Ratings auf Zeitungsberichte aus Lexis Nexis ausgewichen werden, welche die zusammengefassten Aussagen der Ratingrevision wiedergeben, da die ursprünglichen Berichte nicht öffentlich zugänglich sind.[798] Dieser Weg war notwendig, um einen vollumfänglichen Überblick über den europäischen Ratingmarkt zu erhalten, da ca. 44 %[799] aller Ratings im Sample auf S&P entfallen. Vereinzelt konnten keine

793 Vgl. Goh, J. C./Ederington L. H. (1993), S. 2003; Ederington, L. H./Goh, J. C. (1998), S. 572; Goh, J. C./Ederington L. H. (1999), S. 103; Jorion, P./Liu, Z./Shi, C. (2005), S. 316; Jorion, P./Zhang, G. (2007), S. 49; May, A. (2010), S. 2824; Chung, K. H./Frost C. A./Kim, M. (2012), S. 124.

794 Vgl. May, A. (2010), S. 2824; Jorion, P./Zhang, G. (2010), S. 689; Abad-Romero, P./ Robles-Fernández, M. D. (2014), S. 154; Henry, T. R./Kisgen, D. J./Wu, J. (2015), S. 94; Hundt, S. (2015), S. 191–192; Hu, H./Kaspereit, T./Prokop, J. (2016), S. 101–102.

795 Es werden folgende Suchbegriffe angewendet: "RESULTS" OR "Q1" OR "Q2" OR "Q3" OR "Q4" OR "Management" OR "M&A" OR "Mergers & Acquisitions".

796 Als Nebenprodukt können unentdeckte Confounding Events nachgewiesen werden.

797 Siehe dazu www.fitchratings.com sowie www.moodys.com.

798 Hierbei werden vornehmlich die längsten Artikel mit den meisten wörtlichen Direktzitaten der Ratinganalysten ausgewählt, vgl. für ein ähnliches Vorgehen Abad-Romero, P./Robles-Fernández, M. D. (2007), S. 88 FN 20; Hundt, S. (2015), S. 200 FN 751.

799 Vgl. Tab. 17.

Ratingberichte für Moody's und S&P gefunden werden, weshalb auf den Informationsdienstleister Alacra rekurriert wird.[800] Trotz dieser Maßnahme konnten einige Ratingereignisse nicht durch eine externe Quelle validiert werden, was zum Ausschluss dieser Ereignisse führt. Die nachfolgende Tabelle fasst den beschriebenen Filterprozess nach Herauf- und Herabstufungen zusammen.

Tab. 15: Ablauf des Stichprobenfilterprozesses. Eigene Darstellung.

Ausmusterungsgrund	Heraufstufungen	Herabstufungen	Anzahl der Ereignisse
Gesamtanzahl der Ereignisse	739	1.398	2.137
REIT/Investmentgesellschaft	31	42	73
Branchen-/Länderrating	40	257	297
Mutter-/Tochterrating	16	23	39
Unzureichende Aktienkurshistorie	28	21	49
Insolvenznähe	0	2	2
Double Counting Events	121	363	484
M&A-Ankündigungen	31	96	127
Jahres-, Halbjahres-, Quartals- und Gewinnmitteilung	36	74	110
Kein externer Ratingnachweis	14	10	24
Verbliebene Ereignisse	422	510	932

Im Anschluss an die Datenerhebung werden die Berichte nach bestimmten Schlüsselwörtern durchsucht und einer Kategorie zugeordnet. Der Verfasser folgt dabei dem umfassenden Schema von Imbierowicz/Wahrenburg (2013) zur Identifikation und Eingruppierung des Ratinggrundes.[801] Dieser Schritt

800 Vgl. Kiesel, F./Schiereck, D. (2015), S. 86.

801 Andere Autoren haben ebenfalls dieses Konzept für ertrags- sowie verschuldungsbedingte Ratingänderungen adaptiert, vgl. Kiesel, F./Schiereck, D. (2015), S. 87; Hundt, S./Sprungk, B./Horsch, A. (2017b), S. 150, (2017a), S. 1421. Die Häufigkeitsverteilung verwendeter Schlüsselwörter kann dem Anhang 4 entnommen werden.

soll die Vergleichbarkeit mit anderen Studien durch den eingeschränkten Subjektivismus bei der Ursachenzuordnung erhöhen. Die beiden Autoren unterscheiden bei der Kategorisierung nach Gründen der operativen Performance, Kapitalstruktur, Finanzkennzahlen, Ereignis-Risiken, neuer Ratingmethodik sowie keiner Begründung.[802] Alle Determinanten, die die zukünftige Ertragskraft des Emittenten adressieren, sind der Kategorie operativer Performance zuzuordnen. Veränderungen der Verschuldungsquote werden hingegen der Rubrik Kapitalstruktur zugewiesen. Solche Veränderungen sind zumeist Folge einer fremdfinanzierten Übernahme, eines Aktienrückkaufprogrammes oder einer Anleiheemission. Die Kategorie Finanzkennzahlen subsumiert Bonitätsurteile, welche vornehmlich Kennzahlen getrieben sind. Diese Rubrik kann als Bindeglied zwischen operativer Performance und Kapitalstruktur erachtet werden. Außerordentliche Ereignisse, die die Bonität des Emittenten beeinflussen, werden der Kategorie Ereignis-Risiken zugeschlagen. Darunter fallen bspw. Ratingurteile, die aufgrund von Corporate Governance-Defiziten, einem veränderten regulatorischen Umfeld oder einer veränderten Eigentümerstruktur ausgesprochen werden. Zudem werden die Ratingereignisse, welche auf eine neue bzw. adjustierte Methodik zurückzuführen sind, der Kategorie „Neue Methodik" zugeteilt. Abschließend werden alle verbliebenen Ratings der Gruppe „Keine Begründung" zugeordnet, da kein Pressebericht oder genaue Begründung für diese Entscheidung vorliegt.[803]

Die Zuteilung zu einer bestimmten Kategorie erfolgt, sofern zwei von drei Schlüsselwörtern einer Kategorie angehören.[804] Liegen hingegen jeweils unterschiedliche Schlüsselwortrubriken für ein Ratingereignis vor, so wird das zuerst genannte Schlüsselwort als Repräsentant für den jeweiligen Ratinggrund erachtet.[805] Die folgende Tabelle fasst die Verteilung der Ratingursachen nach

802 Vgl. Imbierowicz, B./Wahrenburg, M. (2013), S. 25. Alle drei Ratingagenturen haben über den Untersuchungszeitraum Anpassungen der Ratingmethodik für folgende Branchen bzw. finanziellen Verbindlichkeiten vorgenommen: Fitch: Holdingunternehmen (2006) und Versicherungsunternehmen (2015); Moody's: Unternehmen mit Staatsbeteiligung (2005), Banken (2007) sowie Banken und Leasingverpflichtungen (2015); S&P: Ungedeckte Pensionsverpflichtungen (2003), Banken (2011) sowie Unternehmen (2013). Caldeorni et al. empfehlen die Ausmusterung solcher Ratingereignisse, vgl. Calderoni, F./Colla, P./Gatti, S. (2009), S. 6.

803 Vgl. Imbierowicz, B./Wahrenburg, M. (2013), S. 26–27.

804 In Ausnahmefälle wird von dieser Regel abgewichen, sofern der erstgenannte Grund eindeutig als wesentlicher Treiber der Ratingänderung identifiziert wird, auch wenn die anderen beiden Schlüsselwörter einer anderen Rubrik angehören.

805 Vgl. Imbierowicz, B./Wahrenburg, M. (2013), S. 27.

Up- und Downgrades zusammen. Für die vorliegende Studie sind die ersten beiden Ratingursachen von höchster Relevanz. Dahingegen werden Ratingänderungen, die auf veränderten Finanzkennzahlen beruhen, zwar in das gesamte Sample aufgenommen, jedoch nicht separat untersucht, da diese Kategorie nicht scharf genug von der operativen Performance und Kapitalstruktur getrennt werden kann. Aufgrund der Heterogenität der Kategorie Ereignis-Risiko findet ebenfalls lediglich eine Aufnahme in das gesamte Stichprobensample statt. Gleiches gilt für Ratingrevisionen für die keine Pressemitteilung ermittelt, jedoch die Existenz verifiziert werden konnte. Im Gegensatz dazu werden Ratinganpassungen auf Basis von neu implementierten Methodiken im weiteren Verlauf der Arbeit außer Acht gelassen, da diese eine deutliche Zunahme von Ereignistagüberlappungen hervorrufen und keine grundlegend neuen Informationen liefern sollten. Damit verbleiben 866 Ereignisse bzw. Aktienstichproben von 255 Unternehmen.

Tab. 16: Häufigkeitsverteilung der Ratingursache auf Basis des Schlüsselwörterschemas. Eigene Darstellung in Anlehnung an Imbierowicz, B./Wahrenburg, M. (2013), S. 27.

Ratingursache	Heraufstufungen	Herabstufungen	Anzahl der Ereignisse
Operative Performance	212	276	488
Kapitalstruktur	84	113	197
Finanzkennzahlen	29	47	76
Ereignis-Risiken	29	42	71
Neue Ratingmethdodik	48	18	66
Keine Begründung	20	14	34
Anzahl der Ereignisse	422	510	932

Nachdem die Aktienstichproben feststehen, können im nächsten Schritt die korrespondierenden Anleihen ermittelt werden. Dazu werden ausstehende Anleihen der relevanten Emittenten zum jeweiligen Ratingänderungstag auf Basis von Thomson Reuters Datastream identifiziert und mittels des Tagesschlusskurses in der jeweiligen Währung einem Filterungsprozess unterzogen, um die Eignung dieser Wertpapiere für die Ereignisstudie zu überprüfen.

Zunächst werden ausschließlich Fremdkapitaltitel erfasst, welche die Bezeichnung Note und Bond tragen und keine komplexen Strukturen wie etwa Call/Put-Optionen oder Wandlungsrechte aufweisen, um eine Homogenität der Fremdkapitalinstrumente zu gewährleisten. Damit liegen nur Titel mit einer variablen, festen oder Zerobondverzinsung vor. Der Ranganspruch der Fremdkapitaltitel entspricht stets Senior Unsecured, da Emittentenratings zumeist dem Emissionsrating dieser Seniorität entsprechen.[806] Des Weiteren muss für den Fremdkapitaltitel am Ereignistag mindestens eine Restlaufzeit von mindestens einem Jahr und maximal 30 Jahren vorliegen, da zum einen langfristige Ratingänderungen und deren Auswirkungen im Fokus der Arbeit stehen, zum anderen Fremdkapital das über einen sehr langen Zeitraum zur Verfügung gestellt wird, als eigenkapitalähnlich gewertet werden kann.[807] Zuletzt muss eine ausreichende Kurshistorie der Anleihen sichergestellt werden.[808] Zu diesem Zweck werden Liquiditätsfilter implementiert, welche die vollständige Verfügbarkeit von Kursdaten sowie eine ausreichende Handelstätigkeit überprüfen und ggf. aufgedeckte Abweichungen ausschließen. D. h. zu jedem Untersuchungstag muss ein gültiger Anleihekurs hinterlegt sein. In diesem Zusammenhang gilt die Handelstätigkeit als ausreichend bzw. ausgewogen, sofern im 100-tägigen Schätzzeitraum an mindestens 20 Handelstagen eine negative tägliche Kursrendite nachgewiesen werden kann. Ansonsten wäre es fraglich, ob die Anleihe tatsächlich gehandelt wird und der Kursanstieg der Anleihe evtl. ausschließlich auf die Zunahme der Stückzinsen zurückzuführen ist. Nach der Bestimmung der relevanten Anleihen je Ereignis findet die Verdichtung zu einer repräsentativen Anleihe je Ratingereignis gemäß dem Firm Level-Ansatz statt. Aus diesem Verfahren resultieren 477 Anleihen von 188 Unternehmen. Die gewonnenen Daten werden im Folgenden ausführlich in der deskriptiven Analyse präsentiert.

---

806 Zukünftige Arbeiten könnten sich nicht nur auf Senior Unsecured Anleihen beschränken, sondern sämtliche marktgehandelten Fremdkapitalinstrumente in das Sample aufnehmen, um mögliche abweichende Preiseffekte in Abhängigkeit des Ranges oder der Besicherung zu untersuchen. So liegen laut der Sanierungsforschung divergierende Gläubigerinteressen vor, vgl. Fischer, T. (1999), S. 17, 22.

807 Vgl. für ähnliche Vorgehensweise May, A. (2010), S. 2824; Hundt, S. (2015), S. 202–204; Maul, D. (2016), S. 49–50; Pellens, B./Starke, D./Damnke, D. (2017), S. 15.

808 Andere Autoren präzisieren diesen Punkt meist nicht weiter, vgl. Pellens, B./Starke, D./Damnke, D. (2017), S. 15.

4.2 Resultate der Credit Rating-Ereignisstudie

4.2.1 Deskriptive Analyse

Tab. 17 gibt einen Überblick über die Samplezusammensetzung differenziert nach Ratingrichtung und Wertpapierart in Hinblick auf die Ratingkategorie, -agentur sowie -ursache, den Sektor, die wirtschaftliche Situation und die Verteilung der Länder sowie die Verteilung der Bonitätsurteile im Zeitablauf.[809] Insgesamt werden deutlich mehr Downgrades als Upgrades ausgesprochen.[810] Diese Entwicklung ist insbesondere auf die zunehmende Verschlechterung der Bonität in rezessiven Konjunkturphasen zurückzuführen. Des Weiteren teilt sich das gesamte Sample unter S&P, Moody's und Fitch mit 44 %, 38 % bzw. 18 % der Stichprobe auf.[811] Damit sind keine wesentlichen Abweichungen vom gesamten europäischen Ratingmarkt festzustellen.[812] Daher bietet die Stichprobenzusammensetzung einen guten Querschnitt für die europäische Unternehmensratinglandschaft. In Bezug auf die Ratingursache scheint das Sample vornehmlich aus operativ induzierten Ratingurteilen mit ca. 56 % zu bestehen. Danach folgen verschuldungs- und kennzahlenbedingte Bonitätsurteile mit ca. 22 % bzw. 8 % des gesamten Samples. Überdies zeigt die Branchenzugehörigkeit einen Überhang von Nicht-Finanzunternehmen gegenüber Finanzunternehmen (Finanzintermediäre, Kreditinstitute sowie Versicherungen) im Verhältnis von rund 3:1 auf. Die geografische Ereignisverteilung wird durch Länder mit dem höchsten BIP in der Europäischen Union dominiert. So entfällt etwa die Hälfte der dokumentierten Ratingänderungen auf Deutschland, das Vereinigte Königreich sowie Frankreich. Unabhängig vom Rating können mehr Anleihestichproben in der zweiten Hälfte des Untersuchungszeitraumes nachgewiesen werden. Dies spricht entweder für einen erhöhten Rückgriff der beobachteten Emittenten auf den Anleihemarkt oder eine zunehmende Erfassung von Anleiheinstrumenten durch Thomson Reuters Datastream in diesem Zeitraum.

---

809 Eine Auflistung der untersuchten Unternehmen ist dem Anhang 5 zu entnehmen. Lediglich die Unternehmen Telefonaktiebolaget LM Ericsson (1,73 %), Continental (1,62 %), HeidelbergCement (1,50 %), TUI (1,15 %) sowie UnipolSai (1,15 %), RWE (1,04 %) subsumieren jeweils mehr als 1 % der gesamten Stichprobe.

810 Siehe Abb. 16.

811 Die prozentualen Angaben beziehen sich im Folgenden auf die Aktienereignisse.

812 Siehe Anhang 1.

Tab. 17: Beschaffenheit des Stichprobensamples. Eigene Darstellung.

Ratingrichtung		Upgrade		Downgrade		Gesamt	
Wertpapierart		Aktien	Anleihen	Aktien	Anleihen	Aktien	Anleihen
Gesamtes Sample		374	195	492	282	866	477
Ratingkategorie	IG	300	175	389	236	689	411
	NG	74	20	103	46	177	66
Ratingagentur	S&P	186	95	198	106	384	201
	Fitch	54	27	99	62	153	89
	Moody's	134	73	195	114	329	187
Ratinggrund	Operative Performance	212	105	276	166	488	271
	Kapitalstruktur	84	44	113	63	197	107
	Finanzkennzahlen	29	24	47	27	76	51
	Ereignis-Risiken	29	12	42	17	71	29
	Keine Begründung	20	10	14	9	34	19
Sektor	Finanzunternehmen	88	29	108	58	196	87
	Nicht-Finanzunternehmen	286	166	384	224	670	390
Wirtschaftliche Verfassung	Prosperität	343	182	331	197	674	379
	Rezession	31	13	158	85	189	98
Verteilung der Länder	Belgien	11	6	11	9	22	15
	Dänemark	11	5	10	6	21	11
	Deutschland	74	42	99	48	173	90
	Finland	8	4	16	11	24	15
	Frankreich	75	46	64	40	139	86
	Irland	4	0	5	2	9	2
	Italien	20	8	44	32	64	40
	Luxemburg	4	0	8	5	12	5
	Niederlande	26	14	23	14	49	28
	Norwegen	6	4	8	3	14	7
	Österreich	3	1	6	2	9	3
	Portugal	1	1	1	0	2	1
	Schweden	30	15	26	11	56	26
	Schweiz	21	16	45	30	66	46
	Spanien	23	6	29	7	52	13
	Tschechien	3	0	3	2	6	2
	Vereinigtes Königreich	54	27	94	60	148	87
Verteilung der Stichproben im Zeitablauf	2002	7	0	43	4	50	4
	2003	15	3	43	15	58	18
	2004	34	12	10	1	44	13
	2005	24	10	16	6	40	16
	2006	25	4	18	6	43	10
	2007	27	7	22	7	49	14
	2008	23	8	38	14	61	22
	2009	11	4	73	35	84	39
	2010	14	9	27	20	41	29
	2011	39	28	29	22	68	50
	2012	26	14	38	35	64	49
	2013	23	17	38	31	61	48
	2014	36	26	27	24	63	50
	2015	22	14	36	32	58	46
	2016	48	39	34	30	82	69

Die folgende Abbildung illustriert die Häufigkeitsverteilung und Prägnanz von Up- und Downgrades, wobei das Ursprungsrating den Ausgangspunkt markiert. Horizontale Abweichungen links und rechts von der Diagonale stellen Herauf- bzw. Herabstufungen dar. So zeigt die Abbildung etwa, dass von der ursprünglichen Bonitätseinstufung A zum einen 20 Upgrades auf A+ und zum anderen 48 sowie fünf Downgrades auf A- bzw. BBB+ entfallen. Das vergebene Durchschnittsrating entspricht BBB+ für das vorliegende Sample. Dieser Befund deckt sich mit der Beobachtung von Koller et al. (2020), dass im Allgemeinen Emittenten mit einer Marktkapitalisierung von über fünf Milliarden Euro ein Rating zwischen A+ bis BBB- aufweisen.[813] Hingegen scheint ohne Berücksichtigung der Unternehmensgröße, die Bonitätsnote B gemäß S&P am häufigsten erteilt zu werden.[814] Eine weitere Erkenntnis dieser Abbildung ist die zunehmende Streuung von NG- gegenüber IG-Ratings. Zudem ist eine Abnahme von Ratingurteilen der niedrigen Bonitätsstufen zu verzeichnen, welche sich mit dem Survivorship Bias erklären lassen, da das Börsenlisting solcher Emittenten zumeist eingestellt wird.[815]

Ursprungsrating (von) \ Neues Rating (nach)	AAA	AA+	AA	AA-	A+	A	A-	BBB+	BBB	BBB-	BB+	BB	BB-	B+	B	B-	CCC	CC	Σ
AAA																			0
AA+			10	2															12
AA		4		18	6														28
AA-			8		29	7													44
A+				20		45	2												67
A					30		48	5											83
A-						33		72	4										109
BBB+							51		77	2									130
BBB							1	55		63	3								122
BBB-								4	57		35	2	1						99
BB+								1	1	31		15	4		1				53
BB									1	3	19		14	2					39
BB-											3	26		16					45
B+											1	2	15		7				25
B														1		1			2
B-															2				2
CCC																4		1	5
CC																	1		1
Σ	0	4	18	40	65	85	102	137	140	99	61	45	34	19	10	5	1	1	

Abb. 15: Ratingmigrationsmatrix des Stichprobensamples. Eigene Darstellung in Anlehnung an Holthausen, R. W./Leftwich, R. W. (1986), S. 64.

813 Vgl. Koller, T./Goedhart, M. H./Wessels, D. (2020), S. 646–647.
814 Vgl. Mock, T./Ekholm, T. E. (2017), S. 1229.
815 Vgl. Krotter, S./Schüler, A. (2013), S. 412.

In Abb. 16 wird die Verteilung von Herauf- und Herabstufungen im Zeitablauf visualisiert. So ist eine hohe Zahl an Downgrades in den Jahren 2002/2003, 2008/2009 sowie 2012/2013 zu erkennen, welche sich größtenteils mit den rezessiven Konjunkturjahren decken. Nach Abschwüngen folgen i. d. R. Jahre, in denen eine nachhaltige Bonitätsverbesserung stattfindet.

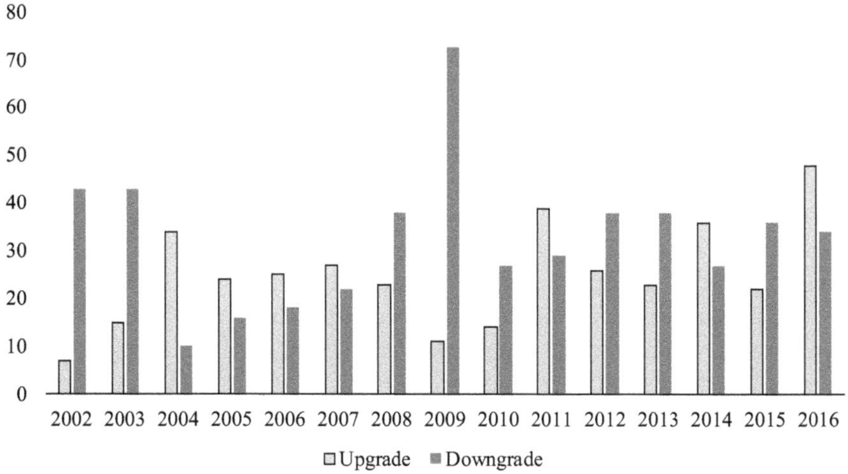

Abb. 16: Ratingverteilung im Zeitablauf. Eigene Darstellung.

4.2.2 Univariate Analyse

In den folgenden Unterabschnitten werden die Ergebnisse der ersten vier Forschungshypothesen vorgestellt und plausibilisiert. Dazu werden hypothesenabhängig die Ankündigungsreaktionen anhand des Ein- und ggf. Zweistichprobentests verifiziert.

4.2.2.1 Informationswert des Credit Ratings (H1) und Entwicklung der absoluten Marktwerte

Die Ergebnisse zur ersten Forschungshypothese werden in Tab. 18 präsentiert. Auf den ersten Blick kann eine grundlegende Wertrelevanz von Credit Ratings auf börsennotierte Anteilseigner- und Gläubigeransprüche konstatiert werden. Ein zweiter Blick bestätigt ebenfalls die unterstellte gleichgelagerte Reaktionsrichtung beider Wertpapierarten, womit Herauf- und Herabstufungen in signifikant positive bzw. negative abnormale Renditen übersetzt werden.

Für Eigenkapitalinstrumente führt etwa die Veröffentlichung eines Up- und Downgrades zu einer abnormalen Rendite i. H. v. 27 bzw. -36 Basispunkten[816] (BP) am gleichen Tag. Dieser Befund stimmt mit den bisherigen empirischen Erkenntnissen überein.[817] Dagegen können für alle weiteren Beobachtungen Diskrepanzen zum Schrifttum aufgedeckt werden. Erstens liegt für Aktien ein erhöhtes Signifikanzlevel bei Herauf- (1 %) gegenüber Herabstufungen (5 %) vor, wodurch die Annahme der asymmetrischen Gewinnfunktion von Ratingagenturen – auf Basis dieser Ergebnisse – verworfen werden muss. Zweitens kann beim Aktiensample weder bei Up- noch Downgrades ein eindeutiger Antizipationseffekt vernommen werden. Üblicherweise wird in der Empirie bereits im Handelszeitraum vor der Publikation einer Bonitätsverschlechterung eine negative Überrendite festgestellt.[818] Das vorliegende Ergebnis könnte etwa durch die Ausmusterung von Confounding Events begünstigt worden sein. Jedoch muss einschränkend hinzugefügt werden, dass der Selektionsprozess lediglich für den Ereigniszeitraum [-1,1] Anwendung findet. Drittens scheint der europäische Aktienmarkt, Ratingrevisionen effizient im Sinne der semi-strengen Informationseffizienz zu verarbeiten, da lediglich in den Zeiträumen um den Ereignistag signifikante Resultate vorliegen. Die Ausweitung der positiven bzw. negativen abnormalen Renditen für Up- bzw. Downgrades für das Intervall [0,1] lässt sich damit begründen, dass die Ratingpublikation gelegentlich erst nach Börsenschluss veröffentlicht wird und somit erst am Folgetag die bonitätsrelevante Information eingepreist werden kann.

Auch für Gläubiger scheint eine Ratingverbesserung eine überraschende Information darzustellen, da ein Antizipationseffekt ausbleibt und erst am Ereignistag höchstsignifikante positive Überrenditen i. H. v. 5 und 12 BP zum Ereignistag [0] sowie im Zeitraum [0,1] erzielt werden. Ferner scheint die positive Informationslage auch auf die nachfolgenden Handelstage auszustrahlen, da weitere signifikante 12 und 18 BP für den fünf- bzw. zehntägigen Zeitraum nach dem Ereignis generiert werden. Dieser Befund ist auch im Einklang mit den Ergebnissen von Hundt (2015), welcher eine Überschneidung mit dem vorliegenden Untersuchungszeitraum aufweist. Dagegen verneinen die Beiträge von Gropp/Richard (2001) und Pellens et al. (2017) einen Informationswert von Heraufstufungen. Allerdings deckt der erstere Beitrag mehrheitlich die 90er

816 100 BP entsprechen einem Prozentpunkt.

817 Siehe Tab. 6.

818 Labão et al. können ebenfalls keine signifikanten Antizipationseffekte kurz vor einer Herabstufung detektieren, vgl. Lobão, J./Pacheco, L./Campos, S. (2019), S. 8.

Jahre ab, die nach Ansicht der jeweiligen Autoren einer eingeschränkten Effizienz bzw. Datenverfügbarkeit unterliegen. Hingegen überschneiden sich die Untersuchungszeiträume der vorliegenden Studie mit der von Pellens et al.[819]

Im Falle von Ratingverschlechterungen liegt für den gesamten Ereigniszeitraum hinweg eine signifikant negative Entwicklung der Überrenditen vor. Somit wird bereits im zehn- bzw. fünftägigen Ereigniszeitraum vor der Ratingankündigung eine signifikante Überrendite von -0,33 % bzw. -0,18 % aufgedeckt. Vermutlich reagieren die Gläubiger auf bonitätsverwässernde Ereignisse, welche als Referenz für die sich anbahnende Ratingverschlechterung dienen. Gleichwohl scheinen die (meisten) Anleiheinhaber die Ratingabsenkung nicht vorherzusehen, weil erst am bzw. um den Ereignistag eine deutliche Zunahme der negativen Überrenditen mit -3 bzw. -16 BP bei einem Signifikanzniveau von 1 % bzw. 0,1 % feststellbar ist. Dabei lässt die deutliche Reduktion der abnormalen Renditen zwischen dem Ereignistag [0] sowie dem Intervall [0,1] ebenfalls auf eine mehrheitlich nachbörsliche Veröffentlichung von Ratingurteilen schließen. Alternativ benötigen die Anleiheinvestoren mehr Zeit, um die neue Informationslage zu evaluieren. Für diesen Aspekt spricht etwa die zögerliche Anpassung der Ratinginformation im Nachgang bzw. in den Zeiträumen [1,5] und [1,10]. Damit muss dem europäischen Anleihemarkt die mittelstrenge Informationseffizienz abgesprochen werden. Dennoch ist nicht auszuschließen, dass weitere wertrelevante Ereignisse nach der Ratingankündigung auflaufen, die eine Neubewertung rechtfertigen würden. Empirisch kann der negative Antizipations- bzw. Ankündigungseffekt für herabgestufte Anleihen durch die Arbeiten von Hundt (2015) sowie Pellens et al. (2017) bestätigt werden. Hingegen konnten bisher keine Preiseffekte mehrere Handelstage nach einer Ratingpublikation bei Anleiheinstrumenten beobachtet werden.[820]

Insgesamt kann die erste Forschungshypothese für das vorliegende Sample bestätigt werden. Damit wird den Ratingagenturen eine Existenzberechtigung seitens des Kapitalmarktes zugesprochen.

Im nächsten Schritt können beide Wertpapierarten miteinander verglichen werden, um zu erfahren, ob eine relevante Abweichung in Folge von Ratingrevisionen vorliegt. Dazu wird das Sample dergestalt angepasst, dass zu jeder Aktienstichprobe eine korrespondierende Anleihestichprobe existiert, womit das Up- sowie Downgrade-Vergleichssample 195 bzw. 282 Stichproben umfasst.

---

819 Siehe Kapitel 3.1.1.

820 Siehe Kapitel 3.1.1.

Tab. 19 hält die Resultate des gepaarten Zweistichprobentests im Rahmen von Herauf- und Herabstufungen fest. Heraufstufungen führen am Tag ihrer Veröffentlichung zu einer verstärkten positiven Ankündigungsreaktion auf Eigen- gegenüber Fremdkapitalinstrumente bei einem Signifikanzniveau von 10 %. Dieser Befund lässt sich auch auf das Downgrade-Sample mit umgekehrten Vorzeichen übertragen. Zwar deuten die Zeiträume [-10,-1], [1,10] sowie [-10,10] auf weitere statistisch relevante Abweichungen hin, allerdings sollte von einer Interpretation nach Meinung der Literatur abgesehen werden, wenn für die jeweiligen Zeiträume keine statistische Relevanz in der vorangestellten Analyse für beide Wertpapierklassen vorliegt.[821] Die Ergebnisse sind plausibel, da bspw. Anleihen i. d. R. bis zum Laufzeitende von institutionellen Investoren gehalten werden,[822] weshalb die Aktienmärkte mit einer deutlich höheren Liquidität als die Anleihenmärkte ausgestattet sind.

Abschließend wird am (gestutzten) Stichprobensample[823] anknüpfend die absolute Marktwertänderung in Folge einer Ratinganpassung analysiert.[824] In diesem Kontext gibt Tab. 20 einen Überblick über die inkrementelle Veränderung der börsennotierten Marktwerte von Eigen- und Fremdkapital um den Ereignistag. Aufgrund der abweichenden Marktkapitalisierung und des Anleihevolumens je Emittenten erfolgt zur besseren Einordnung der Ergebnisse die Darstellung mittels des gewichteten und ungewichteten Mittelwertes sowie des Medians. Der Pearson-Rangkorrelationskoeffizient dient als Unterstützung zur Quantifizierung möglicher Werttransfereffekte zwischen den beiden Kapitalgebergruppen. Überdies werden nur Ereignisintervalle berücksichtigt, in denen beide Wertpapierklassen simultan signifikante Resultate gemäß Tab. 18 erzielen.

821 Vgl. Hundt, S. (2015), S. 254.

822 Vgl. Hundt, S. (2015), S. 114–115.

823 Die Anpassung des Aktiensample auf das korrespondierende Anleihesample ist notwendig, um sinnvolle Aussagen zum potenziellen Werttransfereffekt treffen zu können.

824 Dieses Verfahren wurde nach Ansicht des Verfassers bisher noch nie für Credit Rating-Ereignisstudien angewandt.

Tab. 18: Ergebnisse des Informationsgehaltes von Ratinganpassungen auf Aktien sowie Anleihen. Eigene Darstellung.

Upgrade							
Aktie				Anleihe			
N=374	Mittelwert	Median	Signifikanz	N=195	Mittelwert	Median	Signifikanz
[-10,-1]	-0,48%	-0,54%	○	[-10,-1]	0,02%	0,02%	
[-5,-1]	-0,20%	-0,23%		[-5,-1]	0,03%	0,00%	
[-10,0]	-0,21%	-0,18%		[-10,0]	**0,07%**	**0,03%**	** ++ ○○
[-5,0]	0,07%	-0,06%		[-5,0]	0,08%	0,04%	** ○
[-1,0]	**0,26%**	**0,14%**	** ++ ○○	[-1,0]	**0,03%**	**0,03%**	* + ○
[0]	**0,27%**	**0,14%**	**** +++ ○○○	[0]	**0,05%**	**0,03%**	*** ++++ ○○○○
[0,1]	**0,39%**	**0,20%**	**** +++ ○○○	[0,1]	**0,12%**	**0,06%**	**** ++++ ○○○○
[0,5]	-0,11%	0,06%		[0,5]	**0,17%**	**0,10%**	** +++ ○○○○
[0,10]	-0,04%	0,51%		[0,10]	**0,23%**	**0,13%**	*** ++++ ○○○○
[1,5]	-0,38%	-0,18%		[1,5]	**0,12%**	**0,06%**	* ++ ○○○○
[1,10]	-0,31%	0,04%		[1,10]	**0,18%**	**0,12%**	** +++ ○○○○
[-1,1]	**0,37%**	**0,28%**	*** +++ ○○	[-1,1]	**0,10%**	**0,05%**	*** ++++ ○○○○
[-5,5]	-0,30%	-0,08%		[-5,5]	**0,20%**	**0,11%**	** +++ ○○○○
[-10,10]	-0,52%	0,02%		[-10,10]	**0,25%**	**0,13%**	*** ++++ ○○○○
Downgrade							
Aktie				Anleihe			
N=492	Mittelwert	Median	Signifikanz	N=282	Mittelwert	Median	Signifikanz
[-10,-1]	0,54%	0,43%		[-10,-1]	**-0,33%**	**-0,06%**	*** + ○○○
[-5,-1]	0,20%	0,32%		[-5,-1]	**-0,18%**	**-0,03%**	*** ○○
[-10,0]	0,19%	0,10%		[-10,0]	**-0,36%**	**-0,09%**	**** ++ ○○○
[-5,0]	-0,15%	-0,05%		[-5,0]	**-0,21%**	**-0,08%**	*** + ○○○
[-1,0]	-0,20%	-0,21%		[-1,0]	**-0,01%**	**-0,04%**	** ++ ○○○
[0]	**-0,36%**	**-0,25%**	** + ○○	[0]	**-0,03%**	**-0,04%**	** ++ ○○○
[0,1]	**-0,37%**	**-0,26%**	** ○○	[0,1]	**-0,16%**	**-0,05%**	**** ++++ ○○○○
[0,5]	-0,08%	-0,17%		[0,5]	**-0,23%**	**-0,10%**	**** ++++ ○○○○
[0,10]	0,18%	0,23%		[0,10]	**-0,29%**	**-0,23%**	**** ++++ ○○○○
[1,5]	0,27%	-0,02%		[1,5]	**-0,20%**	**-0,06%**	**** +++ ○○○○
[1,10]	0,53%	0,50%		[1,10]	**-0,25%**	**-0,17%**	**** ++++ ○○○○
[-1,1]	-0,22%	-0,21%		[-1,1]	**-0,13%**	**-0,05%**	**** +++ ○○○○
[-5,5]	0,12%	0,06%		[-5,5]	**-0,41%**	**-0,22%**	**** ++++ ○○○○
[-10,10]	0,72%	0,14%		[-10,10]	**-0,61%**	**-0,29%**	**** ++++ ○○○○

Fettgedruckte Ergebnisse heben eindeutig signifikante Resultate hervor. t-Test nach BMP: */**/***/****; Grank-Test: +/++/+++/++++; Vorzeichen-Rangtest: ○/○○/○○○/○○○○ bei einem 10 %, 5 %, 1 %, 0,1 % Signifikanzniveau

Tab. 19: Gegenüberstellung der Reaktionsstärke von Ratingrevisionen auf Aktien sowie Anleihen. Eigene Darstellung.

Aktie vs. Anleihe							
Upgrade				Downgrade			
N=195	Mittelwert: Δ (C)AR	Median: Δ (C)AR	Signifikanz	N=282	Mittelwert: Δ (C)AR	Median: Δ (C)AR	Signifikanz
[-10,-1]	-0,29%	-0,26%		[-10,-1]	**0,75%**	**0,59%**	*
[-5,-1]	-0,07%	-0,09%		[-5,-1]	0,15%	0,34%	
[-10,0]	-0,12%	-0,21%		[-10,0]	0,56%	0,29%	
[-5,0]	0,10%	-0,08%		[-5,0]	-0,04%	-0,29%	
[-1,0]	0,09%	0,06%		[-1,0]	-0,17%	-0,31%	
[0]	**0,17%**	**0,13%**	*	[0]	**-0,20%**	**-0,22%**	o
[0,1]	0,21%	0,12%		[0,1]	-0,13%	-0,17%	
[0,5]	-0,05%	-0,03%		[0,5]	0,08%	-0,04%	
[0,10]	-0,02%	0,30%		[0,10]	0,45%	0,51%	
[1,5]	-0,22%	-0,13%		[1,5]	0,27%	0,03%	
[1,10]	-0,19%	0,17%		[1,10]	**0,65%**	**0,65%**	* o
[-1,1]	0,13%	0,23%		[-1,1]	-0,10%	-0,11%	
[-5,5]	-0,12%	-0,30%		[-5,5]	0,23%	0,40%	
[-10,10]	-0,31%	-0,30%		[-10,10]	**1,21%**	**1,06%**	* o

Fettgedruckte Ergebnisse heben signifikante Resultate hervor. Δ (C)AR stellt die Differenz zwischen Aktien- und Anleiheüberrendite für das jeweilige Intervall dar. t-Test */**/***/****; Vorzeichen-Rangtest: o/oo/ooo/oooo bei einem 10 %, 5 %, 1 %, 0,1 % Signifikanzniveau

Tab. 20: Veränderung des absoluten Marktwertes durch Ratingurteile in Abhängigkeit der Wertpapierart. Eigene Darstellung.

Upgrade								
N=195	Aktie (Alle Angaben in Mio. €)			Anleihe (Alle Angaben in Mio. €)			Zusammenhang	
	Mittelwert gewichtet	Mittelwert ungewichtet	Median	Mittelwert gewichtet	Mittelwert ungewichtet	Median	Korrelation	p-Wert
[0]	93,77	46,88	16,06	14,88	2,94	0,22	0,26	0,0002
[0,1]	147,18	55,38	15,21	13,55	4,54	0,78	0,26	0,0003
[-1,1]	193,33	51,12	37,30	11,05	4,37	0,73	0,33	0,0000
Downgrade								
N=282	Aktie (Alle Angaben in Mio. €)			Anleihe (Alle Angaben in Mio. €)			Zusammenhang	
	Mittelwert gewichtet	Mittelwert ungewichtet	Median	Mittelwert gewichtet	Mittelwert ungewichtet	Median	Korrelation	p-Wert
[0]	-14,10	-1,51	-21,85	-16,19	-3,57	-0,42	0,17	0,0053
[0,1]	-72,29	-9,55	-20,33	-20,25	-7,96	-0,69	0,14	0,0182

Im Zuge von Heraufstufungen verzeichnen beide Wertpapierklassen unabhängig vom beobachteten Lageparameter eine positive absolute Marktwertveränderung. Allerdings variiert die Intensität zwischen den einzelnen Clustern. So erfahren in allen drei Ereignisintervallen Aktientitel einen deutlich höheren Marktwertzuwachs[825] als Anleihetitel. Da beide Mittelwerte am Ereignistag mit 93,77 Millionen (Mio.) € bzw. 46,88 Mio. € deutlich größer als der Median mit 16,06 Mio. € ausfallen, lässt sich ein einheitlicher Effekt unter Berücksichtigung der Unternehmensgröße vermuten. Auch für Anleihen kann die gleiche Reihenfolge der Lageparameter mit 14,88 Mio. €, 2,94 Mio. € bzw. 0,22 Mio. € ermittelt werden. Daher scheint der signifikante sowie positive Korrelationskoeffizient von 0,26 plausibel zu sein.

Auf der anderen Seite induzieren Herabstufungen eine Reduktion des Marktwertes für Eigen- und Fremdkapital zum Publikationstag. Anleihen scheinen im Hinblick auf die beiden Mittelwerte zunächst negativer als etwa Aktien zu reagieren. Allerdings deutet der Medianwert von -21,85 Mio. € gegenüber dem gewichteten Mittelwert von -14,10 Mio. € bei Aktientitel auf eine teilweise positive oder zumindest abgeschwächte negative Ankündigungsreaktion von Emittenten mit einer hohen Marktkapitalisierung hin. Diese Ambivalenz wird durch einen niedrigeren positiven Korrelationskoeffizienten i. H. v. 0,17 verdeutlicht. Jedoch muss hinzugefügt werden, dass für das Ereignisintervall [0,1] bei Eigenkapitalinstrumenten erneut stärkere negative Marktwertreaktionen bei den Mittelwerten gegenüber dem Medianwert sowie gegenüber Anleihen in Gänze vorliegen. Indessen können keine Anzeichen auf einen Werttransfereffekt für beide Reaktionsrichtungen gesichtet werden, jedoch vermag der nachfolgende Abschnitt verborgene Effekte aufzudecken.

4.2.2.2 Untersuchungsergebnisse in Abhängigkeit der Ratingursache (H2)

Als Nächstes werden die Folgen von Ratingrevisionen in Abhängigkeit der Ratingursache beleuchtet. Zwar wurde diese Untersuchungsfrage schon in einigen Beiträgen erforscht, allerdings wurde bisher noch keine simultane Analyse von Aktien- und Anleihetitel differenziert nach der Ratingursache operative

825 Hierbei muss betont werden, dass lediglich marktnotierte Fremdkapitaltitel, welche die Kriterien aus Kapitel 4.1.1 erfüllen, berücksichtigt werden. Andere zinstragende Fremdkapitalinstrumente, wie Schuldscheindarlehen, Bankkredite oder Commercial Papers, bleiben bei dieser Methodik außer Acht.

Performance sowie Verschuldung (Leverage) in der empirischen Literatur durchgeführt.[826] Die vorliegende Arbeit schließt diese Lücke.

Zunächst werden die Untersuchungsergebnisse für Upgrades in Tab. 21 vorgestellt. Analog zu den Ergebnissen des gesamten Aktiensamples lassen sich im Rahmen von performanceinduzierten Heraufstufungen lediglich am Ereignistag [0] sowie im Handelszeitraum [0,1] abnormale Aktienrenditen i. H. v. 0,31 % sowie 0,41 % bei einem Signifikanzniveau von 5 % bzw. 1 % nachweisen. Dieses Ergebnis ist schlüssig, da eine Zunahme der operativen Leistungsfähigkeit des Emittenten auch im Sinne der Anteilseigner ist.

Demgegenüber können für verschuldungsbedingte Upgrades keine Ereignisintervalle mit statistischer Relevanz für Aktionäre gefunden werden. Nach Meinung der Literatur könnte dies auf zwei Ursachen zurückzuführen sein. Zum einen könnten diese bewertungsrelevanten Informationen bereits vorab in das Bewertungskalkül eingeflossen sein. Zum anderen wäre erneut ein Werttransfereffekt zugunsten der Eigenkapitalgeber denkbar.[827] Dafür würden die schwachen Hinweise im Ereignisintervall [1,5] mit einer abnormalen Rendite von -0,74 % sprechen. Dennoch reichen die Indizien nicht aus, um zu bestimmen, ob der mangelnde Informationswert oder etwa konträre Bewertungseffekte zu diesem Ergebnis beitragen. Der mangelnde Informationseffekt am Ereignistag konnte bereits in einigen jüngeren Credit Rating-Studien nachgewiesen werden.[828] Dies bestätigt die Relevanz zur Differenzierung nach den Ratinggründen bei Aktientiteln.

Für Anleiheinhaber rufen sowohl performance- als auch verschuldungsbedingte Heraufstufungen signifikant positive Überrenditen am Ereignistag sowie in den darauffolgenden Ereignisintervallen hervor. Gleichwohl kann für verschuldungs- gegenüber ertragsinduzierten Ratingverbesserungen eine höhere und signifikantere abnormale Rendite für die Intervalle [1,5] sowie [1,10] mit 20 BP gegenüber 14 BP bzw. 29 BP gegenüber 21 BP festgestellt werden. Die eingeschlagene Reaktionsrichtung entspricht den Erwartungen aus Tab. 10.

---

826 Gropp/Richard (2001) stellen zum einen keine Ergebnisse für Anleihetitel differenziert nach Ratingursachen dar. Zum anderen unterscheidet sich auch die angewendete Ursachendifferenzierung. Hundt (2015) bildet keine Subsamples für die Ratingursache. Stattdessen verweist er darauf, dass das gesamte Sample hauptsächlich (87 % der Stichprobe) durch verschuldungsbedingte Ratings geprägt wird. Siehe Kapitel 4.1.1 sowie 4.1.2.

827 Vgl. Goh, J. C./Ederington L. H. (1993), S. 2001–2002.

828 Vgl. Ott, C. (2011), S. 188; Kiesel, F./Schiereck, D. 2015, S. 91.

Tab. 21: Ergebnisse für Heraufstufungen in Abhängigkeit der Ratingursache. Eigene Darstellung.

Upgrade - Performance							
Aktie				Anleihe			
N=212	Mittelwert	Median	Signifikanz	N=105	Mittelwert	Median	Signifikanz
[-10,-1]	-0,31%	-0,41%		[-10,-1]	0,03%	0,03%	
[-5,-1]	-0,05%	-0,16%		[-5,-1]	0,04%	0,00%	
[-10,0]	0,00%	0,01%		[-10,0]	**0,09%**	**0,10%**	** ++ oo
[-5,0]	0,26%	0,14%		[-5,0]	**0,10%**	**0,04%**	** o
[-1,0]	**0,35%**	**0,16%**	** + o	[-1,0]	0,04%	0,03%	*
[0]	**0,31%**	**0,22%**	*** ++ oo	[0]	**0,06%**	**0,03%**	** ooo
[0,1]	**0,41%**	**0,30%**	*** +++ ooo	[0,1]	**0,14%**	**0,06%**	*** ++++ oooo
[0,5]	0,09%	0,14%		[0,5]	**0,20%**	**0,13%**	* ooo
[0,10]	0,17%	0,61%		[0,10]	**0,28%**	**0,14%**	** ++ oooo
[1,5]	-0,22%	-0,15%		[1,5]	**0,14%**	**0,07%**	oo
[1,10]	-0,14%	0,41%		[1,10]	**0,21%**	**0,13%**	* + ooo
[-1,1]	**0,45%**	**0,43%**	*** +++ ooo	[-1,1]	**0,12%**	**0,06%**	*** +++ ooo
[-5,5]	0,05%	0,31%		[-5,5]	**0,23%**	**0,13%**	* + ooo
[-10,10]	-0,14%	0,31%		[-10,10]	**0,30%**	**0,17%**	** ++ oooo
Upgrade - Leverage							
Aktie				Anleihe			
N=84	Mittelwert	Median	Signifikanz	N=44	Mittelwert	Median	Signifikanz
[-10,-1]	-1,03%	-1,02%		[-10,-1]	0,04%	0,00%	
[-5,-1]	-0,53%	-0,20%		[-5,-1]	0,05%	0,03%	
[-10,0]	-0,86%	-0,58%		[-10,0]	0,12%	0,02%	
[-5,0]	-0,36%	-0,03%		[-5,0]	0,13%	0,07%	+
[-1,0]	0,03%	-0,07%		[-1,0]	0,05%	0,04%	+
[0]	0,17%	-0,11%		[0]	**0,08%**	**0,04%**	** ++++ oo
[0,1]	0,35%	-0,12%		[0,1]	**0,13%**	**0,06%**	* ++ oo
[0,5]	-0,57%	-0,14%		[0,5]	**0,27%**	**0,10%**	*** ++++ ooo
[0,10]	-0,61%	0,15%		[0,10]	**0,36%**	**0,24%**	**** ++++ oooo
[1,5]	-0,74%	-0,43%	*	[1,5]	**0,20%**	**0,07%**	** +++ ooo
[1,10]	-0,78%	-0,31%		[1,10]	**0,29%**	**0,16%**	*** ++++ ooo
[-1,1]	0,22%	-0,26%		[-1,1]	0,11%	0,02%	+
[-5,5]	-1,10%	-0,01%		[-5,5]	**0,33%**	**0,16%**	*** ++++ oo
[-10,10]	-1,65%	-0,79%		[-10,10]	**0,41%**	**0,19%**	**** ++++ ooo

Fettgedruckte Ergebnisse heben eindeutig signifikante Resultate hervor. t-Test nach BMP: */**/***/****; Grank-Test: +/++/+++/++++; Vorzeichen-Rangtest: o/oo/ooo/oooo bei einem 10 %, 5 %, 1 %, 0,1 % Signifikanzniveau

Tab. 22 stellt die Resultate für Ratingherabstufungen dar, welche durch getrübte Ertragsaussichten oder durch eine überhöhte Verschuldung begründet werden. Aktionäre erfahren am Ereignistag durch performanceinduzierte Downgrades eine Überrendite i. H. v. -38 BP bei einem Signifikanzniveau von 10 %. Dieses Ergebnis ist nachvollziehbar, weil damit der Barwert potenziell ausschüttbarer Zahlungsströme abnimmt. Hingegen ist die im anschließenden zweiwöchigen Zeitraum stattfindende Gegenbewegung in Form einer signifikanten positiven Überrendite von 0,84 % auf den ersten Blick konterintuitiv. Möglicherweise stellt dies eine Korrektur für die evtl. übertriebene Marktreaktion am Ereignistag dar.

Herabstufungen, die auf eine überhöhte Überschuldung zurückzuführen sind, entfalten für Aktientitel weder am Ereignistag noch im Nachgang signifikante Preisanpassungen. Stattdessen ist eine signifikante positive Antizipationsreaktion für den Zeitraum [-10,0] mit 92 BP zu beobachten. Zwar liegen damit schwache Hinweise vor, dass die Eigenkapitalgeber höhere Verschuldungsgrade favorisieren, allerdings kann das Ergebnis auch auf eine shareholderfreundliche Politik im Rahmen von fremdfinanzierten Übernahmen oder Gewinnausschüttungen zurückzuführen sein. Infolgedessen würde die Ratingagentur auf ein solches Verhalten mit einer Ratingherabstufung reagieren, welche vermutlich schon vom Aktienmarkt antizipiert wurde. Daher ist es aus Perspektive der Aktionäre nahe liegender von einem eingeschränkten Informationswert des verschuldungsbedingten Ratingsignals als von einem Vermögenstransfereffekt zwischen den Kapitalgebern im Rahmen der Ratingankündigung auszugehen.[829]

Anleihen zeigen auch bei Herabstufungen eine abweichende Reaktionsrichtung im Vergleich zu Aktien auf. So entspricht die Entwicklung der abnormalen Anleiheüberrenditen durch ertragsbedingte Ratingverschlechterungen etwa dem gesamten Downgrade-Untersuchungssample gemäß Tab. 18. Daher zeigen fast sämtliche Ereignisintervalle eine statistisch signifikante negative abnormale Rendite an. Die unterdurchschnittliche Performance i. H. v. -43 BP im zehntägigen Zeitraum vor einer ertragsbedingten Ratingrevision lässt auf eine vorab veröffentlichte Gewinnwarnung oder einem publizierten Quartalsbericht schließen. Gleichwohl scheint die darauffolgende Ratingpublikation die Anleiheinvestoren negativ zu überraschen, da sich am gleichen Handelstag eine

829 Trotzdem ist nicht auszuschließen, dass die originäre Ursache der Ratingänderung einen Transfereffekt zwischen den Kapitalgebern induzieren könnte.

Tab. 22: Ergebnisse für Herabstufungen in Abhängigkeit der Ratingursache. Eigene Darstellung.

Downgrade - Performance							
Aktie				Anleihe			
N=276	Mittelwert	Median	Signifikanz	N=166	Mittelwert	Median	Signifikanz
[-10,-1]	0,20%	0,06%		[-10,-1]	**-0,43%**	**-0,08%**	*** +
[-5,-1]	-0,02%	0,09%		[-5,-1]	-0,23%	-0,06%	**
[-10,0]	-0,18%	-0,37%		[-10,0]	**-0,48%**	**-0,10%**	**** ++
[-5,0]	-0,40%	-0,24%		[-5,0]	-0,28%	-0,12%	***
[-1,0]	-0,25%	-0,27%		[-1,0]	**-0,08%**	**-0,05%**	*** +
[0]	**-0,38%**	**-0,25%**	* ○	[0]	**-0,05%**	**-0,04%**	*** + ○○○
[0,1]	-0,35%	-0,17%		[0,1]	**-0,20%**	**-0,05%**	**** +++
[0,5]	-0,33%	-0,20%		[0,5]	**-0,23%**	**-0,10%**	*** ++ ○
[0,10]	0,46%	0,49%		[0,10]	**-0,30%**	**-0,22%**	**** ++++ ○○○
[1,5]	0,05%	0,01%		[1,5]	**-0,18%**	**-0,04%**	** ○○
[1,10]	**0,84%**	**0,75%**	++	[1,10]	**-0,25%**	**-0,17%**	*** +++ ○○○
[-1,1]	-0,23%	-0,30%		[-1,1]	**-0,23%**	**-0,07%**	*** ++
[-5,5]	-0,35%	-0,58%		[-5,5]	**-0,46%**	**-0,25%**	**** +++
[-10,10]	0,65%	0,08%		[-10,10]	**-0,73%**	**-0,37%**	**** ++++
Downgrade - Leverage							
Aktie				Anleihe			
N=113	Mittelwert	Median	Signifikanz	N=63	Mittelwert	Median	Signifikanz
[-10,-1]	**-0,15%**	**0,93%**	+ ○	[-10,-1]	-0,15%	0,01%	
[-5,-1]	-0,05%	0,94%		[-5,-1]	-0,05%	0,02%	
[-10,0]	**0,92%**	**1,04%**	++ ○	[-10,0]	-0,10%	0,00%	
[-5,0]	0,21%	0,84%		[-5,0]	-0,01%	0,04%	+
[-1,0]	0,07%	0,08%		[-1,0]	0,29%	-0,01%	
[0]	-0,21%	-0,23%		[0]	0,05%	0,00%	
[0,1]	-0,23%	-0,37%		[0,1]	-0,05%	-0,02%	
[0,5]	0,02%	-0,02%		[0,5]	**-0,20%**	**-0,12%**	** ○
[0,10]	0,22%	0,36%		[0,10]	**-0,28%**	**-0,29%**	*** ++ ○○○
[1,5]	-0,24%	-0,09%		[1,5]	**-0,24%**	**-0,14%**	** ++ ○○○
[1,10]	-0,33%	0,36%		[1,10]	**-0,33%**	**-0,33%**	*** +++ ○○○
[-1,1]	0,05%	0,07%		[-1,1]	0,18%	0,01%	
[-5,5]	0,43%	0,97%		[-5,5]	-0,25%	-0,07%	
[-10,10]	**1,35%**	**1,68%**	+ ○	[-10,10]	-0,43%	-0,14%	**

Fettgedruckte Ergebnisse heben eindeutig signifikante Resultate hervor. t-Test nach BMP: */**/***/****; Grank-Test: +/++/+++/++++; Vorzeichen-Rangtest: O/OO/OOO/OOOO bei einem 10 %, 5 %, 1 %, 0,1 % Signifikanzniveau

abnormale Rendite von -5 BP bei einem Signifikanzniveau von 1 % einstellt. In den darauffolgenden zwei Wochen erhöht sich die festgestellte negative Überrendite um weitere -25 BP. Als Begründung lassen sich die gleichen Vermutungen wie bereits für H1 zu Felde führen.

Auf der anderen Seite zeichnen Ratingänderungen, welche eine überhöhte Verschuldung zurückzuführen sind, ein abweichendes Bild für die Fremdkapitalgeber. Denn es können erst für erweiterte Ereigniszeiträume nach Verkündung des Bonitätsurteils signifikant negative abnormale Renditen dokumentiert werden. Demnach liegt eine unterdurchschnittliche Performance i. H. v. -0,20 % und -0,28 % für die Zeiträume [0,5] bzw. [0,10] vor.

Die Gegenüberstellung der Performance- und der Leverage-Teilstichprobe in Abhängigkeit der Ratingrichtung konnte keine statistisch signifikanten Abweichungen für Aktien- oder Anleihetitel aufdecken. Demnach wird auf die Darstellung des Zweistichprobentests verzichtet.

Daher kann in der Zusammenschau ein ratinggetriebener Werttransfereffekt nicht bestätigt werden. Zwar stimmen die festgestellten Vorzeichen in Abhängigkeit der Ratingursache sowie -richtung für Aktien und Anleihen mit Tab. 15 überein, allerdings legt das Ergebnis von verschuldungsbedingten Ratingverschlechterungen auf Aktientiteln eher eine mangelnde Relevanz als eine Übervorteilung von Fremdkapitalgebern nahe. Für verschuldungsbedingte Heraufstufungen kann keine klare Tendenz für Aktien nachgewiesen werden.

4.2.2.3 Untersuchungsergebnisse in Abhängigkeit der Ratingkategorie (H3)

Die Bedeutung der Ratingkategorie wird im vorliegenden Abschnitt untersucht. Tab. 23 stellt die Reaktionseffekte von Heraufstufungen, unterteilt nach IG sowie NG auf Aktien und Anleihen, dar. Eine Bonitätsverbesserung im IG-Bereich bewirkt für Aktien eine signifikante abnormale Rendite von 0,26 % sowie 0,38 % am Ereignistag bzw. für das Intervall [0,1]. Somit wird die Ankündigung als grundsätzlich positive Information vom Aktienmarkt wahrgenommen. Bemerkenswerterweise kann vorab eine schwach signifikante Überrendite i. H. v. -0,58 % im Zeitraum [-10,-1] identifiziert werden. Dagegen scheinen NG-Ratingverbesserungen keine Rolle für die Eigenkapitalgeber zu spielen, da keine statistisch relevanten Abweichungen vorliegen. Daher muss ein Informationseffekt für die NG-Ratingkategorie im Zuge von Upgrades verneint werden.

Tab. 23: Ergebnisse für Heraufstufungen in Abhängigkeit der Ratingkategorie. Eigene Darstellung.

Upgrade - IG							
Aktie				Anleihe			
N=300	Mittelwert	Median	Signifikanz	N=175	Mittelwert	Median	Signifikanz
[-10,-1]	**-0,58%**	**-0,56%**	* + OO	[-10,-1]	0,03%	0,02%	
[-5,-1]	-0,18%	-0,18%		[-5,-1]	0,03%	0,00%	
[-10,0]	-0,33%	-0,19%		[-10,0]	**0,08%**	**0,05%**	*** ++ OO
[-5,0]	0,07%	-0,06%		[-5,0]	0,08%	0,04%	**
[-1,0]	**0,31%**	**0,17%**	** ++ OO	[-1,0]	**0,04%**	**0,03%**	** + O
[0]	**0,26%**	**0,14%**	*** ++ OO	[0]	**0,05%**	**0,02%**	*** ++++ OOOO
[0,1]	**0,38%**	**0,23%**	*** ++ OO	[0,1]	**0,11%**	**0,05%**	**** ++++ OOOO
[0,5]	-0,01%	0,05%		[0,5]	**0,20%**	**0,11%**	** +++ OOOO
[0,10]	-0,02%	0,23%		[0,10]	**0,26%**	**0,14%**	*** ++++ OOOO
[1,5]	-0,27%	-0,10%		[1,5]	**0,14%**	**0,06%**	** ++ OOOO
[1,10]	-0,28%	-0,05%		[1,10]	**0,21%**	**0,13%**	** +++ OOOO
[-1,1]	**0,43%**	**0,36%**	*** ++ OO	[-1,1]	**0,10%**	**0,05%**	*** +++ OOOO
[-5,5]	-0,19%	-0,08%		[-5,5]	**0,22%**	**0,11%**	** +++ OOOO
[-10,10]	-0,60%	-0,18%		[-10,10]	**0,29%**	**0,16%**	**** ++++ OOOO
Upgrade - NG							
Aktie				Anleihe			
N=74	Mittelwert	Median	Signifikanz	N=20	Mittelwert	Median	Signifikanz
[-10,-1]	-0,07%	-0,45%		[-10,-1]	-0,08%	-0,16%	
[-5,-1]	-0,26%	-0,65%		[-5,-1]	0,08%	-0,04%	
[-10,0]	0,26%	-0,09%		[-10,0]	-0,07%	-0,08%	
[-5,0]	0,07%	-0,04%		[-5,0]	0,10%	0,05%	
[-1,0]	0,05%	0,12%		[-1,0]	-0,01%	0,03%	
[0]	0,32%	0,18%	**	[0]	0,02%	0,05%	
[0,1]	0,43%	-0,19%		[0,1]	**0,16%**	**0,19%**	* ++ O
[0,5]	-0,49%	0,13%		[0,5]	-0,09%	-0,01%	
[0,10]	-0,10%	0,95%		[0,10]	-0,04%	-0,42%	
[1,5]	-0,82%	-0,62%		[1,5]	-0,10%	0,00%	
[1,10]	-0,43%	0,73%		[1,10]	-0,06%	-0,36%	
[-1,1]	0,15%	0,18%		[-1,1]	0,13%	0,28%	
[-5,5]	-0,75%	0,06%		[-5,5]	-0,01%	0,00%	
[-10,10]	-0,17%	1,46%		[-10,10]	-0,13%	-0,16%	

Fettgedruckte Ergebnisse heben eindeutig signifikante Resultate hervor. t-Test nach BMP: */**/***/****; Grank-Test: +/++/+++/++++; Vorzeichen-Rangtest: O/OO/OOO/OOOO bei einem 10 %, 5 %, 1 %, 0,1 % Signifikanzniveau

Anleiheinhaber reagieren ebenfalls positiv auf IG-Ratingheraufstufungen. IG-Upgrades werden vom Fremdkapitalmarkt erst zum Zeitpunkt der Veröffentlichung verarbeitet und in höchstsignifikante positive abnormale Renditen i. H. v. 5 BP übersetzt. Die Überperformance gegenüber dem gesamten Markt erstreckt sich ebenfalls auf die Ereigniszeiträume [1,5] sowie [1,10] mit Renditen um die 0,14 % bzw. 0,21 % bei einem Signifikanzniveau von 5 % bzw. 1 %. Dahingegen rufen Ratingverbesserungen im NG-Bereich ausschließlich um den Ereignistag [0,1] schwach signifikante abnormale Renditen von dann aber 16 BP hervor. Allerdings muss betont werden, dass mit N = 20 keine repräsentative Stichprobengröße vorliegt. Trotz der verlängerten Verarbeitungsdauer liegt sowohl für IG- als auch NG-Ratings eine Bewertungsrelevanz für Gläubiger vor.

Die Resultate für Herabstufungen in Abhängigkeit der Ratingkategorie werden in Tab. 24 dargestellt. Für Aktientitel, deren Emittenten eine Herabstufung im IG-Bereich erfahren, ist eine schwach signifikante Überrendite von -30 BP nachweisbar. Indessen sind keine Auffälligkeiten bei der Erteilung von NG-Ratings auf Eigenkapitalinstrumente festzustellen. Dies könnte – wie bereits vermutet – auf konträre Effekte zurückzuführen sein. Hierbei könnten die bonitätsinduzierten Konsequenzen für den Aktionär – wie der Verlust operativer Zahlungsströme oder Steuervorteile – durch (partielle) Werttransfereffekte auf Kosten der Gläubiger durch die Erhöhung der LGD kompensiert bzw. gedämpft werden. Da keine signifikanten Preisreaktionen aufgedeckt werden konnten, wird auf einen Vergleich beider Aktien-Subsamples verzichtet.

Für Downgrades innerhalb der IG-Kategorie, können signifikante Resultate für sämtliche Ereignisintervalle festgestellt werden. Ratingverschlechterungen unterhalb von BBB- führen im Zeitraum [0,1] zu einer signifikanten Überrendite von -60 BP. Die ausbleibende Signifikanz am Ereignistag sowie die prägnante Reaktion am Folgetag lässt erneut auf eine überwiegende Ratingpublikation nach Börsenschluss schließen. Des Weiteren könnte die Reaktionsstärke auch durch Fallen Angels gespeist worden sein. Zuletzt scheint die Einpreisung des Ratingereignisses zügig vonstattenzugehen, da im Nachgang keine weiteren signifikanten Resultate vorliegen. Die unterdurchschnittliche Performance für Anleihetitel vor Verkündung des NG-Ratings i. H. v. -122 BP kann u. U. als proaktiver Versuch gewertet werden, die betroffenen Wertpapiere zu liquidieren, bevor eine möglicherweise bestehende Satzungsverpflichtung – institutioneller Investoren zur ausschließlichen Investition in IG-Wertpapiere – diesen Schritt erzwingt. Unabhängig von der Ratingkategorie geht ein Informationswert von Ratingsignalen für die Fremdkapitalgeber aus.

Tab. 24: Ergebnisse für Herabstufungen in Abhängigkeit der Ratingkategorie. Eigene Darstellung.

Downgrade - IG							
Aktie				Anleihe			
N=390	Mittelwert	Median	Signifikanz	N=259	Mittelwert	Median	Signifikanz
[-10,-1]	0,43%	0,43%		[-10,-1]	**-0,15%**	**-0,06%**	*** ++ ooo
[-5,-1]	0,08%	0,28%		[-5,-1]	**-0,13%**	**-0,02%**	*** oo
[-10,0]	0,13%	0,06%		[-10,0]	**-0,17%**	**-0,09%**	**** ++ ooo
[-5,0]	-0,21%	-0,05%		[-5,0]	**-0,14%**	**-0,08%**	*** + ooo
[-1,0]	-0,11%	-0,21%		[-1,0]	**-0,06%**	**-0,04%**	*** ++ ooo
[0]	**-0,30%**	**-0,20%**	* + oo	[0]	**-0,01%**	**-0,04%**	** ++ ooo
[0,1]	-0,34%	-0,16%	o	[0,1]	**-0,07%**	**-0,04%**	**** ++++ oooo
[0,5]	-0,03%	-0,05%		[0,5]	**-0,16%**	**-0,09%**	**** ++++ oooo
[0,10]	0,23%	0,23%		[0,10]	**-0,20%**	**-0,20%**	**** ++++ oooo
[1,5]	0,26%	0,00%		[1,5]	**-0,14%**	**-0,06%**	**** ++++ oooo
[1,10]	0,52%	0,15%		[1,10]	**-0,19%**	**-0,18%**	**** ++++ oooo
[-1,1]	-0,16%	-0,19%		[-1,1]	**-0,11%**	**-0,05%**	**** ++++ oooo
[-5,5]	0,05%	0,15%		[-5,5]	**-0,29%**	**-0,17%**	**** ++++ oooo
[-10,10]	0,65%	0,46%		[-10,10]	**-0,36%**	**-0,20%**	**** ++++ oooo
Downgrade - NG							
Aktie				Anleihe			
N=102	Mittelwert	Median	Signifikanz	N=46	Mittelwert	Median	Signifikanz
[-10,-1]	1,00%	0,24%		[-10,-1]	**-1,22%**	**-0,23%**	** + oo
[-5,-1]	0,65%	0,64%		[-5,-1]	-0,45%	-0,30%	*
[-10,0]	0,41%	0,72%		[-10,0]	**-1,35%**	**-0,28%**	*** + oo
[-5,0]	0,06%	-0,02%		[-5,0]	**-0,59%**	**-0,36%**	* o
[-1,0]	-0,57%	-0,17%		[-1,0]	0,26%	-0,02%	
[0]	-0,59%	-0,37%		[0]	-0,14%	-0,06%	o
[0,1]	-0,47%	-0,78%		[0,1]	**-0,60%**	**-0,22%**	*** ++ ooo
[0,5]	-0,28%	-0,95%		[0,5]	**-0,61%**	**-0,16%**	** o
[0,10]	-0,01%	0,43%		[0,10]	**-0,70%**	**-0,53%**	* o
[1,5]	0,30%	-0,22%		[1,5]	-0,47%	-0,16%	*
[1,10]	0,58%	1,03%		[1,10]	-0,57%	-0,05%	
[-1,1]	-0,45%	-0,33%		[-1,1]	**-0,21%**	**-0,10%**	* + oo
[-5,5]	0,37%	-1,46%		[-5,5]	**-1,06%**	**-0,60%**	*** ++ oo
[-10,10]	0,99%	-0,66%		[-10,10]	**-1,92%**	**-1,14%**	*** +++ ooo

Fettgedruckte Ergebnisse heben eindeutig signifikante Resultate hervor. t-Test nach BMP: */**/***/****; Grank-Test: +/++/+++/++++; Vorzeichen-Rangtest: O/OO/OOO/OOOO bei einem 10 %, 5 %, 1 %, 0,1 % Signifikanzniveau

Tab. 25: Ergebnisse des Zweistichprobentests für Anleihen in Abhängigkeit der Ratingkategorie. Eigene Darstellung.

Anleihe: IG vs. NG							
Upgrade				Downgrade			
N=175/20	Δ (C)AR	Signifikanz	F-Test	N=236/46	Δ (C)AR	Signifikanz	F-Test
[-10,-1]	0,11%		**	[-10,-1]	**1,06%**	**** ++	****
[-5,-1]	-0,05%		**	[-5,-1]	0,32%		****
[-10,0]	0,15%		***	[-10,0]	**1,19%**	**** ++ ○	****
[-5,0]	-0,02%		**	[-5,0]	0,44%	*	****
[-1,0]	0,05%		****	[-1,0]	-0,31%		****
[0]	0,04%			[0]	0,12%		****
[0,1]	-0,04%			[0,1]	**0,53%**	*** + ○○○	****
[0,5]	0,28%			[0,5]	0,45%	**	****
[0,10]	0,30%			[0,10]	0,50%		****
[1,5]	0,25%			[1,5]	0,33%		****
[1,10]	0,27%			[1,10]	0,38%		****
[-1,1]	-0,03%		****	[-1,1]	0,10%		****
[-5,5]	0,23%			[-5,5]	0,77%	** ○	****
[-10,10]	**0,42%**	○		[-10,10]	**1,56%**	**** ++ ○○	****

Fettgedruckte Ergebnisse heben signifikante Resultate hervor. Δ (C)AR stellt die Differenz zwischen Aktien- und Anleiheüberrendite für das jeweilige Intervall dar. Zweistichproben t-Test bzw. F-Test: */**/***/****; Welch t-Test: +/++/+++/++++; Rangsummentest: O/OO/OOO/OOOO bei einem 10 %, 5 %, 1 %, 0,1 % Signifikanzniveau

Auf den Ergebnissen aufbauend, folgt die Validierung der Reaktionsstärke von Ratinganpassungen in Abhängigkeit der Ratingkategorie auf die jeweiligen Wertpapierklassen. Dazu stellt Tab. 25 IG- und NG-Bonitätsurteile von Anleiheinstrumenten gegenüber. Bei Herabstufungen können signifikante Ereignisse für die Intervalle [-10,-1], [0,1] sowie [-10,10] festgestellt werden. Die Beobachtung deckt sich zumindest für Downgrades mit den vorangestellten Überlegungen, dass Gläubiger von NG-Emittenten eine höhere Sensibilität für Bonitätsveränderungen im Vergleich zu Gläubigern von IG-Unternehmen besitzen. Für Aktionäre kann eine solch eindeutige Beurteilung nicht getroffen werden, allerdings deuten die für IG-Ratings stets signifikanten und für NG-Ratings insignifikanten

Ankündigungsreaktionen auf eine Bestätigung der dritten Forschungshypothese hin. Somit kann – mit Ausnahme von heraufgestuften Anleihetiteln – H3 mehrheitlich bestätigt werden.

4.2.2.4 Untersuchungsergebnisse in Abhängigkeit der gesamtwirtschaftlichen Situation (H4)

Als letzte univariat zu untersuchende Hypothese wird der Einfluss der gesamtwirtschaftlichen Situation im Rahmen der Ratingankündigung auf Kapitalgeberansprüche analysiert. Tab. 26 stellt die Ergebnisse für die Upgrade-Subsamples dar. Aktionäre scheinen Heraufstufungen während eines konjunkturellen Abschwunges keinen Informationswert zuzuschreiben, da nur marginal positive Überrenditen vorliegen. Dagegen verzeichnen selbige Kapitalgeber im vorgelagerten Ereigniszeitraum [-10,-1] eine signifikante Underperformance i. H. v. -388 BP gegenüber der erwarteten Rendite. Dieses Ergebnis könnte u. U. auf einzelne Ausreißer innerhalb der Stichprobe zurückzuführen sein, da die Stichprobe lediglich 31 Ereignisse beinhaltet. Im Gegensatz dazu kann für Aktionäre in prosperierenden Konjunkturphasen eine Bewertungsrelevanz von Upgrades ausgemacht werden, welche am Ereignistag durch eine hochsignifikante abnormale Rendite von 0,29 % bekundet wird.

Für Fremdkapitalgeber kann zwar eine positive abnormale Rendite im Vorfeld und am Ereignistag in rezessiven Phasen beobachtet werden, allerdings wird auf eine tiefergehende Analyse des Ergebnisses verzichtet, da kein ausreichender Stichprobenumfang vorliegt. Für heraufgestufte Anleihen in konjunkturellen Aufschwungsphasen kann am Ankündigungstag eine Überrendite von 0,05 % bei einem Signifikanzniveau von 0,1 % nachgewiesen werden. Im Fortgang liegen ebenfalls für die Intervalle [1,5] sowie [1,10] signifikante Überrenditen i. H. v. 15 BP bzw. 22 BP vor. Damit entspricht die Entwicklung dem gesamten Upgrade-Anleihesample aus Tab. 18.

Tab. 27 stellt die Ergebnisse für das Downgrade-Sample in Bezug auf den Konjunkturzyklus dar. In rezessiven Phasen verzeichnen Aktien am Tag der Herabstufung eine abnormale Rendite i. H. v. -1,02 % bei einem Signifikanzniveau von 1 %, während keine relevanten Preiseffekte im Vorfeld oder Nachgang zu lokalisieren sind. Dahingegen können in prosperierenden Konjunkturphasen weder am Ratingpublikationstag noch im Vorfeld signifikante Überrenditen für Aktientitel identifiziert werden. Dennoch erzielen Aktionäre eine überdurchschnittliche Performance von 0,80 % gegenüber dem Benchmark für den zehntägigen Handelszeitraum nach dem Ereignistag.

Tab. 26: Ergebnisse für Heraufstufungen in Abhängigkeit der gesamtwirtschaftlichen Situation. Eigene Darstellung.

Upgrade - Abschwung							
Aktie				Anleihe			
N=31	Mittelwert	Median	Signifikanz	N=13	Mittelwert	Median	Signifikanz
[-10,-1]	**-3,88%**	**-1,84%**	** ++ oo	[-10,-1]	**0,18%**	**0,19%**	** +++ oo
[-5,-1]	-0,97%	-0,64%		[-5,-1]	0,08%	0,04%	
[-10,0]	**-3,87%**	**-1,65%**	** + o	[-10,0]	**0,22%**	**0,20%**	** +++ o
[-5,0]	-0,96%	0,85%		[-5,0]	0,13%	0,00%	
[-1,0]	0,10%	0,43%		[-1,0]	0,11%	-0,01%	
[0]	0,01%	0,13%	****	[0]	0,04%	0,01%	
[0,1]	0,46%	0,58%		[0,1]	**0,10%**	**0,11%**	* ++
[0,5]	-1,10%	-0,17%		[0,5]	-0,20%	-0,13%	
[0,10]	-1,57%	-0,83%		[0,10]	-0,35%	-0,19%	
[1,5]	-1,11%	-0,15%		[1,5]	-0,24%	-0,22%	
[1,10]	-1,58%	-0,05%		[1,10]	-0,39%	-0,13%	
[-1,1]	0,55%	0,65%		[-1,1]	**0,17%**	**0,04%**	* +
[-5,5]	-2,07%	-0,23%		[-5,5]	-0,12%	-0,01%	
[-10,10]	-5,45%	-1,57%		[-10,10]	-0,17%	0,08%	
Upgrade - Aufschwung							
Aktie				Anleihe			
N=343	Mittelwert	Median	Signifikanz	N=182	Mittelwert	Median	Signifikanz
[-10,-1]	-0,17%	-0,44%		[-10,-1]	0,01%	0,01%	
[-5,-1]	-0,13%	-0,22%		[-5,-1]	0,03%	0,00%	
[-10,0]	0,12%	0,02%		[-10,0]	**0,06%**	**0,02%**	** + o
[-5,0]	0,17%	-0,10%		[-5,0]	0,08%	0,04%	**
[-1,0]	**0,27%**	**0,14%**	** ++ oo	[-1,0]	0,03%	0,03%	o
[0]	**0,29%**	**0,14%**	**** +++ ooo	[0]	**0,05%**	**0,03%**	*** ++++ oooo
[0,1]	**0,38%**	**0,16%**	*** ++ oo	[0,1]	**0,12%**	**0,06%**	**** ++++ oooo
[0,5]	-0,02%	0,14%		[0,5]	**0,19%**	**0,12%**	** +++ oooo
[0,10]	0,10%	0,51%		[0,10]	**0,27%**	**0,14%**	*** ++++ oooo
[1,5]	-0,31%	-0,20%		[1,5]	**0,15%**	**0,06%**	* ++ oooo
[1,10]	-0,19%	0,04%		[1,10]	**0,22%**	**0,13%**	*** +++ oooo
[-1,1]	**0,36%**	**0,26%**	*** ++ oo	[-1,1]	**0,10%**	**0,05%**	*** +++ ooo
[-5,5]	-0,14%	0,13%		[-5,5]	**0,22%**	**0,12%**	** +++ oooo
[-10,10]	-0,07%	0,07%		[-10,10]	**0,28%**	**0,16%**	*** ++++ oooo

Fettgedruckte Ergebnisse heben eindeutig signifikante Resultate hervor. t-Test nach BMP: */**/***/****; Grank-Test: +/++/+++/++++; Vorzeichen-Rangtest: O/OO/OOO/OOOO bei einem 10 %, 5 %, 1 %, 0,1 % Signifikanzniveau

Für Fremdkapitalgeber stellt sich bei Downgrades während konjunkturellen Abschwüngen eine generelle negative Überrendite für alle beobachteten Intervalle mit Ausnahme des Ereignistages und -intervall [-1,0] ein. Die schwach signifikanten Überrenditen vor der Ratingankündigung lassen auf eine vorab veröffentlichte bonitätsrelevante Information schließen. Allerdings scheint das Gros der Anleiheinvestoren erst nach Verkündung des Bonitätsurteils die veränderte Bewertungslage zu erfassen, wie die hochsignifikanten Überrenditen für die Ereignisintervalle [0,1], [1,5] sowie [1,10] i. H. v. -33 BP, -37 BP bzw. -40 BP nahelegen. Bei einer florierenden Konjunkturlage bringen Herabstufungen ebenfalls negative abnormale Anleiherenditen im Vorfeld sowie im Nachgang mit sich. Jedoch scheinen die Ankündigungsreaktionen weniger stark ausgeprägt zu sein, wie ein Blick auf die gleichen drei nachgelagerten Ereignisintervalle mit einer abnormalen Rendite von -8 BP, -12 BP und -19 BP offenbart. Gleichwohl kann diese Vermutung nicht durch einen Zweistichprobentest belegt werden, da zum einen wenige signifikante Ereignisintervalle vorliegen und zum anderen die Anwendungsvoraussetzungen nicht erfüllt werden.[830] Deshalb wird auf eine separate Darstellung des Anleihesubsample-Vergleichs im Folgenden verzichtet.

Tab. 28 legt statistisch relevante Differenzen zwischen Auf- und Abschwüngen für beide Ratingrichtungen offen. Im vorgelagerten Ereigniszeitraum [-10,-1] vor Ankündigung einer Heraufstufung kann eine signifikante Abweichung von 3,71 % laut dem Welch t-Test gezeigt werden. Dies kann so interpretiert werden, dass Aktientitel in rezessiven Konjunkturphasen vor einem Upgrade negativere Überrenditen erzielen. Dagegen offenbart die Gegenüberstellung der beiden Downgrade-Subsamples um den Ereignistag sowie im anschließenden zweiwöchigen Zeitraum eine statistisch relevante Differenz. So kann am Ratingpublikationstag eine statistisch relevante Überrenditeabweichung von 100 BP bei einem Signifikanzniveau von 5 % festgestellt werden. Somit kann lediglich für herabgestufte Aktientitel die Gültigkeit der H4 bestätigt werden, während für die anderen Subsamples kein eindeutiges Urteil gefällt werden kann.

---

830 Es liegt eine zu geringe Stichprobengröße oder keine Varianzhomogenität der verglichenen Stichproben vor.

Tab. 27: Ergebnisse für Herabstufungen in Abhängigkeit der gesamtwirtschaftlichen Situation. Eigene Darstellung.

Downgrade - Abschwung							
Aktie				Anleihe			
N=158	Mittelwert	Median	Signifikanz	N=85	Mittelwert	Median	Signifikanz
[-10,-1]	0,75%	0,82%		[-10,-1]	**-0,18%**	**-0,11%**	** ++ ○○
[-5,-1]	0,31%	0,08%		[-5,-1]	**-0,02%**	**-0,06%**	* +
[-10,0]	-0,27%	-0,31%		[-10,0]	**-0,22%**	**-0,09%**	** + ○
[-5,0]	-0,71%	-0,59%		[-5,0]	**-0,06%**	**-0,12%**	* +
[-1,0]	**-0,92%**	**-0,43%**	** ○○	[-1,0]	0,17%	-0,05%	
[0]	**-1,02%**	**-0,60%**	*** ++ ○○○○	[0]	-0,05%	-0,05%	
[0,1]	**-1,05%**	**-0,93%**	*** ++ ○○○	[0,1]	**-0,33%**	**-0,12%**	*** ++++ ○○○
[0,5]	-0,60%	-0,51%		[0,5]	**-0,42%**	**-0,14%**	*** +++ ○○○
[0,10]	-1,11%	-0,88%		[0,10]	**-0,45%**	**-0,33%**	** +++ ○○○
[1,5]	0,42%	0,23%		[1,5]	**-0,37%**	**-0,13%**	** +++ ○○○
[1,10]	-0,09%	-0,27%		[1,10]	**-0,40%**	**-0,22%**	** ++ ○○
[-1,1]	**-0,95%**	**-0,72%**	** + ○○	[-1,1]	**-0,12%**	**-0,09%**	* +++ ○○○
[-5,5]	-0,29%	-0,34%		[-5,5]	**-0,44%**	**-0,32%**	*** +++ ○○○
[-10,10]	-0,36%	-0,25%		[-10,10]	**-0,62%**	**-0,44%**	*** +++ ○○○
Downgrade - Aufschwung							
Aktie				Anleihe			
N=334	Mittelwert	Median	Signifikanz	N=197	Mittelwert	Median	Signifikanz
[-10,-1]	0,45%	0,17%		[-10,-1]	**-0,39%**	**-0,04%**	*** ○
[-5,-1]	0,15%	0,46%		[-5,-1]	-0,25%	-0,02%	**
[-10,0]	0,41%	0,22%		[-10,0]	**-0,42%**	**-0,10%**	*** ○○
[-5,0]	0,11%	0,10%		[-5,0]	**-0,28%**	**-0,06%**	** ○○
[-1,0]	0,13%	-0,12%		[-1,0]	**-0,08%**	**-0,04%**	*** ++ ○○○
[0]	-0,04%	-0,07%		[0]	**-0,03%**	**-0,03%**	** + ○○
[0,1]	-0,05%	-0,07%		[0,1]	**-0,08%**	**-0,04%**	*** ++ ○○○
[0,5]	0,16%	-0,10%		[0,5]	**-0,15%**	**-0,09%**	**** +++ ○○○○
[0,10]	**0,79%**	**0,48%**	+	[0,10]	**-0,22%**	**-0,20%**	**** ++++ ○○○○
[1,5]	0,20%	-0,16%		[1,5]	**-0,12%**	**-0,05%**	*** ++ ○○○
[1,10]	**0,83%**	**0,79%**	++	[1,10]	**-0,19%**	**-0,13%**	**** ++++ ○○○○
[-1,1]	0,13%	-0,08%		[-1,1]	**-0,13%**	**-0,04%**	**** ++ ○○○
[-5,5]	0,31%	0,14%		[-5,5]	**-0,40%**	**-0,17%**	**** +++ ○○○○
[-10,10]	1,23%	0,35%		[-10,10]	**-0,61%**	**-0,19%**	**** ++++ ○○○○

Fettgedruckte Ergebnisse heben eindeutig signifikante Resultate hervor. t-Test nach BMP: */**/***/****; Grank-Test: +/++/+++/++++; Vorzeichen-Rangtest: ○/○○/○○○/○○○○ bei einem 10 %, 5 %, 1 %, 0,1 % Signifikanzniveau

Tab. 28: Ergebnisse des Zweistichprobentests für Aktien in Abhängigkeit der gesamtwirtschaftlichen Situation. Eigene Darstellung.

Aktie: Aufschwung vs. Abschwung							
Upgrade				Downgrade			
N=343/31	Δ (C)AR	Signifikanz	F-Test	N=334/158	Δ (C)AR	Signifikanz	F-Test
[-10,-1]	**3,71%**	**** ++ ooo	****	[-10,-1]	-0,30%		***
[-5,-1]	0,85%		***	[-5,-1]	-0,16%		*
[-10,0]	**3,99%**	**** ++ ooo	****	[-10,0]	0,67%		****
[-5,0]	1,13%	*	****	[-5,0]	0,82%		****
[-1,0]	0,17%		***	[-1,0]	**1,06%**	*** ++ oo	****
[0]	0,28%		***	[0]	**0,98%**	*** ++ oooo	****
[0,1]	-0,08%		****	[0,1]	**1,00%**	** + ooo	****
[0,5]	1,08%		****	[0,5]	0,76%		****
[0,10]	1,67%	*	****	[0,10]	**1,90%**	** ++ oo	****
[1,5]	0,80%		****	[1,5]	-0,22%		****
[1,10]	1,39%		****	[1,10]	0,92%		****
[-1,1]	-0,20%		****	[-1,1]	**1,08%**	** + o	****
[-5,5]	1,93%	**	****	[-5,5]	0,59%		****
[-10,10]	**5,38%**	**** + o	****	[-10,10]	1,59%		****

Fettgedruckte Ergebnisse heben signifikante Resultate hervor. Δ (C)AR stellt die Differenz zwischen Aktien- und Anleiheüberrendite für das jeweilige Intervall dar. Zweistichproben t-Test bzw. F-Test: */**/***/****; Welch t-Test: +/++/+++/++++; Rangsummentest: o/oo/ooo/oooo bei einem 10 %, 5 %, 1 %, 0,1 % Signifikanzniveau

4.2.2.5 Zwischenfazit der univariaten Untersuchung

Die bisherige empirische Untersuchung kann einen Informationswert von Credit Ratings sowohl für Aktien als auch Anleihen nachweisen. Dabei kann die erste Nullhypothese eindeutig verworfen werden, da Up- und Downgrades signifikant positiv bzw. negativ von beiden untersuchten Kapitalgebergruppen aufgenommen werden. Zudem sind die höhere statistische Signifikanz von Herauf- gegenüber Herabstufungen am Ereignistag sowie der unterschiedliche Preisbildungsmechanismus der beiden Wertpapierarten hervorzuheben.

H2 entspricht von der Entwicklung des Vorzeichens ebenfalls den formulierten Erwartungen. So ist der Ratingänderungsgrund für Aktionäre im

Gegensatz zu Gläubigern von Belang, da lediglich operativ bedingte Bonitätsurteile eine wesentliche Kursveränderung analog zu H1 hervorrufen. Hingegen werden verschuldungsinduzierte Ratingänderungen nicht von Anteilseignern berücksichtigt. Die Indizien legen eher einen mangelnden Informationswert als einen stattfindenden Werttransfereffekt zwischen den Financiers nahe.

Die dritte Forschungshypothese lässt sich mehrheitlich bestätigen. Denn Aktientitel reagieren lediglich im Rahmen von IG-Ratingankündigungen, während ein statistisch relevanter Preiseffekt innerhalb der NG-Kategorie ausbleibt. Für Anleiheinstrumente ist hingegen eine verstärkte Reaktion für Herabstufungen im NG-Bereich zu beobachten. Nach der Analyse von Heraufstufungsankündigungen kann die Hypothese für Gläubiger nicht bestätigt werden.

Dahingegen kann H4 nur eingeschränkt bestätigt werden, da lediglich für Aktien eine nachweislich sensiblere Reaktion von Downgrades in rezessiven Marktphasen dokumentiert werden kann.

4.2.3 Multivariate Analyse

Auf den Erkenntnissen der univariaten Analyse aufbauend folgt – nach einer kurzen Einführung – die Querschnittsregression der abnormalen Wertpapierrendite auf die erklärenden unternehmens-, rating- sowie länderspezifischen Variablen. Die Analyse dient zum einen zur vertiefenden Untersuchung der ersten vier Forschungshypothesen. Zum anderen wird der Einfluss auf die Reaktionsstärke durch weitere potenziell wertrelevante Variablen validiert. Anschließend werden die Modelle mit der höchsten Güte mit anderen Credit Rating-Studien verglichen, um eine Optimierung des Modells durch die Hinzunahme und ggf. Entfernung von Variablen zu erreichen. Abschließend soll dieses Regressionsmodell zur Prognose abnormaler Renditen eingesetzt werden.

4.2.3.1 Vorbereitende Schritte für die multivariate Untersuchung

Als Voraussetzung für die Untersuchung der abhängigen Variable dient einerseits eine nachgewiesene Signifikanz bei beiden Wertpapierkategorien im Rahmen der univariaten Analyse (H1). Deshalb werden als Regressanden für Up- und Downgrades lediglich die Überrenditen für die Ereignisintervalle [0] sowie [0,1] analysiert, da lediglich in diesen Ereignisintervallen für Aktien und Anleihen (für beide Reaktionsrichtungen) eine signifikante Überrendite vorliegt.[831] Andererseits speisen sich die Regressoren aus diversen Variablen, die

831 Siehe Tab. 15.

in sieben Modellen im abweichenden Umfang und Konstellation zum Einsatz kommen, um keine wertrelevanten Effekte zu übersehen.

Die beiden Dummy-Variablen „Performance" sowie „Leverage" finden zur Überprüfung der H2 Eingang in die Untersuchung. Demnach nimmt der Dummy den Wert 1 an, wenn es sich um eine ertrags- bzw. verschuldungsbedingte Ratingursache handelt, ansonsten liegt der Wert 0 vor. Die Dummy-Variable „Recession" (H4) dokumentiert Ratingänderungen für Emittenten mit einem Domizil, welches einen Rückgang des BIP für das gleiche Jahr verzeichnet. Bei einer Rezession wird der Wert 1 vergeben, andernfalls wird der Wert 0 zugeteilt. Die Variable „MCAP" (H5a) bzw. die Marktkapitalisierung des Eigenkapitals zum Ende des vorherigen Jahres dient als Proxy für die Größe des jeweiligen Emittenten. Um dem nichtlinearen Zusammenhang Rechnung zu tragen, erfolgt analog zur gängigen Literatur die Logarithmierung dieser Variable.[832] Außerdem wird der Regressor „Prior Rating" (H5b) erfasst, damit eine feinere Abstufung als bei dem Vergleich der Investmentkategorie (IG vs. NG) bzw. H3 ermöglicht wird. Das vorherige Rating wird mittels folgender ordinalen Skala: AAA =1, AA+/Aa1= 2, AA/Aa2= 3, etc. eingeordnet. Des Weiteren wird die Branchenzugehörigkeit anhand der Dummy-Variable „Sector" (H5c) differenziert. Emittenten, die keinen Bezug zur Finanzbranche aufweisen, wird der Wert 1 zugesprochen, während Finanzunternehmen mit dem Wert 0 gekennzeichnet werden. Die Schulden- bzw. Zinsdeckungsquote wird durch die metrischen Koeffizienten „Debt Coverage" (H5d) sowie „Interest Coverage" (H5e) mit Net Debt/EBITDA bzw. EBIT/Zinsaufwand beschrieben.[833] Die beiden Ratingkennzahlen werden aus den Rechnungslegungsdaten zum 31.12. des Vorjahres gebildet. Zur Aufdeckung möglicher Steuereffekte wird der jeweils durchschnittliche gesetzliche Unternehmensteuersatz („Tax Rate" (H6a)) des Sitzlandes des Emittenten in die Analyse einbezogen. Weiterhin sollen Werttransfermöglichkeiten durch „TQ" (Tobin's Q; H6b) approximiert werden. Die Kennzahl lässt sich durch den Quotienten aus Marktwert des Unternehmens[834] und der gesamten Bilanzsumme zum Ende des Vorjahres ableiten. Darüber hinaus können Insolvenzkosten durch diverse Proxys erfasst

832 Vgl. Kiesel, F./Schiereck, D. (2015), S. 93; Hu, H./Kaspereit, T./Prokop, J. (2016), S. 103.

833 Sollte einer der Kennzahlen negativ sein, so wird diese Stichprobe ausgeblendet. Dies gilt auch für den Koeffizienten „Complexity Assets" sowie „TQ", vgl. für ein ähnliches Vorgehen Baghai, R. P./Servaes, H./Tamayo, A. N. E. (2014), S. 1967.

834 Der Marktwert des Unternehmens entspricht der Summe aus Marktkapitalisierung der Stamm- und/oder Vorzugsaktien sowie der Nettofinanzverbindlichkeiten.

werden. So kann die Variable „Maturity“ (H6c) durch die marktwertgewichtete Restlaufzeit des Fremdkapitals zum Zeitpunkt des Ratingereignisses Auskunft über die indirekten und direkten Insolvenzkosten erteilen. Zudem adressiert der Koeffizient „Complexity Liabilities“ (H6d) mit der Anzahl sämtlicher[835] öffentlich gehandelter Fremdkapitalinstrumente zum Ratingpublikationstag gleichfalls beide Insolvenzkostenbestandteile. Dahingegen wird der Regressor „Complexity Assets“ (H6e) mit dem Verhältnis aus immateriellen Vermögenswerten zur Bilanzsumme[836] – jeweils zum Ende des Vorjahres – als Stellvertretergröße für lediglich indirekte Insolvenzkosten erachtet. Zuletzt erlaubt die Dummy-Variable „Jurisdiction“ (H6f) eine Bewertung über die Ausprägung der direkten Insolvenzkosten in Abhängigkeit der Gläubigerunfreundlichkeit der Jurisdiktion. Gläubigerunfreundliche Insolvenzregime bzw. mit einem mittleren Gläubigerschutz werden mit dem Wert 1 versehen, während fremdkapitalgeberfreundlichen Jurisdiktionen der Wert 0 zuteilwird. Um größere Stichprobenschwankungen zu unterbinden, werden lediglich Ereignisse hinzugezogen, die jeweils Aktien- sowie Anleihestichproben beinhalten, da einige Variablen – wie etwa die „Maturity“ sowie „Complexity Liabilities“ – durch die börsengehandelten Fremdkapitalinstrumente determiniert werden.

Neben den (standardisierten) Koeffizienten und dem jeweiligen t-Test werden auch über das adj. R^2 sowie die F-Teststatistik berichtet. Zusätzlich werden auch Angaben über die Anwendungsvoraussetzungen der Querschnittsregression präsentiert. Hierunter fallen die Breusch-Pagan-Statistik (Homoskedastizität) sowie die Angaben zum mittleren und maximalen VIF (Multikollinarität). Im Rahmen dieser Diagnose konnten heteroskedastische Residuen aufgedeckt werden, weshalb robuste Standardfehler nach White beim t-Test zum Einsatz kommen.[837] Zusätzlich wurde zur Überwindung der Heteroskedastizität das FGLS-Regressionsverfahren angewendet. Die Gegenüberstellung beider Verfahren offenbart die Überlegenheit der letzteren Methode in Bezug auf den F-Test und das adj. R^2. Deshalb werden lediglich die Ergebnisse

---

835 In diese Variable werden alle ausstehenden Fremdkapitalinstrumente unabhängig von der Seniorität und Besicherung inkludiert.

836 Vgl. für ein analoges Vorgehen van Binsbergen, J./Graham, J./Yang, J. (2010), S. 2133. Goodwill-Komponenten werden zur besseren Vergleichbarkeit aus dem Zähler und Nenner entfernt.

837 Das Verfahren eignet sich, wenn unklar ist, welche Form die heteroskedastischen Residuen besitzen, vgl. für eine Erläuterung des robusten Schätzers von Auer, L. (2016), S. 442–445.

des FGLS-Verfahrens präsentiert.[838] Ferner kann für alle Modelle der Verdacht der Multikollinearität zurückgewiesen werden, da der kritische Schwellenwert von zehn weder im Mittel noch für einzelne Regressoren überschritten wird, womit keine Anpassung der Variablen notwendig ist. Nachfolgend werden die Resultate – separiert nach Ratingrichtung – für die jeweiligen Wertpapierarten präsentiert und diskutiert.

4.2.3.2 Untersuchungsergebnisse für Heraufstufungen

Tab. 29 gibt u. a. die Ergebnisse der Querschnittsanalyse der abnormalen Aktienrenditen im Rahmen von Heraufstufungen wieder. Zwar lassen sich vereinzelt signifikante Abweichungen beobachten, jedoch sind einige Modelle trotz der Anwendung des FGLS-Verfahrens weiterhin[839] durch heteroskedastische Residuen geprägt. Daher werden die betroffenen Modelle bei der Ergebnisinterpretation außer Acht gelassen. Damit verbleibt als einziger signifikanter Regressor die „Maturity" in Modell 3 mit dem Ereignisintervall [0,1], allerdings ist das Ergebnis mit Vorsicht zu interpretieren, da nur ein geringes adj. R^2 vorliegt. So entspricht das negative Vorzeichen des Koeffizienten nicht dem vorab formulierten Wirkungszusammenhang, welcher einen positiven Wertbeitrag durch die Reduktion der indirekten Kosten unterstellt. Somit geht mit einer Zunahme der marktgewichteten Restlaufzeit ein dämpfender Effekt für die positive Überrendite bei Heraufstufungen einher. Dafür ist die Beobachtung im Einklang mit der Optionspreistheorie von Merton (1974). Dazu muss in Erinnerung gerufen werden, dass sich eine zunehmende Verlängerung der Laufzeit zuträglich auf den Wert einer Kaufoption bzw. des Eigenkapitals auswirkt. Jedoch scheint es, dass dieser Effekt ins Gegenteil verkehrt, wenn die Bonität von Emittenten mit höherer Maturity zunimmt. Denn dies könnte die Wahrscheinlichkeit der Ausübung einer Kaufoption und somit deren Wert mindern.[840]

Darüber hinaus präsentiert Tab. 29 die Resultate der multivariaten Untersuchung für das Upgrade-Anleihesample, die im Vergleich zur oberen Hälfte mehrere statistisch relevante Abweichungen und im Durchschnitt eine höhere

838 Die Ergebnisse des OLS-Verfahrens i. V. m. robusten Standardfehlern sind im Anhang 6 enthalten.
839 Dies gilt gleichfalls für die korrespondierenden Resultate im Rahmen der OLS-Regression.
840 Vgl. dazu etwa Gleichung 2.9 unter der Annahme, dass der Unternehmenswert gleichbleibt.

Modellgüte anzeigt. Dabei sind die Koeffizienten „Prior Rating“ und „TQ“ gemäß Modell 6 für [0] deckungsgleich mit den formulierten Erwartungen. Demnach übt die vorherige Bonitätsnote des Unternehmens vor der Heraufstufung den stärksten (positiven) Einfluss auf die Höhe der abnormalen Rendite aus oder anders ausgedrückt: Je niedriger die Bonität, desto stärker fällt die Heraufstufungsreaktion aus. Danach folgt als Einflussfaktor das Tobin’s Q, welches ebenfalls einen zuträglichen Effekt auf Anleiherenditen entfaltet. Das ist plausibel, denn Emittenten mit hohen TQ-Werten werden hohe Wachstumsaussichten zugesprochen, wodurch die Umsetzung gläubigerschädigender Strategien erleichtert wird. Jedoch reduziert die Bonitätsverbesserung den diskretionären Ermessensspielraum solcher Strategien zugunsten der Gläubiger, weshalb dieser verstärkende Effekt nachvollziehbar erscheint.

Daneben geht im Intervall [0] in den Modellen 3 bis 5 von der Variable „Tax Rate“ ein Einfluss aus, jedoch weisen die drei Modelle nur eine geringe Güte auf. Zudem stimmt der nachgewiesene Zusammenhang nicht mit der aufgestellten Forschungshypothese überein, da sich die Höhe des Steuersatzes positiv auf die Ankündigungsreaktion auf Anleihekurse auswirkt. Möglicherweise könnten die Gläubiger annehmen, dass zwar die zukünftigen Finanzierungskosten mit diesem Urteil sinken, allerdings auch die Abschöpfung von Steuervorteilen abnimmt, weshalb ein höherer gesetzlicher Steuersatz diesen negativen Werteffekt mildern kann. Des Weiteren könnte in den jeweiligen europäischen Hochsteuerländern eine Sanierungsgewinnbesteuerung vorliegen, wodurch sich eine solche Reaktion rechtfertigen lassen würde. Zuletzt ist nicht auszuschließen, dass gesetzliche Unternehmensteuersätze möglicherweise nicht als Proxy für die effektive Besteuerung von Unternehmen[841] geeignet sind.

841 Dies trifft insbesondere auf Steuervermeidungsstrategien von Konzernen zu.

Tab. 29: Ergebnisse der FGLS-Querschnittsregression für Heraufstufungen. Eigene Darstellung.

Upgrade		Aktie [0]							Aktie [0,1]						
Koeffizienten	**Erwartetetes Vorzeichen**	**Modell 1**	**Modell 2**	**Modell 3**	**Modell 4**	**Modell 5**	**Modell 6**	**Modell 7**	**Modell 1**	**Modell 2**	**Modell 3**	**Modell 4**	**Modell 5**	**Modell 6**	**Modell 7**
Konstante	0	0,00593	0,00208	-0,00768	-0,01001	-0,00461	0,00291	0,00153	0,01418	0,02754	0,02074	0,01926	0,03365**	0,02094	0,00377
ln(MCAP)	-	-0,00033 *-0,02859*	-0,00006 *-0,00562*	0,00126	0,00146 *0,11966*	0,00100 *0,08798*	0,00040 *0,03381*		-0,00103 *-0,05299*	-0,00170 *-0,09174*	-0,00143	-0,00126	-0,00286* *-0,16369*	-0,00175	
Performance	+	-0,00095 *-0,03979*							-0,00280 *-0,07098*						
Leverage	-/0	0,00058 *0,02039*							-0,00119 *-0,02613*						
Recession	+	-0,00021 *-0,00393*	-0,00185 *-0,02761*			-0,00601 *-0,08982*			0,00332 *0,04787*	0,00729 *0,09268*			0,00258 *0,03073*		
Prior Rating	+	0,00014 *0,02456*	0,00020 *0,03593*				0,00002 *0,00345*	0,00016	0,00097 *0,10672*	0,00013 *0,01504*				0,00022	0,00028 *0,03081*
Sector	+	-0,00179 *-0,04638*	-0,00094 *-0,02676*			-0,00086 *-0,02458*			-0,00935*** *-0,18756*	-0,00898 *-0,16915*			-0,00413 *-0,09226*		
Debt Coverage	+		0,00008 *0,04997*							-0,00017 *-0,06986*					
Interest Coverage	-		0,00002 *0,01826*							-0,00007 *-0,03457*					
Maturity	+			-0,00036**	-0,00038** *-0,14653*	-0,00023 *-0,09109*	-0,00031 *-0,11180*	-0,00015			-0,00048*	-0,00052*	-0,00050 *-0,13018*	-0,00039	-0,00043 *-0,09489*
Tax Rate	-			0,01032	0,01436 *0,06869*	0,00464 *0,02374*	-0,00692 *-0,03499*				0,01154	0,01269	0,01560 *0,05571*	-0,00206	
TQ	-			-0,00300*	-0,00311* *-0,13959*	-0,00134 *-0,05888*	-0,00170 *-0,07511*				-0,00415	-0,00396	-0,00255 *-0,07103*	-0,00146	
Complexity Assets	+				-0,01269 *-0,07970*	-0,00926 *-0,06322*	-0,00838 *-0,05834*	-0,00787				-0,00724	0,00334 *0,01696*	-0,00496	-0,00624 *-0,02695*
Complexity Liabilities	+					0,00000 *0,00069*	-0,00001 *-0,00712*	0,00006					0,00023 *0,09526*	0,00013	-0,00004 *-0,01739*
Jurisdiction	0						0,00401 *0,15853*							0,00414	
N		195	165	176	171	171	171	190	195	165	176	171	171	171	190
R^2		0,01	0,01	0,05	0,07	0,03	0,04	0,01	0,05	0,03	0,04	0,05	0,07	0,05	0,02
Adj. R^2		-0,03	-0,03	0,03	0,04	-0,02	0,00	-0,01	0,02	0,00	0,02	0,02	0,02	0,01	0,00
F-Test		0,18	0,16	2,34*	2,35**	0,67	0,91	0,43	1,62	0,95	1,99*	1,56	1,52	1,13	0,85
Breusch-Pagan-Test		10,07	1,59	38,22****	40,38****	8,61	16,76**	1,85	27,77****	23,77****	5,38	15,50***	21,12***	5,61	3,18
Maximaler VIF		1,52	2,34	1,35	1,48	2,60	2,08	1,27	2,38	1,98	1,32	1,43	2,57	2,23	1,27
Mittlerer VIF		1,32	1,63	1,18	1,25	1,69	1,57	1,15	1,67	1,48	1,18	1,26	1,71	1,65	1,16

(Fortsetzung auf nächster Seite)

Tab. 29: Fortsetzung

Upgrade		Anleihe [0]							Anleihe [0,1]						
Koeffizienten	Erwartetetes Vorzeichen	Modell 1	Modell 2	Modell 3	Modell 4	Modell 5	Modell 6	Modell 7	Modell 1	Modell 2	Modell 3	Modell 4	Modell 5	Modell 6	Modell 7
Konstante	0	-0,00468**	-0,00517**	-0,00251	-0,00322**	-0,00213	-0,00639***	-0,00212**	-0,00685*	-0,00477	0,00167	0,00107	0,00145	-0,00926**	-0,00273**
ln(MCAP)	-	0,00033 0,15169*	0,00040 0,18877**	0,00007	0,00014 0,06806	0,00002 0,00914	0,00028 0,14391		0,00047 0,13122	0,00022 0,06311	-0,00022	-0,00018 -0,05371	-0,00030 -0,08953	0,00039 0,11708	
Performance	+	0,00052 0,11790							0,00055 0,07606						
Leverage	+	0,00051 0,09231							0,00030 0,03532						
Recession	+	0,00009 0,00917	-0,00038 -0,04181			-0,00056 -0,07030			0,00045 0,02760	0,00058 0,03140			0,00000 -0,00032		
Prior Rating	+	0,00014 0,13701	0,00014 0,13888				0,00023 0,23399***	0,00021 0,20492**	0,00038 0,22365**	0,00028 0,16208*				0,00050 0,30115***	0,00035 0,21543***
Sector	+	0,00041 0,06912	0,00072 0,11575			0,00057 0,10931			-0,00035 -0,03366	0,00116 0,12767*			0,00104 0,11746		
Debt Coverage	+		0,00002 0,06155							0,00010 0,17397*					
Interest Coverage	-		-0,00002 -0,09048							-0,00001 -0,03553					
Maturity	+			0,00001	0,00000 -0,00167	0,00000 -0,00595	0,00004 0,05782	0,00011 0,13948			-0,00002	-0,00004 -0,02847	-0,00001 -0,00708	0,00000 -0,00205	0,00012 0,08817
Tax Rate	-			0,00689***	0,00716 0,21032***	0,00614 0,18734**	0,00453 0,13565				0,00493	0,00624 0,10886	0,00556 0,09978	0,00465 0,08035	
TQ	+			0,00024	0,00041 0,10433	0,00027 0,07718	0,00055 0,14882**				0,00032	0,00047 0,07257	0,00020 0,03287	0,00078 0,11646	
Complexity Assets	+				-0,00280 -0,11097	-0,00265 -0,10824	-0,00291 -0,10370	-0,00098 -0,03637				-0,00435 -0,10671	-0,00474 -0,11698*	-0,00480 -0,10947	-0,00437 -0,09614
Complexity Liabilities	+					0,00001 0,03214	0,00002 0,08437	0,00003 0,08717					0,00003 0,07994	0,00004 0,09101	0,00004 0,08947
Jurisdiction	+						0,00028 0,06083							0,00035 0,04740	
N		195	165	176	171	171	171	190	195	165	176	171	171	171	190
R^2		0,04	0,01	0,05	0,06	0,08	0,10	0,04	0,04	0,05	0,01	0,03	0,06	0,10	0,06
Adj. R^2		0,01	0,01	0,02	0,03	0,03	0,06	0,02	0,01	0,02	-0,01	0,00	0,01	0,05	0,04
F-Test		1,42	1,32	2,02*	2,10*	1,66	2,24**	2,00*	1,41	1,49	0,52	0,91	1,24	2,16**	2,82**
Breusch-Pagan-Test		4,83	4,58	3,41	7,31	4,56	2,14	2,92	6,42	9,94	3,33	2,60	4,30	5,74	2,65
Maximaler VIF		1,51	1,67	1,13	1,16	2,04	1,86	1,15	1,62	1,61	1,19	1,17	2,21	1,93	1,15
Mittlerer VIF		1,29	1,38	1,10	1,13	1,40	1,38	1,08	1,40	1,32	1,13	1,12	1,44	1,42	1,08

Für jede Variable werden die Koeffizienten (oben) und standardisierten Koeffizienten (unten; in kursiv) dargestellt. Daneben wird für den t-Test das Signifikanzniveau 10 %, 5 %, 1 %, 0,1 % mit *, **, ***, **** erfasst. Diese Systematik gilt auch für den F-Test sowie die Breusch-Pagan-Statistik. Bei „ln(MCAP)" handelt es sich um den natürlichen Logarithmus der Marktkapitalisierung des Emittenten zum Ende des Vorjahres. Die Dummy-Variablen „Performance" und „Leverage" symbolisieren jeweils eine ertragsbedingte bzw. verschuldungsbedingte Ratingursache denen jeweils der Wert 1, andernfalls 0 zuteilwird. Die Dummy-Variable „Recession" dokumentiert Ratingänderungen während rezessiven Konjunkturphasen im Sitzland des betroffenen Emittenten mit 1, ansonsten 0. „Prior Rating" bildet das vorherige Rating mit AAA =1, AA+/Aa1= 2, AA/Aa2= 3, etc. ab. Die Dummy-Variable „Sector" teilt Nicht-Finanzunternehmen den Wert 1, ansonsten 0 zu. „Debt Coverage" und „Interest Coverage" stellen die Schulden- sowie Zinsdeckungsquote zum Ende des Vorjahres dar. „Maturity" gibt die marktwertgewichtete Restlaufzeit des Fremdkapitals zum Zeitpunkt des Ratingereignisses wieder. „Tax Rate" stellt den gesetzlichen Unternehmensteuersatz im Sitzland des Emittenten im Jahr der Ratingvergabe dar. „TQ" spiegelt den Quotienten aus Marktwert des Unternehmens und der gesamten Bilanzsumme zum Ende des Vorjahres wider. „Complexity Assets" drückt das Verhältnis aus immateriellen Vermögenswerten zur Bilanzsumme zum Ende des Vorjahres aus. „Complexity Liabilities" erfasst die Anzahl öffentlich gehandelter Fremdkapitalinstrumente zum Ratingpublikationstag. Die Dummy-Variable „Jurisdiction" versieht Länder mit einem gläubigerunfreundlichen Insolvenzregime mit dem Wert 1, ansonsten 0.

4.2.3.3 Untersuchungsergebnisse für Herabstufungen

Tab. 30 stellt u. a. die Resultate der Querschnittsregression für die Überrenditen von Aktien vor. Dabei weist Modell 5 für die Intervalle [0] sowie [0,1] die höchsten adj. R^2 im Mittel mit 0,18 bzw. 0,11 auf. Während die Regressoren „ln(MCAP)", „Recession" und „Complexity Liabilitites" den Forschungshypothesen entsprechen, muss dies für die Variablen „Tax Rate" sowie „Complexity Assets" verneint werden.

Den stärksten (negativen) Einfluss auf die negative Überrendite ruft die Variable „Recession" hervor. Somit kann in rezessiven Konjunkturphasen für Aktientitel ein verstärkender Effekt von Herabstufungen bei einem Signifikanzniveau von 1 % lokalisiert werden. Dies untermauert die Gültigkeit der Resultate der univariaten Analyse zur H4. Ferner geht ein abschwächender Effekt von der Unternehmensgröße des Emittenten aus. Damit erfahren kleinere (größere) Unternehmen höhere (geringere) negative abnormale Aktienrenditen in Folge einer Bonitätsverschlechterung. Das ist plausibel aufgrund des abweichenden Informationsumfanges und der Absorptionsfähigkeit von Unternehmen mit unterschiedlichen Größen. Der letzte erwartungskonforme (negative) Zusammenhang kann zwischen der Komplexität der Gläubigerstruktur und der Überrendite beobachtet werden. Damit führt eine Zunahme verschiedener Gläubigeranspruchsgruppen zu einem Anstieg der indirekten Insolvenzkosten, die neben den Gläubigern auch von den Eigentümern zu tragen sind.

Die Ergebnisse für den Proxy „Tax Rate" spiegeln nicht den erwarteten Wirkungszusammenhang wider. So lassen sich in Hochsteuerländern verstärkte negative Aktienrenditen am Ereignistag konstatieren. Dieser Sachverhalt könnte u. U. mit dem drohenden Verlust der höheren Steuervorteile im Falle eines Ausfalls erklärt werden. Alternativ könnte die gesetzliche Höhe des Steuersatzes eine nachgeordnete Rolle spielen, wenn berücksichtigt wird, dass internationale Konzerne i. d. R. durch Gewinnverlagerungen in Niedrigsteuerländer einen geringeren effektiven Steuersatz erzielen können. Stattdessen könnten etwa länderspezifische Ursachen diesen Zusammenhang induzieren. Denn neben Belgien, Deutschland und Luxemburg weisen auch Frankreich, Portugal, Italien sowie Spanien tendenziell überdurchschnittliche Steuersätze im Untersuchungszeitraum auf. So verzeichnet letztere Kohorte insbesondere in der Staatsschuldenkrise 2012/2013 eine deutliche Abnahme der gesamtwirtschaftlichen Leistungsfähigkeit und Bonität, wodurch die negative Reaktionsrichtung der Variable erklärt werden könnte. Weiterhin scheint die Komplexität der Vermögensstruktur anstelle eines (erwarteten) verstärkenden einen dämpfenden Effekt auf die abnormale Aktienrendite bei einem Signifikanzniveau von 5 % bzw. 1 % zu bewirken. Dies konterkariert die Annahme, dass die indirekten Kosten von technologieorientierten Unternehmen höher ausfallen sollten. Dieser Befund könnte u. U. damit zusammenhängen, dass solche Emittenten kaum auf Fremdkapital gemäß der Trade-Off-Theorie[842] zurückgreifen, wodurch diese Unternehmen eher im IG-Bereich zu verorten sein könnten[843] und dementsprechend die Information über die Herabstufung einem geringeren Wert beigemessen wird.

Die untere Hälfte von Tab. 30 präsentiert die Resultate der multiplen Regressionsanalyse auf die Überrendite von Anleiheinstrumenten für die Untersuchungszeiträume [0] sowie [0,1]. Die Modelle weisen wie bereits beim Upgrade-Aktiensample eine geringe Modellgüte auf und sollten daher mit Vorsicht interpretiert werden. Die einzigen signifikanten Modelle – laut dem F-Test – sind das Modell 3 und Modell 5 für die Intervalle [0] bzw. [0,1]. Während ersteres Modell eine intensivere Ankündigungsreaktion für den Regressor „ln(MCAP)" aufweist, kann für letzteres Regressionsmodell ein abschwächender Effekt der Variable „Maturity" auf die negative Anleiheüberrendite aufgedeckt werden. Damit liegt für die erstgenannte Variable – entgegen der formulierten Hypothese – eine negativere Überrendite für Anleiheinhaber vor.[844] Dies könnte sich ggf. mit der Sorge gemäß der Pecking-Order-Theorie über eine bevorstehende Aufnahme von Fremdkapital und folglich einer Verwässerung der Gläubigeranspruchsposition (Claim Dilution) plausibilisieren lassen. Denn größere Emittenten sollten eher in der Lage sein eine Anleihe emittieren zu können, sofern das Innenfinanzierungspotenzial erschöpft sein sollte.[845] Dagegen weist eine empirische Studie für den US-amerikanischen Kapitalmarkt nach, dass Emittenten eher einen Rückgang der Fremdkapitalbestände in Folge einer Herabstufung anstreben.[846]

842 Vgl. Brealey, R. A./Myers, S. C./Allen, F. (2017), S. 477–478.

843 Alternativ können solche Unternehmen auch gänzlich auf die Beauftragung einer Ratingagentur verzichten, sofern verbrieftes Fremdkapital keine Relevanz aufweist.

844 Für Aktientiteln konnte dieser Zusammenhang vereinzelt nachgewiesen werden, vgl. Hu, H./Kaspereit, T./Prokop, J. (2016), S. 106.

845 Vgl. Drukarczyk, J./Schüler, A. (2016), S. 328–329; Brealey, R. A./Myers, S. C./Allen, F. (2017), S. 479–481.

846 Vgl. Kisgen, D. (2009), S. 1335, 1340.

Der Zusammenhang für die Variable „Maturity“ entspricht nicht der Forschungshypothese. So ist für Emittenten mit einer höheren marktwertgewichteten Restlaufzeit eine schwächere abnormale Anleiherendite im Zuge von Downgrades zu vernehmen. Dies deutet darauf hin, dass für Gläubiger vornehmlich das Refinanzierungsrisiko des Emittenten Eingang in das Kalkül findet. Auf der anderen Seite kann für viele andere Modelle ein erwartungskonformer (negativer) signifikanter Zusammenhang zwischen dem vorherigen Rating und der Überrendite festgestellt werden. Das ist nachvollziehbar, da mit zunehmender Erosion der Bonität die Überlebenswahrscheinlichkeit des Emittenten schwindet. Damit kann die Gültigkeit von H3 zumindest für herabgestufte Anleihen bestätigt werden. Im nächsten Abschnitt liegt der Fokus auf die einflussreichsten Treiber der abnormalen Rendite.

Tab. 30: Ergebnisse der FGLS-Querschnittsregression für Herabstufungen. Eigene Darstellung.

Downgrade		Aktie [0]							Aktie [0,1]						
Koeffizienten	**Erwartetetes Vorzeichen**	**Modell 1**	**Modell 2**	**Modell 3**	**Modell 4**	**Modell 5**	**Modell 6**	**Modell 7**	**Modell 1**	**Modell 2**	**Modell 3**	**Modell 4**	**Modell 5**	**Modell 6**	**Modell 7**
Konstante	0	-0,03510**	-0,03095*	-0,02592**	-0,02702**	-0,01904*	-0,02609	-0,00087	-0,04710**	-0,01612	-0,03063*	-0,02185	-0,02702	-0,03349	-0,00871
ln(MCAP)	+	-0,00033 0,14548	0,00313 0,20129**	0,00248 0,13504**	0,00240 0,13074**	0,00276 0,14881**	0,00250 0,13924*		0,00338 0,13050*	0,00128 0,05533	0,00295 0,11350*	0,00193 0,07570	0,00398 0,15242**	0,00339*	
Performance	-	0,00406 0,09759							0,00845 0,14467*						
Leverage	+/0	0,00210 0,04216							0,00162 0,02591						
Recession	-	-0,00298 -0,06133	-0,00147 -0,03519			-0,00893 -0,18326***			-0,00507 -0,07744	-0,01026 -0,18018**			-0,01108 -0,16624***		
Prior Rating	-	-0,00003 -0,00346	0,00010 0,01292				-0,00003 -0,00345	-0,00041 -0,04722	0,00001 0,00110	-0,00054 -0,04907				0,00048	0,00032 0,02524
Sector	-	0,00738 0,15475***	0,00166 0,03832			0,00387 0,07184			0,01082 0,14103**	0,00940 0,13153			0,00666 0,08975		
Debt Coverage	-		-0,00025 -0,18900*							-0,00015 -0,05276					
Interest Coverage	+		-0,00022 -0,08928							-0,00018 -0,04526					
Maturity	-			0,00027 0,05205	0,00025 0,04537	0,00019 0,03365	0,00038 0,06826	0,00020 0,03477			0,00035 0,04964	0,00068 0,09678*	0,00056 0,07753	0,00046	0,00051 0,07064
Tax Rate	+			-0,01755 -0,04505	-0,01188 -0,03063	-0,04344 -0,11471**	-0,01018 -0,02717				-0,02507 -0,04581	-0,03284 -0,06132	-0,05648 -0,10500*	-0,02697	
TQ	+			0,00424 0,09572*	0,00335 0,07812	0,00188 0,04306	0,00139 0,03227				0,00521 0,08429	0,00275 0,05009	-0,00269 -0,04319	0,00116	
Complexity Assets	-				0,01992 0,06410	0,03224 0,15429****	0,03244 0,10847*	0,03479 0,12617***				0,06758 0,19535****	0,05581 0,15167***	0,05657****	0,06144 0,16327****
Complexity Liabilities	-					-0,00017 -0,07882	-0,00018 -0,08393	-0,00013 -0,06121					-0,00045 -0,14919**	-0,00026	-0,00021 -0,06745
Jurisdiction	0						-0,00142 -0,03419							-0,00421	
N		282	207	268	262	262	262	273	282	207	268	262	262	262	273
R^2		0,06	0,12	0,05	0,06	0,21	0,07	0,04	0,06	0,06	0,04	0,13	0,14	0,14	0,06
Adj. R^2		0,04	0,09	0,04	0,04	0,18	0,04	0,02	0,04	0,03	0,03	0,12	0,11	0,11	0,05
F-Test		2,97***	4,59****	3,72***	3,11***	8,35****	2,38**	2,70**	3,18***	2,05*	2,94**	7,78****	5,10****	5,14****	4,59***
Breusch-Pagan-Test		1,46	9,59	1,86	1,70	5,63	3,33	0,45	1,37	3,05	1,88	1,69	3,84	4,39	1,29
Maximaler VIF		1,84	3,93	1,16	1,29	1,60	2,01	1,07	2,15	2,21	1,16	1,38	1,56	2,00	1,07
Mittlerer VIF		1,53	2,44	1,09	1,15	1,32	1,50	1,05	1,65	1,80	1,09	1,20	1,25	1,47	1,04

(Fortsetzung auf nächster Seite)

Tab. 30: Fortsetzung

Downgrade		Anleihe [0]							Anleihe [0,1]						
Koeffizienten	**Erwartetetes Vorzeichen**	**Modell 1**	**Modell 2**	**Modell 3**	**Modell 4**	**Modell 5**	**Modell 6**	**Modell 7**	**Modell 1**	**Modell 2**	**Modell 3**	**Modell 4**	**Modell 5**	**Modell 6**	**Modell 7**
Konstante	0	0,00174	0,00432	0,00451	0,00327	0,00117	0,00607	-0,00068	0,00624	0,01336**	-0,00145	-0,00152	-0,00100	0,00958	0,00005
ln(MCAP)	+	-0,00023 *-0,05568*	-0,00043	-0,00047* *-0,10801*	-0,00033	-0,00008 *-0,01876*	-0,00047 *-0,10664*		-0,00052 *-0,07322*	-0,00103** *-0,16301*	-0,00017 *-0,01959*	-0,00006 *-0,00708*	-0,00012 *-0,01486*	-0,00076 *-0,09465*	
Performance	-	0,00023 *0,02519*							0,00022 *0,01351*						
Leverage	-	0,00101 *0,09578*							0,00127 *0,06876*						
Recession	-	-0,00038 *-0,03326*	-0,00013			0,00033 *0,02712*			-0,00173 *-0,08397*	-0,00143 *-0,08744*			-0,00208 *-0,08634*		
Prior Rating	-	-0,00012 *-0,06084*	-0,00028*				-0,00009 *-0,04350*	-0,00004 *-0,01846*	-0,00053** *-0,15836*	-0,00076*** *-0,24187*				-0,00056** *-0,14831*	-0,00034*
Sector	+	0,00082 *0,07450*	0,00157			-0,00071 *-0,06343*			0,00146 *0,07550*	0,00155 *0,07653*			-0,00127 *-0,06211*		
Debt Coverage	-		0,00001							-0,00002 *-0,02536*					
Interest Coverage	+		-0,00002							-0,00005 *-0,04829*					
Maturity	-			0,00014 *0,09858*	0,00014	0,00020** *0,14180*	0,00016 *0,10549*	0,00006 *0,03942*			0,00029* *0,11837*	0,00031** *0,13071*	0,00034*** *0,15994*	0,00020 *0,08536*	0,00013
Tax Rate	+			-0,00696 *-0,08074*	-0,00750	-0,00755 *-0,09310*	-0,01040 *-0,12152*				-0,00520 *-0,03078*	-0,00820 *-0,04944*	-0,00594 *-0,03935*	-0,00788 *-0,04876*	
TQ	-			0,00096 *0,08731*	0,00074	0,00068 *0,06248*	0,00053 *0,04559*				0,00161 *0,07355*	0,00082 *0,03856*	0,00188 *0,09495*	0,00107 *0,05275*	
Complexity Assets	-				0,00565	0,00785 *0,09790*	0,00611 *0,07470*	0,00628 *0,06804*				0,00681 *0,04595*	0,01175 *0,08718*	0,00576 *0,03449*	0,00520
Complexity Liabilities	-					-0,00002 *-0,04638*	-0,00001 *-0,02423*	-0,00001 *-0,02332*					-0,00002 *-0,01877*	0,00001 *0,01184*	-0,00002
Jurisdiction	-						0,00025 *0,02415*							-0,00009 *-0,00500*	
N		282	207	268	262	262	262	273	282	207	268	262	262	262	273
R^2		0,02	0,12	0,03	0,03	0,04	0,03	0,01	0,03	0,04	0,02	0,03	0,05	0,03	0,02
Adj. R^2		0,00	-0,01	0,02	0,01	0,01	0,00	-0,01	0,01	0,02	0,01	0,01	0,03	0,00	0,00
F-Test		0,80	0,74	2,05*	1,40	1,30	1,05	0,39	1,43	1,54	1,39	1,44	1,84*	1,05	1,22
Breusch-Pagan-Test		1,69	1,85	2,84	3,46	9,17	6,73	2,49	3,11	1,32	4,23	4,17	7,89	4,45	3,09
Maximaler VIF		1,89	3,44	1,17	1,22	1,64	2,08	1,09	2,05	2,30	1,11	1,26	1,76	1,97	1,08
Mittlerer VIF		1,55	2,48	1,12	1,13	1,30	1,58	1,07	1,71	1,90	1,08	1,13	1,29	1,49	1,05

Für jede Variable werden die Koeffizienten (oben) und standardisierten Koeffizienten (unten; in kursiv) dargestellt. Daneben wird für den t-Test das Signifikanzniveau 10 %, 5 %, 1 %, 0,1 % mit *, **, ***, **** erfasst. Diese Systematik gilt auch für den F-Test sowie die Breusch-Pagan-Statistik. Bei „ln(MCAP)“ handelt es sich um den natürlichen Logarithmus der Marktkapitalisierung des Emittenten zum Ende des Vorjahres. Die Dummy-Variablen „Performance“ und „Leverage“ symbolisieren jeweils eine ertragsbedingte bzw. verschuldungsbedingte Ratingursache denen jeweils der Wert 1, andernfalls 0 zuteilwird. Die Dummy-Variable „Recession“ dokumentiert Ratingänderungen während rezessiven Konjunkturphasen im Sitzland des betroffenen Emittenten mit 1, ansonsten 0. „Prior Rating“ bildet das vorherige Rating mit AAA =1, AA+/Aa1= 2, AA/Aa2= 3, etc. ab. Die Dummy-Variable „Sector“ teilt Nicht-Finanzunternehmen den Wert 1, ansonsten 0 zu. „Debt Coverage“ und „Interest Coverage“ stellen die Schulden- sowie Zinsdeckungsquote zum Ende des Vorjahres dar. „Maturity“ gibt die marktwertgewichtete Restlaufzeit des Fremdkapitals zum Zeitpunkt des Ratingereignisses wieder. „Tax Rate“ stellt den gesetzlichen Unternehmensteuersatz im Sitzland des Emittenten im Jahr der Ratingvergabe dar. „TQ“ spiegelt den Quotienten aus Marktwert des Unternehmens und der gesamten Bilanzsumme zum Ende des Vorjahres wider. „Complexity Assets“ drückt das Verhältnis aus immateriellen Vermögenswerten zur Bilanzsumme zum Ende des Vorjahres aus. „Complexity Liabilities“ erfasst die Anzahl öffentlich gehandelter Fremdkapitalinstrumente zum Ratingpublikationstag. Die Dummy-Variable „Jurisdiction“ versieht Länder mit einem gläubigerunfreundlichen Insolvenzregime mit dem Wert 1, ansonsten 0.

4.2.3.4 Zusammenfassung der relevanten Determinanten

In Tab. 31 werden die wertrelevanten (signifikanten) Determinanten für beide Wertpapierarten auf Grundlage des Modells mit dem höchsten adj. R^2 erfasst und in absteigender Reihenfolge in Abhängigkeit des relativen Einflusses aufgelistet. Dabei ist die Beschränkung auf jeweils ein Modell notwendig, da sich die standardisierten Koeffizienten nur innerhalb eines Modells vergleichen lassen.

Tab. 31: Rangordnung der wertrelevanten Determinanten auf die Überrenditen von Aktien und Anleihen. Eigene Darstellung.

Wertpapierart	**Aktien**		**Anleihen**	
Rating	**Upgrade**	**Downgrade**	**Upgrade**	**Downgrade**
Modell	3	5	6	5
Intervall	[0,1]	[0]	[0]	[0,1]
Adj. R^2	0,02	0,18	0,05	0,03
Rang 1	Maturity	Recession	Prior Rating	Maturity
Rang 2		Complexity Assets	TQ	
Rang 3		ln(MCAP)		
Rang 4		Tax Rate		

Lediglich für Aktien von herabgestuften Emittenten lässt sich eine ausgeprägte Abhängigkeit mehrerer erklärender Variablen erkennen, während die restlichen Modelle/Ratingrichtungen auf eine bzw. zwei signifikante Variablen beschränkt sind. Zudem sind mit Ausnahme der Variable „Maturity" kaum Überschneidungen zwischen den Modellen festzustellen. Dass die Variable „Recession" und „Prior Rating" jeweils als wichtigster Regressor identifiziert werden, bestärkt partiell die Gültigkeit von H3 und H4. Dies verdeutlicht die notwendige Differenzierung zwischen der Wertpapierart und der Ratingrichtung bei der Auswahl der erklärenden Determinanten, da kein Variablenapparat unbedacht auf alle vier analysierten Anwendungsfelder übertragen werden kann. Des Weiteren fällt auf, dass die vorgeschlagenen Variablen für das Downgrade-Aktien- sowie dem Upgrade-Anleihesample am geeignetsten erscheinen, um die Überrendite zu erklären. Diese Erkenntnisse werden für die nachfolgenden Unterkapitel berücksichtigt.

4.2.3.5 Vergleich der Studienergebnisse mit der empirischen Literatur

Die untere Tabelle fasst die Güte multivariater Analysen von Credit Rating-Ereignisstudien seit 2010 zusammen. Damit sollen die bisher erzielten Resultate mit Vorgängerstudien verglichen werden, um zum einen die Ergebnisqualität besser einordnen zu können und zum anderen das bestehende Modell ggf. durch ergänzende Regressoren zu verbessern. Auf dieser Basis soll im Nachgang ein Prognosemodell für das vorliegende Sample aufgesetzt werden.

Tab. 32: Übersicht über die Ergebnisgüte empirischer Credit Rating-Studien seit 2010. Eigene Darstellung auf Basis von Bannier, C./Hirsch, C. (2010), S. 3042; Jorion, P./ Zhang, G. (2010), S. 696; May, A. (2010), S. 2835; Biermann, S./Ewelt-Knauer, C./ Wömpener, A. (2014), S. 41; Hundt, S. (2015), S. 237–238, 239, 244; Kiesel, F./Schiereck, D. (2015), S. 93; Hu, H./Kaspereit, T./Prokop, J. (2016), S. 106.

Autor(en)	Jahr	Land	Wertpapier	Upgrades				Downgrades			
				N	Adj. R^2 in %			N	Adj. R^2 in %		
					[0]	[0,1]	[-1,1]		[0]	[0,1]	[-1,1]
Vorliegende Studie	2021	Europa	Aktien	176	-	2,2	-	262	18,4	11,2	-
			Anleihen	171	5,5	5,2	-	262-268	1,5	2,5	-
Hu et al.	2017	G7	Aktien	-	-	-	-	122-2.438	-	4,41-12,14	-
Kiesel/Schiereck	2015	Deutschland	Aktien	232	-	-	5,8	108	-	-	18,8
Hundt	2015	Europa	Aktien	49	46,3	7,9	12,4	66	3,4	25,2	-3,5
			Anleihen	102	0,8	-0,5	8,2	129	0,2	0,4	-0,7
Biermann et al.	2014	Deutschland	Aktien	114	-	17,9	15,2	37	-	12,5	10,4
May	2010	US	Anleihen	441	-	-	6,0	652	-	-	3,0
Jorion/Zhang	2010	US	Aktien	-	-	-	-	582	-	4,74	-
Bannier et al.	2010	US	Anleihen	-	-	-	-	2.531	-	-	6,2

Allgemein können für Aktien- und Anleihetitel adj. R^2 zwischen -3,5 % bis 46,3 % bzw. -0,5 % bis 8,2 % in bisherigen empirischen Untersuchungen dokumentiert werden. Damit weisen zwar erstere Wertpapiere im Durchschnitt eine höhere Güte auf. Diese ist allerdings auch mit einer höheren Streuung der Qualität verbunden. Der Abgleich mit der vorliegenden Studie legt offen, dass unabhängig von der Ratingrichtung das eingesetzte Regressionsmodell bei den Anleihetiteln einen höheren Anteil der Varianz erklären kann als bisherige Studien.[847] Dies trifft teilweise auch für Aktientiteln im Rahmen von Downgrades zu. Damit wurden der Literatur möglicherweise neue wertrelevante Variablen hinzugefügt. Trotzdem muss einschränkend hinzugefügt werden, dass sich die bisherigen Ereignisstudien in Bezug auf Untersuchungszeitraum, -objekt, -ort

847 Allerdings befinden sich die adj. R^2 auf einem niedrigeren Niveau.

sowie -intervall, Variablenauswahl, Datenumfang sowie Methodik unterscheiden, weshalb nur eine bedingte Vergleichbarkeit vorliegt. Zudem muss betont werden, dass die Rückschlüsse aus dem Modell mit Vorsicht zu interpretieren sind, da weiterhin der Großteil der gesamten Variation nicht mit diesem Modell abgebildet werden kann. Um diesen Mangel zu heilen, soll im nächsten Schritt ein direkter Vergleich mit Variablen eines anderen Beitrages und ggf. eine Post-Optimierung des Basismodells stattfinden.

4.2.3.6 Optimierung des bestehenden Modells auf Basis einer Referenzstudie

Das hier vorliegende Regressionsmodell wird mit den Variablen von Hundt (2015) verglichen, da der Beitrag in Bezug auf den Untersuchungszeitraum, das Untersuchungsobjekt sowie den untersuchten Kapitalmarkt einige Gemeinsamkeiten aufweist. Hundt verwendet auf Anraten von Ederington (1985)[848] für das Aktiensample die Variablen „Total Assets“ (Bilanzsumme), „Profit“ (EBIT-Marge) sowie „Leverage-Q“ (Verschuldungsquote) zur Erklärung der Überrendite.[849] Für das Anleihesample wird zusätzlich mit dem Koeffizienten „Life“ die Ursprungslaufzeit der jeweiligen Fremdkapitalinstrumente berücksichtigt.[850] Daraus resultieren folgende Regressionsgleichungen für Aktien und Anleihen:

Aktien:

$$(C)AR_t = \beta_0 + \beta_1 \cdot \text{Total Assets} + \beta_2 \cdot \text{Pr ofit} + \beta_3 \cdot \text{Leverage} - Q + \varepsilon_{\text{Abnormale Aktienrendite}}$$

Anleihen:

$$(C)AR_t = \beta_0 + \beta_1 \cdot \text{Total Assets} + \beta_2 \cdot \text{Pr ofit} + \beta_3 \cdot \text{Leverage} - Q + \beta_4 \cdot \text{Life} + \varepsilon_{\text{Abnormale Anleiherendite}}$$

848 Vgl. Ederington, L. (1985), S. 247.

849 Dabei werden jeweils Rechnungslegungsdaten zum 31.12. des Vorjahres verwendet. Die EBIT-Marge ist der Quotient aus EBIT und Umsatzerlösen. Die Verschuldungsquote ist der Quotient aus Fremdkapital und Bilanzsumme. Irrtümlicherweise bezeichnet Hundt die Variable als Verschuldungsgrad. Dabei handelt es sich jedoch um das Verhältnis von Eigen- zu Fremdkapital.

850 Vgl. Hundt, S. (2015), S. 119, 237–238.

Durch die Übertragung der Determinanten auf das vorliegende Untersuchungssample können folgende Ergebnisse in Tab. 33 für die Anwendung einer OLS-[851] und FGLS-Regression festgehalten werden.

Hundt konnte in seiner Studie Modellergebnisse mit einer höheren Güte dokumentieren, als es durch die Replikation jener Variablen für das vorliegende Untersuchungssample möglich ist. Dieser Umstand könnte auf diverse Faktoren zurückzuführen sein. Erstens greift er auch für das Anleihesample auf das Marktmodell zurück. Zudem erfolgt anders als von CAPM postuliert die Auswahl des Marktportfolios ausschließlich auf Basis der statistischen Güte (R^2), anstatt eines breit diversifizierten Referenzportfolios. Überdies wendet Hundt zur Bestimmung der Regressionsparameter im Renditeprognosemodell (Marktmodell) sowie bei der Querschnittsregression anstelle der OLS-Regression (bzw. FGLS) die Leased Trimmed Squared (LTS) Regression an, welche sich durch die Ausmusterung von Ausreißern auszeichnet.[852] Darüber hinaus werden in der Referenzstudie standardisierte abnormale Renditen untersucht,[853] wovon der Autor der vorliegenden Arbeit abgesehen hat, da die ökonomische Interpretation in Bezug auf die Höhe des Einflusses sowie des Prognoseergebnisses erschwert wird.[854] Zuletzt könnte ebenfalls die abweichende Untersuchungsstichprobe diese Diskrepanz begünstigt haben.[855]

851 Wie bei der vorangegangenen Analyse finden bei Heteroskedastizität robuste Standardfehler Anwendung.
852 Vgl. Hundt, S. (2015), S. 209–211.
853 Vgl. Hundt, S. (2015), S. 157.
854 Die relativen Auswirkungen der Determinanten auf die abhängige Variable bleiben von der Standardisierung unberührt.
855 Vgl. Hundt, S. (2015), S. 108.

Tab. 33: Anwendung der Modellvariablen aus Hundt (2015) anhand einer OLS- und FGLS-Regression auf das eigene Untersuchungssample. Eigene Darstellung.

	Upgrade				**Downgrade**			
Wertpapier	**Aktie [0]**		**Aktie [0,1]**		**Aktie [0]**		**Aktie [0,1]**	
Regressionsverfahren	**FGLS**	**OLS**	**FGLS**	**OLS**	**FGLS**	**OLS**	**FGLS**	**OLS**
Konstante	0,00477 *	0,00401	0,00904 **	0,00696	0,00577 *	0,00564*	0,00956 **	0,00863
Total Assets	0,00000	0,00000	-0,00000 ***	-0,00000	-0,00000	0,00000	0,00000 **	0,00000 *
Profit	-0,01503	-0,01543	-0,01583	-0,01227	0,00921	0,00917	0,00684	0,00163
Leverage-Q	-0,00068	0,00153	-0,01090	-0,00644	-0,02884 ***	-0,02834***	-0,04169 ***	-0,03642 ***
N	185	185	185	185	257	257	257	257
R^2	0,01	0,01	0,04	0,01	0,04	0,04	0,05	0,04
Adj. R^2	-0,01	-0,01	0,03	-0,01	0,03	0,03	0,03	0,03
F-Test	0,47	0,39	2,67 **	0,33	3,42 **	3,35**	4,08 ***	3,31 **
Breusch-Pagan-Test	0,60	1,14	14,21 ***	0,89	4,02	3,72	0,47	3,16
Maximaler VIF	1,24	1,18	1,70	1,35	1,24	1,34	1,23	1,44
Mittlerer VIF	1,16	1,12	1,49	1,24	1,18	1,28	1,17	1,29
Wertpapier	**Anleihe [0]**		**Anleihe [0,1]**		**Anleihe [0]**		**Anleihe [0,1]**	
Regressionsverfahren	**FGLS**	**OLS**	**FGLS**	**OLS**	**FGLS**	**OLS**	**FGLS**	**OLS**
Konstante	0,00033	0,00051	0,00086	0,00098	-0,00197 *	-0,00215*	-0,00446 **	-0,00676 **
Total Assets	0,00000	0,00000 *	0,00000	0,00000***	-0,00000	0,00000	0,00000	0,00000
Profit	-0,00162	-0,00159	-0,00436	-0,00801 **	0,00319	0,00375	0,00834	0,02146 *
Leverage-Q	-0,00018	-0,00060	0,00253	0,00218	0,00219	0,00188	0,00136	0,00051
Life	0,00005	0,00004	0,00002	0,00007	0,00006	0,00008	0,00015	0,00025 *
N	185	185	185	185	257	257	257	257
R^2	0,01	0,01	0,02	0,04	0,02	0,04	0,02	0,03
Adj. R^2	-0,01	-0,01	0,00	0,01	0,00	0,00	0,00	0,01
F-Test	0,47	0,56	1,00	1,64	1,12	1,07	1,07	1,74
Breusch-Pagan-Test	5,28	4,54	5,94	16,58***	0,98	2,73	1,73	6,89
Maximaler VIF	1,34	2,02	1,35	2,85	1,22	1,23	1,22	3,62
Mittlerer VIF	1,21	1,61	1,21	1,93	1,13	1,17	1,13	2,19

Für jede Variable werden die Koeffizienten und die jeweiligen t-Tests mit dem Signifikanzniveau 10 %, 5 %, 1 %, 0,1 % mit *, **, ***, **** dargestellt. Bei „Total Assets" handelt es sich um die Bilanzsumme des jeweiligen Emittenten zum Ende des Vorjahres. „Profit" entspricht dem Quotienten aus EBIT und Umsatzerlösen zum Ende des Vorjahres. „Leverage-Q" stellt den Quotienten aus Fremdkapital und Bilanzsumme zum Ende des Vorjahres dar. „Life" bildet die marktgewichtete Ursprungslaufzeit des Fremdkapitalinstrumentes ab.

Dennoch wird im nächsten Schritt versucht, auf Basis von Hundts und der hier vorliegenden Regressionsfunktion ein aussagekräftigeres Modell zu gewinnen. Dazu werden zunächst die Modelle mit der höchsten Güte durch Hinzunahme oder Ausschluss von weiteren wertrelevanten Determinanten von Hundt übergeleitet und die Ergebnisse miteinander verglichen. Die Ergebnisse der FGLS-Regression werden in der nachfolgenden Tabelle präsentiert. Die Resultate für das Upgrade-Aktien- bzw. Downgrade-Anleihesample werden nicht vorgestellt, da keine oder lediglich eine marginale Verbesserung der Modellgüte festgehalten werden kann und zugleich nur ein sehr niedriges adj. R^2 vorliegt.[856]

856 Die zugehörige Tabelle kann dem Anhang 8 entnommen werden.

Tab. 34: Optimierungsprozess des Regressionsmodells. Eigene Darstellung.

Upgrade		Anleihe [0]							Anleihe [0,1]						
Koeffizienten	**Erwartetetes Vorzeichen**	**Hundt (2015)**	**Modell Variation 1**	**Modell Variation 2**	**Modell Variation 3**	**Modell Variation 4**	**Modell Variation 5**	**Eigenes Modell**	**Hundt (2015)**	**Modell Variation 1**	**Modell Variation 2**	**Modell Variation 3**	**Modell Variation 4**	**Modell Variation 5**	**Eigenes Modell**
Konstante	0	0,0003	-0,0041 ***	-0,0081 **	-0,0056**	-0,0097****	-0,0053**	-0,0064 ***	0,0009	-0,0054**	-0,0098*	-0,0106***	-0,0103***	-0,0099**	-0,0093**
Total Assets	-	-0,0000	-0,0000						-0,0000	-0,0000					
Profit	-	-0,0016			0,0011		0,0016		-0,0044			-0,0018		-0,0012	
Leverage-Q	-	-0,0002		-0,0015	-0,0001				0,0025		0,0005	0,0027			
Life	-	0,0001		0,0000		0,0000			0,0000		0,0000		0,0000		
ln(Total assets)	-			0,0002							0,0002				
ln(MCAP)	-				0,0003*	0,0005**	0,0003	0,0003				0,0007**	0,0004	0,0005*	0,0004
Prior Rating	+		0,0002 **	0,0002 ***	0,0003***	0,0003****	0,0002***	0,0002 ***		0,0004***	0,0004***	0,0005***	0,0005****	0,0006****	0,0005****
Maturity	-		0,0000		0,0000		0,0001	0,0000		0,0000		0,0000		0,0000	0,0000
TQ	+		0,0006 *	0,0010 ***	0,0002	0,0006*	0,0001	0,0005 **		0,0010*	0,0013**	0,0005	0,0009**	0,0007	0,0008
Tax Rate	-		0,0063 **	0,0064 **		0,0074***		0,0045		0,0049	0,0079*		0,0075*		0,0046
Compl. Assets	+		-0,0026	-0,0017	-0,0016	-0,0041		-0,0029		-0,0046	-0,0044	-0,0062*	-0,0054		-0,0048
Compl. Liabilities	+		0,0000	0,0000	0,0000	0,0000	0,0000	0,0000		0,0001	0,0000	0,0000	0,0000	0,0000	0,0000
Jurisdiction	+		0,0004	0,0002				0,0003		0,0005	0,0000				0,0004
N		185	171	171	163	171	167	171	185	171	171	163	171	167	171
R^2		0,01	0,07	0,11	0,06	0,15	0,05	0,10	0,02	0,09	0,11	0,11	0,12	0,08	0,10
Adj. R^2		-0,01	0,05	0,06	0,01	0,12	0,02	0,06	0,00	0,05	0,06	0,06	0,08	0,05	0,05
F-Test		0,47	2,07**	2,18**	1,17	4,19****	1,55	2,24**	1,00	2,12**	2,22**	2,29**	3,06***	2,44**	2,16**
Breusch-Pagan-Test		5,28	2,43	6,92	4,01	3,48	1,91	2,14	5,94	3,05	5,22	7,20	6,29	4,15	5,74
Maximaler VIF		1,34	1,56	2,28	2,06	1,64	2,03	1,86	1,35	1,68	2,42	2,17	2,00	2,02	1,93
Mittlerer VIF		1,21	1,29	1,53	1,59	1,27	1,65	1,38	1,21	1,39	1,60	1,57	1,33	1,57	1,42

(Fortsetzung auf nächster Seite)

Downgrade		Aktie [0]							Aktie [0,1]						
Koeffizienten	Erwartetetes Vorzeichen	Modell Hundt	Modell Variation 1	Modell Variation 2	Modell Variation 3	Modell Variation 4	Modell Variation 5	Eigenes Modell	Hundt (2015)	Modell Variation 1	Modell Variation 2	Modell Variation 3	Modell Variation 4	Modell Variation 5	Eigenes Modell
Konstante	0	0,0058*	-0,0083	-0,0419**	-0,0578**	-0,0123	-0,0346***	-0,0190*	0,0096**	0,0073	-0,0371	-0,0467	-0,0246	-0,0394**	-0,0270
Total Assets	+	-0,0000	0,0000						-0,0000**	-0,0000					
Profit	+	0,0092	-0,0356	-0,0403	-0,0480*		-0,0471*		0,0068	-0,0119	-0,0304	-0,0162		-0,0264	
Leverage-Q	+	-0,0288***	-0,0250***	-0,0239***	-0,0201**	-0,0210**	-0,0176*		-0,0417***	-0,0196	-0,0206	-0,0175	-0,0078	-0,0139	
ln(Total Assets)	+			0,0018*	0,0028						0,0013	0,0023			
ln(MCAP)	+					0,0020	0,0030**	0,0028**					0,0036**	0,0033*	0,0040**
Recession	-		-0,0049	-0,0044	-0,0052*	-0,0071**	-0,0055*	-0,0089***		-0,0063	-0,0077**	-0,0084**	-0,0103**	-0,0090**	-0,0111***
Sector	-		0,0038	0,0076**	0,0093**	0,0034	0,0047	0,0039		-0,0037	0,0087	0,0083	0,0066	0,0084*	0,0067
Maturity	-		0,0004	0,0001	0,0002	0,0002	0,0003	0,0002		0,0006**	0,0005	0,0006*	0,0006	0,0007**	0,0006
TQ	+		0,0099***	0,0125****	0,0113***	0,0041	0,0078**	0,0019		0,0063	0,0109***	0,0066	-0,0015	0,0030	-0,0027
Tax Rate	+		0,0128	0,0120	-0,0014	-0,0266	0,0083	-0,0434**		-0,0252	0,0083	-0,0099	-0,0521*	-0,0014	-0,0565*
Compl. Assets	-		0,0242		0,0377*	0,0290***	0,0382*	0,0322****		0,0502****		0,0490***	0,0559***	0,0447**	0,0558***
Compl. Liabilities	-		-0,0001		-0,0002	-0,0001	-0,0001	-0,0002		-0,0001		-0,0003*	-0,0004**	-0,0004**	-0,0004**
N		257	239	243	239	262	239	262	257	239	243	239	262	239	262
R^2		0,04	0,15	0,12	0,13	0,20	0,16	0,21	0,05	0,22	0,11	0,20	0,15	0,17	0,14
Adj. R^2		0,03	0,12	0,09	0,10	0,17	0,12	0,18	0,03	0,19	0,08	0,16	0,12	0,14	0,11
F-Test		3,42**	4,12****	4,10****	3,51****	7,00****	4,22****	8,35****	4,08***	6,60****	3,65****	5,69****	4,99****	4,82****	5,10****
Breusch-Pagan-Test		4,02	6,85	7,62	11,73	6,36	9,79	5,63	0,47	2,40	2,15	5,20	6,03	5,78	3,84
Maximaler VIF		1,24	3,80	3,45	2,83	1,91	3,51	1,60	1,23	6,21	3,73	6,29	1,87	4,38	1,56
Mittlerer VIF		1,18	1,82	1,98	1,80	1,38	1,73	1,32	1,17	2,54	1,92	2,54	1,34	1,89	1,25

Für jede Variable werden die Koeffizienten und die jeweiligen t-Tests mit dem Signifikanzniveau 10 %, 5 %, 1 %, 0,1 % mit *, **, ***, **** dargestellt. Bei „Total Assets“ sowie „ln(Total Assets)“ handelt es sich um die Bilanzsumme bzw. die natürlich logarithmierte Bilanzsumme des jeweiligen Emittenten zum Ende des Vorjahres. „Profit“ entspricht dem Quotienten aus EBIT und Umsatzerlösen zum Ende des Vorjahres. „Leverage-Q“ stellt den Quotienten aus Fremdkapital und Bilanzsumme zum Ende des Vorjahres dar. „Life“ bildet die marktgewichtete Ursprungslaufzeit des Fremdkapitalinstrumentes ab. „ln(MCAP)“ ist der natürliche Logarithmus der Marktkapitalisierung des Emittenten zum Ende des Vorjahres. „Prior Rating“ bildet das vorherige Rating mit AAA =1, AA+/Aa1= 2, AA/Aa2= 3, etc. ab. Die Dummy-Variable „Sector“ teilt Nicht-Finanzunternehmen den Wert 1, ansonsten 0 zu. „Maturity“ gibt die marktwertgewichtete Restlaufzeit des Fremdkapitals zum Zeitpunkt des Ratingereignisses wieder. „Tax Rate“ stellt den gesetzlichen Unternehmensteuersatz im Sitzland des Emittenten im Jahr der Ratingvergabe dar. „TQ“ spiegelt den Quotienten aus Marktwert des Unternehmens und der gesamten Bilanzsumme zum Ende des Vorjahres wider. „Complexity Assets“ drückt das Verhältnis aus immateriellen Vermögenswerten zur Bilanzsumme zum Ende des Vorjahres aus. „Complexity Liabilities“ erfasst die Anzahl öffentlich gehandelter Fremdkapitalinstrumente zum Ratingpublikationstag. Die Dummy-Variable „Jurisdiction“ versieht Länder mit einem gläubigerunfreundlichen Insolvenzregime mit dem Wert 1, ansonsten 0. Die unterbrochenen Linien markieren die besten Modellvariablen für das Untersuchungssample im Hinblick auf beide Ereignisintervalle.

Das Regressionsmodell für das Upgrade-Anleihesample profitiert von der Hinzunahme von der Variable „Life“ aus Hundts Beitrag. So verbessert sich das adj. R^2 für die Zeiträume [0] sowie [0,1] von 0,06 auf 0,12 bzw. 0,05 auf 0,08, wobei bereits verwendete Variablen wie „Prior Rating“, „TQ“ sowie „Tax Rate“ konsistent eine statistische Signifikanz mit bereits bekannten Vorzeichen aufweisen. Zudem ergibt sich am Ereignistag in Bezug auf die Unternehmensgröße ein (unerwarteter) positiver Wirkungszusammenhang bei einem Signifikanzniveau von 5 %. Hingegen können zwar vereinzelt marginale Ergebnisverbesserungen für Herabstufungen bei Aktienrenditen nachgewiesen werden, jedoch ist in der Gesamtschau für beide Untersuchungsintervalle beim eigenen Modell die höchste Stabilität der Untersuchungsergebnisse zu erkennen.

Somit konnte durch die Aufnahme weiterer Variablen – mit Ausnahme des Upgrade Anleihesamples – keine wesentliche Verbesserung des bisherigen Modells erzielt werden. Möglicherweise eignen sich die Variablen der vorliegenden Untersuchung besser. So könnte für die Determinante „Total Assets“ u. U. eine Verzerrung vorliegen, da insbesondere Kreditinstitute höhere Bilanzsummen aufweisen. Dies kann dazu führen, dass der vermeintliche Proxy für die Unternehmensgröße auch Auskunft über die Branchenzugehörigkeit erteilt. Die ermittelten Ergebnisse in Tab. 33 legen das für Inhaber von heraufgestuften Anleihen bzw. herabgestuften Aktien nahe. Deshalb sollte die Unternehmensgröße und die Branchenzugehörigkeit getrennt durch die Proxys Marktkapitalisierung sowie Branchen-Dummys Eingang finden. Des Weiteren kann zwar die EBIT-Marge als eine wichtige Kennzahl erachtet werden, da diese den potenziellen Verschuldungsspielraum andeutet. Dies wird durch die signifikanten Ergebnisse aus der Gläubigerperspektive für Up- und Downgrades auch bestätigt. Jedoch fehlt der konkrete Bezug zum bisher aufgenommenen Fremdkapital. Denn mit einer zunehmenden Verschuldung geht auch eine höhere Zinslast einher, welche nicht im EBIT abgebildet wird. Daher sollte besser auf die Zinsdeckungsquote rekurriert werden, die bei Ratingagenturen einen hohen Stellenwert einnimmt. Mit der Verschuldungsquote wird der Versuch unternommen, die Tragfähigkeit der Schulden abzubilden. Jedoch ist diese Kennzahl stark durch Brancheneinflüsse geprägt, weshalb es in Abhängigkeit des Samples zu Verzerrungen kommen kann. Mit den beiden hervorgehobenen Modellen aus Tab. 34 wird im folgenden Abschnitt eine Prognose durchgeführt.

4.2.3.7 Prognose der Überrenditen

Im nächsten Schritt wird eine Prognose der abnormalen Renditen mit den ermittelten Variablen durchgeführt. Dazu werden zunächst die zugrunde liegenden Aktien- und Anleihestichproben randomisiert und in vier gleich große Gruppen eingeteilt. Danach wird ein Trainingssample mit drei Gruppen und ein Testsample mit der verbliebenen Gruppe gebildet. Das Trainingssample dient zur Ermittlung einer Regressionsfunktion, welches auf das Testsample angewendet wird, um eine geschätzte abnormale Rendite zu generieren. Diese Schätzung wird der tatsächlichen Überrendite gegenübergestellt, um die Prognosegüte zu evaluieren. Für ein umfassendes Urteil wird das Procedere drei Mal wiederholt, damit jede einzelne Gruppe als Testsample fungiert. Die Ergebnisse bzgl. der Prognosegüte werden in Tab. 35 dargestellt.

Tab. 35: Prognosegüte des Regressionsmodells. Eigene Darstellung.

Anleihe - Upgrade						
Intervall	**[0]**			**[0,1]**		
Mittelwert (C)AR	0,12%			0,05%		
Median (C)AR	0,05%			0,02%		
Bandbreite in BP	Häufigkeit	abs. Δ	rel. kum. Anteil	Häufigkeit	abs. Δ	rel. kum. Anteil
+/- 10	81	81	47,4%	60	60	35,1%
+/- 25	136	55	79,5%	107	47	62,6%
+/- 50	163	27	95,3%	149	42	87,1%
+/- >50	171	8	100,0%	171	22	100,0%
Aktie - Downgrade						
Intervall	**[0]**			**[0,1]**		
Mittelwert (C)AR	-0,36%			-0,29%		
Median (C)AR	-0,28%			-0,27%		
Bandbreite in BP	Häufigkeit	abs. Δ	rel. kum. Anteil	Häufigkeit	abs. Δ	rel. kum. Anteil
+/- 25	38	38	14,5%	24	24	9,2%
+/- 50	79	41	30,2%	52	28	19,8%
+/- 100	138	59	52,7%	98	46	37,4%
+/- 200	199	61	76,0%	170	72	64,9%
+/- >200	262	63	100,0%	262	92	100,0%

Abs. Δ zeigt an, ob die inkrementelle Veränderung der Schätzungen innerhalb des jeweiligen Intervalls fällt. Der relative kumulierte Anteil gibt Auskunft über den bisher erfassten Stichprobenanteil.

Es fällt auf, dass die Ergebnisstreuung für beide Wertpapierarten für das Zeitintervall [0,1] höher als in [0] ausfällt. Darüber hinaus heben die Prognoseergebnisse erneut die abweichende Volatilität der beiden untersuchten Wertpapierarten hervor. So sind Anleihen deutlich schwankungsärmer als Aktien. Dies schlägt sich vermutlich auch in der Qualität der Prognoseergebnisse nieder, da die heraufgestuften Fremdkapitalinstrumente eine höhere Treffgenauigkeit für die ersten Prognosebänder in BP aufweisen. Demnach weicht für das Ereignisintervall [0] bzw. [0,1] ca. die Hälfte bzw. ein Drittel der geschätzten abnormalen Anleiherenditen um bis zu zehn BP von der tatsächlichen Überrendite ab. Hingegen entfallen beim Downgrade-Aktiensample für die beiden Zeiträume lediglich 15 % bzw. 9 % auf das Intervall +/- 25 BP. Für Abweichungen von 100 Basispunkten können etwas mehr als die Hälfte bzw. etwa ein Drittel der prognostizierten abnormalen Aktienrenditen korrekt eingeschätzt werden. Daher sollte auf Basis dieses Prognosemodells von der Umsetzung einer Handelsstrategie abgesehen werden, da die Abweichungen von der ermittelten abnormalen Rendite verhältnismäßig hoch sind.

Gleichwohl wurde mit dieser Analyse erstmalig in der Credit Rating-Ereignisstudienliteratur der Versuch unternommen, nicht nur die statistischen Zusammenhänge zu evaluieren, sondern auch das Modell zu nutzen, um die Überrendite der Wertpapiere zu schätzen. Daraus ergeben sich Anknüpfungspunkte für zukünftige Arbeiten, um weitere wertrelevante Variablen zur Verbesserung der Prognosegüte aufzudecken.

4.2.4 Zusammenfassung der Ergebnisse der Ereignisstudie

Tab. 36: Zusammenfassung der empirischen Resultate. Eigene Darstellung.

Forschungs-hypothese	Analyse-verfahren	Univariat: Subsample Multivariat: Proxy Variable	Erwartetes Vorzeichen Upgrade Aktien	Upgrade Anleihen	Downgrade Aktien	Downgrade Anleihen	Gültigkeit der Hypothese
H1: Informationswert	Univariate Analyse	(C)AR	+	+	-	-	Bestätigt
H2: Ratingursache	Univariate Analyse	(C)AR Performance	+	+	-	-	Bestätigt
		(C)AR Leverage	-/0	+	+/0	-	Bestätigt
	Multivariate Analyse	Performance	+	+	-	-	Verworfen
		Leverage	-	+	+	-	Verworfen
H3: Ratingkategorie	Univariate Analyse	Zweistichprobentest: (C)AR IG - (C)AR NG	+	-	-	+	Teilweise bestätigt
H4: Konjunkturzyklus	Univariate Analyse	Zweistichprobentest: (C)AR Aufschwung - (C)AR Abschwung	-	-	+	+	Teilweise bestätigt
	Multivariate Analyse	Abschwung	+	+	-	-	
H5a: Unternehmensgröße	Multivariate Analyse	ln(Marktkapitalisierung)	-	-	+	+	Teilweise bestätigt
H5b: Ausgangsrating		Vorheriges Rating	+	+	-	-	Teilweise bestätigt
H5c: Sektor		Nicht-Finanzunternehmen	+	+	-	-	Verworfen
H5d: Ratingkennzahl		Net DEBT/EBITDA	+	+	-	-	Verworfen
H5e: Ratingkennzahl		EBIT/Zinsaufwand	-	-	+	+	Verworfen
H6a: Steuervorteile		Steuersatz	-	-	+	+	Verworfen
H6b: Ausfall-wahrscheinlichkeit		Maturity	+	+	-	-	Verworfen
H6c: Werttransfer-potenzial		Tobin's Q	-	+	+	-	Teilweise bestätigt
H6d: Komplexität Vermögensstruktur		Immatrielle Vermögenswerte /Bilanzsumme	+	+	-	-	Verworfen
H6e: Komplexität Gläubigerstruktur		Anzahl der FK-Instrumente	+	+	-	-	Verworfen
H6f: Gläubiger-freundlichkeit		Einschätzung der Gläubigerunfreundlichkeit des Insolvenzrechts der Jurisdiktion	0	+	0	-	Verworfen

Die Resultate der Credit Rating-Ereignisstudie werden in der Tab. 36 resümiert. Dabei werden nur die Ergebnisse der Modelle mit der höchsten Güte berücksichtigt. Die hellgraue (dunkelgraue) Markierung hebt ein (nicht-)erwartungskonformes signifikantes Ergebnis hervor. Grundsätzlich muss dem Credit Rating eine Bewertungsrelevanz für Up- und Downgrades auf Eigen- und Fremdkapitalinstrumente zugesprochen werden. So wirkt sich i. d. R. eine Heraufstufung zuträglich auf den gesamten Unternehmenswert aus, während eine Herabstufung sich als abträglich für diesen Wert erweist. Folglich unterstützen die Ratingagenturen durch die Zurverfügungstellung von relevanten Informationen die Kapitalgeber bei der Entscheidungsfindung und folglich die Allokationsfunktion des Kapitalmarktes.[857]

Bemerkenswert ist bei der vorliegenden Studie, dass deutlich ausgeprägtere signifikantere Überrenditen um den Heraufstufungstag bei Aktien und Anleihen als in der bisherigen Literatur zu vernehmen sind. Dies könnte auf den abweichenden Untersuchungszeitraum, aber auch mit der Größe des Untersuchungssamples zusammenhängen. Außerdem fällt die Divergenz der Informationsverarbeitungsgeschwindigkeit zwischen beiden Wertpapierarten auf. Während bei Aktientiteln der Preisbildungsprozess zügig abgeschlossen wird, ist bei Anleihetiteln zwar ein konsistenter, jedoch fortwährender Anpassungsmechanismus zu konstatieren. Damit wird die abweichende Liquiditätsversorgung beider Märkte offenkundig, welche sich auch durch die stärkeren Ankündigungsreaktionen von Aktien gegenüber Anleihen bei Herabstufungen ausdrücken.

Allgemein bewerten beide Kapitalgebergruppen Heraufstufungen als positive und Herabstufungen als negative Ereignisse. Allerdings legt ein genauerer Blick divergierende Ergebnisse in Abhängigkeit der Ratingursache offen. Während für ertragsbedingte Ratingänderungen die allgemeinen Resultate ihre Gültigkeit behalten, ist eine Diskrepanz des Preiseffektes für verschuldungsbedingte Bonitätsurteile zwischen Aktionären und Gläubigern erkennbar. Lediglich letztere Financiers messen solchen Ratings einen Informationswert bei. Im Gegensatz zu anderen Beiträgen sprechen die Indizien eher für einen mangelnden Informationseffekt als für zwei gegenläufige Effekte (Werttransfereffekt vs. Informationswert), welcher in eine insignifikante Überrendite mündet. Unterstützt wird diese Vermutung durch den nachgewiesenen positiven

857 Alternativ könnte es auch als unreflektierte Hörigkeit des Kapitalmarktes gegenüber Ratingurteilen interpretiert werden.

Pearson-Korrelationskoeffizienten[858]. Trotz des ausbleibenden Werttransfereffektes zeigt das Ergebnis die unterschiedliche Wahrnehmung der Kapitalgeber von Ratingurteilen in Abhängigkeit der Ursache, weshalb eine Erfassung unabdingbar ist.

Die Kategorie, in die die Ratingrevision fällt, ist ebenfalls entscheidend für die Kursrelevanz der Eigen- und Fremdkapitalgeber. Auf der einen Seite verzeichnen Aktionäre lediglich bei IG-Ratinganpassungen signifikante Resultate. Andererseits stellt sich für Gläubiger ein deutlich intensiverer Preiseffekt bei Ratingherabstufungen im NG-Bereich ein. Damit unterstützt der Befund die Implikationen aus dem Binomialmodell für die Wertrelevanz der Ratingkomponenten. Während bei Aktionären der konträre Werteffekt zwischen Verlustquote und Ausfallwahrscheinlichkeit signifikante Reaktionen im spekulativen Bereich unterdrückt, findet ein verstärkter Verfall des Fremdkapitalanspruches statt, da beide Ratingkomponenten negative Werteffekte hervorrufen.

Die gesamtwirtschaftliche Situation ist ebenfalls eine wichtige Determinante, um die Effekte von Ratingänderungen besser einordnen zu können. Insbesondere Eigenkapitalinstrumente weisen eine deutlich negativere Überrendite auf, sofern die Ratingverschlechterung in rezessiven Konjunkturphasen verkündet wird. Dies entspricht gleichfalls den formulierten Erwartungen. Einerseits nimmt die Korrelation zwischen der Ausfallwahrscheinlichkeit und der Verlustquote in konjunkturellen Abschwüngen zu, wodurch sich für Anteilseigner kein signifikanter Wert-effekt herauskristallisieren sollte. Andererseits ist ein solches Umfeld i. d. R. auch von einem allgemeinen Rückgang der Ertragsaussichten des Emittenten geprägt, womit in Summe die negativen Barwerteffekte überwiegen sollten. Zwar verzeichnen Gläubiger im Rahmen der univariaten Analyse erwartungskonform ausgeprägtere Kursverluste während rezessiven Phasen, jedoch kann die Diagnose durch den Zweistichprobentest und der multivariaten Analyse nicht untermauert werden. Dahingegen scheinen Upgrades laut der univariaten Untersuchung in prosperierenden Phasen positivere Überrenditen bei allen Financiers hervorzurufen, allerdings kann der Eindruck nicht durch andere Testverfahren bekräftigt werden.

Im Hinblick auf die Unternehmensgröße kann ein gedämpfter Ankündigungseffekt von Herabstufungen für Anteilseigner eruiert werden. Dies ist plausibel, da größere Unternehmen zum einen durch eine höhere Visibilität

858 Hierbei muss betont werden, dass es sich bei der Untersuchung um das korrespondierende Aktien-/Anleihesample und nicht um das Subsample differenziert nach Ratingursachen handelt.

bzw. Informationsdichte und zum anderen durch eine höhere Absorptionsfähigkeit gekennzeichnet sind. Diese Argumente scheinen allerdings nicht auf Fremdkapitalinhaber zuzutreffen, wie die insignifikanten Resultate offenbaren. Möglicherweise egalisieren sich beide Argumente aus Gläubigerperspektive. Denn die Ausnutzung der Absorptionsfähigkeit könnte gemäß der Pecking-Order-Theorie[859] zu einem (verstärkten) Rückgriff auf den Fremdkapitalmarkt führen, wodurch die Anspruchsgrundlage der alten Fremdkapitalgeber verwässert werden würde. Dahingegen verbleiben geringe Informationsasymmetrien von größeren Emittenten, die diesem Effekt entgegenwirken.

Für den Proxy der Steuervorteile geht ein negativer bzw. verstärkender Ankündigungseffekt von Downgrades auf die abnormale Aktienrendite aus. Dieser Zusammenhang lässt sich nach Ansicht des Verfassers eher durch länderspezifische Charakteristika als durch Tax Shield-orientierte Investitionsentscheidungen plausibilisieren. Die Variable „Maturity" ist zwar signifikant für heraufgestufte Aktien sowie herabgestufte Anleihen, jedoch stimmt das jeweilige Vorzeichen nicht mit den Folgerungen aus der konzeptionellen Analyse überein. Allerdings lässt sich dieser Befund mit der Optionspreistheorie erklären.

Für Anleiheinhaber von Unternehmen mit hohen TQ-Werten wirkt sich eine Heraufstufung positiv auf die Überrendite aus. Dies ist im Einklang mit dem formulierten Wirkungszusammenhang, da mit dem Upgrade den Gläubigern ein überzeugender Verzicht zur gläubigerschädigenden Ausnutzung des Ermessensspielraums des Managements signalisiert wird. Die Komplexität der Aktiva ist ebenfalls bei der Bepreisung von Eigenkapital in Zuge von Bonitätsverschlechterungen relevant. So scheinen Emittenten mit einem hohen Anteil immaterieller Vermögenswerte zur Bilanzsumme schwächere negative Ankündigungsreaktionen hervorzurufen. Dieser Befund ist konterintuitiv. Gegebenenfalls weisen die betroffenen technologieorientierten Emittenten eine allgemein höhere Bonität in dem Untersuchungssample durch die zurückhaltende Nutzung von Fremdkapital gemäß der Trade-Off-Theorie auf, wodurch sich dieses Ergebnis erklären ließe.

Ratingänderungen innerhalb von Jurisdiktionen mit eingeschränktem Gläubigerschutz rufen keine statistisch relevanten Abweichungen hervor.

---

859 Dies setzt voraus, dass das Unternehmen noch in der Lage ist, Fremdkapitalgeber zu finden, die bereit sind das Unternehmen zu finanzieren. Allerdings sollten Unternehmen, die ein sehr hohes Ausfallrisiko besitzen, eine unterdurchschnittliche Marktkapitalisierung aufweisen.

Unter Umständen weisen die betroffenen Emittenten eine ausreichende Haftungsmasse für die Senior Unsecured Anleiheinhaber auf. Zudem könnte die eingeschränkte Gläubigerorientierung des Insolvenzregimes erst bei niedrigeren Ratingklassen für den Fremdkapitalmarkt bewertungsrelevant sein, wenn das Ausmaß der direkten Insolvenzkosten eingeschätzt werden kann. Zuletzt könnten sich die Gläubiger vorab überhöhte Ausfallrisikoprämien zugesichert haben.

4.2.5 Implikationen und Handlungsempfehlungen

Auf Basis aller Erkenntnisse werden sequenziell Handlungsempfehlungen für Eigentümer, Gläubiger, Manager sowie Gesetzgeber ausgesprochen.

Grundlegend könnte es für Aktieninvestoren mit einem ausreichend großen Anlagevermögen möglich sein, durch Ausnutzung von Credit Ratings eine marginale Überrendite nach Abzug von Handelskosten zu erzielen. Dazu muss allerdings ein Ratingereignis antizipiert werden, da sich die Anpassung innerhalb von ein bis zwei Handelstagen vollzieht. Dies erweist sich allerdings als schwierig oder zumindest kaum rentabel umsetzbar. Denn der zusätzliche Rechercheaufwand würde vermutlich zu einem gänzlichen Verzehr der Überrendite führen. Gleichwohl werden einige Empfehlungen für Aktieninhaber auf Basis der empirischen Ergebnisse ausgesprochen. Zunächst müssen sich Aktionäre der abweichenden Bewertungsrelevanz zwischen den Ratingursachen bewusst machen. Während verschuldungsbedingte Ratingrevisionen – aufgrund des mangelnden originären Informationsgehalts – vernachlässigt werden können, sind die kursrelevanten Auswirkungen eines operativ bedingten Ratingurteils zu bedenken. So kann etwa die Cashflow-Planung im Rahmen einer fundamentalen Unternehmensbewertung verwendet werden, um die Wahrscheinlichkeit einer Ratingänderung einzuschätzen. Zudem ist es nicht ratsam, sich auf Grundlage eines NG-Ratings für oder gegen ein Aktieninvestment zu entscheiden, da keine statistisch relevanten Abweichungen bei Bonitätsveränderungen festzustellen sind. Zudem sollte bei einer Investition in eine Blue Chip-Aktie die Bonität zumindest bei einem kurz- bis mittelfristigen Anlagehorizont nicht überbewertet werden, da diese Emittenten i. d. R. ein gutes Rating vorweisen können und evtl. Herabstufungen weniger stark den Kurs belasten. Indessen sollten Anteilseigner insbesondere in rezessiven Konjunkturphasen, die relative Bonität des Zielobjekts im Vergleich zum gesamten Markt sowie der Branche im Blick behalten und eigene Bonitätsanalysen anstellen, um nicht unvorbereitet von verstärkten Kursverlusten einer negativen Bonitätsrevision erfasst zu werden. Für Aktienbesitzer von Emittenten mit einer hohen Restlaufzeit der marktnotierten Fremdkapitaltitel sollte dagegen evaluiert werden, ob Ressourcen zur Erkennung von Upgrades allokiert werden sollten, da zwar positive, allerdings nur geringe Überrenditen erzielt werden können.

Allgemein sollten Gläubiger stets in Unternehmen investieren, die von gläubigerschädigenden Strategien absehen. Dies gilt insbesondere für Emittenten, die zugleich einen erhöhten diskretionären Umsetzungsspielraum aufweisen. Denn eine bonitätsverbessernde Zertifizierung wird von den Anleiheinhabern durch erhöhte positive abnormale Renditen honoriert. Fremdkapitalinvestoren mit einem kurzen Investmenthorizont wird eine gezielte Investition in Emittenten mit einer hohen Maturity nahegelegt, sofern sich diese partiell gegen eine mögliche Herabstufung absichern möchten, da das geringere Refinanzierungsrisiko bei der Preisbildung berücksichtigt wird. Zudem scheint für Fremdkapitalgeber kein ausgeprägtes Interesse an der Ratingursache zu bestehen, stattdessen ist entscheidend, dass sich das faktische Rating verändert hat. Zuletzt ist das Ausgangsrating bzw. die Investmentkategorie bei Up- bzw. Downgrades für Fremdkapitalinstrumente nachweislich von Belang. Denn je niedriger das Ausgangsrating ist, desto stärker nehmen die Kursausschläge dieser Wertpapiere bei Ratingrevisionen zu. Daher ist es sinnvoll, dass sich risikoaversere Investoren zur Vermeidung von Volatilität auf IG-Titel beschränken.

Auf Basis der Resultate wird für Manager eine Orientierung an den Shareholdervalue-Ansatz empfohlen. Denn mit einem Anstieg der Marktkapitalisierung des Eigenkapitals lassen sich die negativen Konsequenzen von Herabstufungen auf Aktien begrenzen. Jedoch müssen als Nebenbedingung zuerst die Interessen der Gläubiger befriedigt werden, um die Anteilseigner vor finanziellen Einbußen zu bewahren.[860] Zudem sollten Manager die gesamtwirtschaftliche Situation des eigenen Sitzlandes stets im Blick behalten und im Falle einer antizipierten Rezession bonitätskonservierende Maßnahmen treffen,[861] um eine relativ bessere Bonität als die Wettbewerber aufzuweisen. Damit könnte eine Herabstufung und damit ein verstärkter negativer Preiseffekt für Aktieninhaber verhindert werden. Hingegen ist es in solchen Marktphasen

860 In insolvenznahen Situationen mag die Umsetzung von gläubigerschädigenden Strategien zugunsten der Eigenkapitalgeber verlockend sein, allerdings lässt sich damit keine langfristige Maximierung des Wertes des Eigenkapitals erreichen.

861 So kann auf den ersten Blick der Aufbau von Liquiditätspolstern als Abkehr einer anteilseignerorientierten Politik erachtet werden. Jedoch können mit diesem Schritt zukünftige bonitätsbezogene Kursverluste vermieden werden, womit wieder die Steigerung bzw. Erhalt des Marktwertes des Eigenkapitals gerechtfertigt wird.

nicht sinnvoll, explizit ein Upgrade anzustreben, da dieses Ereignis keine Kursrelevanz für Eigentümer hervorruft. Gleichfalls sollte von einer Optimierung sowie Vernachlässigung des Ratings abgesehen werden, denn dies deutet auf eine ineffiziente Ressourcenallokation bzw. auf suboptimale Entscheidungen in Bezug auf das operative Geschäft und/oder die Kapitalstruktur hin. Dagegen sollte ein branchenübliches Zielrating formuliert und offen kommuniziert werden.

Die europäischen Märkte für Eigen- und Fremdkapital messen dem Credit Rating eine nachweisbare Bewertungsrelevanz bei. Somit kann der Beitrag von Ratings für die Funktionstüchtigkeit des gesamten Kapitalmarktes bestätigt werden. Daher sollte Bestrebungen des Gesetzgebers, die Kompetenz von Ratingagenturen zu beschneiden oder deren Meinungsäußerung zu verbieten, eine Absage erteilt werden. Dennoch ist nicht auszuschließen, dass sich die Marktakteure zu sehr auf die Ratingkompetenz verlassen und die eigene Bonitätsanalyse vernachlässigen.[862] Deshalb sind Initiativen wie etwa der Europäischen Union, welche den Prozess und die Transparenz von Ratingurteilen beschleunigen sollen, begrüßenswert.[863]

862 Vgl. Johansson, T. (2010), S. 17–18.
863 Vgl. ESMA (2013), S. 15.

5 Fazit und Ausblick

Diese Arbeit identifiziert eine Wertrelevanz von Credit Ratings. Dies kann sowohl konzeptionell plausibilisiert als auch empirisch validiert werden. Als Ausgangsbasis zur Begründung der Existenz von Ratingagenturen bzw. -urteilen bietet sich die neoinstitutionelle Finanzierungstheorie an. Denn mit der Einführung von Informationsasymmetrien und opportunistischem Verhalten lässt sich das Geschäftsmodell dieser Informationsintermediäre erklären. Hierzu lassen sich zunächst mit der Transaktionskosten-Theorie die Vorzüge in Bezug auf die Informationsgewinnung, -verarbeitung sowie -weitergabe nennen. Darauffolgend wurden mittels der Prinzipal-Agent-Theorie vor- und nachvertragliche Hemmnisse zwischen Emittenten und Gläubiger thematisiert und Lösungen durch den Rückgriff auf Credit Ratings aufgezeigt. Hierbei leisten Ratings insbesondere durch die Fragmentierung eines gepoolten Fremdkapitalmarktes und die Incentivierung eines redlichen Verhaltens des Schuldners einen wichtigen Beitrag zur Funktionstüchtigkeit des Kapitalmarktes. Allerdings zeigt die Theorie der Finanzintermediation, welche die vertraglichen Beziehungen sowohl auf Emittenten und Ratingagentur als auch Fremdkapitalgeber und Ratingagentur ausweitet, potenzielle Reibungsverluste bei der Bonitätsbeurteilung auf. Dennoch sollte insbesondere bei letzterer Beziehung der Reputationsmechanismus die Agentur zu einer Verminderung dieser Verluste anhalten. Somit sollten in Summe die Vorzüge von Ratings bzw. Ratingagenturen überwiegen.

Im nächsten Schritt wurde die Wirkungsweise des durch Ratings ausgedrückten Bonitätsrisikos auf den Unternehmenswert analysiert. Dazu war zunächst die Aufspaltung der Ratingbestandteile in EAD, LGD sowie PD notwendig, welche überraschenderweise kaum Eingang in empirische Credit Rating-Ereignisstudien finden. Daneben grenzt sich die vorliegende Arbeit auch beim konzeptionellen Fundament bei der Ableitung der Forschungshypothesen von bisherigen Beiträgen ab, da die Hypothesen weder auf der Grundlage der Optionspreistheorie von Merton (1974) noch auf einwertige DCF-Kalküle ohne Berücksichtigung von Steuervorteilen basieren. Dahingegen erfolgt die Ableitung der Hypothesen auf Basis von DCF-Verfahren innerhalb eines aufgespannten mehrperiodigen Binomialmodells bei ausfallbedrohtem Fremdkapital. Dadurch sollen die Konsequenzen der jeweiligen Prämissensetzung (Sanierungsgewinnbesteuerung, Informationsverteilung sowie Insolvenzkosten) durch ein Beispiel auf die Wertzuteilung der Kapitalgeberansprüche unter Berücksichtigung von finanzierungsbedingten Effekten erfasst werden. Dabei werden jeweils die Auswirkungen der Ratingkomponenten (PD, LGD) auf die Wertbeiträge dargestellt. Grundlegend lassen sich vier Erkenntnisse festhalten: Erstens ruft eine Zunahme der LGD in einem neutralen Steuersystem ohne Berücksichtigung von Insolvenzkosten keine Wertrelevanz hervor, wohingegen in einem asymmetrischen Steuersystem eine Erhöhung des Wertes des Unternehmens sowie des Eigenkapitals vorliegt. Zweitens erfolgt bei einem Anstieg der LGD bei vorliegenden Informationsasymmetrien eine Lastenverteilung von Eigentümer hin zu den Gläubigern. Drittens führen Insolvenzkosten zwar zu einer Abnahme des Unternehmenswertes, allerdings nicht zwangsläufig zu einer Erosion des Eigenkapitalgeberanspruches gegenüber dem ausfallrisikofreien Basisfall, sofern bei den Gläubigern ein Informationsdefizit vorliegt und damit keine risikokompensierenden Zinssätze vereinbaren. Viertens nehmen mit zunehmender PD die Zustände, in denen der Ausfall eintreten kann, zu, womit der Barwert der Insolvenzkosten ansteigt. Dies kann durch eine Zunahme des Fremdkapitals und/oder einem Rückgang der operativen Performance begründet sein. Unter Rückgriff auf die Resultate eines approximativ realistischen Binomialbaumes werden empirisch validierbare Proxy-Variablen für Steuervorteile, Informationsasymmetrien sowie Insolvenzkosten hergeleitet. Diese wurden zusammen mit den Erkenntnissen der empirischen Bestandsaufnahme in Hypothesen gegossen.

Die Bestandsaufnahme der empirischen Credit Rating-Literatur offenbart, dass Ratingveränderungen im Allgemeinen und Herabstufungen im Besonderen einen Informationswert besitzen. Jedoch hinterlässt diese Untersuchung auch einen heterogenen Eindruck in Bezug auf den untersuchten Kapitalmarkt, dem Untersuchungsobjekt sowie dem Samplingprozess. Zunächst fällt die starke Konzentration auf den US-amerikanischen Kapitalmarkt auf. Überdies weisen die wenigen Beiträge, die den europäischen Kapitalmarkt adressieren, mehrheitlich einen nationalstaatlichen als europäischen Bezug auf, weshalb i. d. R. eher geringe Stichprobenumfänge untersucht werden. Des Weiteren findet nicht in allen Studien eine Bereinigung von Confounding Events statt, die eine Grundlage jeder Studie bilden sollte, um den bonitätsbezogenen Preiseffekt zu isolieren. Außerdem fließt nur in wenigen Beiträgen die zugrunde liegende Ursache für die Ratingänderung bzw. die jeweiligen Presseberichte in die Analyse mit ein. Zuletzt werden in vielen Beiträgen Aussagen über den gesamten Unternehmenswert angestellt, wobei nur in zwei europäischen Studien durch die simultane Untersuchung von Aktien- und Anleihetitel eine Aussage zum Unternehmenswert erteilt werden kann. Diese Arbeit umgeht die beschriebenen Kritikpunkte und trägt zu einer Homogenisierung von Best Practice-Studien bei.

Die vorliegende Ereignisstudie weist – mit 866 Beobachtungen – die meisten Stichproben unter den europäischen Beiträgen auf. Die Arbeit folgt der methodischen Gepflogenheit, zunächst die univariate und danach die multivariate Analyse durchzuführen. Dabei kann auch für diese Studie eine Bewertungsrelevanz von Up- und Downgrades nachgewiesen werden. Heraufstufungen (Herabstufungen) wirken sich im Allgemeinen positiv (negativ) auf den Unternehmenswert aus, da der Kurs von Aktien- und Anleiheinstrumenten um den Publikationstag zunimmt (abnimmt) (H1). So bewirkt ein Up- sowie Downgrade für den Zeitraum [0,1] des Samples eine ratingbedingte Unternehmenswertveränderung von ca. 60,0 Mio. € bzw. -17,5 Mio. €.[864] Allerdings hängt im Besonderen der Informationswert für Aktientitel von der Ratingursache ab, denn lediglich operativ bedingte Ratingrevisionen rufen eine signifikante Überrendite hervor. Dahingegen ist für Anleiheinhaber kaum eine Differenzierung zwischen operativen oder verschuldungsbedingten Ursachen zu dokumentieren (H2). Abweichungen zwischen den Wertpapierarten sind auch für die jeweilige Ratingkategorie festzustellen, da Fremdkapitaltitel stärker innerhalb der NG-Kategorie reagieren, wohingegen Eigenkapitalgeber eine Bewertungsindifferenz für Bonitätsauskünfte im NG-Bereich aufweisen (H3). Daneben stellen sich bei Aktien im Rahmen von Downgrades signifikant negativere Überrenditen in rezessiven Konjunkturphasen als bei Anleihen ein (H4).

Im zweiten Analyseverfahren erfolgt die Anwendung einer Querschnittsregression. Dabei konnte gemäß den formulierten Erwartungen festgestellt werden, dass bei Heraufstufungen für Gläubiger ein verstärkender Effekt von einem niedrigen Ausgangsrating (H5a) sowie von einem erhöhten Tobin's Q (H6c) ausgeht. Dahingegen erfahren Aktionäre bei Herabstufungen von großen Unternehmen (H5a) und während einer Rezession (H4) eine geringere bzw. höhere negative Überrendite. Jedoch können die Proxy-Variablen für die Steuervorteile (H6a), Ausfallwahrscheinlichkeit (H6b) sowie die Komplexität der Vermögensstruktur (H6d) die aufgestellten Forschungshypothesen nicht bestätigen. Daneben müssen die restlichen Hypothesen aufgrund der

864 Hierbei handelt es sich um die Summe der ungewichteten Marktveränderung von Aktien- und Anleihetitel von 55,4 Mio. € bzw. 4,5 Mio. € sowie -9,5 Mio. € bzw. -8,0 Mio. €. Mit dieser Vorgehensweise werden nur die börsennotierten Bestandteile des Unternehmenswertes erfasst, was beim Fremdkapital zu einer ggf. unvollständigen Erfassung aller Kapitalgeberansprüche (Schuldscheindarlehen, Bankkredite, etc.) führen kann.

mangelnden statistischen Signifikanz verworfen werden. Weiterführend wurden die jeweils besten Modelle in Bezug auf die Regressionsgüte mit den Resultaten aktueller empirischer Studien verglichen. Dabei kann vermerkt werden, dass zwar teilweise bessere Modellergebnisse erzielt werden, sich die Modellgüte jedoch weiterhin auf einem niedrigen Niveau befindet und deshalb die Beobachtungen dieser Studie und bisheriger Arbeiten mit Bedacht zu interpretieren sind. Ferner wird die Arbeit von Hundt (2015) als Benchmark ausgewählt, um die bestehenden Modelle durch die Ergänzung weiterer Variablen zu optimieren. Zuletzt wurde das Ergebnis dieser Symbiose – erstmalig in der empirischen Credit Rating-Literatur – zur Prognose von Überrenditen eingesetzt. Dabei kann für Anleihen ein überwiegend befriedigendes Ergebnis nachgewiesen werden, während für Aktien eine unzureichende Übereinstimmung zwischen tatsächlicher und geschätzter abnormaler Rendite vorliegt.

Insgesamt trägt die vorliegende Arbeit durch die Einführung neuer konzeptionell fundierter Variablen zur Erklärung der finanziellen Konsequenzen von Credit Rating-Ankündigungen auf Aktien- und Anleihetitel bei. Jedoch verbleiben aus Sicht des Verfassers für nachfolgende Studien diverse Anknüpfungspunkte, um weitere Forschungslücken zu schließen. Erstens könnten die Implikationen aus den Binomialbäumen durch weitere Modellvariationen, wie etwa der Modellierung von länderspezifischen Steuersystemen oder von diversen Vermögenswerten des Unternehmens, verfeinert werden, um etwa den aufgedeckten (nicht erwartungskonformen) Zusammenhang der Variable „Tax Rate“ oder „Complexity Assets“ zu erklären. Zweitens könnte der Einfluss des Managements etwa durch die Proklamation eines Zielratings oder durch eine wahrgenommene gläubiger- oder anteilseignerorientierte Politik bei zukünftigen Auswertungen von Ratingpublikationen berücksichtigt werden.[865] Drittens könnte ein gezielter Stichprobenerhebungsprozess sowie eine Analyse von NG-Unternehmensratings forciert werden, da potenzielle Werttransfereffekte in insolvenznahen Situationen nicht gänzlich ausgeschlossen und die Gläubigerfreundlichkeit des Insolvenzregimes relevanter werden könnte. Viertens bietet sich durch die zunehmende Datenverfügbarkeit von Anleihekursen eine vergleichende Analyse von diversen marktnotierten Gläubigergruppen an. So könnten etwa neben Senior Unsecured- auch Senior Secured- und

865 So könnte eine anteilseignerorientierte Politik durch risikoerhöhende M&A, hohe Investitionsauszahlungen und Dividenden und eine gläubigerorientierte Politik durch operative Diversifikation, Dividendenkürzungen und der geringen Volatilität operativer Ergebnisse gekennzeichnet sein.

Subordinated-Anleiheinstrumente untersucht werden, um ein besseres Verständnis für den Unternehmenswert zu erhalten.[866] Fünftens sollte die Prognose abnormaler Wertpapierrenditen weiterverfolgt werden, damit die finanziellen Auswirkungen von bonitätsrelevanten Entscheidungen für das Management besser abgewogen werden können und eine Operationalisierbarkeit einer Handelsstrategie im Rahmen von Ratingankündigungen ermöglicht wird.

Für den europäischen Ratingmarkt werden drei Entwicklungen von Interesse sein: Zunächst stellt die zunehmende Fokussierung auf Environment-Social-Governance (ESG)-Kriterien ein wachsendes Themenfeld für Ratingagenturen dar, das eine nachhaltige, sozialverträgliche sowie gute Unternehmensführung als Status quo formuliert und negative Abweichungen mit einer Bonitätsverschlechterung ahndet.[867] Zwar sollten die Verschuldung und die operative Leistungsfähigkeit weiterhin im Vordergrund der Bonitätsanalyse stehen, jedoch eröffnen die Auswirkungen von ESG-Aspekten weiteren Forschungsbedarf. Zudem wird sich zeigen, wie sich der europäische Wettbewerb der Ratingagenturen gem. Artikel 8d Credit Rating Agency Regulation entwickeln wird. Zwar schreibt die Verordnung vor, dass ein Emittent bei mindestens zwei Ratings ein Mandat an eine Agentur mit einem europäischen Marktanteil von weniger als 10 % vergeben muss,[868] jedoch scheint dies die bisherige Dominanz der drei großen Agenturen eher gefestigt zu haben, wie die aktuelle Entwicklung der Marktanteile offenbart.[869] Abschließend stellt sich die Frage, wie sich die europäische Unternehmensratinglandschaft im Zuge der COVID-19-Pandemie in den kommenden Jahren verändern wird. Denn die pandemiebedingte temporäre Einschränkung einiger Geschäftsmodelle führte zu einer zunehmenden Aufnahme von Fremdkapital zur Sicherstellung der Liquidität, welche bereits 2020 in überdurchschnittliche Bonitätsherabstufungen mündete. Allerdings werden sich die Auswirkungen vermutlich erst nach Überwindung der Krise, wenn die langfristige Bonität der Unternehmen wieder verstärkt auf dem Prüfstand steht, abzeichnen.[870]

---

866 Hierbei würde sich eine komplementäre Analyse von kreditvertraglichen Regelungen bei Credit Rating-Änderungen anbieten.

867 Vgl. Moody's Investor Service (2017), S. 2–9; S&P Global Ratings (2019d), S. 5–8; FitchRatings (2020b), S. 7–8, 28.

868 Vgl. ESMA (2019), S. 3.

869 Siehe Anhang 1.

870 Vgl. Backhaus, S./Kögler, A. (2020).

Literaturverzeichnis

Abad-Romero, P./Robles-Fernández, M. D. (2006): Risk and Return Around Bond Rating Changes. New Evidence From the Spanish Stock Market. In: Journal of Business Finance & Accounting, Vol. 33, S. 885–908.

Abad-Romero, P./Robles-Fernández, M. D. (2007): Bond Rating Changes and Stock Returns. Evidence from the Spanish stock market. In: Spanish Economic Review, Vol. 9, S. 79–103.

Abad-Romero, P./Robles-Fernández, M. D. (2014): Credit Rating Agencies and Idiosyncratic Risk: Is There a Linkage? Evidence from the Spanish Market. In: International Review of Economics & Finance, Vol. 33, S. 152–171.

Agrawal, A./Jaffe, J. F./Mandelker, G. N. (1992): The Post-Merger Performance of Acquiring Firms: A Re-Examination of an Anomaly. In: The Journal of Finance, Vol. 47, S. 1605–1621.

Ahern, K. R. (2009): Sample Selection and Event Study Estimation. In: Journal of Empirical Finance, Vol. 16, S. 466–482.

Akerlof, G. A. (1970): The Market for "Lemons": Quality Uncertainty and the Market Mechanism. In: The Quaterly Journal of Economics, Vol. 84, S. 488–500.

Albrecht, P./Huggenberger, M. (2015): Finanzrisikomanagement. Methoden zur Messung, Analyse und Steuerung finanzieller Risiken, Stuttgart.

Albrecht, P./Maurer, R. (2016): Investment- und Risikomanagement. Modelle, Methoden, Anwendungen, 4. Aufl., Stuttgart.

Alexander, G. J. (1980): Applying the Market Model to Long-Term Corprate Bonds. In: Journal of Financial and Quantitative Analysis, Vol. 15, S. 1063–1080.

Almeida, H./Cunha, I./Ferreira, M. A./Restrepo, F. (2017): The Real Effects of Credit Ratings. The Sovereign Ceiling Channel. In: The Journal of Finance, Vol. 72, S. 249–290.

Almeida, H./Philippon, T. (2007): The Risk-Adjusted Cost of Financial Distress. In: The Journal of Finance, Vol. 62, S. 2557–2586.

Alp, A. (2013): Structural Shifts in Credit Rating Standards. In: The Journal of Finance, Vol. 68, S. 2435–2470.

Alsakka, R./Gwilym, O./Klusak, P./Tran, V. (2015): Market Impact under a New Regulatory Regime: Credit Rating Agencies in Europe. In: Economic Notes, Vol. 44, S. 275–308.

Altman, E. I./Hotchkiss, E. (2019): Corporate Financial Distress, Restructuring, and Bankruptcy. Analyze leveraged finance, distressed debt, and bankruptcy, 4th ed., Hoboken, New Jersey.

Altman, E. I./Kishore, V. M. (1996): Almost Everything You Wanted to Know about Recoveries on Defaulted Bonds. In: Financial Analysts Journal, Vol. 52, S. 57–64.

Altman, E. I./Kuehne, B. J. (2018): The Investment Performance and Market Dynamics of Defaulted and Distressed Corporate Bonds and Bank Loans. 2017 Review and 2018 Outlook. In: NYU Salomon Center Special Report.

Altman, E. I./Brady, B./Resti, A./Sironi, A. (2005): The Link between Default and Recovery Rates: Theory, Empirical Evidence, and Implications. In: The Journal of Business, Vol. 78, S. 2203–2228.

Altman, E. I./Resti,A./Sironi, E. (2001): Analyzing and Explaining Default Recovery Rates. In: The International Swaps & Derivatives Association, S. 2–97.

Andrade, G./Kaplan, S. N. (1998): How Costly is Financial (Not Economic) Distress? Evidence form Highly Leveraged Transactions that Became Distressed. In: The Journal of Finance, Vol. 53, S. 1443–1493.

Armitage, S. (1995): Event Study Methods and Evidence on their Performance. In: Journal of Economic Surveys, Vol. 9, S. 25–52.

Arnold, S./Lahmann, A./Schreiter, M. (2019): Finanzierungspolitiken, Tax Shield und Insolvenz in der Unternehmensbewertung – ein integrativer Ansatz. In: Die Wirtschaftsprüfung, Jg. 72, 351–359.

Asquith, P./Gertner, R./Scharfstein, D. (1994): Anatomy of Financial Distress: An Examination of Junk-Bond Issuers. In: The Quarterly Journal of Economics, Vol. 109, S. 625–658.

von Auer, L. (2016): Ökonometrie. Eine Einführung, 7. Aufl., Berlin, Heidelberg.

Auer, B./Rottmann, H. (2015): Statistik und Ökonometrie für Wirtschaftswissenschaftler. Eine anwendungsorientierte Einführung, 3. Aufl., Wiesbaden.

Backhaus, K./Erichson, B./Plinke, W./Weiber, R. (2016): Multivariate Analysemethoden. Eine anwendungsorientierte Einführung, 14. Aufl., Berlin, Heidelberg.

Backhaus, S./Kögler, A. (2020): Corona wird zum Fegefeuer für Ratings. Hg. v. FINANCE. Online verfügbar unter https://www.finance-magazin.de/finanzierungen/kapitalmarkt/corona-wird-zum-fegefeuer-fuer-ratings-2058091/, zuletzt geprüft am 26.01.2021.

Badoer, D. C./Demiroglu, C. (2019): The Relevance of Credit Ratings in Transparent Bond Markets. In: Review of Financial Studies, Vol. 32, S. 42–74.

Badoer, D. C./Demiroglu, C. E. M./James, C. M. (2019): Ratings Quality and Borrowing Choice. In: The Journal of Finance, Vol. 74, S. 2619–2665.

Bae, K./Kang, J./Wang, J. (2015): Does Increased Competition Affect Credit Ratings? A Reexamination of the Effect of Fitch's Market Share on Credit Ratings in the Corporate Bond Market. In: Journal of Financial and Quantitative Analysis, Vol. 50, S. 1011–1035.

Baghai, R. P./Servaes, H./Tamayo, A. N. E. (2014): Have Rating Agencies Become More Conservative? Implications for Capital Structure and Debt Pricing. In: The Journal of Finance, Vol. 69, S. 1961–2005.

Ball, R./Brown, P. (1968): An Empirical Evaluation of Accounting Income Numbers. In: Journal of Accounting Research, Vol. 6, S. 159–178.

Ballwieser, W./Friedrich, T. (2015): Peers, Marktrisikoprämie und Insolvenzrisiko: Einige Anmerkungen zu drei Problemen der Unternehmensbewertung. In: Corporate Finance, Jg. 6, S. 449–457.

Ballwieser, W./Hachmeister, D. (2016): Unternehmensbewertung. Prozess, Methoden und Probleme, 5. Aufl., Stuttgart.

Bannier, C./Hirsch, C. (2010): The Economic Function of Credit Rating Agencies - What does the Watchlist tell us? In: Journal of Banking & Finance, Vol. 34, S. 3037–3049.

Barber, B. M./Lyon, J. D. (1997): Detecting Long-run Abnormal Stock Retruns: The Empirical Power and Specification of Test Statistics. In: Journal of Financial Economics, Vol. 43, S. 341–372.

Barron, M. J./Clare, A. D./Thomas, S. H. (1997): The Effect of Bond Rating Changes and New Ratings on UK Stock Returns. In: Journal of Business Finance & Accounting, Vol. 24, S. 497–509.

Bartholdy, J./Olson, D./Peare, P. (2007): Conducting Event Studies on a Small Stock Exchange. In: The European Journal of Finance, Vol. 13, S. 227–252.

Beaver, W. H. (1968): The Information Content of Annual Earnings Announcements. In: Journal of Accouting Research, Vol. 6, S. 67–92.

Beaver, W. H. (1982): Discussion of Market-Based Empirical Research in Accounting: A Review. In: Journal of Accounting Research, Vol. 20, S. 323–331.

Becker, H. P. (2016): Investition und Finanzierung, 7. Aufl., Wiesbaden.

Becker, B./Milbourn, T. (2011): How did increased competition affect credit ratings? In: Journal of Financial Economics, Vol. 101, S. 493–514.

Benston, G. J./Smith, C. W. (1976): A Transactions Cost Approach to the Theory of Financial Intermediation. In: The Journal of Finance, Vol. 31, S. 215–231.

Berblinger, J. (1996): Marktakzeptanz des Rating durch Qualität. In: Büschgen, H. E./Everling, O. (Hg.): Handbuch Rating, Wiesbaden, S. 21–110.

Berk, J. B./DeMarzo, P. M. (2016): Grundlagen der Finanzwirtschaft. Analyse, Entscheidung und Umsetzung, 3. Aufl., Hallbergmoos.

Berk, J. B./DeMarzo, P. M. (2020): Corporate finance, 5th ed., Hallbergmoos.

Bessembinder, H./Kahle, K. M./Maxwell, W. F./Xu D. (2009): Measuring Abnormal Bond Performance. In: The Review of Financial Studies, Vol. 22, S. 4219–4258.

BFH vom 14.07.2010, Aktenzeichen X R 34/08. In: BStBl 2010 II S. 916.

BFH vom 28.11.2016, Aktenzeichen GrS 1/15. In: BStBl 2017 II S. 393.

BGH vom 24.05.2005, Aktenzeichen IX ZR 123/04, S. 1–19.

Bhagat, S./Moyen, N./Suh, I. (2005): Investment and Internal Funds of Distressed Firms. In: Journal of Corporate Finance, Vol. 11, S. 449–472.

Bierman, H./Hass, J. E. (1975): An Analytic Model of Bond Risk Differentials. In: The Journal of Financial and Quantitative Analysis, Vol. 10, S. 757–773.

Biermann, S./Ewelt-Knauer, C./Wömpener, A. (2014): Welchen Effekt haben Bond-Ratingänderungen und deren Begründung auf den Shareholder Value? In: Die Unternehmung, Jg. 68, S. 23–46.

Bimberg, M. C. (2009): Unternehmensübernahmen und Erwerbsangebote in Deutschland. Eine empirische Analyse, Wiesbaden.

Binder, J. J. (1998): The Event Study Methodology Since 1969. In: Review of Quantitative Finance and Accounting, Vol. 11, S. 111–137.

Bitz, M./Stark, G. (2008): Finanzdienstleistungen. Darstellung - Analyse - Kritik, 8. Aufl., München.

Blair, R. C./Higgins, J. J. (1980): A Comparison of the Power of Wilcoxon's Rank-Sum Statistic to That of Student's t Statistic under Various Nonnormal Distributions. In: Journal of Educational Statistics, Vol. 5, S. 309–335.

Bleymüller, J./Weißbach, R./Dörre, A. (2020): Statistik für Wirtschaftswissenschaftler, 18. Aufl., München.

BMF (27.03.2003): Ertragsteuerliche Behandlung von Sanierungsgewinnen; Steuerstundung und Steuererlass aus sachlichen Billigkeitsgründen (§§163, 222, 227AO). Fundstelle: 8/03 BStBl 2003 I S. 240.

Boehmer, E./Masumeci, J./Poulsen, A. B. (1991): Event-study Methodology under Conditions of Event-induced Variance. In: Journal of Financial Economics, Vol. 30, S. 253–272.

Bogue, M. C./Roll, R. (1974): Capital Budgeting of Risky Projects with "Imperfect" Markets for Physical Capital. In: The Journal of Finance, Vol. 29, S. 601–613.

Böhmer, E./Löffler, Y. (1999): Kursrelevante Ereignisse bei Unternehmensübernahmen: Eine empirische Analyse des deutschen Kapitalmarktes. In: Zeitschrift für betriebswirtschaftliche Forschung, Jg. 51, S. 299–324.

Bolton, P./Freixas, X./Shapiro, J. (2012): The Credit Ratings Game. In: The Journal of Finance, Vol. 67, S. 85–111.

Bongaerts, D./Cremers, K. J. M./Goetzmann, W. N. (2012): Tiebreaker: Certification and Multiple Credit Ratings. In: The Journal of Finance, Vol. 67, S. 113–152.

Bonsall, S. B./Green, J. R./Muller, K. A. (2018): Are Credit Ratings More Rigorous for Widely Covered Firms? In: The Accounting Review, Vol. 93, S. 61–94.

Bowman, R. G. (1983): Unterstanding and Conducting Event Studies. In: Journal of Business Finance & Accounting, Vol. 10, S. 561–584.

Brealey, R. A./Myers, S. C./Allen, F. (2017): Principles of Corporate Finance, 12th ed., New York.

Breuer, W. (1993): Finanzintermediation im Kapitalmarktgleichgewicht, Wiesbaden.

Breuer, W. (2013): Finanzierung. Eine systematische Einführung, 3. Aufl., Wiesbaden.

Breusch, T. S. (1978): Testing for Autocorrelation in Dynamic Linear Models. In: Australian Economic Papers, Vol. 17, S. 334–355.

Bris, A./Welch, I. V. O./Zhu, N. (2006): The Costs of Bankruptcy: Chapter 7 Liquidation versus Chapter 11 Reorganization. In: The Journal of Finance, Vol. 61, S. 1253–1303.

Brooks, L. D./Ingram, R. W./Copeland, R. M. (1983): Credit Risk, Beta, and Bond Ratings. In: Nebraska Journal of Economics & Business, Vol. 22, S. 3–14.

Brown, K.C./Harlow, W. V./Tinic S. M. (1988): Risk Aversion, Uncertain Information, And Market Efficiency. In: Journal of Financial Economics, Vol. 22, S. 355–385.

Brown, S. J./Warner J. B. (1985): Using Daily Stock Returns. The Case of Event Studies. In: Journal of Financial Economics, Vol. 14, S. 3–31.

Brown, S. J./Warner, J. B. (1980): Measuring Security Price Performance. In: Journal of Financial Economics, Vol. 8, S. 205–258.

Brown, S./Weinstein, M. I. (1985): Derived Factors in Event Studies. In: Journal of Financial Economics, Vol. 14, S. 491–495.

Bundestag (04.07.2017): Gesetz gegen schädliche Steuerpraktiken im Zusammenhang mit Rechteüberlassungen. Fundstelle: BGBl. I 2017 S. 2074 = BStBl. I 2017 S. 1202.

Cable, J./Holland, K. (1999): Modelling Normal Returns in Event Studies. A model-selection approach and pilot study. In: The European Journal of Finance, Vol. 5, S. 331–341.

Calderoni, F./Colla, P./Gatti, S. (2009): Wealth Effects of Rating Changes in Europe, Working Paper Università Bocconi, Mailand.

Campbell, C. J./Wasley, C. E. (1993): Measuring Security Price Performance Using Daily NASDAQ Returns. In: Journal of Financial Economics, Vol. 33, S. 73–92.

Campbell, J. Y./Cowan, A. R./Salotti, V. (2010): Multi-country Event-study Methods. In: Journal of Banking & Finance, Vol. 34, S. 3078–3090.

Campbell, J. Y./Lo, A. W.-C./MacKinlay, A. C. (1997): The Econometrics of Financial Markets, 2nd ed., Princeton.

Campbell, T. S./Kracaw, W. A. (1980): Information Production, Market Signalling, and the Theory of Financial Intermediation. In: The Journal of Finance, Vol. 35, S. 863.

Campello, M./Graham, J. R./Harvey, C. R. (2010): The Real Effects of Financial Constraints. Evidence from a financial crisis. In: Journal of Financial Economics, Vol. 97, S. 470–487.

Chandra, R./Moriarity, S./Willinger, G. L. (1990): A Reexamination of the Power of Alternative Return-Generating Models and the Effect of Accounting for Cross-Sectional Dependencies in Event Studies. In: Journal of Accounting Research, Vol. 28, S. 398–408.

Chatterjee, S./Simonoff, J. S. (2013): Handbook of Regression Analysis, Hoboken, New Jersey.

Chen, Z./Lookman, A. A./Schürhoff, N./Seppi, D. J. (2014): Rating-Based Investment Practices and Bond Market Segmentation. In: Review of Asset Pricing Studies, Vol. 4, S. 162–205.

Chiwitt, U. (2014): Zur Effektivität der Regulierung von Ratingagenturen. In: Corporate Finance, Jg. 5, S. 392–402.

Chodnicka-Jaworska, P. (2016): Market Pricing of European Banks' Credit Rating Changes. In: International Business & Global Economy, Vol. 35, S. 137–146.

Chodnicka-Jaworska, P. (2018): Sensitivity of the Central and Eastern European Stock Market to Credit Rating Changes. In: Problemy ZarzÈdzania – Management Issues, Vol. 16, S. 46–61.

Chung, K. H./Frost C. A./Kim, M. (2012): Characteristics and Information Value of Credit Watches. In: Financial Management, Vol. 41, S. 119–158.

Cichello, M./Lamdin, D. J. (2006): Event Studies and the Analysis of Antitrust. In: International Journal of the Economics of Business, Vol. 13, S. 229–245.

Coase, R. H. (1937): The Nature of the Firm. In: Economica, Vol. 4, S. 386–405.

Coffee, J. C. (1984): Market Failure and the Economic Case for a Mandatory Disclosure System. In: Virginia Law Review, Vol. 70, S. 717.

Collins, D. W./Dent, W. T. (1984): A Comparison of Alternative Testing Methodologies Used in Capital Market Research. In: Journal of Accounting Research, Vol. 22, S. 48–84.

Cooper, I. A./Davydenko, S. A. (2007): Estimating the Cost of Risky Debt. In: Journal of Applied Corporate Finance, Vol. 19, S. 90–95.

Cooper, I. A./Nyborg, K. G. (2008): Tax-Adjusted Discount Rates with Investor Taxes and Risky Debt. In: Financial Management, Vol. 37, S. 365–379.

Cornaggia, J./Cornaggia, K. J. (2013): Estimating the Costs of Issuer-Paid Credit Ratings. In: Review of Financial Studies, Vol. 26, S. 2229–2269.

Corrado, C. J. (1989): A Nonparametric Test for Abnormal Security-Price Performance in Event Studies. In: Journal of Financial Economics, Vol. 23, S. 385–395.

Corrado, C. J. (2011): Event studies. A Methodology Review. In: Accounting & Finance, Vol. 51, S. 207–234.

Corrado, C. J./Truong, C. (2008): Conducting Event Studies with Asia-Pacific Security Market Data. In: Pacific-Basin Finance Journal, Vol. 16, S. 493–521.

Corrado, C. J./Zivney, T. L. (1992): The Specification and Power of the Sign Test in Event Study Hypothesis Tests Using Daily Stock Returns. In: The Journal of Financial and Quantitative Analysis, Vol. 27, S. 465.

Cowan, A. R. (1992): Nonparametric Event Study Tests. In: Review of Quantitative Finance and Accounting, Vol. 2, S. 343–358.

Cowan, A. R. (1993): Tests for Cumulative Abnormal Returns over Long Periods: Simulation Evidence. In: International Review of Financial Analysis, Vol. 2, S. 51–68.

Cowan, A. R./Nayar, N./Singh, A. K. (1990): Stock Returns before and After Calls of Convertible Bonds. In: The Journal of Financial and Quantitative Analysis, Vol. 25, S. 549.

Cowan, A. R./Sergeant, A. M. A. (1996): Trading Frequency and Event Study Test Specification. In: Journal of Banking & Finance, Vol. 20, S. 1731–1757.

Cox, J. C./Ross, S. A. (1976): The Valuation of Options for Alternative Stochastic Processes. In: Journal of Financial Economics, Vol. 3, S. 145–166.

Cox, J. C./Ross, S. A./Rubinstein, M. (1979): Option Pricing: A Simplified Approach. In: Journal of Financial Economics, Vol. 7, S. 229–263.

Crabbe, L. (1991): Event Risk: An Analysis of Losses to Bondholders and "Super Poison Put" Bond Covenants. In: The Journal of Finance, Vol. 46, S. 689–706.

Dallocchio, M./Hubler, J./Raimbourg, P./Salvi, A. (2006): Do Upgradings and Downgradings Convey Information? An Event Study of the French Bond Market. In: Economic Notes by Baca Monte dei Paschi di Siena Spa, Vol. 35, S. 293–317.

Damodaran, A. (2002): Investment valuation. Tools and Techniques for Determining the Value of any Asset, 2nd ed., New York.

Davydenko, S./Sergei, A./Franks, J. R. (2008): Do Bankruptcy Codes Matter? A Study of Defaults in France, Germany, and the U.K. In: The Journal of Finance, Vol. 63, S. 565–608.

Diamond, D. W. (1984): Financial Intermediation and Delegated Monitoring. In: The Review of Economic Studies, Vol. 51, S. 393–414.

Dichev, I. D./Piotroski, J. D. (2001): The Long-Run Stock Returns Following Bond Ratings Changes. In: The Journal of Finance, Vol. 56, S. 173–203.

Distler, J. (2018): Acquisitions by Emerging Multinational Corporations. Motivation and Performance of Transactions in Western Europe and North America, Wiesbaden.

Djankov, S./Hart, O./McLiesh, C./Shleifer, A. (2008): Debt Enforcement around the World. In: Journal of Political Economy, Vol. 116, S. 1105–1149.

Djankov, S./Mcliesh, C./Shleifer, A. (2007): Private Credit in 129 Countries. In: Journal of Financial Economics, Vol. 84, S. 299–329.

Dorfleitner, G. (2002): Stetige versus diskrete Renditen: Überlegungen zur richtigen Verwendung beider Begriffe in Theorie und Praxis. In: Kredit und Kapital, Jg. 35, S. 216–241.

Douglass C. N./John J. W. (1994): Integrating Institutional Change and Technical Change in Economic History A Transaction Cost Approach. In: Journal of Institutional and Theoretical Economics, Vol. 150, S. 609–624.

Drukarczyk, J. (1993): Theorie und Politik der Finanzierung, 2. Aufl., München.

Drukarczyk, J. (2014): Die Eröffnungsgründe der InsO, Abgrenzungsprobleme, Überlappung und Folgen. In: M. Dobler (Hg.): Rechnungslegung, Prüfung und Unternehmensbewertung. Festschrift zum 65. Geburtstag von Professor Dr. Dr. h.c. Wolfgang Ballwieser, Stuttgart, 110–137.

Drukarczyk, J./Lobe, S. (2015): Finanzierung. Eine Einführung unter deutschen Rahmenbedingungen, 11. Aufl., Konstanz.

Drukarczyk, J./Schüler, A. (2006): Bewertung sanierungsbedürftiger Kapitalgesellschaften. In: Hommel, U./Knecht, T. C./Holger Wohlenberg (Hg.): Handbuch Unternehmensrestrukturierung, Wiesbaden, S. 709–739.

Drukarczyk, J./Schüler, A. (2016): Unternehmensbewertung, 7. Aufl., München.

Drukarczyk, J./Schüler, A. (2019): Kommentierung zur Legaldefinition der Überschuldung gemäß § 19 InsO. In: Stürner, J./Eidenmüller, H./Schoppmeyer, H.: Münchener Kommentar zur Insolvenzordnung, Aufl. 4, München: C.H.Beck München (1).

Drukarczyk, J./Schüler, A. (2021): Unternehmensbewertung, 8. Aufl., München.

Durbin, J./Watson, G. S. (1951): Testing for Serial Correlation in Least Squares Regression. II. In: Biometrika, Vol. 38, S. 159–177.

Dyckman, T./Philbrick, D./Stephan, J. (1984): A Comparision of Event Study Methodolgies Using Daily Stock Returns. A Simulation Approach. In: Journal of Accounting Research, Vol. 22, S. 1–30.

Ebke, W. F./Humpenöder L. (2017): Europäisierung des Insolvenzrechts. In: Hommel, U./Knecht, T. C./Wohlenberg, H. (Hg.): Handbuch Unternehmensrestrukturierung. Grundlagen – Konzepte – Maßnahmen, 2. Aufl., Wiesbaden, S. 2081–2104.

Ederington, L. H. (1985): Classification Models and Bond Ratings. In: The Financial Review, Vol. 20, S. 237–262.

Ederington, L. H./Goh, J. C. (1998): Bond Rating Agencies and Stock Analysts: Who Knows What When? In: Journal of Financial and Quantitative Analysis, Vol. 33, S. 569–585.

Ederington, L. H./Yawitz, J. B./Roberts, B. E. (1987): The Informational Content of Bond Ratings. In: Journal of Financial Research, Vol. 10, S. 211–226.

Ederington, L./Guan, W./Yang, L. (2015): Bond Market Event Study Methods. In: Journal of Banking & Finance, Vol. 58, S. 281–293.

Eisdorfer, A. (2008): Empirical Evidence of Risk Shifting in Financially Distressed Firms. In: The Journal of Finance, Vol. 63, S. 609–637.

Elton, E. J./Gruber, M. J./Agrawal, D./Mann, C. (2001): Explaining the Rate Spread on Corporate Bonds. In: The Journal of Finance, Vol. 56, S. 247–277.

Elton, E. J./Gruber, M. J./Brown, S. J./Goetzmann, W. N. (2017): Modern Portfolio Theory and Investment Analysis, 9th ed., Hoboken, New Jersey.

Entrup, U. (1995): Kapitalmarktreaktionen auf Optionsanleihen. Finanzierungstheoretische Begründung und empirische Analyse der Aktienkursreaktionen, Wiesbaden.

ESMA (2013): Credit Rating Agencies. Sovereign ratings investitgation. Online verfügbar unter https://www.esma.europa.eu/sites/default/files/library/2015/11/2013-1780_esma_identifies_deficiencies_in_cras_sovereign_rating s_processes.pdf, zuletzt geprüft am 15.01.2021.

ESMA (2019): Report on CRA Market Share Calculation. Online verfügbar unter https://www.esma.europa.eu/sites/default/files/library/esma33-9-340_cra_market_share_calculation_2019.pdf, zuletzt geprüft am 20.01.2021.

ESMA (2020): Statistics. Online verfügbar unter https://cerep.esma.europa.eu/cerep-web/statistics/defaults.xhtml, zuletzt geprüft am 05.01.2020.

European Commission (2017): Taxation Trends in the European Union. Data for the EU Member States, Iceland and Norway.

Everling, O. (1991): Credit Rating durch internationale Agenturen, Wiesbaden.

Fama, E. F. (1970): Efficient Capital Markets: A Review of Theory and Empirical Work. In: The Journal of Finance, Vol. 25, S. 383–417.

Fama, E. F. (1976): Efficient Capital Markets: Reply. In: The Journal of Finance, Vol. 31, S. 143–145.

Fama, E. F. (1977a): Foundations of Finance. Portfolio decisions and securities prices, Oxford.

Fama, E. F. (1977b): Risk-adjusted discount rates and capital budgeting under uncertainty. In: Journal of Financial Economics, Vol. 5, S. 3–24.

Fama, E. F. (1991): Efficient Capital Markets: II. In: The Journal of Finance, Vol. 46, S. 1575–1617.

Fama, E. F./Fisher, L/Jensen, M. C./Roll, R. (1969): The Adjustment of Stock Prices to New Information. In: International Economic Review, Vol. 10, S. 1–21.

Fama, E. F./Miller, M. H. (1972): The Theory of Finance, New York.

Finnerty, J. D./Miller, C. D./Chen, R.-R. (2013): The Impact of Credit Rating Announcements on Credit Default Swap Spreads. In: Journal of Banking & Finance, Vol. 37, S. 2011–2030.

Fischer, T. R. (1999): Agency-Probleme bei der Sanierung von Unternehmen, Wiesbaden.

FitchRatings (2015): The Rating Process. The Rating Process under Fitch Criteria.

FitchRatings (2019): Rating Definitions.

FitchRatings (2020a): Corporate Rating Criteria. Effective from 27 March 2020 to 1 May 2020.

FitchRatings (2020b): ESG in Credit, zuletzt geprüft am 26.01.2021.

FitchRatings (2020c): Rating Definitions.

Frank, R. (2013): Berücksichtigung von Insolvenzrisiken bei der Bewertung/ Grenzpreisbestimmung mit Hilfe von DCF-Modellen bei Transaktionen bon Krisenunternehmen. In: Birk, D./Bruse, M./Saenger, I. (Hg.): Forum Unternehmenskauf 2012. Aus dem Münsteraner Studiengang "Mergers & Acquisitions", Baden-Baden, S. 69–93.

Franke, G./Hax, H. (2004): Finanzwirtschaft des Unternehmens und Kapitalmarkt, 5. Aufl., Berlin.

Franke, G./Hax, H. (2009): Finanzwirtschaft des Unternehmens und Kapitalmarkt, 6. Aufl., Berlin, Heidelberg.

Friedrich, T. (2015): Unternehmensbewertung bei Insolvenzrisiko, Frankfurt.

Friedrich, T. (2016): Corporate Valuation and Risk of Insolvency. Binomial Models as a Means to Capture the Effects of Insolvency. In: Die Betriebswirtschaft, Jg. 76, S. 521–543.

Galai, D./Masulis, R. W. (1976): The Option Pricing Model and the Risk Factor of Stock. In: Journal of Financial Economics, Vol. 3, S. 53–81.

Gerke, W./Bank, M. (2016): Finanzierung. Grundlagen für Investitions- und Finanzierungsentscheidungen im Unternehmen, 3. Aufl., Stuttgart.

Gertner, R./Scharfstein, D. (1991): A Theory of Workouts and the Effects of Reorganization Law. In: The Journal of Finance, Vol. 46, S. 1189–1222.

Gilson, R. J./Kraakman, R. H. (1984): The Mechanisms of Market Efficiency. In: Virginia Law Review, Vol. 70, S. 549.

Gleißner, W. (2011): Der Einfluss der Insolvenzwahrscheinlichkeit (Rating) auf den Unternehmenswert und die Eigenkapitalkosten. – Zugleich Stellungnahme zum Fachtext Lobe, Corporate Finance biz 3/2010 S. 179 (182) –. In: Corporate Finance, Jg. 2, S. 243–251.

Gleißner, W. (2017): Das Insolvenzrisiko beeinflusst den Unternehmenswert: Eine Klasrstellung in 10 Punkten. In: BewertungsPraktiker, S. 42–51.

Godfrey, L. G. (1978): Testing Against General Autoregressive and Moving Average Error Models when the Regressors Include Lagged Dependent Variables. In: Ecnometrica, Vol. 46, S. 1293–1301.

Goerke, B. (2009): Event-Studies. In: Albers, S./Klapper, D./Konradt, U./Walter, A./Wolf, J. (Hg.): Methodik der empirischen Forschung, 3. Aufl., Wiesbaden, S. 467–484.

Goh, J. C./Ederington L. H. (1993): Is a Bond Rating Downgrade Bad News, Good News, or No News for Stockholders. In: The Journal of Finance, Vol. 68, S. 2001–2008.

Goh, J. C./Ederington L. H. (1999): Cross-Sectional Variation in the Stock Market Reaction to Bond Rating Changes. In: Quaterly Review of Economics and Finance, Vol. 39, S. 101–112.

Goyal, V. K./Wang, W. (2013): Debt Maturity and Asymmetric Information: Evidence from Default Risk Changes. In: Journal of Financial and Quantitative Analysis, Vol. 48, S. 789–817.

Graham, J. R. (2000): How Big Are the Tax Benefits of Debt? In: The Journal of Finance, Vol. 55, S. 1901–1941.

Graham, J./Harvey, C. (2001): The Theory and Practice of Corporate Finance: Evidence from the Field. In: Journal of Financial Economics, Vol. 60, S. 187–243.

Greene, W. H. (2003): Econometric analysis, 5th ed., Upper Saddle River, New Jersey.

Grier, P./Katz, S. (1976): The Differential Effects of Bond Rating Changes among Industrial and Puvlic Utility Bonds by Maturity. In: Journal of Business, Vol. 49, S. 226–239.

Griffin, P. A./Sanvicente, A. Z. (1982): Common Stock Returns and Rating Changes: A Methodological Comprison. In: The Journal of Finance, Vol. 67, S. 103–119.

Gropp, R./Richards, A. J. (2001): Rating Agency Actions and the Pricing of Debt and Equity of European Banks. What can We infer about Private Sector Monitoring of Bank Soundness? In: Economic Notes by Baca Monte dei Paschi di Siena Spa, Vol. 30, S. 373–398.

Grossman, S. J./Stiglitz, J. E. (1980): On the Impossibility of Informationally Efficient Markets. In: American Economic Review, Vol. 70, S. 393–408.

de Haan, E. (2017): The Financial Crisis and Corporate Credit Ratings. In: The Accounting Review, Vol. 92, S. 161–189.

Hair, J. F. (2014): Multivariate data analysis, 7th ed., Harlow, Essex.

Hand, J. R. M./Holthausen, R. W./Leftwich, R. W. (1992): The Effect of Bond Rating Agency Announcements on Bond and Stock Prices. In: The Journal of Finance, Vol. 47, S. 733–752.

Handjinicolaou, G./Kalay, A. (1984): Wealth Redistributions or Changes in Firm Value. An Analysis of Retruns to Bondholders and Stockholders around Dividend Announcements. In: Journal of Financial Economics, Vol. 13, S. 35–63.

Harder, O./Buchholz, D. (2020). Hg. v. FINANCE. Online verfügbar unter https://www.finance-magazin.de/finanzierungen/kapitalmarkt/adidas-holt-sich-wegen-corona-ein-rating-ein-2062501/, zuletzt geprüft am 26.01.2021.

Harrington, S. E./Shrider, D. G. (2007): All Events Induce Variance: Analyzing Abnormal Returns When Effects Vary across Firms. In: Journal of Financial and Quantitative Analysis, Vol. 42, S. 229–256.

Harris, R. S./Pringle, J. J. (1985): Risk-Adjusted Discount Rates-Extensions From the Average-Risk Case. In: The Journal of Financial Research, Vol. 8, S. 237–244.

Harrison, J. M./Kreps, D. M. (1979): Martingales and Arbitrage in Multiperiod Securities Markets. In: Journal of Economic Theory, Vol. 20, S. 381–408.

Hartmann-Wendels, T./Pfingsten, A./Weber, M. (2019): Bankbetriebslehre, 7. Aufl., Berlin.

Hartung, J. (2009): Statistik, 15. Aufl., München.

Haugen, R. A./Senbet, L. W. (1978): The Insignificance of Bankruptcy Costs to the Theory of Optimal Capital Structure. In: The Journal of Finance, Vol. 33, S. 383.

Hauser, S. E. (2003): Informationsverarbeitung am Neuen Markt, Wiesbaden.

Hax, G. (1998): Informationsintermediation durch Finanzanalysten. Eine ökonomische Analyse, Frankfurt am Main.

Hax, H./Wendels, T. H.-W./von Hinten, P. (2001): Grundlagen der Finanzierungstheorie. In: W. Breuer (Hg.): Handbuch Finanzierung, 3. Aufl., Wiesbaden, S. 583–608.

He, G. (2018): Credit Ratings and Managerial Voluntary Disclosures. In: Financial Review, Vol. 53, S. 337–378.

Heinke, V. G. (1998): Bonitätsrisiko und Credit rating festverzinslicher Wertpapiere. Eine empirische Untersuchung am Euromarkt, Bad Soden / Ts.

Heinke, V. G. (2000): Der Signal- und Zertifizierungswert von Credit Ratings am Euromarkt. In: Die Betriebswirtschaft, Jg. 60, S. 314–335.

Heinke, V. G. (2001): Rating aus Aktionärsperspektive. In: Oliver Everling (Hg.): Rating - Chance für den Mittelstand nach Basel II. Konzepte zur Bonitätsbeurteilung, Schlüssel zur Finanzierung, Wiesbaden, S. 189–203.

Heinke, V. G. (2005): Informationswert von Credit Ratings. In: O. Everling (Hg.): Kapitalmarktrating. Perspektiven für die Unternehmensfinanzierung, Wiesbaden, S. 161–186.

Heinke, V./Steiner, M. (2000): Rating am europäischen Kapitalmarkt: Nutzenaspekte und Empirische Analysen. In: Finanz Betrieb, Jg. 2, S. 138–150.

Helmis, S./Timmreck, C./Richter, F. (2002): Ein alternativer Ansatz zur Bestimmung der Risikoprämie im Rahmen der Bewertung von Investitionsprofjekten. In: Wirtschaftswissenschaftliches Studium, Jg. 31, S. 302–308.

Henderson, G. V. (1990): Problems and Solutions in Conducting Event Studies. In: The Journal of Risk and Insurance, Vol. 57, S. 282–306.

Henry, T. R./Kisgen, D. J./Wu, J. (2015): Equity Short Selling and Bond Rating Downgrades. In: Journal of Financial Intermediation, Vol. 24, S. 89–111.

Hilscher, J./Wilson, M. (2017): Credit Ratings and Credit Risk. Is One Measure Enough? In: Management Science, Vol. 63, S. 3414–3437.

Hiss, S./Nagel, S. (2019): Ratingagenturen zwischen Krise und Regulierung, 2. Aufl., Baden-Baden.

Hite, G./Warga, A. (1997): The Effect of Bond-Rating Changes on Bond Price Performance. In: Financial Analysts Journal, Vol. 53, S. 35–51.

Ho, T. S. Y./Michaely, R. (1988): Information Quality and Market Efficiency. In: The Journal of Financial and Quantitative Analysis, Vol. 23, S. 53.

Holler, J. (2012): Event-Study-Methodik und statistische Signifikanz, Edewecht.

Holler, J. (2016): Einführung in die Event Study Methodik, Aachen.

Holthausen, R. W./Leftwich, R. W. (1986): The effect of bond rating changes on common stock prices. In: Journal of Financial Economics, Vol. 17, S. 57–89.

Homburg, C./Stephan, J./Weiß, M. (2004): Unternehmensbewertung bei atmender Finanzierung und Insolvenzrisiko. In: Die Betriebswirtschaft, Jg. 64, S. 276–295.

Hommel, U./Piper, M./Schneider, H. (2017): Begleitende Eigentümer-Gläubiger-Konflikte und alternative Restrukturierungsinstrumente. In: Hommel, U./Knecht, T. C./Wohlenberg, H. (Hg.): Handbuch Unternehmensrestrukturierung. Grundlagen – Konzepte – Maßnahmen, 2. Aufl., Wiesbaden, S. 1251–1269.

Horsch, A. (2008): Rating und Regulierung. Ökonomische Analyse der Prozesse, Strukturen und Regeln der Märkte für Ratings, Baden-Baden.

Hsueh, L. P./Kidwell, D. S. (1988): Bond Ratings: Are Two Better than One? In: Financial Management, 17, S. 46.

Hsueh, L. P./Liu Y. A. (1993): Should all Tax-Exempt Borrowers with Investment-Grade Quality Acquire Credit Ratings? In: Journal of Business Finance & Accounting, Vol. 20, S. 291–306.

Hsueh, L. P./Liu, Y. A. (1992): Market anticipation and the effect of bond rating changes on common stock prices. In: Journal of Business Research, Vol. 24, S. 225–239.

Hu, H./Kaspereit, T./Prokop, J. (2016): The Information Content of Issuer Rating Changes: Evidence for the G7 Stock Markets. In: International Review of Financial Analysis, Vol. 47, S. 99–108.

Hubler, J./Louargant, C./Ory, J./Raimbourg P. (2013): Do Rating Agencies' Decisions Impact Stock Risks? Evidence from European Markets. In: The European Journal of Finance, Vol. 20, S. 1008–1036.

Hull, J./Mader, W./Wagner, M. (2019): Optionen, Futures und andere Derivate, 10. Aufl., Hallbergmoos.

Hundt, S. (2015): Informationsgehalt von Credit Ratings. Eine empirische Analyse europäischer Aktien- und Anleihemärkte, Wiesbaden.

Hundt, S./Horsch, A. (2012): Kapitalmarktreaktionen auf Ankündigungen von M&A-Transaktionen – Eine Ereignisstudie am Beispiel der Unicredit. In: Corporate Finance, Jg. 3, S. 141–148.

Hundt, S./Horsch, A. (2015): Informationsgehalt von Rating-Änderungen für Aktionäre europäischer Finanzdienstleistungsunternehmen. In: Zeitschrift für das gesamte Bank- und Börsenwesen, Jg. 63, S. 491–504.

Hundt, S./Sprungk, B./Horsch, A. (2017a): The Information Content of Credit Ratings: Evidence from European Convertible Bond Markets. In: The European Journal of Finance, Vol. 23, S. 1414–1445.

Hundt, S./Sprungk, B./Horsch, A. (2017b): Wealth Transfer Between Owners and Lenders of European Stock Corporation. In: Corporate Ownership and Control, Vol. 14, S. 147–164.

Husisian, G. (1990): What Standard of Care Should Govern the Worlds Shortest Editorials?: An Analysis of Bond Rating Agency Liability. In: Cornell Law Review, Vol. 75, S. 411–461.

Imbierowicz, B./Wahrenburg, M. (2013): Wealth Transfer Effects between Stockholders and Bondholders. In: The Quarterly Review of Econmics and Finance, Vol. 53, S. 23–43.

Ingram, R. W./Brooks, L. D./Copeland, R. M. (1983): The Information Content of Municipal Bond Rating Changes: A Note. In: The Journal of Finance, Vol. 38, S. 997–1003.

Jäckle, J./Ackermann, U. (2007): Ratingverfahren aus Emittentensicht. In: Büschgen, H. E./Everling, O. (Hg.): Handbuch Rating, 2. Aufl., Wiesbaden, S. 385–404.

Jaffe, J. F./Jordan, B. D./Ross, S. A./Westerfield, R. W. (2008): Modern Financial Management, 8th ed., Boston, Mass.

Jarque, C. M./Bera, A. K. (1980): Efficient Tests for Normality, Homoscedasticity and Serial Independence of Regression Residuals. In: Economics Letters, Vol. 6, S. 255–259.

Jarrow, R. A. (1978): The Relationship Between Yield, Risk, and Return of Corporate Bonds. In: The Journal of Finance, Vol. 33, S. 1235–1240.

Jensen, M. C. (1986): Agency Costs of Free Cash Flow, Corporate Finance, and Takeovers. In: The American Economic Review, Vol. 76, S. 323–329.

Jensen, M. C./Meckling, W. H. (1976): Theory of the Firm: Managerial Behavior, Agency Costs and Ownership Structure. In: Journal of Financial Economics, Vol. 3, S. 305–360.

Johansson, T. (2010): Regulating Credit Rating Agencies: The Issue of Conflicts of Interest in the Rating of Structured Finance Products. In: Journal of Banking Regulation, Vol. 12, S. 1–23.

John, K. (1993): Managing Financial Distress and Valuing Distressed Securities: A Survey and a Research Agenda. In: Financial Management, Vol. 22, S. 60–78.

Jorion, P./Liu, Z./Shi, C. (2005): Informational effects of regulation FD: evidence from rating agencies. In: Journal of Financial Economics, Vol. 76, S. 309–330.

Jorion, P./Zhang, G. (2007): Information Effects of Bond Rating Changes: The Role of the Rating Prior to the Announcement. In: Journal of Fixed Income, Vol. 76, S. 45–59.

Jorion, P./Zhang, G. (2010): Information Transfer Effects of Bond Rating Downgrades. In: Financial Review, Vol. 45, S. 683–706.

Jurgeit, L. (1989): Bewertung von Optionen und bonitätsrisikobehafteten Finanztiteln. Anleihen, Kredite und Fremdfinanzierungsfazilitäten, Wiesbaden.

Karafiath, I. (2009): Detecting Cumulative Abnormal Volume: a Comparison of Event Study Methods. In: Applied Economics Letters, Vol. 16, S. 797–802.

Karafiath, I. (2014): Estimating Cross-sectional Regressions in Event Studies with Conditional Heteroskedasticity and Regression Designs that have Leverage. In: International Journal of Managerial Finance, Vol. 10, S. 418–431.

Katz, S. (1974): The Price Adjustment Process to Bonds to Rating Reclassifications: A Test of Bond Market Efficiency. In: Journal of Finance, Vol. 29, S. 551–559.

Kenjegaliev, A./Duygun, M./Mamedshakhova, D. (2016): Do Rating Grades Convey Important Information: German Evidence? In: Economic Modelling, Vol. 53, S. 334–344.

Kerwer, D. (2005): Holding Global Regulators Accountable: The Case of Credit Rating Agencies. In: Governance, Vol. 18, S. 453–475.

Kiesel, F./Kolaric, S. (2018): Measuring the Effect of Watch-preceded and Direct Rating Changes. A Note on Credit Markets. In: Review of Quantitative Finance and Accounting, Vol. 50, S. 653–672.

Kiesel, F./Schiereck, D. (2015): The Effect of Ratings Announcements, on Firms in Bank-Based Systems. In: The Journal of Fixed Income, Vol. 24, S. 84–95.

Kim, Y./Nabar, S. (2007): Bankruptcy Probability Changes and the Differential Informativeness of Bond Upgrades and Downgrades. In: Journal of Banking & Finance, Vol. 31, S. 3843–3861.

Kisgen, D. J. (2006): Credit Ratings and Capital Structure. In: The Journal of Finance, Vol. 61, S. 1035–1072.

Kisgen, D. J. (2007): The Influence of Credit Ratings on Corporate Capital Structure Decisions. In: Journal of Applied Corporate Finance, Vol. 19, S. 65–73.

Kisgen, D. J. (2009): Do Firms Target Credit Ratings or Leverage Levels? In: The Journal of Financial and Quantitative Analysis, Vol. 44, S. 1323–1344.

Kisgen, D. J./Straham, P. E. (2010): Do Regulations Based on Credit Ratings Affect a Firm's Cost of Capital? In: The Review of Financial Studies, Vol. 23, S. 4324–4347.

Klein, A./Rosenfeld, J. (1987): The Influence of Market Conditions on Event-Study Residuals. In: The Journal of Financial and Quantitative Analysis, Vol. 22, S. 345–351.

Klein, B./Leffler, K. B. (1981): The Role of Market Forces in Assuring Contractual Performance. In: Journal of Political Economy, Vol. 89, S. 615–641.

Kley, C. R. (2001): Qualitätssicherung im Ratingwesen. In: Oliver Everling (Hg.): Rating – Chance für den Mittelstand nach Basel II. Konzepte zur Bonitätsbeurteilung, Schlüssel zur Finanzierung, Wiesbaden, S. 659–680.

Kley, C. R. (2003): Mittelstands-Rating. Externe Credit Ratings und die Finanzierung mittelständischer Unternehmen, Wiesbaden.

Kley, C. R. (2015): Zusammenhang zwischen Credit Ratings von Banken und ihrer Börsenbewertung. In: Everling, O./Goedeckemeyer, K.-H. (Hg.): Bankenrating. Normative Bankenordnung in der Finanzmarktkrise, 2. Aufl., Wiesbaden, S. 185–203.

Kley, C. R./Everling, O. (2001): Allgemeine Pflichten von Ratingagenturen (I). In: Finanz Betrieb, Jg. 3, S. 172–176.

Kliger, D./Gurevich, G. (2014): Event Studies for Financial Research. A Comprehensive Guide, Basingstoke.

Kliger, D./Sarig, O. (2000): The Information Value of Bond Ratings. In: The Journal of Finance, Vol. 55, S. 2879–2902.

Knabe, M. (2012): Die Berücksichtigung von Insolvenzrisiken in der Unternehmensbewertung, Lohmar/Köln.

Kolari, J. W./Pynnönen, S. (2010): Event Study Testing with Cross-sectional Correlation of Abnormal Returns. In: Review of Financial Studies, Vol. 23, S. 3996–4025.

Kolari, J. W./Pynnönen, S. (2011): Nonparametric Rank Tests for Event Studies. In: Journal of Empirical Finance, Vol. 18, S. 953–971.

Koller, T./Goedhart, M. H./Wessels, D. (2015): Valuation. Measuring and Managing the Value of Companies, 6th ed., Hoboken, New Jersey.

Koller, T./Goedhart, M. H./Wessels, D. (2020): Valuation. Measuring and Managing the Value of Companies, 7th ed., Hoboken, New Jersey.

Kothari, S. P./Warner, J. B. (2007): Econometrics of Event Studies. In: B. E. Eckbo (Hg.): Handbook of corporate finance. Empirical corporate finance, Amsterdam, 3–36.

Krause, M. V./Lahmann, A. (2016): Reconsidering the Appropriate Discount Rate for Tax Shield Valuation. In: Journal of Business Economics, Vol. 86, S. 477–512.

Krause, M./Lahmann, A. (2017): Valuation effects of taxes on debt cancellation. In: The Quarterly Review of Economics and Finance, Vol. 65, S. 346–354.

Krotter, S./Schüler, A. (2013): Empirische Ermittlung von Eigen-, Fremd- und Gesamtkapitalkosten: eine Untersuchung deutscher börsennotierter Aktiengesellschaften. In: Zeitschrift für die betriebswirtschaftliche Forschung, Jg. 65, S. 390–433.

Kruschwitz, L./Husmann, S. (2012): Finanzierung und Investition, 7. Aufl., München.

Kruschwitz, L./Lodowicks, A./Löffler, A. (2005): Zur Bewertung insolvenzbedrohter Unternehmen. In: Die Betriebswirtschaft, Jg. 65, S. 221–236.

Kruschwitz, L./Löffler, A. (2007): Discounted Cash Flow. A theory of the valuation of firms, Chichester.

Kruschwitz, L./Löffler, A. (2016): Zur Realitätsnähe von Unternehmensbewertungsmodellen. Erwiderung auf Behling, CF 2016. In: Corporate Finance, S. 214–218.

Kruschwitz, L./Löffler, A./Essler, W. (2009): Unternehmensbewertung für die Praxis, Stuttgart.

Kruschwitz, L./Löffler, A./Lorenz, D./Scholze, A. (2015): Default triggers: does a liquidity-based default imply over-indebtedness and vice versa? In: Advances in Quantitative Analysis of Finane and Accounting, S. 201–223.

Kuhner, C. (2001): Financial Rating Agencies: Are They Credible? Insights Into The Reporting Incentives of Rating Agencies in Times of Enhanced Systematic Risk. In: Schmalenbach Business Review, Vol. 53, S. 2–26.

La Porta, R./Lopez-de-Silanes, F./Shleifer, A./Vishny, R. W. (1998): Law and Finance. In: Journal of Political Economy, Vol. 106, S. 1113–1155.

Lahmann, A./Arnold, S./Gmehling, P. (2017): The Impact of Default on Tax Shield Valuation. In: Journal of Business Valuation and Economic Loss Analysis, Vol. 12, S. 41–62.

Lahmann, A./Schreiter, M./Schwetzler, B. (2018): Der Einfluss von Insolvenz, Kapitalstruktur und Fremdkapitalfälligkeit auf den Unternehmenswert.

In: Schmalenbachs Zeitschrift für betriebswirtschaftliche Forschung, Jg. 70, S. 73–123.

Laitenberger, J./Lodowicks, A. (2005): Das Modigliani-Miller-Theorem mit ausfallgefährdetem Fremdkapital. In: WiSt - Wirtschaftswissenschaftliches Studium, Jg. 34, S. 145–150.

Leffers, B. (1996): Das Rating im Konsortialgeschäft der Banken. In: Büschgen, H. E./Everling, O. (Hg.): Handbuch Rating, Wiesbaden, S. 345–372.

Leland, H. E./Pyle, D. H. (1977): Informational Asymmetries, Financial Structure, and Financial Intermediation. In: The Journal of Finance, Vol. 32, S. 371.

Lilliefors, H. W. (1969): On the Kolmogorov-Smirnov Test for Normality with Mean and Variance Unknown. In: Journal of the American Statistical Associatoin, Vol. 62, S. 399–402.

Littkemann, J./Reinbacher, P./Dick, S. (2014): Direkete und indirekte Einflüsse eines Ratings auf den Unternehmenswert: Eine kritische Analyse am Beispiel der RWE AG. In: Corporate Finance, Jg. 5, S. 74–83.

Liu, A. Z./Sun, Le (2017): Revisiting Post-Downgrade Stock Underperformance. In: Journal of Accounting, Auditing & Finance, Vol. 32, S. 271–299.

Lobão, J./Pacheco, L./Campos, S. (2019): Stock price effects of bank rating announcements: An application to European Union countries. In: International Journal of Finance & Economics, Vol. 24, S. 4–19.

Lodowicks, A. (2007): Riskantes Fremdkapital in der Unternehmensbewertung, Wiesbaden.

Lowis, S./Heischkamp, V. (2005): Kommunikation mit Ratingagenturen. In: A.-K. Achleitner (Hg.): Rechtsfragen im Rating. Grundlagen und Implikationen von Ratings für Agenturen, Investoren und geratete Unternehmen, Wiesbaden, S. 405–417.

MacKinlay, C. A. (1997): Event studies in Economics and Finance. In: Journal of Economic Literature, Vol. 35, S. 13–39.

Mann, H. B./Whitney, D. R. (1947): On a Test of Whether one of Two Random Variables is Stochastically Larger than the Other. In: The Annals of Mathematical Statistics, Vol. 18, S. 50–60.

Markowitz, H. (1952): Portfolio Selection. In: The Journal of Finance, Vol. 7, S. 77–91.

Marsh, P. (1979): Equity rights Issues and the Efficiency of the UK Stock Market. In: The Journal of Finance, 34, S. 839–862.

Masulis, R. W. (1980): The effects of capital structure change on security prices. In: Journal of Financial Economics, Vol. 8, S. 139–178.

Maul, D. (2016): Analyzing Wealth Effects for Bondholders. New Insight on Major Corporate Events from the Debtholders' Perspective, Frankfurt am Main.

Maul, D./Schiereck, D. (2017): The Bond Event Study Methodology since 1974. In: Review of Quantitative Finance and Accounting, Vol. 48, S. 749–787.

May, A. D. (2010): The Impact of Bond Rating Changes on Corporate Bond Prices: New Evidence from the Over-the-Counter Market. In: Journal of Banking & Finance, Vol. 34, S. 2822–2836.

Mc Williams, A./Siegel, D. (1997): Event Studies in Management Research. Theoretical and Empirical Issues. In: The Academy of Management Journal, Vol. 40, S. 626–657.

Meitner, M./Streitferdt, F. (2011): Unternehmensbewertung. verändertes Bewertungsumfeld, Krisenunternehmen, unsichere zukünftige Inflationsentwicklung, Wertbeitragsrechnung, innovative Lösungsansätze, Stuttgart.

Meitner, M./Streitferdt, F. (2014): DCF-Valuations of Companies in Crisis. Distress-Related Leverage, Identification of Risk Positions, Discounting Techniques, and "Beta Flips". In: Journal of Business Valuation and Economic Loss Analysis, Jg. 9, S. 145–174.

Meitner, M./Streitferdt, F. (2016a): Überlegungen und Fallstudien zur Berücksichtigung von Insolvenzrisiken in der Unternehmensbewertung. In: BewertungsPraktiker, S. 2–14.

Meitner, M./Streitferdt, F. (2016b): Zahlungsstrombezogene Insolvenzrisiken und ihre Abbildung in der Unternehmensbewertung. In: Corporate Finance, S. 68–79.

Merton, R. C. (1974): On the Pricing of Corporate Debt. The Risk Structure of Interest Rates. In: Journal of Finance, Vol. 29, S. 449–470.

Metz, V. (2007): Der Kapitalisierungszinssatz bei der Unternehmensbewertung, Wiesbaden.

Meyer-Parpart, W. (2001): Bedeutung des Rating Advisors für mittelständische Unternehmen. In: Oliver Everling (Hg.): Rating – Chance für den Mittelstand nach Basel II. Konzepte zur Bonitätsbeurteilung, Schlüssel zur Finanzierung, Wiesbaden, S. 489–518.

Mikkelson, W. H./Partch, M. M. (1988a): Errata: Withdrawn Security Offerings. In: The Journal of Financial and Quantitative Analysis, Vol. 23.

Mikkelson, W. H./Partch, M. M. (1988b): Withdrawn Security Offerings. In: Journal of Financial and Quantitative Analysis, Vol. 23, S. 119–133.

Mock, T./Ekholm, T. E. (2017): Bewertungskriterien in Ratingsystemen und Auswirkungen (negativer) Ratingänderungen. In: Hommel, U./Knecht,

T. C./Wohlenberg, H. (Hg.): Handbuch Unternehmensrestrukturierung. Grundlagen – Konzepte – Maßnahmen, 2. Aufl., Wiesbaden, S. 1227–1249.

Modigliani, F./Miller H. M. (1963): Corporate Income Taxes and the Cost of Capital: A Correction. In: The American Economic Review, Vol. 53, S. 433–443.

Modigliani, F./Miller, M. H. (1958): The Cost of Capital, Corporation Finance and the Theory of Investment. In: The American Economic Review, Vol. 48, S. 261–297.

Moody's Investor Service (2011a): Glossary of Moody's Ratings Performance Metrics.

Moody's Investor Service (2011b): Measuring the Perfromance of Credit Ratings.

Moody's Investor Service (2016): Non Financial Corporates. Moody's Financial MetricsTM Key Ratios by Rating and Industry for EMEA Non-Financial Corporates: December 2015.

Moody's Investor Service (2017): Moody's approach to assessing ESG in credit analysis.

Moody's Investor Service (2018): Annual Default Study. Coporate Default and Recovery Rates, 1920–2017.

Moody's Investor Service (2019): Rating Symbols and Definitions.

Moody's Investor Service (2020a): Procedures and Methodologies Used to Determine Credit Ratings.

Moody's Investor Service (2020b): Rating Symbols and Definition.

Morris, J. R. (2009): Life and Death of Businesses. A Review of Research on Firm Mortality. In: Journal of Business Valuation and Economic Loss Analysis, Vol. 4, S. 1–39.

Morse, D. (1984): An Econometric Analysis of the Choice of Daily Versus Monthly Returns in Tests of Information Content. In: Journal of Accouting Research, Vol. 22, S. 605–623.

Munsch, M. (2013): Debt Relations mit Ratingagenturen. In: Hasler, P. T./Launer, M. A./Wilhelm, M. K. (Hg.): Praxishandbuch Debt Relations, Wiesbaden, S. 261–270.

Myers, S. C. (1974): Interactions of Corporate Financing and Investment Decisions: Impications for Capital Budgeting. In: The Journal of Finance, Vol. 29, S. 1–25.

Myers, S. C. (1977): Determinants of Corporate Borrowing. In: Journal of Financial Economics, Vol. 5, S. 147–175.

Neumann, M. J. M./Klein, M. (1982): Probleme der theorie effizienter Märkte und ihre empirische überprüfung. In: Kredit und Kapital, Nr. 2, S. 165–186.

Nix, P. (2007): Informationsverarbeitung in Hausse und Baisse. Eine empirische Untersuchung ereignisinduzierter Kapitalmarktreaktionen am deutschen Aktienmarkt im Zeitraum von 1997 bis 2002, Hamburg.

Norden, L./Weber, M. (2004): Informational Efficiency of Credit Default Swap and Stock Markets. The Impact of Credit Rating Announcements. In: Journal of Banking & Finance, Vol. 28, S. 2813–2843.

Oerke, M. (1999): Ad-Hoc-Mitteilungen und deutscher Aktienmarkt. Marktreaktion auf Informationen, Wiesbaden.

Opler, T./Titman, S. (1994): Financial Distress and Corporate Performance. In: Journal of Finance, Vol. 49, S. 1015–1040.

Oppenländer, C./Röder, K. (2013): Performance Messung am Beispiel deutscher Immobilien-Aktiengesellschaften. In: Corporate Finance, S. 457–461.

Ott, C. (2011): Der Informationsgehalt von Credit Ratings am deutschen Aktienmarkt. Eine empirische Untersuchung, Wiesbaden.

Ott, R. L./Longnecker, M. (2001): An Introduction to Statistical Methods and Data Analysis, 5th ed., Belmont.

Park, N. K. (2004): A Guide to Using Event Study Methods in Multi-country Settings. In: Strategic Management Journal, Vol. 25, S. 655–668.

Päßler, N. M. (2007): Interessenkonflikte in der Informationsintermediation. Eine ökonomische Analyse, Frankfurt am Main.

Patell, J. M. (1976): Corporate Forecasts of Earnings Per Share and Stock Price Behavior: Empirical Test. In: Journal of Accouting Research, Vol. 14, S. 246–276.

Paul, S. (1994): Bankenintermediation und Verbriefung. Neue Chancen und Risiken für Kreditinstitute durch Asset Backed Securities?, Wiesbaden.

Pauser, S. H. (2007): M&A in der Bauindustrie. Werteeffekte und Erfolgsdeterminanten, Wiesbaden.

Pellens, B./Starke, D./Damnke, D. (2017): Konsequenzen von Ratingänderungen. – Eine empirische Analyse des westeuropäischen Anleihemarks –. In: Corporate Finance, Jg. 8, S. 13–22.

Perridon, L./Steiner, M./Rathgeber, A. W. (2017): Finanzwirtschaft der Unternehmung, 17. Aufl., München.

Peterson, P. P. (1989): Event Studies: A Review of Issues and Methodology. In: Quaterly Journal of Business and Economics, Vol. 28, S. 36–66.

Picot, A./Dietl, H./Franck, E./Fiedler, M./Royer, S. (2015): Organisation. Theorie und Praxis aus ökonomischer Sicht, 7. Aufl., Stuttgart.

Pinches, G. E./Singleton, J. C. (1978): The Adjustment of Stock Prices to Bond Rating Changes. In: The Journal of Finance, Vol. 33, S. 29–44.

Poddig, T./Dichtl, H./Petersmeier, K. (2003): Statistik, Ökonometrie, Optimierung. Methoden und ihre praktische Anwendung in Finanzanalyse und Portfoliomanagement, 3. Aufl., Bad Soden/Ts.

Ramakrishnan, R. T. S./Thakor, A. V. (1984): Information Reliability and a Theory of Financial Intermediation. In: The Review of Economic Studies, Vol. 51, S. 415–432.

Ramsey, J. B. (1969): Tests for Specification Errors in Classical Linear Least-Squares Regression Analysis. In: Journal of the Royal Statistical Society, Vol. 31, S. 350–371.

Randow, P. (1995): Rating und Regulierung. In: Zeitschrift für Bankrecht und Bankwirtschaft, Jg. 7, S. 140–156.

Rapp, M. S. (2006): Die arbitragefreie Adjustierung von Diskontierungssätzen bei einfacher Gewinnsteuer. In: Zeitschrift für die betriebswirtschaftliche Forschung, Jg. 58, S. 771–806.

Rau, M. (2004): Directors' Dealings am deutschen Aktienmarkt. Empirische Analyse meldepflichtiger Wertpapiergeschäfte, Wiesbaden.

Renneboog, L./Szilagyi, P. G./Vansteenkiste, C. (2017): Creditor Rights, Claims Enforcement, and Bond Performance in Mergers and Acquisitions. In: Journal of International Business Studies, Vol. 48, S. 174–194.

Richter, F. (1998): Unternehmensbewertung bei variablem Verschuldungsgrad. In: Zeitschrift für Bankrecht und Bankwirtschaft, Jg. 10, S. 379–389.

Richter, F. (2001): Simplified Discounting Rules in Binomial Models. In: Schmalenbach Business Review, Vol. 53, S. 175–196.

Richter, F./Timmreck, C. (Hg.) (2004): Unternehmensbewertung. Moderne Instrumente und Lösungsansätze, Stuttgart, Schäffer-Poeschel Verlag.

Richter, R./Furubotn, E. G. (2010): Neue Institutionenökonomik. Eine Einführung und kritische Würdigung, 4. Aufl., Tübingen.

Robichek S. C./Myers, A. A. (1966): Problems in the Theory of Optimal Capital Structure. In: The Journal of Financial and Quantitative Analysis, Vol. 1, S. 1–35.

Roll, R. (1977): A Critique of the Asset Pricing Theory's Tests. Part I: In Past and Potential Testability of the Theory. In: Journal of Financial Economics, Vol. 4, S. 129–176.

Roll, R. (1981): A Possible Explanation of the Sall Firm Effect. In: The Journal of Finance, Vol. 36, S. 879–888.

Rosarius, S. (2007): Bewertung von Leveraged Buyouts, Frankfurt am Main.

Ross, S. A. (1976): The Arbeitrage theory of Capital Asset Pricing. In: Journal of Economic Theory, Vol. 13, S. 341–360.

Ruback, R. S. (2002): Capital Cash Flows: A Simple Approach to Valuing Risky Cash Flows. In: Financial Management, Vol. 31, S. 85–103.

Rudolph, B. (1995): Ansätze zur Kalkulation von Risikokosten für Kreditgeschäfte. In: Schierenbeck, H./Moser, H. (Hg.): Handbuch Bankcontrolling, Wiesbaden, S. 887–904.

Rudolph, B. (2006): Unternehmensfinanzierung und Kapitalmarkt, Tübingen.

S&P Global (2020): Annual Report 2019. Accelarating the World.

S&P Global Ratings (2016): Criteria, Corporates, Recovery. Methodology: Jurisdiction Ranking Assessments.

S&P Global Ratings (2018): S&P Global Ratings Definitions.

S&P Global Ratings (2019a): 2018 Annual Global Corporate Default And Rating Transition Study.

S&P Global Ratings (2019b): Guide to Credit Rating Essentials. What are credit Ratings and how do they work?

S&P Global Ratings (2019c): How We Rate Nonfinancial Corproate Entities.

S&P Global Ratings (2019d): The ESG Advantage. Exploring Links To Corporate Financial Performance.

Salinger, M. (1992): Standard Errors in Event Studies. In: The Journal of Financial and Quantitative Analysis, Vol. 27, S. 39–53.

Savin, N. E./White, K. J. (1977): The Durbin-Watson Test for Serial Correlation with Extreme Sample Sizes or Many Regressors. In: Econometrica, Vol. 45, S. 1989–1996.

Schiereck, D. (2012): Rating und Governance. In: Everling, O./Leker, J./Bielmeier, S. (Hg.): Credit Analyst, 2. Aufl., München, S. 295–307.

Schiereck, D./Streuer, O./Wild, M. (2016): Das "Sovereign-Ceiling"-Prinzip, Kreditratings für Finanzinstitute und die europäische Statatfinanzierungskrise. Eine empirische Analyse der PIIGS-Statten. In: Corporate Finance, S. 241–248.

Schmidt, M. (1996): Zweck, Ziel und Ablauf des Ratings aus Emittentensicht. In: Büschgen, H. E./Everling, O. (Hg.): Handbuch Rating, Wiesbaden, S. 253–271.

Schmidt, R. H. (1988): Neuere Property Rights-Analysen in der Finanzierungstheorie. In: Budäus, D./Gerum, E./Zimmermann, G. (Hg.): Betriebswirtschaftslehre und Theorie der Verfügungsrechte, Wiesbaden, S. 239–267.

Schmidt, A./Obermüller, P. (2017): Determinanten externe Unternehmensratings. Empirische Relevanz zeitlich geglätteter und branchennormierter Kennzahlen für die Prognose von S&P-Unternehmensratings. In: Die Betriebswirtschaft, Jg. 74, S. 41–65.

Schmidt, R.H./Terberger, E. (1996): Grundzüge der Investitions- und Finanzierungstheorie, 3. Aufl., Wiesbaden.

Schredelseker, K. (2013): Grundlagen der Finanzwirtschaft. Ein informationsökonomischer Zugang, 2. Aufl., München.

Schremper, R. (2002): Aktienrückkauf und Kapitalmarkt. Eine theoretische und empirische Analyse deutscher Aktienrückkaufprogramme, Bern.

Schüler, A. (2003): Zur Bewertung ertrags- und liquiditätsschwacher Unternehmen. In: Richter, F./Schüler, A./Schwetzler, B. (Hg.): Kapitalgeberansprüche, Marktwertorientierung und Unternehmenswert. Festschrift für Prof. Dr. Dr. h.c. Jochen Drukarczyk zum 65. Geburtstag, München, S. 361–382.

Schüler, A. (2013): Eine Fallstudie zur Bewertung restrukturierungsbedürftiger Unternehmen. In: M&A Review, Jg. 24, S. 456–463.

Schüler, A. (2016): Finanzmanagement mit Excel. Grundlagen und Anwendungen, 2. Aufl., München.

Schüler, A. (2017): Bewertung sanierungsbedürftiger Unternehmen: Wertbausteine, Risikoverteilung und Kapitalkosten. In: Hommel, U./Knecht, T. C./Wohlenberg, H. (Hg.): Handbuch Unternehmensrestrukturierung. Grundlagen – Konzepte – Maßnahmen, 2. Aufl., Wiesbaden, S. 1207–1226.

Schüler, A. (2018): Aktienbasierte erfolgsabhängige Entlohnung & Unternehmensbewertung. In: Schmalenbachs Zeitschrift für betriebswirtschaftliche Forschung, Jg. 70, S. 125–151.

Schüler, A./Schwetzler, B. (2019): Verschuldung und Unternehmenswert – Anmerkungen zum IDW Praxishinweis 2/2018. In: Der Betrieb, Vol. 72, S. 1745–1750.

Schweitzer, R./Szewczyk, S. H./Varma, R. (1992): Bond Rating Agencies and their Role in Bank Market Discipline. In: Journal of Financial Services Research, Vol. 6, S. 249–263.

Schweitzer, R./Szewczyk, S. H./Varma, R. (2001): The Effect of Bank Debt Downgrades on Stock Prices of Other Banks. In: The Financial Review, Vol. 36, S. 139–156.

Schwetzler, B. (2000): Unternehmensbewertung unter Unsicherheit – Sicherheitsäquivalent- oder Risikozuschlagsmethode? In: Schmalenbachs Zeitschrift für betriebswirtschaftliche Forschung, Jg. 52, S. 469–486.

Seeger, H. (1998): Insiderhandel am deutschen Aktienmarkt. Eine empirische Untersuchung von Existenz und Erkennbarkeit, Frankfurt am Main.

Serfling, K. (2007): Möglichkeiten und Grenzen des Credit Ratings. In: Büschgen, H. E./Everling, O. (Hg.): Handbuch Rating, 2. Aufl., Wiesbaden, S. 711–744.

Shapiro, C. (1983): Premiums for High Quality Products as Returns to Reputations. In: The Quarterly Journal of Economics, Vol. 98, S. 659.

Shapiro, S. S./Wilk, M. B. (1965): An Analysis of Variance Test for Normality (Complete Samples). In: Biometrika, Vol. 52, S. 591.

Sharpe, W. F. (1963): A Simplified Model for Portfolio Analysis. In: Management Science, Vol. 9, S. 277–293.

Sick, G. A. (1990): Tax-Adjusted Discount Rates. In: Management Science, Vol. 36, S. 1432–1450.

sifma (2020): 2020 Capital Markets Fact Book. Online verfügbar unter https://www.sifma.org/wp-content/uploads/2020/09/US-Fact-Book-2020-SIFMA.pdf, zuletzt geprüft am 18.12.2020.

Smith, C. W./Warner J. B. (1979): On Financial Contracting. An Analysis of Bond Covenants. In: Journal of Financial Economics, Vol. 7, S. 117–161.

Smith, R. C./Walter, I (2002): Rating Agencies: Is there an Agency Issue? In: Richard M. L./Giovanni M./Carmen M. R. (Hg.): Ratings, Rating Agencies and the Global Financial System, 9th ed., Hoboken, New Jersey, S. 289–318.

Spence, M. (1973): Job Market Signaling. In: The Quaterly Journal of Economics, Vol. 87, S. 355–374.

Spremann, K. (1990): Asymmetrische Information. In: Zeitschrift für Betriebswirtschaftslehre, Jg. 60, S. 561–586.

Spremann, K. (2002): Wirtschaft, Investition und Finanzierung, 5. Aufl., München.

Spremann, K./Grüner, A. (2018): Finance. Investition – Unternehmensfinanzierung – Kapitalstruktur, 5. Aufl., München.

Spremann, K./Grüner, A. (2019): Finance, 6. Aufl., München.

Stäblein, W. (2013): Der Ratingprozess bei Standard & Poor's – Ein Praxisbeispiel. In: Hasler, P. T./Launer, M. A./Wilhelm, M. K. (Hg.): Praxishandbuch Debt Relations, Wiesbaden, S. 379–394.

Standard & Poor's Ratings Services (2014a): Coprorate Ratings Methodology. Transparency. Comparability.

Standard & Poor's Ratings Services (2014b): CreditStats. 2013 Adjusted Key U.S And European Industrial and Utility Financial Ratios.

Steiner, M. (1992): Risikobeurteilung von Emittenten durch Rating-Agenturen. In: Wirtschaftswissenschaftliches Studium, Jg. 21, S. 509–515.

Steiner, M./Bruns, C./Stöckl, S. (2017): Wertpapiermanagement. Professionelle Wertpapieranalyse und Portfoliostrukturierung, 11. Aufl., Stuttgart.

Steiner, M./Heinke, V. G. (1996): Rating aus Sicht der modernen Finanzierungstheorie. In: Büschgen, H. E./Everling, O. (Hg.): Handbuch Rating, Wiesbaden, 579–628.

Steiner, M./Heinke, V. G. (2001): Event Study Concerning International Bond Price Effects of Credit Rating Actions. In: International Journal of Finance & Economics, Vol. 6, S. 139–157.

Stiglitz, J. E. (1969): A Re-Examination of the Modigliani-Miller Theorem. In: Review of Economics and Statistics, Vol. 59, S. 784–793.

Stiglitz, J. E. (1975): The Theory of 'Screening', Education, and the Distribution of Income. In: American Economic Review, Vol. 65, S. 283–300.

Stoxx (2019): STOXX Index Methodology Guide (Portfolio Based Indices). Online verfügbar unter https://www.stoxx.com/document/Indices/Common/Indexguide/stoxx_index_guide.pdf, zuletzt geprüft am 04.07.2019.

Stoxx (2021). Online verfügbar unter https://www.stoxx.com/index-details?symbol=SXXP&ref=vc.ru, zuletzt geprüft am 14.02.2021.

Strong, N. (1992): Modelling abnormal retruns: A review article. In: Journal of Business Finance & Accounting, Vol. 19, S. 533–553.

Süchting, J. (1995): Finanzmanagement, 6. Aufl., Wiesbaden.

Tagesschau (2011): Ratingagentur S&P unterläuft schwerer Fehler. Versehentliche Herabstufung schockt Frankreich. Online verfügbar unter https://www.tagesschau.de/wirtschaft/standardandpoors106.html, zuletzt geprüft am 05.01.2021.

Templin, H.-U. (2005): Die Bedeutung von Ratings auf die Kursnotierung von Corporate Bonds. In: O. Everling (Hg.): Kapitalmarktrating. Perspektiven für die Unternehmensfinanzierung, Wiesbaden, S. 122–140.

Theuerkorn, K. (2013): Corporate Social Responsibility als Erfolgsfaktor bei M&A-Transaktionen, Lohmar.

Thompson, J. E. (1988): More Methods That Make Little Difference In Event Studies. In: Journal of Business Finance & Accounting, Vol. 15, S. 77–86.

Thomson Reuters (2012): Canadian Fixed Income Indices. Index Methodology and Formulas for Analytical Values, S. 1–9.

Timmreck, C. (2004): Bestimmung der Eigenkapitalkosten. In: Richter, F./Timmreck, C. (Hg.): Unternehmensbewertung. Moderne Instrumente und Lösungsansätze, Stuttgart, S. 61–75.

Timmreck, C. (2006): Kapitalmarktorientierte Sicherheitsäquivalente. Konzeption und Anwendung bei der Unternehmensbewertung, Wiesbaden.

Tsay, R. S. (2010): Analysis of Financial Time Series, 3rd ed., Hoboken, New Jersey.

Uhrig-Homburg, M. (2001): Fremdkapitalkosten, Bonitätsrisiken und optimale Kapitalstruktur, Wiesbaden.

van Binsbergen, J./Graham, J./Yang, J. (2010): The Cost of Debt. In: Journal of Finance, Vol. 65, S. 2089–2136.

Vassalou, M./Xing, Y. (2005): Abnormal Equity Returns Following Downgrades, Working Paper Columbia University, New York.

Verbeek, M. (2017): A Guide to Modern Econometrics. Marno Verbeek, 5th ed., Hoboken, New Jersey.

Vierbuchen, R. (2005): Nur ein Proezent der Firmen rettet sich in Planverfahren. In Deutschland gilt Insolvenz als Stigma. Hg. v. Handelsblatt. Online verfügbar unter https://www.handelsblatt.com/unternehmen/industrie/nur-ein-prozent-der-firmen-rettet-sich-in-planverfahren-in-deutschland-gilt-insolvenz-als-stigma/2564634-all.html, zuletzt geprüft am 02.02.2021.

Vollmar, J. (2014): Spin-offs, Diversifikation und Shareholder Value. Eine theorie- und hypothesengeleitete empirische Analyse europäischer Unternehmensabspaltungen, Wiesbaden.

Wagner, E. (2008): Credit Default Swaps und Informationsgehalt.

Wagner, W.-C. (1991): Rating mittelständischer Unternehmungen. Fundierung und Konzeption einer standardisierten Unternehmensbeurteilung durch Rating, Frankfurt am Main, New York.

Wappenschmidt, C. (2009): Ratinganalyse durch internationale Ratingagenturen. Empirische Untersuchung für Deutschland, Österreich und die Schweiz, Frankfurt am Main.

Warga, A./Welch, I. (1993): Bondholder Losses in Leveraged Buyouts. In: The Review of Financial Studies, Vol. 6, S. 959–982.

Weckbach, S. (2004): Corporate Financial Distress: Unternehmensbewertung bei finanzieller Enge, Dissertation, St. Gallen.

Weimer, T. (2016): Rating von Finanzinstituten: Funktion und Performance. In: Diab, Z./Everling, O. (Hg.): Rating von Finanzinstituten. Banken und Finanzdienstleister richtig beurteilen, Wiesbaden, S. 55–74.

Weinstein, M. I. (1977): The Effect of a Rating Change Announcement on Bond Price. In: Journal of Financial Economics, Vol. 57, S. 329–350.

Weinstein, M. I. (1981): The Systematic Risk of Corporate Bonds. In: The Journal of Financial and Quantitative Analysis, Vol. 16, S. 257–278.

Weiss, L. A. (1990): Bankruptcy resolution. In: Journal of Financial Economics, Vol. 27, S. 285–314.

White, L. J. (2010): Markets: The Credit Rating Agencies. In: Journal of Economic Perspectives, Vol. 24, S. 211–226.

Wieben, H.-J./Schneider, F. (2018): Risikomanagement mit Credit Ratings. In: Corporate Finance, 230–234.

Wilcoxon, F. (1945): Individual Comparisons by Ranking Methods. In: Biometrics Bulletin, Vol. 1, S. 80–83.

Williamson, O. E. (1987): The economic institutions of capitalism. Firms, markets, relational contracting, New York.

Winker, P. (2017): Empirische Wirtschaftsforschung und Ökonometrie, 4. Aufl., Berlin.

Wooldridge, J. M. (2016): Introductory econometrics. A modern approach, 6th ed., Boston.

Wooldridge, J. M. (2018): Introductory econometrics. A modern approach, 7th ed., Boston.

Wruck, K. H. (1990): Financial distress, reorganization, and organizational efficiency. In: Journal of Financial Economics, Vol. 27, S. 419–444.

Xia, H. (2014): Can Investor-paid Credit Rating Agencies Improve the Information Quality of Issuer-paid Rating Agencies? In: Journal of Financial Economics, Vol. 111, S. 450–468.

Zaima, J. K./McCarthy, J. (1988): The Impcat of Bond Rating Changes on Common Stocks and Bonds. Tests of The Wealth Redistribution Hypothesis. In: Financial Review, Vol. 23, S. 483–498.

Zimmermann, H. (1998): State-Preference Theorie und Asset Pricing. Eine Einführung, Heidelberg.

Anhang

Anhang 1: Entwicklung des europäischen Ratingmarktes von 2012 bis 2019. Eigene Darstellung auf Basis der ESMA Presseberichte von 2012 bis 2019, vgl. exemplarisch ESMA (2019), 6.

Jahr	2012	2013	2014	2015	2016	2017	2018	2019
Fitch	17,7%	16,2%	16,8%	16,6%	15,7%	15,1%	16,6%	17,6%
Moody's	34,8%	34,5%	34,7%	31,3%	31,3%	32,0%	33,4%	33,1%
S&P	34,6%	39,7%	40,4%	45,0%	46,3%	46,3%	42,0%	40,4%
Rest	12,9%	9,6%	8,1%	7,1%	6,7%	6,6%	8,0%	8,9%

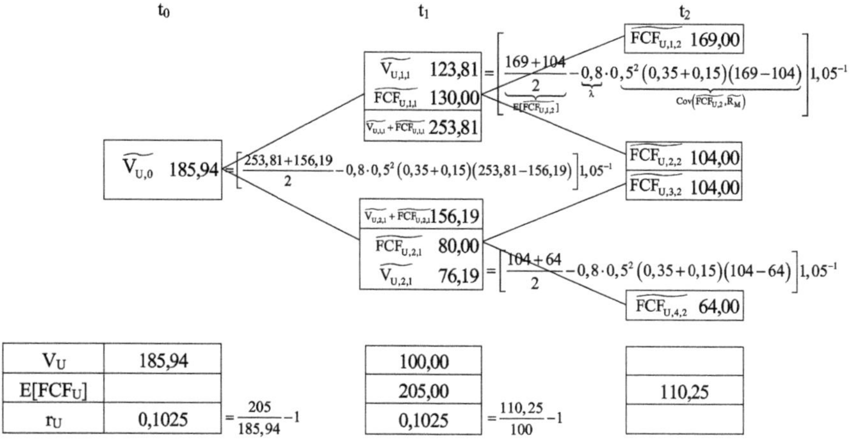

Anhang 2: Illustration des Rollback-Verfahrens zur Ermittlung des Wertes und der Eigenkapitalkosten des unverschuldeten Unternehmens. Eigene Darstellung.

Anhang 3: Entwicklung der europäischen Unternehmensteuersätze von 2002 bis 2016. Eigene Darstellung auf Basis der European Commission (2017), S. 34.

in %	2002	2003	2004	2005	2006	2007	2008	2009	2010	2011	2012	2013	2014	2015	2016	Mittelwert
Belgien	40,2	34,0	34,0	34,0	34,0	34,0	34,0	34,0	34,0	34,0	34,0	34,0	34,0	34,0	34,0	34,41
Dänemark	30,0	30,0	30,0	28,0	28,0	25,0	25,0	25,0	25,0	25,0	25,0	25,0	24,5	23,5	22,0	26,07
Deutschland	38,3	39,6	38,3	38,7	38,7	38,7	30,2	30,2	30,2	30,2	30,2	30,2	30,2	30,2	30,2	33,61
Finland	29,0	29,0	29,0	26,0	26,0	26,0	26,0	26,0	26,0	26,0	24,5	24,5	20,0	20,0	20,0	25,20
Frankreich	35,4	35,4	35,4	35,0	34,4	34,4	34,4	34,4	34,4	36,1	36,1	38,0	38,0	38,0	34,4	35,59
Irland	16,0	12,5	12,5	12,5	12,5	12,5	12,5	12,5	12,5	12,5	12,5	12,5	12,5	12,5	12,5	12,73
Italien	40,3	38,3	37,3	37,3	37,3	37,3	31,4	31,4	31,4	31,4	31,3	31,3	31,3	31,3	31,3	33,99
Luxemburg	30,4	30,4	30,4	30,4	29,6	29,6	29,6	28,6	28,6	28,8	28,8	29,2	29,2	29,2	29,2	29,47
Niederlande	34,5	34,5	34,5	31,5	29,6	25,5	25,5	25,5	25,5	25,0	25,0	25,0	25,0	25,0	25,0	27,77
Norwegen	28,0	28,0	28,0	28,0	28,0	28,0	28,0	28,0	28,0	28,0	28,0	28,0	27,0	27,0	25,0	27,67
Österreich	34,0	34,0	34,0	25,0	25,0	25,0	25,0	25,0	25,0	25,0	25,0	25,0	25,0	25,0	25,0	26,80
Portugal	33,0	33,0	27,5	27,5	27,5	26,5	26,5	26,5	29,0	29,0	31,5	31,5	31,5	29,5	29,5	29,30
Schweden	28,0	28,0	28,0	28,0	28,0	28,0	28,0	26,3	26,3	26,3	26,3	22,0	22,0	22,0	22,0	25,95
Schweiz	25,0	25,0	24,1	22,0	21,3	20,6	19,2	19,0	18,8	18,3	18,1	18,0	17,9	17,9	17,9	19,86
Spanien	35,0	35,0	35,0	35,0	35,0	32,5	30,0	30,0	30,0	30,0	30,0	30,0	30,0	28,0	25,0	31,37
Tschechien	31,0	31,0	28,0	26,0	24,0	24,0	21,0	20,0	19,0	19,0	19,0	19,0	19,0	19,0	19,0	22,53
Vereinigtes Königreich	30,0	30,0	30,0	30,0	30,0	30,0	28,0	28,0	28,0	26,0	24,0	23,0	21,0	20,0	20,0	26,53

Anhang 4: Detaillierte Auflistung des Stichwörterschemas. Eigene Darstellung in Anlehnung an Imbierowicz, B./Wahrenburg, M. (2013), S. 39.

Operative Performance	Rang 1	Rang 2	Rang 3	Summe	**Kapitalstruktur**	Rang 1	Rang 2	Rang 3	Summe
Operating Performance	90	67	16	173	Leverage	55	36	38	129
Profitability	56	35	39	130	Financial Profile	47	26	25	98
Cash Flow Generation	15	61	41	117	Financial Policy	22	24	25	71
Operating Environment	60	9	26	95	Debt Reduction	19	19	15	53
Earnings	39	40	16	95	Financial Risk Profile	10	10	8	28
Market Position	17	26	10	53	Capital Structure	7	10	6	23
Revenues	17	16	18	51	Credit Profile	12	8	4	24
Business Risk	20	15	12	47	Capital Position	7	9	5	21
Profit Margin	11	15	14	40	Balance Sheet Structure	6	3	9	18
Competition	8	18	13	39	Financial Risk	4	6	3	13
Integration	15	10	12	37	Debt Burden	5	1	1	7
Restructuring	8	15	14	37	Financial Position	4	2	1	7
Liquidity	6	18	5	29	Financial Structure	1	2	2	5
Business Risk Profile	15	4	9	28	Debt Structure	1	1	1	3
Demand	6	10	5	21	Risk Profile		1		1
Economic Environment	13	5	3	21	Capital Base			1	1
Strategy	9	4	6	19	**Finanzkennzahlen**				
Capex	3	5	8	16	Financial Metrics	73	67	55	195
Business Profile	7	3	5	15	Financial Flexibility	8	17	9	34
Competitiveness	5	4	6	15	Capitalization	2	5	7	14
Business Portfolio	6	3	5	14	Loss Absorption	2			2
Sales	7	6	1	14	Recapitalization	2			2
Products	2	4	6	12	Markets	1	2		3
Growth	1	4	3	8	**Ereignis-Risiko**				
Operational Volatility	3	1	4	8	Regulatory Environment	9	15	9	33
Commodity Prices	6			6	Event Risk	16	2	5	23
Management	1	2		3	Shareholder Issues	14	2	2	18
Business Model	1		1	2	Covenants	3	4	6	13
Commodities		2		2	Government Support	6	2	2	10
Operating Profile		1	1	2	Structural Seniority	6		3	9
Cost Reduction		1	2	3	Corporate Governance	4	2	1	7
Cost Efficiency			2	2	Refinancing	3	3	1	7
Efficiency	2			2	Execution Risk	1		1	2
Operating Flexibility	1			1	Pension Deficit	1	1		2
Operating Risk Profile	1			1	Ring Fencing	1	1	1	3
Capital Efficieny		1		1	Contigent Liabilites			1	1
Capital Policy		1		1	**Neue Methodik**				
Capital Quality		1		1	New Methodology	66		1	67

Anhang 5: Stichprobencharakteristika nach Unternehmen. Eigene Darstellung.

Unternehmen	Up-grade	Down-grade	Fitch	Moody's	S&P	Operative Performance	Kapital-struktur	Finanz-kenn-zahlen	Ereignis-Risiko	Keine Begrün-dung	Anzahl der Ratings	Anteil am Sample
A2A SpA	1	2		2	1	1	1		1		3	0,35%
Aareal Bank AG	1	2	3			1			2		3	0,35%
AB Electrolux	2	3	2	1	2	1	3	1			5	0,58%
AB SKF		1			1					1	1	0,12%
AB Volvo	1	2			3	3					3	0,35%
ABB Ltd	5	3		4	4	3	2		3		8	0,92%
Abertis Infraestructuras SA		5	3		2	2	1	1		1	5	0,58%
ABN AMRO NV	1			1		1					1	0,12%
ACCOR SA		1	1				1				1	0,12%
Adecco Group AG	7			3	4	4		2	1		7	0,81%
Aegon NV		3	2	1		2		1			3	0,35%
Aeroports de Paris		1			1			1			1	0,12%
Ageas SA	2	1	2		1	1	1		1		3	0,35%
Air Liquide SA	1	2	1		2	1	2				3	0,35%
Airbus Group SE	3	1		1	3	1	2		1		4	0,46%
AKZO Nobel NV	1	1		1	1	1	1				2	0,23%
Alfa Laval AB	2				2	1	1				2	0,23%
Allianz SE	1	2	1		2	3					3	0,35%
Alstom SA	1	3		3	1	2	1	1			4	0,46%
Amec Foster Wheeler Plc		2		1	1	2					2	0,23%
Anglo American Plc	2	3		3	2	4	1				5	0,58%
Anheuser-Busch InBev SA	3			2	1	2	1				3	0,35%
AP Moller Maersk AS		2		1	1	2					2	0,23%
ArcelorMittal SA	2	4	1	3	2	5	1				6	0,69%
Arkema SA	2			1	1	1		1			2	0,23%
Ashtead Group Plc	5	1		5	1	4	2				6	0,69%
ASM International NV	2	1			3	3					3	0,35%
ASML Holding NV	6		4	2		6					6	0,69%
Assicurazioni Generali SpA		1		1		1					1	0,12%
Astrazeneca Plc		1		1		1					1	0,12%
ATLANTIA Spa		1			1		1				1	0,12%
Atlas Copco AB	1			1		1					1	0,12%
Aviva Plc		2			2	2					2	0,23%
AXA SA	1	2	1		2	1	2				3	0,35%
BAE Systems Plc	2	4	2	1	3	3	3				6	0,69%
Banca dell Emilia Romagna SC	2				2	1	1				2	0,23%
Banca Popolare di Milano Scarl	1	5	1	3	2	4			1	1	6	0,69%
Banco de Sabadell SA	1	4	3	2		3	2				5	0,58%
Banco Popolare Societa Cooperativa		3	1		2	2				1	3	0,35%
Banco Popular Espanol SA		8	4		4	6	1			1	8	0,92%
Banco Santander SA	3	1		1	3	4					4	0,46%
Bank of Ireland	1	1		2		2					2	0,23%
Bankia SA	2		1		1	1			1		2	0,23%
Bankinter SA	2	1	1	2		2			1		3	0,35%
Barclays Plc	1	1	1	1		1			1		2	0,23%
BARRY CALLEBAUT AG	2	2		2	2	2	1	1			4	0,46%
BASF SE	1	1			2	1	1				2	0,23%
Bayer AG	1	1		1	1	1		1			2	0,23%
Bayerische Motoren Werke AG	2	1		1	2	3					3	0,35%
BHP Billiton Plc	3	1		3	1	3	1				4	0,46%
Bilfinger SE		3			3	3					3	0,35%
BNP Paribas SA	4	4	1	3	4	7	1				8	0,92%
Bouygues SA		3		1	2	2		1			3	0,35%
Brenntag AG	2				2		1			1	2	0,23%
British American Tobacco Plc	2	1		1	2	1	1	1			3	0,35%
BT Group Plc	3	1		1	3	3	1				4	0,46%
Campagnie Generale Des Etablissements Michelin SA	5	2		4	3	1	2	3	1		7	0,81%
Cap Gemini SA	3	2			5	3	1			1	5	0,58%
Carnival Plc	1	1		2		1	1				2	0,23%

Unternehmen	Up-grade	Down-grade	Fitch	Moody's	S&P	Operative Performance	Kapital-struktur	Finanz-kenn-zahlen	Ereignis-Risiko	Keine Begründung	Anzahl der Ratings	Anteil am Sample
Carrefour SA		2		2		1		1			2	0,23%
Casino Guichard Perrachon SA		3	2		1	2			1		3	0,35%
Centrica Plc		2		1	1	2					2	0,23%
Cez AS	1	2	1	2		2	1				3	0,35%
Clariant AG		3		2	1	3					3	0,35%
CNP Assurances SA		2			2		1	1			2	0,23%
Commerzbank AG	2	5	2	3	2	6	1				7	0,81%
Compagnie de Saint-Gobain SA		1			1		1				1	0,12%
Compass Group Plc	1				1			1			1	0,12%
Continental AG	10	4	3	7	4	7	1	2	4		14	1,62%
Credit Agricole SA	1	2	1	1	1	2			1		3	0,35%
Credit Suisse Group AG	1	1	1		1	2					2	0,23%
CRH Plc		3	2	1		1	1	1			3	0,35%
Daily Mail & General Trust Plc	1	2			3	1				2	3	0,35%
Daimler AG	2	3	1	2	2	4			1		5	0,58%
Danone SA		2		2			2				2	0,23%
Danske Bank AS	3	2	1	2	2	4				1	5	0,58%
Delta Lloyd		2			2	1			1		2	0,23%
Deutsche Bank AG		4	1	3		3			1		4	0,46%
Deutsche Lufthansa AG		3		2	1	2		1			3	0,35%
Deutsche Post AG	1	4	2	3		4		1			5	0,58%
Deutsche Telekom AG	3	2	2	3			3	1		1	5	0,58%
Diageo Plc		4	1	2	1		4				4	0,46%
Duerr AG		4		3	1	3		1			4	0,46%
DUFRY AG		1			1		1				1	0,12%
E.ON SE		6		3	3	4	1		1		6	0,69%
EDP Energias de Portugal SA	1	1		2			2				2	0,23%
ELECTRICITE DE FRANCE SA	1	3	2	1	1	2	1		1		4	0,46%
Elisa Oyj	1	2		1	2	3					3	0,35%
Enagas SA	1				1	1					1	0,12%
Endesa SA	2	3	1	2	2		2	1	2		5	0,58%
ENEL SpA		3		3			1	2			3	0,35%
ENI SpA	1	2		1	2		2	1			3	0,35%
Erste Group Bank AG	1	1		2			1		1		2	0,23%
Eutelsat SA	3	1		2	2	1	1			2	4	0,46%
Evonik Industries AG	1			1					1		1	0,12%
FAURECIA SA	1		1							1	1	0,12%
Ferrovial SA	2		1		1	1	1				2	0,23%
Fiat Chrysler Automobiles NV	3	2	4		1	3	2				5	0,58%
Firstgroup Plc		2	2			1	1				2	0,23%
Flughafen Zurich AG	4				4	1	1	1	1		4	0,46%
Fortum OYJ	1	1	1	1		1			1		2	0,23%
Fresenius Medical Care AG & Co KGaA		1		1		1					1	0,12%
Fresenius SE	1			1		1					1	0,12%
G4S Plc		1			1	1					1	0,12%
Gas Natural SDG SA		1			1					1	1	0,12%
GEA Group AG	3		1	2		2	1				3	0,35%
GEBERIT AG	4				4	4					4	0,46%
GERRESHEIMER AG	3			2	1	3					3	0,35%
GlaxosmithKline Plc		3		2	1		3				3	0,35%
Glencore Plc		1			1	1					1	0,12%
Grifols SA	1			1		1					1	0,12%
Hannover Ruck SE		1			1	1					1	0,12%
HeidelbergCement AG	6	7	1	8	4	7	3		3		13	1,50%
HENKEL AG & Co KGaA	1	3		1	3	2	2				4	0,46%
HSBC Holdings Plc	2	1	2		1	3					3	0,35%
Iberdrola SA	1	4	2	1	2	2	2	1			5	0,58%
Imerys SA	1	1		2		2					2	0,23%
Imperial Brands Plc	1		1				1				1	0,12%
ING Groep NV	1				1	1					1	0,12%

Unternehmen	Up-grade	Down-grade	Fitch	Moody's	S&P	Operative Performance	Kapital-struktur	Finanz-kenn-zahlen	Ereignis-Risiko	Keine Begrün-dung	Anzahl der Ratings	Anteil am Sample
Inmarsat Plc	1			1		1					1	0,12%
Intertek Group Plc	1				1		1				1	0,12%
Intesa Sanpaolo SpA	4	1	1	2	2	5					5	0,58%
ISS AS	1				1			1			1	0,12%
ITV Plc	1	4	1	3	1	4	1				5	0,58%
JCDecaux SA	1	1			2	1	1				2	0,23%
Jyske Bank AS	1	2			3	3					3	0,35%
K+S AG	1	2			3	2		1			3	0,35%
KBC Group NV	3	2		3	2	4			1		5	0,58%
Kering SA	1	1			2	1	1				2	0,23%
Kingfisher Plc		3	1	1	1	1	2				3	0,35%
Kion Group AG	3			2	1	1	2				3	0,35%
Komercni Banka AS	2	1			3	1			1	1	3	0,35%
Koninklijke Ahold Delhaize NV	5	1		2	4	1	2	1	2		6	0,69%
Koninklijke DSM NV		3		1	2	2	1				3	0,35%
Koninklijke KPN NV	4	2	2	2	2	1	3	1	1		6	0,69%
Koninklijke Philips NV	1	2		2	1	3					3	0,35%
LafargeHolcim Ltd		3		1	2		1	1		1	3	0,35%
Land Securities Group Plc		1			1		1				1	0,12%
Lanxess AG		3	1	1	1	2				1	3	0,35%
Legrand SA	3		1		2	1	1	1			3	0,35%
Leonardo - Finmeccanica SpA	1	5	3	2	1	3	2		1		6	0,69%
Linde AG	4			1	3	1	2	1			4	0,46%
Lloyds Banking Group Plc	1	1		1	1	2					2	0,23%
London Stock Exchange Group Plc	1	2		3		1	2				3	0,35%
Luxottica Group Spa	1				1			1			1	0,12%
LVMH Louis Vuitton Moet Hennessy SE	1				1		1				1	0,12%
MAN SE		1			1	1					1	0,12%
Mapfre SA	1	5	2		4	5	1				6	0,69%
Merck KGaA	7	1		4	4	2	4	2			8	0,92%
METRO AG	1	4	1	1	3	2	1	2			5	0,58%
Metso Oyj	2	2		2	2	2	1			1	4	0,46%
Mondi Plc	1			1		1					1	0,12%
MTU Aero Engines AG	2			1	1	2					2	0,23%
Munich RE	1	1	1		1	2					2	0,23%
National Grid Plc		1		1			1				1	0,12%
Nestle SA		2	1	1			1	1			2	0,23%
Next Plc		1	1				1				1	0,12%
Nokia Oyj	2	3		1	4	5					5	0,58%
Nordea Bank AB	1				1					1	1	0,12%
NORSK HYDRO ASA	1	2		1	2	2				1	3	0,35%
Novartis AG		1		1				1			1	0,12%
Novo Nordisk AS	4			1	3	3	1				4	0,46%
Old Mutual Plc		2	1	1		1			1		2	0,23%
OMV AG		1		1					1		1	0,12%
Ontex Group NV	2			1	1	2					2	0,23%
Orange SA	3	3	3	1	2	4	2				6	0,69%
Pearson Plc		2		1	1	2					2	0,23%
Pernod Ricard SA	4			2	2	2	2				4	0,46%
Peugeot SA	3	3	2	3	1	5		1			6	0,69%
PostNL NV	1	3		1	3		3	1			4	0,46%
ProSiebenSat 1 Media AG	4	2	5	1		3	1		2		6	0,69%
Provident Financial Plc		1	1			1					1	0,12%
Proximus SA		3		2	1	1		2			3	0,35%
Prudential Plc		1			1				1		1	0,12%
Red Electrica Corporacion SA	2	3	2	1	2	2	3				5	0,58%
Renault SA	4	1	2	2	1	5					5	0,58%
Rentokil Initial Plc	1	1			2	2					2	0,23%
REPSOL SA	3	4	2	2	3	3	1		3		7	0,81%
Rexel SA	2	1		2	1	1			1	1	3	0,35%

Unternehmen	Up-grade	Down-grade	Fitch	Moody's	S&P	Operative Performance	Kapital-struktur	Finanz-kenn-zahlen	Ereignis-Risiko	Keine Begrün-dung	Anzahl der Ratings	Anteil am Sample
Rheinmetall AG		3		2	1	1		2			3	0,35%
Rio Tinto Plc		2		1	1	1	1				2	0,23%
Roche Holding AG	2			1	1		1	1			2	0,23%
Royal Bank Of Scotland Group Plc	1	4	1	2	2	4			1		5	0,58%
Royal Dutch Shell Plc		3			3	1	1	1			3	0,35%
RTL Group SA	1	3		1	3	2			2		4	0,46%
RWE AG	1	8	3	3	3	4	3		2		9	1,04%
Saga Plc	2			1	1				2		2	0,23%
Sainsbury(J) Plc		4	1	3		4					4	0,46%
Sampo Oyj	1			1		1					1	0,12%
Sandvik AB	1	4			5	1	1	1		2	5	0,58%
Sanofi	1	1		1	1	1	1				2	0,23%
Schaeffler AG	1				1		1				1	0,12%
Schneider Electric SE	1				1	1					1	0,12%
SCOR SE	8		3		5	6	2				8	0,92%
Securitas AB		2		1	1	1		1			2	0,23%
SES SA	1	1			2		1			1	2	0,23%
Severn Trent Plc		2		1	1		2				2	0,23%
SFR Group SA		1		1			1				1	0,12%
Siemens AG	2	3	1	2	2	4	1				5	0,58%
Skandinaviska Enskilda Banken AB	3	2		3	2	5					5	0,58%
Sky Plc	3			1	2	2				1	3	0,35%
Smurfit Kappa Group Plc	3	1		1	3	2			1	1	4	0,46%
Societe Generale	1	1		2		2					2	0,23%
Sodexo SA	1				1	1					1	0,12%
Solvay SA		4		2	2	2	1			1	4	0,46%
SSE Plc		2		1	1	1		1			2	0,23%
Standard Chartered Plc	3	4	1	2	4	5	1	1			7	0,81%
Standard Life Plc	3		1		2	3					3	0,35%
Statoil ASA	2	1		1	2	1			2		3	0,35%
Stmicroelectronics NV		8	3	3	2	8					8	0,92%
Stora Enso Oyj		5	1	2	2	4	1				5	0,58%
Storebrand ASA	1	3	1		3	1	3				4	0,46%
Svenska Cellulosa SCA AB		2		1	1	1	1				2	0,23%
Svenska Handels-banken AB	2			1	1	1	1				2	0,23%
Swedbank AB	2	1	1	1	1			1	2		3	0,35%
Swedish Match AB	1	2		3		1	2				3	0,35%
Swiss Life Holding AG	2	1	1		2	2	1				3	0,35%
Syngenta AG	2			1	1		2				2	0,23%
Tate & Lyle Plc	2	2		2	2	1	1	1		1	4	0,46%
Taylor Wimpey Plc	4	3	6		1	1	2	1	3		7	0,81%
TDC AS	2	4		2	4	2	1	2		1	6	0,69%
Technicolor SA	4	4		3	5	6	1	1			8	0,92%
Technip SA	1	1			2	1	1				2	0,23%
Telecom Italia SpA		6	3	1	2	2	2	1	1		6	0,69%
Telefonaktiebolaget LM Ericsson	7	8		11	4	15					15	1,73%
Telefonica SA		6	3	1	2	2	3		1		6	0,69%
Telenet Group Holding NV	1	1		2		1	1				2	0,23%
Telenor ASA	1	1		1	1	2					2	0,23%
Telia Company AB		2		1	1		1	1			2	0,23%
Terna - Rete Elettrica Nazionale SpA		3	3				2	1			3	0,35%
Tesco Plc		4	2	1	1	3		1			4	0,46%
THALES SA	1				1			1			1	0,12%
ThyssenKrupp AG	1	5	1	3	2	3	2	1			6	0,69%
Total SA	1	1		1	1	2					2	0,23%
TUI AG	4	6		7	3	5	3	1	1		10	1,15%
Tullow Oil Plc		4		3	1	4					4	0,46%
UBM Plc		1		1		1					1	0,12%
UBS Group AG	1				1	1					1	0,12%
Unibail-Rodamco SE	1				1	1					1	0,12%

Unternehmen	Up-grade	Down-grade	Fitch	Moody's	S&P	Operative Performance	Kapital-struktur	Finanz-kenn-zahlen	Ereignis-Risiko	Keine Begrün-dung	Anzahl der Ratings	Anteil am Sample
Unicredit SpA	2	4	1	3	2	4				2	6	0,69%
Unione di Banche Italiane SpA	2	3	3	2		4	1				5	0,58%
UnipolSai SpA	5	5			10	4	3	1	2		10	1,15%
UPM Kymmene Oyj	1	3	1		3	1	2			1	4	0,46%
Valeo SA	2	5		7		7					7	0,81%
Veolia Environnement SA	1	3		3	1	3	1				4	0,46%
Vinci SA	2			1	1	1				1	2	0,23%
Vivendi SA	4			3	1	1	1		2		4	0,46%
Vodafone Group Plc	2	2		2	2	2	2				4	0,46%
Volkswagen AG	1	3		1	3	3	1				4	0,46%
Wh Smith Plc		1	1				1				1	0,12%
Whitbread Plc		1	1					1			1	0,12%
Wienerberger AG	2	4		3	3	2	1	3			6	0,69%
WM Morrison Supermarkets Plc		3		3		3					3	0,35%
Wolters Kluwer NV	1	1	1	1		1	1				2	0,23%
Yara International ASA	1	1			2		1	1			2	0,23%
Gesamtergebnis	**374**	**492**	**153**	**329**	**384**	**488**	**197**	**76**	**71**	**34**	**866**	**100,00%**

Anhang 6: Ergebnisse der OLS-Querschnittsregression. Eigene Darstellung.

Upgrade		Aktie [0]							Aktie [0,1]						
Koeffizienten	**Erwartetetes Vorzeichen**	**Modell 1**	**Modell 2**	**Modell 3**	**Modell 4**	**Modell 5**	**Modell 6**	**Modell 7**	**Modell 1**	**Modell 2**	**Modell 3**	**Modell 4**	**Modell 5**	**Modell 6**	**Modell 7**
Konstante	0	0,00229	0,00350	0,00667	0,00512	0,00585	0,01031	0,00140	0,01921	0,03158	0,01925	0,01936	0,02477	0,03094*	0,00217
ln(MCAP)	-	-0,00005 *-0,00412*	-0,00005 *-0,00377*	-0,00006 *-0,00520*	0,00002 *0,00175*	-0,00001 *-0,00104*	-0,00008 *-0,00664*		-0,00142 *-0,07387*	-0,00194 *-0,10490*	-0,00158 *-0,08667*	-0,00163 *-0,08912*	-0,00195 *-0,10624*	-0,00205 *-0,11204*	
Performance	+	0,00009 *0,00346*							-0,00171 *-0,04433*						
Leverage	-/0	0,00108 *0,03569*							-0,00074 *-0,01609*						
Recession	+	0,00002 0,00041	0,00079 *0,01403*			0,00230 *0,03973*			0,00556 *0,07209*	0,00797 *0,09580*			0,00852 *0,09915*		
Prior Rating	+	0,00034 0,05777	0,00010 *0,01736*				-0,00008 *-0,01387*	0,00021 *0,03584*	0,00051 *0,05723*	0,00006 *0,00737*				-0,00033 *-0,03694*	0,00043 *0,04784*
Sector	+	-0,00338 -0,09500	-0,00170 *-0,04952*			-0,00105 *-0,02925*			-0,00709 * *-0,13118*	-0,00995 * *-0,19486*			-0,00792 *-0,14833*		
Debt Coverage	+		0,00012 *0,08207*							-0,00021 *-0,09423*					
Interest Coverage	-		-0,00001 *-0,00986*							-0,00009 *-0,04300*					
Maturity	+			-0,00022 *-0,05965*	-0,00022 *-0,06103*	-0,00025 *-0,06914*	-0,00022 *-0,06172*	-0,00018 *-0,04981*			-0,00052 *-0,09681*	-0,00053 *-0,09902*	-0,00073 *-0,13619*	-0,00056 *-0,10412*	-0,00046 *-0,08217*
Tax Rate	-			0,00021 *0,00103*	0,00343 *0,01658*	0,00432 *0,02090*	-0,01475 *-0,07134*				0,01654 *0,05404*	0,01754 *0,05711*	0,02627 *0,08553*	-0,00694 *-0,02260*	
TQ	-			-0,00249 *-0,10447*	-0,00230 *-0,09548*	-0,00210 *-0,08741*	-0,00206 *-0,08578*				-0,00215 *-0,06080*	-0,00194 *-0,05420*	0,00024 *0,00667*	-0,00163 *-0,04568*	
Complexity Assets	+				-0,00868 *-0,05187*	-0,00766 *-0,04575*	-0,00685 *-0,04094*	-0,00828 *-0,04875*				-0,00144 *-0,00581*	0,00498 *0,02004*	0,00174 *0,00700*	-0,00350 *-0,01354*
Complexity Liabilities	+					0,00001 *0,00623*	0,00002 *0,01586*	0,00005 *0,04025*					0,00003 *0,01468*	0,00004 *0,02261*	0,00003 *0,01454*
Jurisdiction	0						0,00397 *0,14884*							0,00543 *0,13705*	
N		195	165	176	171	171	171	190	195	165	176	171	171	171	190
R^2		0,01	0,02	0,02	0,02	0,02	0,03	0,01	0,03	0,04	0,03	0,03	0,05	0,04	0,01
Adj. R^2		-0,02	-0,02	-0,01	-0,01	-0,03	-0,02	-0,01	0,00	0,00	0,00	0,00	0,01	-0,01	-0,01
F-Test		0,32	0,41	0,67	0,61	0,42	0,67	0,40	0,98	1,13	1,17	0,92	1,13	0,84	0,55
Breusch-Pagan-Statistik		16,24**	18,12***	2,69	4,16	21,33***	7,08	5,17	14,07**	21,19***	5,84	7,08	21,12***	7,63	2,55
Maximaler VIF		1,99	2,36	1,62	1,72	2,21	2,55	1,41	1,99	2,46	1,72	1,84	2,53	2,89	1,55
Mittlerer VIF		1,62	1,66	1,36	1,36	1,65	1,83	1,27	1,55	1,64	1,55	1,51	1,89	1,96	1,32

(Fortsetzung auf nächster Seite)

Anhang 6: Fortsetzung

Upgrade		Anleihe [0]							Anleihe [0,1]						
Koeffizienten	**Erwartetetes Vorzeichen**	**Modell 1**	**Modell 2**	**Modell 3**	**Modell 4**	**Modell 5**	**Modell 6**	**Modell 7**	**Modell 1**	**Modell 2**	**Modell 3**	**Modell 4**	**Modell 5**	**Modell 6**	**Modell 7**
Konstante	0	-0,00492	-0,00522	-0,00298	-0,00333	-0,00351	-0,00706*	-0,00090	-0,00503	-0,00643	0,00170	0,00118	0,00114	-0,00838	-0,00322**
ln(MCAP)	-	0,00034 *0,15443*	0,00039 *0,17812*	0,00014 *0,06693*	0,00016 *0,07393*	0,00015 *0,06771*	0,00035 *0,16106*		0,00026 *0,06905*	0,00035 *0,09097*	-0,00022 *-0,05779*	-0,00019 *-0,05158*	-0,00022 *-0,05803*	0,00029 *0,07696*	
Performance	+	0,00062 *0,13958*							0,00062 *0,08300*						
Leverage	+	0,00069 *0,13115*							0,00074 *0,08239*						
Recession	+	0,00001 *0,00096*	-0,00043 *-0,04308*			-0,00078 *-0,07778*			-0,00004 *-0,00249*	0,00005 *0,00283*			-0,00073 *-0,04173*		
Prior Rating	+	0,00015 *0,14528**	0,00015 *0,14284*				0,00022 *0,21438***	0,00012 *0,11817*	0,00036 *0,20952***	0,00038 *0,20864***				0,00053 *0,29797****	0,00040 *0,23320****
Sector	-	0,00039 *0,06311*	0,00080 *0,13224*			0,00052 *0,08316*			0,00000 *-0,00031*	0,00113 *0,10705*			0,00035 *0,03192*		
Debt Coverage	+		0,00003 *0,09797*							0,00007 *0,15418*					
Interest Coverage	-		-0,00002 *-0,09060*							-0,00004 *-0,09473*					
Maturity	+			-0,00001 *-0,00829*	-0,00001 *-0,02069*	0,00000 *0,00412*	0,00002 *0,02979*	0,00006 *0,08719*			0,00005 *0,04560*	0,00004 *0,03483*	0,00005 *0,04558*	0,00011 *0,10276*	0,00016 *0,14244*
Tax Rate	-			0,00631 *0,17583**	0,00736 *0,20495***	0,00695 *0,19342***	0,00557 *0,15508*				0,00304 *0,04880*	0,00464 *0,07439*	0,00446 *0,07145*	0,00227 *0,03639*	
TQ	+			0,00024 *0,05759*	0,00038 *0,09171*	0,00028 *0,06760*	0,00050 *0,11874*				0,00036 *0,05051*	0,00059 *0,08109*	0,00055 *0,07554*	0,00081 *0,11215**	
Complexity Assets	+				-0,00374 *-0,12882**	-0,00407 *-0,13995**	-0,00389 *-0,13397**	-0,00214 *-0,07276*				-0,00587 *-0,11621**	-0,00606 *-0,11998***	-0,00652 *-0,12905***	-0,00551 *-0,10987**
Complexity Liabilities	+					0,00001 *0,02517*	0,00001 *0,05193*	0,00001 *0,05702*					0,00001 *0,01678*	0,00002 *0,04954*	0,00002 *0,04519*
Jurisdiction	+						0,00038 *0,08105*							0,00046 *0,05756*	
N		195	165	176	171	171	171	190	195	165	176	171	171	171	190
R^2		0,05	0,02	0,04	0,05	0,06	0,09	0,02	0,04	0,06	0,01	0,02	0,02	0,08	0,06
Adj. R^2		0,02	0,01	0,01	0,02	0,02	0,04	0,00	0,01	0,02	-0,02	-0,01	-0,02	0,04	0,04
F-Test		1,56	1,26	1,64	1,85	1,40	1,97*	0,94	1,31	1,65	0,35	0,71	0,49	1,81*	2,97**
Breusch-Pagan-Statistik		3,78	6,38	9,50**	9,58*	10,74	11,38	3,90	4,92	6,63	12,25**	13,70**	15,28*	17,13**	14,04***
Maximaler VIF		4,08	5,06	1,43	2,14	3,08	4,40	1,67	2,98	3,53	1,40	1,69	4,71	3,12	1,47
Mittlerer VIF		2,23	2,71	1,28	1,66	2,15	2,38	1,39	1,88	2,03	1,30	1,47	2,41	1,96	1,32

Downgrade		Aktie [0]							Aktie [0,1]						
Koeffizienten	**Erwartetetes Vorzeichen**	**Modell 1**	**Modell 2**	**Modell 3**	**Modell 4**	**Modell 5**	**Modell 6**	**Modell 7**	**Modell 1**	**Modell 2**	**Modell 3**	**Modell 4**	**Modell 5**	**Modell 6**	**Modell 7**
Konstante	0	-0,04081***	-0,02038	-0,02065	-0,01975	-0,02312	-0,02312	-0,00085	-0,06087***	-0,01087	-0,01475	-0,01479	-0,02172	-0,02508	-0,00556
ln(MCAP)	+	0,00296** *0,14744*	0,00183 *0,10240*	0,00274** *0,13885*	0,00281** *0,14172*	0,00344** *0,17359*	0,00370** *0,18683*		0,00417** *0,14549*	0,00109 *0,04326*	0,00284** *0,10119*	0,00295* *0,10472*	0,00450** *0,15982*	0,00509** *0,18078*	
Performance	-	0,00813** *0,17999*							0,01009** *0,15621*						
Leverage	+/0	0,00341 *0,06392*							0,00233 *0,03050*						
Recession	-	-0,00503* *-0,10391*	-0,00531* *-0,12634*			-0,00823*** *-0,17086*			-0,00766* *-0,11064*	-0,01060** *-0,17963*			-0,01280*** *-0,18714*		
Prior Rating	-	0,00000 *0,00018*	0,00004 *0,00537*				-0,00001 *-0,00098*	-0,00055 *-0,05969*	0,00056 *0,04305*	-0,00078 *-0,06809*				0,00014 *0,01099*	-0,00033 *-0,02547*
Sector	-	0,00838** *0,15242*	0,00321 *0,06442*			0,00604 *0,10946*			0,01344*** *0,17100*	0,00795 *0,11362*			0,00955* *0,12180*		
Debt Coverage	-		-0,00014 *-0,08580*							-0,00024 *-0,10568*					
Interest Coverage	+		-0,00005 *-0,01362*							-0,00017 *-0,03632*					
Maturity	-			0,00019 *0,03644*	0,00018 *0,03210*	0,00014 *0,02510*	0,00015 *0,02604*	0,00023 *0,03906*			0,00038 *0,05025*	0,00057 *0,07121*	0,00050 *0,06240*	0,00052 *0,06440*	0,00064 *0,07694*
Tax Rate	+			-0,03706 *-0,09258*	-0,04246* *-0,10551*	-0,04100 *-0,10190*	-0,04585 *-0,11394*				-0,07355 *-0,12905*	-0,08131** *-0,14221*	-0,08453** *-0,14784*	-0,09003** *-0,15746*	
TQ	+			0,00231 *0,04458*	0,00014 *0,00263*	-0,00316 *-0,06064*	-0,00144 *-0,02752*				0,00446 *0,06050*	-0,00045 *-0,00613*	-0,00662 *-0,08937*	-0,00378 *-0,05104*	
Complexity Assets	-				0,04027** *0,12659*	0,03176 *0,09985*	0,03621* *0,11385*	0,04076** *0,12388*				0,08793*** *0,19454*	0,07233** *0,16004*	0,07821*** *0,17304*	0,07996*** *0,17028*
Complexity Liabilities	-					-0,00029* *-0,12466*	-0,00024 *-0,10404*	-0,00008 *-0,03170*					-0,00060*** *-0,18294*	-0,00053** *-0,16061*	-0,00026 *-0,07713*
Jurisdiction	0						-0,00112 *-0,02445*							-0,00185 *-0,02842*	
N		282	207	268	262	262	262	273	282	207	268	262	262	262	273
R^2		0,08	0,05	0,04	0,05	0,09	0,06	0,02	0,08	0,07	0,04	0,08	0,13	0,10	0,04
Adj. R^2		0,06	0,02	0,02	0,03	0,06	0,03	0,01	0,06	0,04	0,03	0,06	0,11	0,07	0,03
F-Test		3,81***	1,69	2,59**	2,77**	3,23***	2,02**	1,38	3,92****	2,56**	2,80**	4,17***	4,91****	3,32***	3,03**
Breusch-Pagan-Statistik		6,02	8,16	6,27	5,78	8,17	8,37	4,73	9,94	9,08	8,31*	8,15	10,59	10,29	6,26
Maximaler VIF		2,86	2,98	1,34	1,52	2,70	2,44	1,27	2,77	2,36	1,20	1,55	2,59	2,36	1,25
Mittlerer VIF		2,02	2,19	1,28	1,29	1,64	1,82	1,15	1,95	2,05	1,13	1,27	1,61	1,76	1,14

(Fortsetzung auf nächster Seite)

Anhang 6: Fortsetzung

Downgrade		Anleihe [0]							Anleihe [0,1]						
Koeffizienten	Erwartetetes Vorzeichen	Modell 1	Modell 2	Modell 3	Modell 4	Modell 5	Modell 6	Modell 7	Modell 1	Modell 2	Modell 3	Modell 4	Modell 5	Modell 6	Modell 7
Konstante	0	0,00214	0,00767	0,00326	0,00308	0,00321	0,00607*	-0,00085	0,00227	0,01840	-0,00618	-0,00677	-0,00576	0,00487	0,00017**
ln(MCAP)	+	-0,00026 *-0,05606*	-0,00080** *-0,17894*	-0,00026 *-0,05450*	-0,00023 *-0,04870*	-0,00020 *-0,04295*	-0,00034 *-0,07268*		-0,00007 *-0,00817*	-0,00117 *-0,12582*	0,00057 *0,06096*	0,00063 *0,06819*	0,00056 *0,05964*	0,00001 *0,00107*	
Performance	-	0,00026 *0,02480*							-0,00059 *-0,02877*						
Leverage	-	0,00128 *0,10337*							0,00108 *0,04470*						
Recession	-	-0,00036 *-0,03235*	0,00020 *0,01893*			0,00012 *0,01070*			-0,00272 *-0,12337*	-0,00195 *-0,08890*			-0,00226 *-0,09986*		
Prior Rating	-	-0,00012 *-0,05574*	-0,00028* *-0,13670*				-0,00012 *-0,05671*	-0,00004 *-0,01744*	-0,00056 *-0,13609*	-0,00113** *-0,26553*				-0,00055** *-0,13163*	-0,00051* *-0,12182*
Sector	-	0,00061 *0,04761*	0,00143 *0,11561*			-0,00032 *-0,02412*			0,00227 *0,09088*	0,00116 *0,04460*			0,00007 *0,00252*		
Debt Coverage	-		0,00001 *0,01752*							-0,00015 *-0,17590*					
Interest Coverage	+		0,00002 *0,02776*							-0,00009 *-0,04926*					
Maturity	-			0,00010 *0,07628*	0,00010 *0,07545*	0,00010 *0,07687*	0,00010 *0,07627*	0,00008 *0,05648*			0,00016 *0,06523*	0,00020 *0,07588*	0,00021 *0,07796*	0,00016 *0,06071*	0,00016 *0,05960*
Tax Rate	+			-0,00855 *-0,08965*	-0,00919 *-0,09596*	-0,00970* *-0,10123*	-0,01291* *-0,13477*				-0,01008 *-0,05360*	-0,01144 *-0,06047*	-0,00944 *-0,04995*	-0,01519 *-0,08035*	
TQ	-			0,00096 *0,07754*	0,00066 *0,05282*	0,00071 *0,05750*	0,00052 *0,04193*				0,00162 *0,06674*	0,00084 *0,03420*	0,00088 *0,03581*	0,00041 *0,01654*	
Complexity Assets	-				0,00680 *0,08973*	0,00692 *0,09142*	0,00775 *0,10231*	0,00739 *0,09696*				0,01403 *0,09384*	0,01372 *0,09178*	0,01764* *0,11804*	0,01812* *0,12116*
Complexity Liabilities	-					-0,00001 *-0,01500*	-0,00001 *-0,01884*	-0,00001 *-0,01955*					-0,00003 *-0,02686*	-0,00001 *-0,00778*	0,00001 *0,00549*
Jurisdiction	-						0,00044 *0,04020*							-0,00047 *-0,02168*	
N		282	207	268	262	262	262	273	282	207	268	262	262	262	273
R^2		0,01	0,05	0,02	0,03	0,03	0,03	0,01	0,04	0,07	0,02	0,03	0,04	0,04	0,03
Adj. R^2		-0,01	0,00	0,01	0,01	0,00	0,00	0,00	0,02	0,04	0,00	0,01	0,01	0,01	0,02
F-Test		0,54	0,98	1,38	1,49	0,94	1,03	0,89	1,74	2,41**	1,30	1,54	1,27	1,31	2,12*
Breusch-Pagan-Statistik		9,61	12,47*	6,67	6,45	11,13	6,84	4,09	14,71**	21,35***	4,43	4,39	9,23	7,58	6,11
Maximaler VIF		2,66	2,43	1,32	1,56	2,30	2,23	1,14	4,17	9,72	1,60	1,78	5,07	3,22	1,23
Mittlerer VIF		1,85	2,07	1,19	1,26	1,53	1,63	1,09	2,74	4,73	1,36	1,45	2,52	2,04	1,16

Anhang 7: Ergebnisse des Optimierungsprozesses für das Upgrade-Aktien- sowie das Downgrade-Anleihesample. Eigene Darstellung.

Upgrade		**Aktie [0]**							**Aktie [0,1]**						
Koeffizienten	**Erwartetetes Vorzeichen**	**Hundt (2015)**	**Modell Variation 1**	**Modell Variation 2**	**Modell Variation 3**	**Modell Variation 4**	**Modell Variation 5**	**Eigenes Modell**	**Hundt (2015)**	**Modell Variation 1**	**Modell Variation 2**	**Modell Variation 3**	**Modell Variation 4**	**Modell Variation 5**	**Eigenes Modell**
Konstante	0	0,0048*	-0,0256	-0,0273	-0,0079	-0,0051	-0,0025	-0,0077	0,0090**	0,0017	0,0019	0,0199	0,0216	-0,0099	0,0207
Total Assets	-	-0,0000					-0,0000		-0,0000***					-0,0000***	
Profit	-	-0,0150	-0,0023	-0,0014	-0,0150	-0,0178			-0,0158	0,0126	0,0055	-0,0016	-0,0058		
Leverage-Q	+	-0,0007		-0,0008	0,0029	0,0003			-0,0109		-0,0065	-0,0036	-0,0074		
Life	+		-0,0004**	-0,0004**		-0,0003*				-0,0004*	-0,0004		-0,0003		
ln(MCAP)	-				0,0013	0,0012		0,0013				-0,0017	-0,0018		-0,0014
Maturity	+				-0,0005**		-0,0002	-0,0004**				-0,0005*		-0,0006**	-0,0005*
TQ	-		-0,0008	-0,0009	-0,0022	-0,0015		-0,0030*		-0,0043	-0,0026	-0,0030	-0,0010		-0,0041
Tax Rate	-		0,0064	0,0070	0,0142	0,0114	0,0213	0,0103		0,0166	0,0191	0,0234	0,0222	0,0593***	0,0115
N		185	167	167	167	167	195	176	185	167	167	167	167	195	176
R^2		0,01	0,07	0,07	0,06	0,04	0,02	0,05	0,04	0,04	0,03	0,05	0,04	0,07	0,04
Adj. R^2		-0,01	0,04	0,04	0,02	0,01	0,00	0,03	0,03	0,01	0,00	0,01	0,00	0,05	0,02
F-Test		0,47	2,27**	2,16**	1,59	1,19	1,19	2,34*	2,67**	1,28	0,96	1,35	1,02	4,65***	1,99*
Breusch-Pagan-Test		0,60	34,15****	42,13****	33,62****	30,06****	3,57	38,22****	14,21***	21,36****	15,58**	5,85	4,62	6,32*	5,38
Maximaler VIF		1,24	2,14	2,48	2,17	2,07	1,13	1,35	1,70	2,41	2,77	2,42	2,52	1,17	1,32
Mittlerer VIF		1,16	1,74	1,74	1,57	1,42	1,09	1,18	1,49	1,92	1,90	1,72	1,66	1,14	1,18

Downgrade		**Anleihe [0]**							**Anleihe [0,1]**						
Koeffizienten	**Erwartetetes Vorzeichen**	**Hundt (2015)**	**Modell Variation 1**	**Modell Variation 2**	**Modell Variation 3**	**Modell Variation 4**	**Modell Variation 5**	**Eigenes Modell**	**Hundt (2015)**	**Modell Variation 1**	**Modell Variation 2**	**Modell Variation 3**	**Modell Variation 4**	**Modell Variation 5**	**Eigenes Modell**
Konstante	0	-0,0020*	-0,0007	-0,0002	0,0016	0,0028	0,0025	0,0012	-0,0045**	-0,0066	0,0010	0,0040	0,0050	0,0062	-0,0010
Total Assets	+	-0,0000		-0,0000					0,0000		-0,0000				
Profit	+	0,0032		-0,0015		0,0009	0,0007		0,0083		0,0014		0,0024	0,0022	
Leverage-Q	-	0,0022			0,0022				0,0014			0,0073**			
Life	+	0,0001		0,0001			0,0001		0,0002		0,0002*			0,0002**	
ln(Total Assets)	+		0,0001							0,0003					
ln(MCAP)	+				-0,0001	-0,0004	-0,0004	-0,0001				-0,0002	-0,0005	-0,0006	-0,0001
Prior Rating	-			-0,0002	-0,0001	-0,0002	-0,0002				-0,0005**	-0,0006**	-0,0006**	-0,0006**	
Recession	-		0,0004	0,0003	0,0003	0,0002	0,0000	0,0003		-0,0020	-0,0017	-0,0017	-0,0014	-0,0016	-0,0021
Sector	-		-0,0005		0,0000	0,0004	0,0002	-0,0007		-0,0005		0,0014	0,0003	0,0005	-0,0013
Maturity	+		0,0002**		0,0002*	0,0001		0,0002**		0,0003***		0,0002**	0,0002**		0,0003***
TQ	-		0,0007	0,0004	0,0002	0,0007	0,0007	0,0007		0,0015	0,0001	-0,0007	0,0009	0,0008	0,0019
Tax Rate	+		-0,0086*		-0,0085*			-0,0076		-0,0113		-0,0103			-0,0059
Compl. Assets	-		0,0088	0,0054	0,0071	0,0031	0,0042	0,0078		0,0142	0,0048	0,0075	0,0034	0,0043	0,0118
Compl. Liabilities	-		0,0000	0,0000	0,0000	0,0000	0,0000	0,0000		0,0000	0,0000	-0,0001	0,0000	0,0000	0,0000
N		257	262	241	262	239	241	262	257	262	241	262	239	241	262
R^2		0,02	0,15	0,04	0,04	0,04	0,04	0,04	0,02	0,06	0,06	0,07	0,08	0,08	0,05
Adj. R^2		0,00	0,01	0,00	0,00	0,00	0,00	0,01	0,00	0,03	0,03	0,03	0,04	0,04	0,03
F-Test		1,12	1,38	1,09	1,08	1,10	1,06	1,30	1,07	1,84*	1,93*	1,77*	2,20**	2,11**	1,84*
Breusch-Pagan-Test		0,98	8,53	4,31	6,31	4,46	4,60	9,17	1,73	11,16	3,86	5,57	4,44	4,30	7,89
Maximaler VIF		1,22	2,76	2,08	2,58	2,49	2,59	1,64	1,22	3,00	2,80	2,43	2,56	2,60	1,76
Mittlerer VIF		1,13	1,56	1,46	1,74	1,77	1,77	1,30	1,13	1,60	1,61	1,66	1,93	1,92	1,29

Schriften zum Controlling, Finanz- und Risikomanagement

Herausgegeben von Prof. Dr. Andreas Brieden, Prof. Dr. Thomas Hartung, Prof. Dr. Bernhard Hirsch und Prof. Dr. Andreas Schüler

Band 1 Patrick Siklóssy: Vergleich der Durchführungswege der betrieblichen Altersversorgung aus Eigentümer- und Arbeitnehmersicht. 2009.

Band 2 Simon Krotter: Performance-Messung, Erwartungsänderungen und Analystenschätzungen. Theoretische Konzeption und empirische Umsetzung. 2009.

Band 3 Hans-Jürgen Straßer: DCF-Bewertung von Versicherungsunternehmen. 2009.

Band 4 Bernhard Christian Kübler: Risk Classification by Means of Clustering. 2010.

Band 5 Benjamin Asche: Jahresabschlussanalyse und Bilanzpolitik von Schaden-/Unfallversicherern. Änderungen aufgrund von IFRS 4 Phase II Insurance Contracts: ED/2010/8. 2012.

Band 6 Matthias Schoen: Vertrauen und Kreditentscheidungen. Eine empirische Analyse zum Einfluss von Vertrauen in Kreditbeziehungen zwischen öffentlichen Banken und kleinen und mittelständischen Unternehmen. 2013.

Band 7 Thomas Bornemann: Verschmelzungsverhältnisse. Eine ökonomische Analyse unter besonderer Berücksichtigung der deutschen Rechtsprechung. 2013.

Band 8 Frank Angermann: Die Bilanzierung von Alternativen Risikotransferinstrumenten nach HGB und IFRS. 2015.

Band 9 David Müller: Die Ausschüttungspolitik europäischer Unternehmen. Eine empirische Untersuchung. 2015.

Band 10 Carlo Dirschedl: Maßnahmen finanzieller Restrukturierung. Rahmenbedingungen, Bewertung und Ausgestaltung am Beispiel von Debt Equity Swaps. 2015.

Band 11 Ephraim Robbe: Geschäftsprozessorientiertes Risikomanagement in komplexen Systemen der maritimen Containerlogistik. 2015.

Band 12 Lothar Weiß: Zur Legitimation alternativer Annahmen der Finanzierungspolitik in der Unternehmensbewertung. 2022.

Band 13 Sean Wiesinger: Der Einfluss des Credit Ratings auf den Unternehmenswert. Eine konzeptionelle und empirische Analyse. 2022.

www.peterlang.com

www.ingramcontent.com/pod-product-compliance
Ingram Content Group UK Ltd.
Pitfield, Milton Keynes, MK11 3LW, UK
UKHW021835290926
8980IPUK00004B/459